Onlinehandel – Band 1

Patrick Siegfried (Hg.)

Onlinehandel – Band 1

19 erfolgreiche Unternehmenskonzepte

AVM

Bibliografische Information der Deutschen Nationalbibliothek

Die Deutsche Nationalbibliothek verzeichnet diese Publikation in der Deutschen Nationalbibliografie; detaillierte bibliografische Daten sind im Internet über http://dnb.d-nb.de abrufbar.

AVM – Akademische Verlagsgemeinschaft München 2014
© Thomas Martin Verlagsgesellschaft, München

Umschlagabbildung: © maksi – Fotolia.com

Alle Rechte vorbehalten. Dieses Werk einschließlich aller seiner Teile ist urheberrechtlich geschützt. Jede Verwertung außerhalb der Grenzen des Urhebergesetzes ohne schriftliche Zustimmung des Verlages ist unzulässig und strafbar. Das gilt insbesondere für Nachdruck, auch auszugsweise, Reproduktion, Vervielfältigung, Übersetzung, Mikroverfilmung sowie Digitalisierung oder Einspeicherung und Verarbeitung auf Tonträgern und in elektronischen Systemen aller Art.

Alle Informationen in diesem Buch wurden mit größter Sorgfalt erarbeitet und geprüft. Weder Herausgeber, Autor noch Verlag können jedoch für Schäden haftbar gemacht werden, die in Zusammenhang mit der Verwendung dieses Buches stehen.

Printed in Germany

ISBN 978-3-86924-580-5

www.avm-verlag.de

Onlinehandel – Band 1

19 erfolgreiche Unternehmenskonzepte

Patrick Siegfried (Hrsg.)

Diese Fallstudien sind im Rahmen der Vorlesung „Integrationsseminar" von Bachelorstudenten/-innen des 5. Semesters an der DHBW Mannheim erarbeitet worden.

Es handelt sich bei diesen Fallstudien ausschließlich um Unternehmen die einen Onlinehandel betreiben.

Jede Fallstudie beginnt mit der Beschreibung des Beispielunternehmens, deren Entwicklung und Ausrichtung. Anschließend werden die Marktsituation, sowie die Stärken und Schwächen dargestellt. Die Handlungsempfehlung und das Fazit fassen die Schwerpunkte zusammen und die abschließenden Arbeitsfragen können für eine weitere Bearbeitung verwendet werden.

Prof. Dr. Dr. Patrick Siegfried ist Lehrbeauftragter an der DHBW Mannheim und hat mit den jeweiligen Gruppen diese Fallstudien bearbeitet.

Inhaltsverzeichnis

		Seite
1	ESPRIT (Lander, I.)	1
2	Zalando (Pizzonia, M.)	21
3	Planet Sports (Kopp, L.)	43
4	zooplus (Güllich, P.)	59
5	OBI E-Commerce (Lahdo, R./Benger, J.)	79
6	Dirk Rossmann (Tungel, B.)	103
7	Parfümerie Douglas (Kirsch, K.)	119
8	Roller (Ditz, M)	141
9	s.Oliver (Reil, K./Vicari, S.)	161
10	SportScheck (Baumann, M./Heeren, D.)	189

		Seite
11	Verlagsgruppe Weltbild (Hintz, C./Traiser, T.)	217
12	Heinrich Heine (Schäfer, A.)	241
13	Galeria Kaufhof (Armani, I./Bär, J.)	255
14	Tschibo (Etmann, M.)	287
15	Hans Thomann (Rupp, D./Schreiner, W.)	305
16	Hennes & Mauritz (Beickler, S./Hillenbrand, N.)	327
17	OTTO (Deffner, C.)	357
18	IKEA (Döring, S./Eiche, C.)	381
19	Hornbach (Müller, L./Werner, M.)	407

1 ESPRIT

(Lander, I.)

1 Das Unternehmen

Die internationale Modemarke ESPRIT wurde 1968 von Susie und Doug Tompkins in San Francisco unter dem Namen „Esprit de Corp." gegründet und wird mit lässigem, kalifornischem Lifestyle in Verbindung gebracht. Durch schnelles Wachstum und steigendem Marktanteil expandierte das Unternehmen in den 1980er Jahren stark nach Asien und Europa. 1993 wurde der Modekonzern in Hongkong an der Börse notiert, wo er neben Ratingen bei Düsseldorf Headquarters unterhält.[1] 1995 erweiterte ESPRIT seine Kollektion um Sonnenbrillen, Uhren, Bettwäsche und Strümpfe sowie Badeartikel und erlangte in den Jahren 2006 / 2007 einen beachtlichen Bekanntheitsgrad von 88% in der deutschen Bevölkerung.[2]
Der Modekonzern beschäftigt ca. 10.000 Mitarbeiter weltweit und generierte einen Umsatz von 25,9 Milliarden Hongkong-Dollar sowie umgerechnet einen Gewinn von rund 115 Millionen Euro im Jahr 2012.[3] ESPRIT vertreibt seine Mode in mehr als 40 Ländern, über 1.000 Retail-Stores und an etwa 10.000 Wholesale-Standorten mithilfe von Franchisenehmern sowie über den Online-Shop. Das Angebot von ESPRIT reicht in den Bereichen Damen-, Herren- und Kindermode von Freizeitbekleidung und Mode für besondere Anlässe über Sports- und Bodywear bis hin zu Accessoires und Schuhen. Die Modegruppe arbeitet mit einer Mehrmarkenstrategie und verkauft ihre Produkte über die Markennamen ESPRIT Casual, ESPRIT Collection, ESPRIT Sports und EDC by esprit. Durch die unterschiedlichen Kollektionen hat das Unternehmen die Chance erkannt, eine breite Kundenschicht anzusprechen: So beinhaltet ESPRIT Casual in erster Linie urbane natürliche Looks für jeden Tag, ESPRIT Collection hingegen gestaltet sich glamourös, detailverliebt und bleibt trotzdem unaufgeregt. Auch Sportfans finden innerhalb der ESPRIT Sports Reihe ein funktionelles, angenehmes und gleichzeitig modisches Outfit für das Work-Out. Die Marke EDC bietet eine Vielzahl an Basics und spricht in erster Linie jüngere Käuferschichten an.

---

[1] Vgl. ESPRIT Homepage, 2013a.
[2] Vgl. Statista, 2007.
[3] Vgl. FAZ, 2013, S. 15.

Die Marken von ESPRIT verkörpern allesamt „Leichtigkeit, Authentizität und Unbeschwertheit"[4] und stehen für Natürlichkeit, Qualität und Nachhaltigkeit.[5] Seit 2011 wirbt ESPRIT mit dem Topmodel Gisele Bündchen für seine neue Kollektion bzw. seit Herbst 2012 mit der Ikone Christy Turlington, um auf dem Markt das Image von selbstbewussten und unkomplizierten Frauen zu positionieren bzw. zu festigen.

Der Online-Shop von ESPRIT wurde bereits im Jahre 1998 eröffnet, sodass das Unternehmen durch den frühen Markteintritt über große Erfahrungswerte im Bereich E-Commerce verfügt. In den typischen Unternehmensfarben rot und weiß gestaltet sich der Online-Shop (Abbildung 1) klassisch, schlicht und übersichtlich.

Abbildung 1: Startseite des ESPRIT Online-Shops[6]

Die horizontal angeordneten Überrubriken teilen sich in Women, Men, Kids, New, Sale, Stories und Friends auf. Die Rubrik „Stories" gibt dem Kunden die Möglichkeit beispielsweise in Interviews mehr über die Models bzw. die Orte der Fotoshootings zu erfahren. „Friends" nennt sich die Mitgliedschaft bei ESPRIT, wodurch sich der Vorteil ergibt, auch online bei jedem Einkauf 3% zu sparen, neben einigen anderen Überraschungen, Vergünstigungen und Aktionen. In einer vertikal gestalteten Übersicht erwarten den Kunden aktuelle Modestrecken, die den jeweiligen Trends und Jahreszeiten angepasst werden oder aktuelle Wettbewerbe sowie der rot gekennzeichnete SALE-Bereich. Zudem wird der Kunde auf der Startseite

---

[4] ESPRIT Homepage, 2013a.
[5] Vgl. ESPRIT Homepage, 2013a.
[6] ESPRIT, 2013b

darüber informiert, wie viele Neuheiten am aktuellen Tag im Onlineshop eingetroffen sind, wodurch das Unternehmen seine Aktualität, wie auch sein Trendgespür beweisen kann. Unter der Überschrift „Ganz einfach" informiert der Modekonzern über die Versandkosten in Höhe von 95 Cent und sichert eine Belieferung innerhalb von ein bis drei Tagen zu. Bei den Zahlungsmitteln kann der Kunde zwischen Rechnung, Kreditkarte, Paypal, Nachnahme, Ratenkauf oder Sofortüberweisung wählen. Die Rücksendung der Ware erfolgt gebührenfrei für den Kunden. Als weiterer Vorteil im Online-Shop führt das Unternehmen die weltweit größte ESPRIT Auswahl an.

ESPRIT landete mit seinem erfolgreichen Online-Shop auf dem achten Platz bei den umsatzstärksten Shops in Deutschland mit 297,5 Millionen Euro und lässt somit Konkurrenten wie s.Oliver (41.Platz), zalando (20.Platz) oder H&M (11.Platz) hinter sich.[7] E-Commerce bleibt auch in Zukunft ein wichtiger Wachstumstreiber im Einzelhandel. Im Vergleich zum Jahr 2011 konnte das gesamte Marktvolumen im Jahr 2012 um 15% auf 33 Mrd. Euro gesteigert werden.[8] Für die kommenden Jahre wird ein weiteres Wachstum des Online-Handels prognostiziert, wie folgende Grafik am Beispiel ausgewählter Länder Westeuropas darstellt.

Umsätze im Online-Einzelhandel in ausgewählten Ländern Westeuropas von 2012 bis 2017 in Milliarden Euro

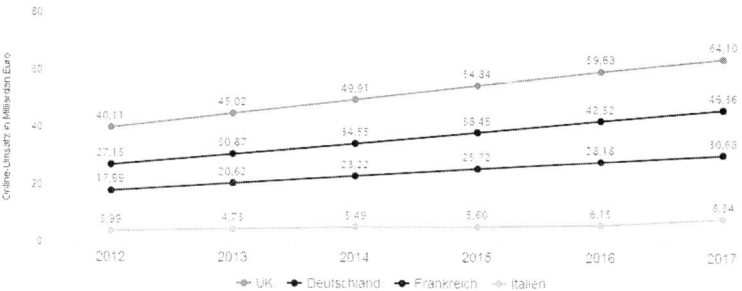

Abbildung 2: Umsätze im Online-Einzelhandel 2012-2017[9]

---

[7] Vgl. Neue Osnabrücker Zeitung, 2013.
[8] Vgl. techdivision, 2013.
[9] Statista, 2013a.

Mode stellt dabei die beliebteste und umsatzstärkste Warengruppe dar.[10] Dabei bewegt sich der Trend keineswegs weg vom reinen Ladengeschäft hin zum reinen Onlinehandel. Rund einem Drittel der Onlinekäufe geht ein sogenanntes „Touch & Feel"[11], also ein vorab erleben des Produktes, im stationären Handel voraus. Dies wird als Showrooming bezeichnet und gilt als wichtigster Trend im zukünftigen Handel.[12] Diese Entwicklung wird dadurch bestätigt, dass immer häufiger sogenannte „Online-Pure-Player" wie bspw. zalando oder Notebooksbillger.de eigene Ladengeschäfte eröffnen.[13] Für Unternehmen wie ESPRIT, welche eine Multi-Channel Strategie verfolgen, wird es daher zukünftig schwieriger werden von reinen Online- und Offlinewelten zu sprechen. Besonders die zunehmend parallele Mediennutzung der Kunden erfordert eine Verschmelzung der Online- und Offline-Kanäle zu einem „Gesamtsystem aus einem Guss"[14], damit der Kunde diese gar nicht mehr als getrennte Verkaufsform wahrnimmt. Dies führt zu sogenannten „No-Line Systemen"[15]. Wie ESPRIT diese Trends für seine zukünftige Ausrichtung nutzen kann, wird im weiteren Verlauf dieser Arbeit erläutert. Trotz hohem Umsatz und positiver Zukunftsprognose steht das Unternehmen vor schwierigen Zeiten und mitten im Umbruch.

2 Derzeitiger Stand im Markt

Aufgrund der hohen Verluste und dem starken Wettbewerb musste ESPRIT seit dem Jahr 2011 einen Konzernumbau mit umfassendem Investitionsprogramm ins Leben rufen, um die Marke zu sanieren und somit langfristig wiederzubeleben. Schuld an den hohen Verlusten waren vor allem Wertberichtigungen auf Lagerbestände, Firmenwertabschreibungen und die Schließung von defizitären Geschäften. Darüber hinaus musste sich der Modekonzern gegenüber anderen Modegruppen, wie Zara, H&M oder Primark im Wettbewerb geschlagen geben, die es in der Vergangenheit besser verstanden, sich schnell wandelnden Trends und daraus resultierenden Kundenwünschen anzupassen und mit effizienten Prozessen zu reagieren.[16]

---

[10] Vgl. der Handel, 2013.
[11] Heinemann, Gerrit, 2014, S. 15.
[12] Vgl. Heinemann, Gerrit, 2014, S.15.
[13] Vgl. Genios Branchenwissen, 2013.
[14] Heinemann, Gerrit, 2014, S: 16.
[15] Heinemann, Gerrit, 2014. S.16.
[16] Vgl. FAZ, 2013.

ESPRIT verfolgt derzeit eine sogenannte „Clicks and Mortar"[17] Strategie, indem das Multichannel-Unternehmen Online-Shop mit stationärem Handel verknüpft. Insbesondere im wachsenden Online-Handel steht das Unternehmen vor großen Herausforderungen. Das schwerwiegendste Problem bei Online-Händlern im Modebereich ist die hohe vorherrschende Retourenquote, wie Abbildung 3 verdeutlicht. Aufgrund der hohen Retourenquote im Online-Handel fordert der Konzern seine Kunden auf, Produkte wegen Größe und Passform zu beurteilen, um daraufhin Größenempfehlungen anzupassen. Die exakte Größenempfehlung gestaltet sich als zentrale Herausforderung innerhalb des Online-Shops, da 86% aller Umtauschvorgänge darin begründet sind, dass die Ware nicht passt, wie folgende Studie (Abbildung 3) zeigt. Tauschen Kunden bei ESPRIT allerdings zu oft Waren um, droht diesen ein Belieferungsstopp. Dabei folgt der Modekonzern einer gestaffelten Kommunikationskette, wobei Kunden zunächst auf ein überhöhtes Retouren-Verhalten hingewiesen werden. Zur letztendlichen Sperrung kommt es nur in Einzelfällen, aber Jürgen Michelberger, E-Commerce Verantwortlicher bei ESPRIT, spricht von einem enormen Steuerungseffekt, der durch die Verwarnungen erzielt wird.[18]

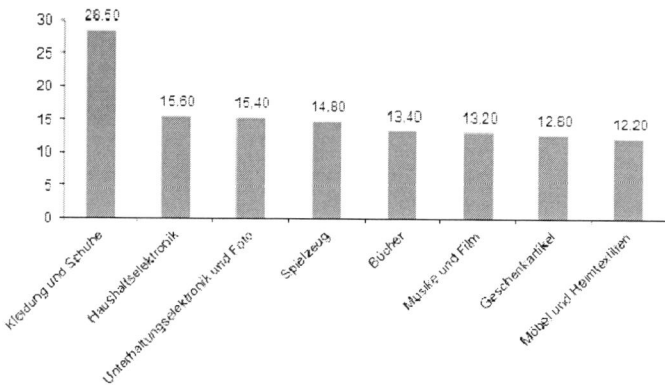

Abbildung 3: Anteil der Retouren im Jahr 2012 (nach Produktkategorien)[19]

---

[17] TextilWirtschaft, 2003, S. 72f.
[18] Vgl. TextilWirtschaft, 2013, S. 26ff.
[19] Statista, 2013

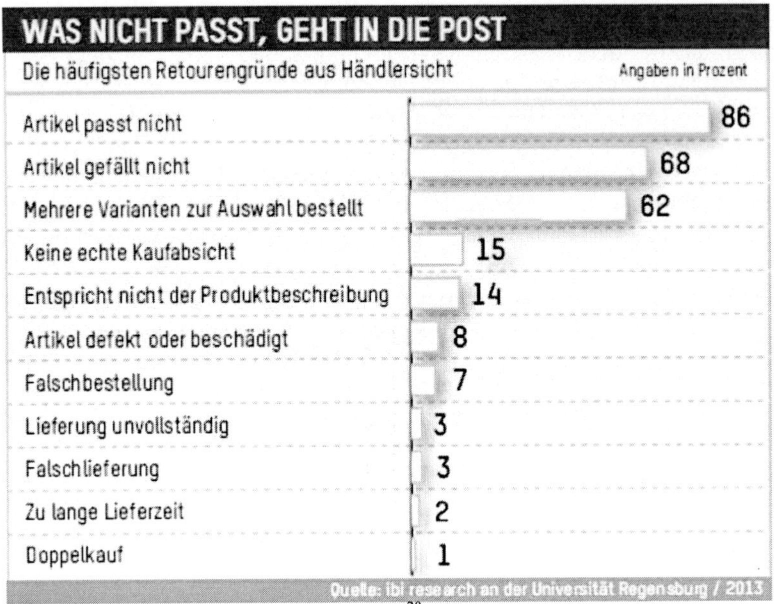

WAS NICHT PASST, GEHT IN DIE POST

Die häufigsten Retourengründe aus Händlersicht — Angaben in Prozent

Grund	%
Artikel passt nicht	86
Artikel gefällt nicht	68
Mehrere Varianten zur Auswahl bestellt	62
Keine echte Kaufabsicht	15
Entspricht nicht der Produktbeschreibung	14
Artikel defekt oder beschädigt	8
Falschbestellung	7
Lieferung unvollständig	3
Falschlieferung	3
Zu lange Lieferzeit	2
Doppelkauf	1

Quelle: ibi research an der Universität Regensburg / 2013

Abbildung 4: Die häufigsten Retourengründe[20]

Dem Multichannel-Unternehmen macht neben hohen Retourquoten auch die Konkurrenz von reinen Onlinehändlern zu schaffen.[21] Als direkter Wettbewerber mit vergleichbarer Markenphilosophie zeigt sich s.Oliver mit überzeugendem Online-Shop auf dem Textilmarkt, welcher im Jahr 2013 zum besten Online-Shop vom Deutschen Institut für Service Qualität gewählt wurde. Dabei wurden 14 Online-Shops in Bezug auf Service am Telefon, per E-Mail und im Internet sowie Versandqualität, Zustell- und Zahlungsbedingungen verglichen.[22] ESPRIT sowie zalando erlangten den zweiten Platz. Dennoch verlor ESPRIT bei der OC&C-Handelsstudie 2012 (Abbildung 5), deren Schwerpunkte auf Auswahl, Qualität und Service liegen, 2,4 Indexpunkte. Ursachen hierfür sind mangelnde Attraktivität durch schlechtere Produktauswahl und abnehmendes Konsumentenvertrauen.[23]

---

[20] TextilWirtschaft 29, 2013
[21] Vgl. Genios Branchenwissen, 2013a.
[22] Vgl. Genios Branchenwissen, 2013a
[23] Vgl. Horizont, 2013, S. 23.

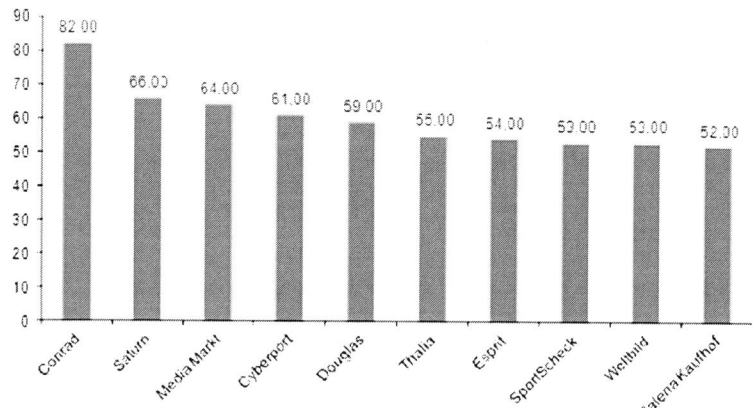

Abbildung 5: Ranking von Multichannelhändlern in Deutschland nach Konzeptreife 2013[24]

3 Zukünftige Ausrichtung

ESPRIT hat die sinkenden Umsätze und Gewinne sowie die Verluste an der Börse als Warnsignal erkannt und befindet sich daher zurzeit in einem tiefgreifenden Umbau. Da der Modekonzern 80% seines Umsatzes im krisengeschüttelten Europa (s. Abbildung 6) generiert, steht er hier aufgrund von zurückhaltender Nachfrage vor besonders großen Herausforderungen.

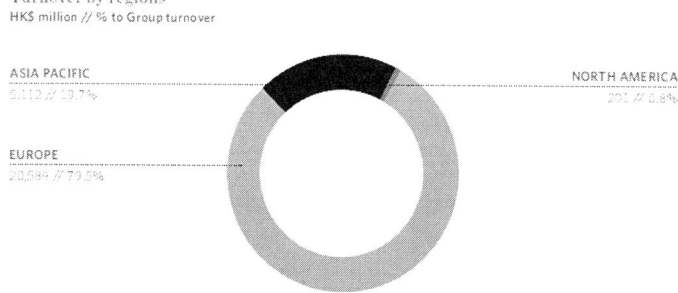

Abbildung 6: Umsatz je Region (in Hongkong-Dollar)[25]

---

[24] Statista, 2013b

Gleichzeitig gestaltet sich China jedoch für das Unternehmen als interessanter Wachstumsmarkt, weshalb es in Zukunft gilt, diesen zu durchdringen und die Marke zu etablieren. Abbildung 7 visualisiert die Expansionsentwicklungen innerhalb des asiatischen Raums in den letzten fünf Jahren und zeigt deutlich, dass ESPRIT bereits sichtbare Umsatzzugewinne realisieren konnte und sich somit auf dem richtigen Weg befindet, um dieses Ziel zu erreichen. Umbaus in erster Linie eingespart werden, insbesondere im Bereich Marketing und Personal. Daneben steht die Reduzierung von Inventar auf dem Plan. Trotz Einsparungen im Personalwesen setzt sich der Konzern als eine Priorität das Ziel, Talente und Erfahrungsträger, die zusammenpassen und zusammen erfolgreich wirtschaften, zu beschäftigen („People"). Als ein weiterer Schwerpunkt innerhalb der Strategie möchte ESPRIT das Vereinen von sämtlichen Funktionen innerhalb eines Teams erreichen. Damit einhergehend soll die vertikale Integration weiter vorangetrieben werden, um effizientere Produktionsabläufe zu ermöglichen und den Informationsfluss zwischen allen Unternehmensbereichen zu verbessern („Integration").

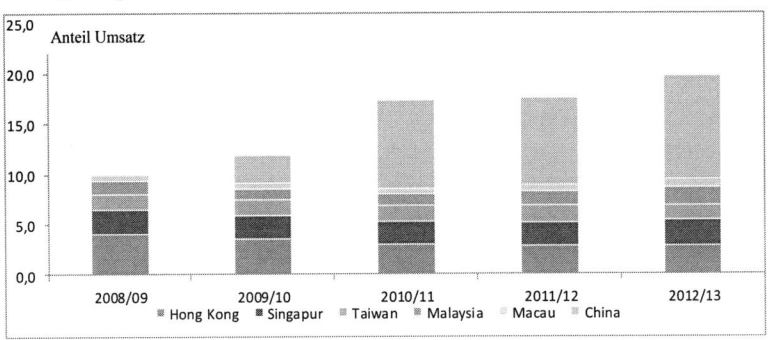

Abbildung 7: Umsatzverteilung von ESPRIT in Asien vom Jahr 2008 bis 2013[26]

Als weitere Wachstumsstrategie im Jahresbericht 2012 / 2013 nennt das Unternehmen die Diversifikation bezüglich einer Mehrmarkenstrategie, um eine möglichst breite Kundenschicht ansprechen zu können. So möchte ESPRIT mit der Marke edc insbesondere junge Kunden für die Marke begeistern, um einer Überalterung der Kundengruppe vorzubeugen.
Für langfristiges Wachstum soll auch die Förderung des bereits seit Jahren erfolgreich etablierten Online-Shops und dessen Expansion auf andere

---

[25] ESPRIT Annual Report, 2012 / 2013
[26] in Anlehnung an Statista, 2013c

Märkte sorgen. Insbesondere wegen der hohen prognostizierten Wachstumsrate im Bereich E-Commerce ist es vonnöten seinen Online-Auftritt zu optimieren und kontinuierlich weiterzuentwickeln um dem Kunden größtmöglichen Service zu bieten, insbesondere in Hinsicht auf eine Multichanneling-Strategie. Um diese Herausforderung zu meistern kann ESPRIT auf langjährige Erfahrungswerte im Online-Handel und seine führende Position zurückgreifen. Die folgende Abbildung fasst die Hauptziele bezüglich der Produktstrategie zusammen:

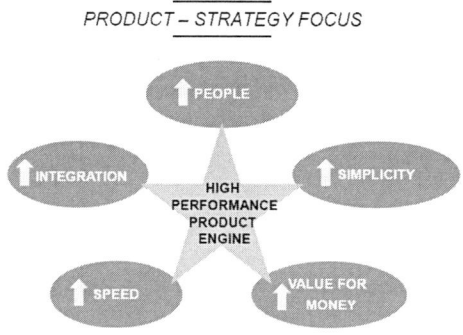

Abbildung 8: Produkt-Strategie Ausrichtung[27]

Innerhalb des kurzfristigen Planungshorizonts sieht ESPRIT die Konzentration auf die Kernmärkte vor und fokussiert hierbei den Return on Investment, um wieder profitabel wirtschaften zu können. Langfristig gesehen hingegen setzt sich der Modekonzern auch das Ziel, neue, profitable Märkte zu erschließen. Dabei möchte das Unternehmen die Hilfe von strategischen Partnerschaften und Meinungsführern nutzen um das Eintrittsrisiko möglichst gering zu halten.[28]

Die folgende Abbildung wurde im Jahre 2011 vom Unternehmen erstellt, so dass sich der Konzern mittlerweile in der mittelfristigen Planung („Medium Term") befindet, somit in der vom Wandel dominierten Phase.

---

[27] Annual Results Presentation 2012 / 2013, S. 57
[28] Vgl. ESPRIT Annual Report 2012/2013

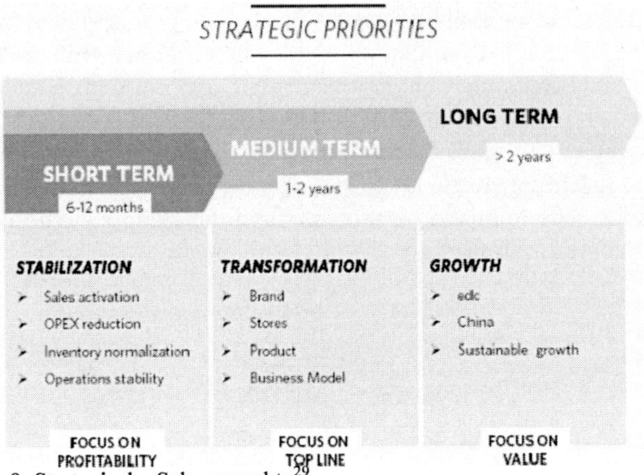

STRATEGIC PRIORITIES

		LONG TERM > 2 years
	MEDIUM TERM 1-2 years	
SHORT TERM 6-12 months		

STABILIZATION	TRANSFORMATION	GROWTH
➤ Sales activation	➤ Brand	➤ edc
➤ OPEX reduction	➤ Stores	➤ China
➤ Inventory normalization	➤ Product	➤ Sustainable growth
➤ Operations stability	➤ Business Model	
FOCUS ON PROFITABILITY	FOCUS ON TOP LINE	FOCUS ON VALUE

Abbildung 9: Strategische Schwerpunkte[29]

4 SWOT-Analyse

Die SWOT-Analyse dient zu einer internen Betrachtung der Stärken (Strenghts) und Schwächen (Weaknesses) eines Unternehmens und geht darüber hinaus durch eine externe Analyse auf mögliche Chancen (Opportunities) und Risiken (Threats) ein. Dadurch zeigt sich die Marktpositionierung eines Unternehmens bzw. Ansatzpunkte und Schwachstellen, welche Möglichkeiten zur Optimierung bieten.[30]

SWOT-Analyse ESPRIT

Strenghts	Weaknesses
- Multichannel Vertrieb - Im Vergleich zum stationären Handel ständige Erreichbarkeit - Größere Auswahl als im Ladengeschäft - Umfassende Informationen zu den Kleidungsstücken - Social Media Präsenz - Stark ausgeprägte Social Responsibility - Erfahrungsvorsprung durch langjährige Präsenz im Onlinehandel - Möglichkeit des Express-Versandes	- Lange Beantwortungszeiten bei E-Mails - Hohe Retourenquote - Kein kostenloser Versand

---

[29] Annual Results Presentation 2012 / 2013, S. 64.
[30] Vgl. Schawel, Christian / Billing, Fabian, 2011, S. 182.

Opportunities	Threats
- E-Commerce Markt wächst stetig - Mode ist stärkste Kategorie im Online Handel - Verringerung der Lieferzeiten anstreben - Verringerung der Retourenquote durch Einsatz moderner Hilfsmittel - Stärkere Einbindung der Kunden bspw. bei der Gestaltung der Kollektionen über Social Media Kanäle - Verknüpfung von Offline- und Online-Handel zur Ertragssteigerung	- Verpassen von E-Commerce Trends - Kundenmeinungen ignorieren - Meinungen von unzufriedenen Kunden werden über Social Media schneller und weiter verbreitet - Überalterung der Marke und Stammkundschaft

SWOT-Analyse s.Oliver

Strenghts	Weaknesses
- Kürzeste Telefonwartezeit - Kostenloser Versand - Bestellung ohne Registrierung möglich - Testsieger in der Kategorie Service - Kostenloser Chat mit Mitarbeitern zur Beratung - Im Vergleich zum stationären Handel ständige Erreichbarkeit - Multichannel Vertrieb - Im Vergleich zum Ladengeschäft erweiterte Produktauswahl - Social Media Präsenz - Online Fashion Magazin - Partnerschaft mit bekannten Marken z.B. Ausrüster des FC Bayern[31], Partnerschaft mit der TV- Sendung Fashion Hero[32]	- Hohe Retourenqoute - Keine Angaben zur Social Responsibility

Opportunities	Threats
- E-Commerce Markt wächst stetig - Mode ist stärkste Kategorie im Online Handel - Verringerung der Lieferzeiten anstreben - Verringerung der Retourenquote durch Einsatz moderner Hilfsmittel - Stärkere Einbindung der Kunden bspw. bei der Gestaltung der Kollektionen über Social Media Kanäle - Verknüpfung von Offline und Online Handel zur Ertragssteigerung	- Verpassen von E-Commerce Trends - Kundenmeinungen ignorieren - Meinungen von unzufriedenen Kunden werden über Social Media schneller und weiter verbreitet.

---

[31] Vgl. s.Oliver Homepage, 2011.
[32] Vgl. s.Oliver Homepage, 2013

Die SWOT- Analysen im Vergleich

Die SWOT- Analyse zum Vergleich der beiden Online Shops von ESPRIT und s.Oliver zeichnet folgendes Bild. Zu einer der Stärken von ESPRIT zählt die sehr stark ausgeprägte Social Responsibility, auf welche die Kunden einen immer größeren Wert legen.[33] Die folgende Abbildung verdeutlicht dieses Engagement. ESPRIT kontrollierte im Jahr 2012 / 2013 99% seiner Lieferanten nach strengen Richtlinien, bspw. bezüglich Arbeitssicherheit oder Arbeitszeiten.[34] Diese Bemühungen sind insbesondere nach Aufdeckung skandalöser Arbeitsbedingungen in Ländern wie bspw. Bangladesch oder Indien von großer Bedeutung für Kunden.

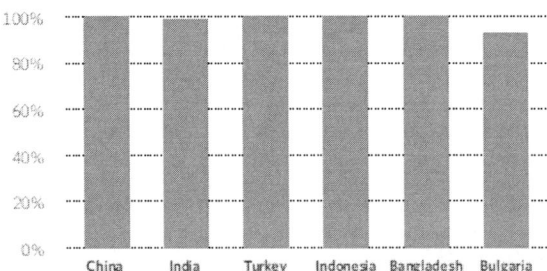

Abbildung 10: Aufstellung der geprüften Lieferanten 2012/2013[35]

Auch die hohen Erfahrungswerte durch die langjährige Präsenz im Online Handel kommen dem Konzern zugute.[36] Die Kunden schätzen darüber hinaus die Möglichkeit des Expressversandes sowie die umfassenden Informationen zum Modeeinkauf innerhalb des Online.Shops von ESPRIT.[37] Die Stärken von s.Oliver liegen in einer ausgeprägten Serviceorientierung. So ist eine Bestellung auch ohne vorherige Registrierung möglich. Dies schätzt eine Vielzahl der Verbraucher, denn für sechs von zehn Kunden ist eine Überhäufung mit Werbebotschaften nach dem Kauf ein negativer Faktor beim Online-Shopping.[38] Zudem bietet s.Oliver seinen Kunden einen

---

[33] Vgl. Buhr, Andreas, 2011, S. 28f.
[34] Vgl. ESPRIT Annual Report 2012 / 2013, S. 61.
[35] ESPRIT Annual Report 2012 / 2013, S. 61
[36] Vgl. TextilWirtschaft, 2012, S. 24f.
[37] Vgl. Genios Branchenwissen, 2013a.
[38] Vgl. BITKOM, 2013, S.5.

kostenlosen Versand der Ware und die Wartezeit bei telefonischen Anfragen erwies sich im Vergleich mit anderen Online-Händlern als die Kürzeste. Des Weiteren bietet s.oliver seinen Kunden die Möglichkeit per Video-Chat mit den Mitarbeitern in Kontakt zu treten, um sich beraten zu lassen. Zu den gemeinsamen Stärken gehört die Ausrichtung auf den Multichannel Vertrieb, d.h. die angebotenen Kleidungsstücke können sowohl im stationären Handel als auch im Online-Shop gekauft werden. Zum einen lässt sich durch das Multichannel-System einen höheren Absatz im Vergleich zum Einkanalvertrieb erzielen[39], zum anderen weisen Multichannel-Kunden höhere Wiederkaufsraten und eine längere Verweildauer bei dem jeweiligen Unternehmen auf und verfügen so über einen insgesamt höheren Kundenwert.[40] Ein weiterer Vorteil der Online Präsenz ist die im Vergleich zum traditionellen Ladengeschäft ständige Erreichbarkeit der Shops. Ebenso wird eine größere Produktvielfalt geboten. Dazu bieten beide Marken eine Social Media Präsenz via Facebook und Google+. Hierdurch werden Kunden und Fans auf Aktionen und neue Produkte aufmerksam gemacht und können zusätzlich mit dem Unternehmen in Dialog treten. Zu den Schwächen zählen bei ESPRIT eine lange Beantwortungszeit bei E-Mails[41] sowie das Aufrufen von Versandkosten. Diese fallen mit 0,95 Euro zwar moderat aus, im Vergleich zur Konkurrenz, welche einen kostenlosen Versand anbietet, gestalten diese sich jedoch nicht mehr als zeitgemäß. Bei s.Oliver finden sich hingegen keine Angaben zur Social Responsibility. Beiden Anbietern gemein ist eine hohe Retourenqoute, welche jedoch durchaus marktüblich ist. Abbildung 11 illustriert, dass lediglich 15,3% des Gesamtumsatzes der Marke ESPRIT aus dem Bereich Men's Wear stammen.
Es besteht somit ein Steigerungspotenzial, was zukünftig u.a. durch gezielte Aktivierungsmaßnahmen, on- wie offline bei der männlichen Kundschaft ausgeschöpft werden kann. Generell bieten sich beiden Händlern zukünftig Chancen dadurch, dass die Wachstumsprognosen im Bereich E-Commerce langfristig positiv ausfallen[42]. Für einen weiteren Markterfolg wird es wichtig sein, die aktuell vorherrschende hohe Retourenqoute[43] zu verringern. Voraussetzung hierfür ist zunächst die Analyse der Retourengründe. Der Hauptgrund für Retouren ist, dass die bestellte Ware nicht richtig passt.

---

[39] Vgl. TextilWirtschaft, 2003, S. 72f.
[40] Vgl. Margraf, Sandra, 2011, S.14f.
[41] Vgl. TextilWirtschaft, 2013, S. 5.
[42] Vgl. zfo, 2013, S. 273.
[43] Vgl. TextilWirtschaft, 2013, S: 26ff.

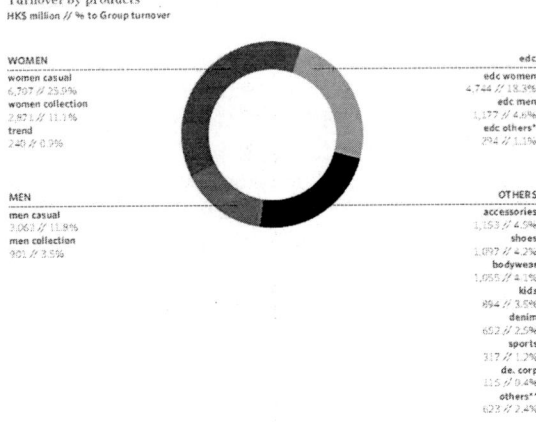

Abbildung 11: Umsatz nach Warengruppen bei ESPRIT[44]

Hier können die Unternehmen durch den Einsatz moderner Hilfsmittel in Form von Virtual Dressing Tools Abhilfe schaffen. Der Kunde gibt seine Maße ein und erhält daraufhin Informationen, an welchen Körperstellen das gewählte Kleidungsstück evtl. nicht passt. Ebenfalls können weiter verbesserte Produktbeschreibungen und eine erweiterte Bilderauswahl dazu beitragen die Retourenquote zu senken.[45] Auch der Aufruf an die Kunden, die Ware bezüglich Passform zu beurteilen und daraufhin Größenempfehlungen anzupassen, könnte sich als hilfreich erweisen. Ferner kann eine schnellere Belieferung die Umtauschquote senken. Ein weiteres Geschäftspotenzial besteht im Ausbau der Social Media Strategie. Kunden beziehen heute bereits vermehrt Soziale Netzwerke in die Informationssuche und ihre Kaufentscheidung mit ein. Nutzerkommentare und Empfehlungen von Freunden dienen hierbei als Grundlage zur Kaufentscheidung.[46] Um künftig am Markt zu bestehen, wird es darauf ankommen, die Kunden aktiv in die Mitgestaltung der Produkte und Produktlinien einzubeziehen. Der Kunde wird so vom reinen „Consumer" zum „Prosumer".[47] Ein weiterer Punkt zur Erhaltung der Wettbewerbsfähigkeit im E-Commerce ist die zunehmende Verknüpfung von Stationärem- und Online-Handel. Dabei wird das

---

[44] ESPRIT Annual Report 2012 / 2013, S. 21
[45] Vgl. Textilwirtschaft, 2013, S.26f.
[46] Vgl. Margraf, Sandra, 2011, S.80f.
[47] Vgl. Buhr, Andreas, 2011, S.64.

stationäre Geschäft immer interaktiver. Touchscreens ermöglichen es den Kunden bspw. online zu gehen und Zusatzangebote zu nutzen. Das Ladengeschäft entwickelt sich hierbei mehr und mehr zum Showroom.[48] Zu den Zusatzangeboten gehört u.a. die sogenannte „Augmented Reality"[49]. Diese stellt eine Art erweiterte Realität dar, die die reale Welt mit einer durch den PC erzeugten Wirklichkeit verknüpft. Hält man sein Smartphone z.B. an das gewünschte Kleidungsstück, erzählt uns dieses etwas über seine Herkunft, die verwendeten Materialen und den Preis.[50] Die größten Risikofaktoren für ESPRIT und s.Oliver liegen im Verpassen dieser zukünftigen Trends im E-Commerce. Ebenso dürfen Kundenmeinungen, Empfehlungen oder Anregungen zur Verbesserung nicht ignoriert werden. Besonders aufgrund der immer stärkeren Nutzung und Einbindung von Sozialen Netzwerken, teilen Kunden ihre negativen Erfahrungen umgehend ihrer Community und Freunden im Web 2.0 mit und beeinflussen somit als Meinungsführer andere potenzielle Kunden.[51] Weiterhin befürchten Experten, dass die Marke ESPRIT durch sinkende Attraktivität mit der Stammkundschaft altern könnte[52]

5   Fazit und Handlungsempfehlung

Trotz großer Konkurrenz hat sich ESPRIT über Jahre hinweg eine starke Position auf dem Onlinemarkt erkämpft, welche es auszubauen und zu festigen gilt. Als umsatzstärkster Online-Shop im reinen Modesegment muss sich ESPRIT in erster Linie auf die Perfektionierung der Servicequalität konzentrieren um bspw. lange Beantwortungszeiten bei Kundenanfragen sowie lange Lieferzeiten zu vermeiden. Auch wäre die Überlegung anzustellen, ob ESPRIT mit dem Verzicht auf die Versandkosten von 95 Cent mit großen Online-Händlern wie Zalando gleichziehen könnte. Durch verbesserte Kundenfreundlichkeit kann es dem Konzern gelingen den Wettbewerber s.Oliver. im Bereich Service von der führenden Position zu verdrängen. Darüber hinaus muss die Problematik der hohen Retourenquote im Fokus des Modekonzerns stehen. Retourengründe müssen genauestens analysiert und daraus Verbesserungen beispielsweise für Produktbeschreibung, Lieferschnelligkeit und Versandsicherheit abgeleitet werden.

---

[48] Vgl. afz, 2013, S.18.
[49] Buhr, Andreas, 2011, S. 88.
[50] Vgl. Buhr, Andreas, 2011, S.88f.
[51] Vgl. Buhr, Andreas, 2011, S.47.
[52] Vgl. Horizont, 2012, S. 23.

Bisher generiert ESPRIT knapp 80% seines Gesamtumsatzes in Europa (s. Abbildung 12). Durch das Erschließen neuer Wachstumsmärkte außerhalb Europas, insbesondere in Asien und Südamerika, kann das Unternehmen von bisher ungenutzten Potenzialen profitieren.
Durch die strategische Neuausrichtung im ganzen Konzern zeigt sich, dass die Warnsignale erkannt wurden und Investitionen in tiefgreifende Umbaumaßnahmen bereits vollzogen wurden. Die zentrale Herausforderung für den Modekonzern ESPRIT wird in Zukunft die erfolgreiche Verknüpfung von Stationärem- und Online-Handel sein. Nur wenn der Kunde in einem Kanal zufrieden ist, wird er auf den zweiten Kanal ausweichen bzw. diesen austesten, um anschließend stationären Handel und Online-Handel zu verbinden. Aus diesem Grund, insbesondere im Zuge der Umstrukturierung, muss ESPRIT die Trends im Multichannel-Handel frühzeitig erkennen und erfolgreich umsetzen. Gelingt dies dem Unternehmen vor seinen wichtigsten Wettbewerbern, kann der Modekonzern den entscheidenden „First-to-Market"-Vorteil erlangen.

6 Arbeitsfragen

1. Welche Chancen und welche Risiken ergeben sich aus der Neuausrichtung des Unternehmens?
2. Welche weiteren Möglichkeiten bestehen für ESPRIT, die hohe Retourenquote zu senken?
3. Wie schätzen Sie die aktuelle Multichannel-Performance von ESPRIT ein und wie könnten zukünftige Multichannel-Trends aussehen?

Quellenverzeichnis

Literaturquellen
Buhr, Andreas: Vertrieb geht heute anders: Wie Sie den Kunden 3.0 begeistern, Offenbach: Gabler Verlag, 2011
Heinemann, Gerrit: Der neue Online Handel: Geschäftsmodell und Kanalexzellenz im E-Commerce, 5. Auflage, Wiesbaden: Springer Gabler Verlag, 2014
Margraf, Sandra: Strategisches Multi Channel Management & Social Media im CRM, München: AVM-Verlag, 2011
Schawel, Christian / Billing, Fabian: Top 100 Management Tools: Das wichtigste Buch eines Managers, Wiesbaden: Springer Gabler Verlag, 2012

Internetquellen

Afz 44: Stationärer Handel bleibt: Geschäfte können sich gegen Online-Shops behaupten: http://www.wiso-net.de/webcgi?START=A60&DOKV_DB= ZECO&DOKV_NO=AFZ2013103089034&DOKV_HS=0&PP=1 (Abruf am 01.11.2013), 2013

BITKOM: Trends im E-Commerce: Konsumverhalten beim Online Shopping: http://www.bitkom.org/de/markt_statistik/64038_75954.aspx (Abruf am 15.10.2013), 2013

Der Handel: Onlinehändler freuen sich über Rekordjahr 2012: http://www.der handel.de/news/technik/pages/Distanzhandel-Onlinehaen dler-freuen-sich-ueber-Rekordjahr-2012-9475.html (Abruf am 22.10.2013), 2013

Deutsches Institut für Service und Qualität: http://disq.de/2013/20130306-Online-Shops-Fashion.html (Abruf am 04.11.2013), 2013

ESPRIT Homepage: Über uns: Profil, 2013: http://www.esprit.com/index.php? command=Display&page_id=45 (Abruf am 20.10.2013), 2013a

ESPRIT Online Shop: Startseite: www.esprit.de (Abruf am 04.11.2013), 2013

ESPRIT Annual Report 2012 / 2013: http://www.esprit.com/investor_relations /annual_interim_reports/ (Abruf am 15.10.2013), 2013

ESPRIT Annual Results Presentations 2012 / 2013: http://www.esprit.com/inves tor_relations/presentations/ (Abruf am 15.10.2013), 2013

Genios Branchenwissen: Einzelhandel mit Bekleidung – interaktiver Handel macht Fachhändler das Leben schwer, 2013: http://www.wiso-net.de/webcgi?START=A60&DOKV_DB=BRAW&DOKV_NO=s_t ex_20130604&DOKV_HS=0&PP=1 (Abruf am 29.10.2013), 2013a

Genios BranchenWissen: E-Commerce – beliebt, stark und mobil, 2013: http://www.wiso-net.de/webcgi?START=A60&DOKV_DB=BRAW& DOKV_NO=s_tel_20130208&DOKV_HS=0&PP=1 (Abruf am 25.10.2013), 2013b

Horizont 48 vom 29.11.2012: Stationärer Handel unter Druck: OC&C Studie: Konsumenten shoppen verstärkt digital, Amazon attraktivster Händler/ Kundenvertrauen wächst im Web: http://www.wiso-net.de/webcgi?START

=A60&DOKV_DB=ZECO&DOKV_NO=HOR2012112951111&DOKV_HS=0&PP=1 (Abruf am 23.10.2013), 2012

Neue Osnabrücker Zeitung, Ausgabe Stadt 22.01.2013: Die 20 umsatzstärksten Online-Shops in Deutschland – Neckermann inzwischen pleite: http://www.wiso-net.de/webcgi?START=A60&DOKV_DB=NOZ&DOKV_NO=1187758&DOKV_HS=0&PP=1 (Abruf am 25.10.2013), 2013

s.Oliver Homepage: http://www.soliver.de/fashion-hero/willkommen/fashion_hero_welcome,default,sc.html (Abruf am 05.11.2013), 2013

s.Oliver Homepage: s.Oliver ist offizieller Fashionpartner des FC Bayern München: http://www.soliver.com/company/press/releases.html (Abruf am 02.11.2013), 2011

Spiegel Online: Schlingernde Modekette: Esprit findet neuen Chef: http://www.wiso-net.de/webcgi?START=A60&DOKV_DB=SPON&DOKV_NO=SPON20120807-848614&DOKV_HS=0&PP=1 (Abruf am 26.10.2013), 2012

Statista: Bekanntheit von Marken bei Kleidung: Welche Kleidungsmarken kennen Sie? : http://de.statista.com/statistik/daten/studie/177933/umfrage/bekanntheit-von-marken-bei-kleidung/ (Abruf am 01.11.2013), 2007

Statista: Produktkategorie mit der höchsten Retourenquote im Online-Handel 2012: Anteil der Online-Bestellungen, die zurückgeschickt wurden im Jahr 2012 (nach Produktkategorie): http://de.statista.com/statistik/daten/studie /227165/umfrage/anteil-der-retouren-im-deutschen-online-handel-nach-produktkategorien/ (Abruf am 02.11.2013), 2012

Statista: Prognostizierter E-Commerce Umsatz in Europa bis 2017: Umsätze im Online-Einzelhandeln in ausgewählten Ländern in Westeuropa von 2012 bis 2017 in Milliarden Euro: http://de.statista.com/statistik/daten/studie/ 2987/umfrage/entwicklung-des-b2c-umsatzes-im-e-commerce-in-westeuropa/ (Abruf am 28.10.2013), 2013a

Statista: Ranking von Multichannelhändlern nach Konzeptreife 2013: Ranking der Unternehmen mit nach dem IBM Omnichannel Maturity Index ausgereiftesten Multichannelkonzepten in Deutschland im Jahr 2013: http://de.statista.com/statistik/daten/studie/262045/umfrage/rankingvon-multichannelhaendlern-in-deutschland-nach-konzeptreife/ (Abruf am 10.10.2013), 2013b

Statista: Umsatzverteilung von ESPRIT im Einzelhandel weltweit nach Ländern bis 2013: Umsatzverteilung von ESPRIT im Einzelhandel weltweit nach Ländern in den Geschäftsjahren 2008/09 bis 2012/13: http://de.statista.com /statistik/daten/studie/158883/umfrage/umsatzverteilung-des-esprit-einzelhandels-nach-laendern-seit-2008/ (Abruf am 27.10.2013), 2013c

TextilWirtschaft 58 vom 13.02.2003: Was Multi-Channel-Retailing bringt: Die Angst vor Kannibalisierung der Kanäle ist unbegründet: http://www.textil wirtschaft.de/suche/show.php?ids[]=175484 (Abruf am 17.10.2013), 2003

TextilWirtschaft 22 vom 31.05.2012: Tüte oder Netz: In den Führungsetagen gehören Cross-Channel- oder gar Omni-Channel-Strategien zum Instrumentarium für die Zukunft. Der Kunde will vor allem eins: exzellent bedient werden. Egal, ob im Laden oder im Internet: http://www.wiso-net.de/webcgi?START=A60&DOKV_DB=ZECO&DOKV_NO=TW2012053130336&DOKV_HS=0&PP=1 (Abruf am 25.10.2013), 2012

TextilWirschaft 29 vom 18.07.2013: Versender sagen Retouren den Kampf an: http://www.wiso-net.de/webcgi?START=A60&DOKV_DB=ZECO&DOKV_NO=TW2013071876742&DOKV_HS=0&PP=1 (Abruf am 24.10.2013), 2013

Techdivison: Trends im E-Commerce 2013, Zahlen, Fakten, Entwicklungen http://www.techdivision.com/blog/trends-im-e-commerce-2013-fakten-zahlen-entwicklungen/ (Abruf am 22.10.2013), 2013

Zfo: Glaubwürdigkeit im Internethandel: http://www.wiso-net.de/webcgi?START=A60&DOKV_DB=ZECO&DOKV_NO=ZFO081302010&DOKV_HS=0&PP=1 (Abruf am 13.10. 2013), 2013

Sonstige Quellen:

FAZ Nr. 211 vom 11.09.2013: Modehaus ESPRIT macht hohe Verluste: Umsatz sinkt / Wertberichtigung auf Lagerbestand

2 Zalando
(Pizzonia, M.)

1 Einleitung

Fragt man Personen, die größtenteils im Zeitalter ohne Internet und Smartphones aufgewachsen sind, verstehen diese oft die Welt von heute nicht mehr. Durch die Globalisierung rückt die Welt immer näher zusammen. Das Leben wir immer schneller. Wir Menschen wollen alles zu gleich tun. Nur für wenige ausgewählte Dinge wird sich heute noch Zeit genommen. Das Internet war eine Revolution und hat unser Leben extrem verändert, so auch unser Kaufverhalten. Hat man sich früher noch einen halben oder ganzen Tag Zeit genommen, um in ein Einkaufszentrum zu fahren, so wird das heute lieber bequem von der Couch Zuhause aus gemacht. Mittlerweile ist nahezu alles online erhältlich und in wenigen Tagen lieferbar.
Im Rahmen eines Projektes an der Dualen Hochschule Baden Württemberg Mannheim wurden die Studenten des Kurses WHD 11 E der Fachrichtung Handel aufgefordert, die Analyse eines Unternehmen zu erarbeiten. Es stand einer Liste mit den Top 100 eCommerce Unternehmen, ermittelt durch die Höhe des Umsatzes von 2011, zur Wahl. Der Verfasser dieser Seminararbeit wählte die Zalando GmbH, mit welcher er sich in der vorliegenden Arbeit auseinandersetzt.

2 Historische Entwicklung

Die Firma Zalando GmbH besteht seit Oktober 2008.[53] Gründer der Zalando GmbH waren David Schneider und Robert Gentz.[54] Sie kannten sich vom Betriebswirtschaftsstudium[55] an der Otto Beisheim School of Management in Koblenz.[56] Das Konzept für das Unternehmen, welches in der gemeinsamen WG in Berlin-Mitte entstand, sah einen Online Schuhladen vor.[57] Das benötigte Startkapital stammte von den Investoren Marc, Oliver und Alexander Samwer, welche auch als die Samwer-Brüder bekannt sind.[58] Mit einer übersichtlichen Anzahl von Marken und nur Schuhen als

---

[53] Vgl. Zalando GmbH, Presse, Zahlen und Fakten, 2013.
[54] Vgl. Wassink, Melanie, 2012.
[55] Vgl. Seidel, Hagen/ Evert, Hans/ Gribnitz, Rene, 2013.
[56] Vgl. Seidel, Hagen, 2013.
[57] Vgl. Nienhaus, Lisa, 2013.
[58] Vgl. Wassink, Melanie, 2012.

Verkaufsprodukt erschien die Internetseite mit dem Onlinestore im Oktober 2008.[59] Zu Beginn wurden die Kartons noch in der Berliner WG selbst verpackt. Die WG diente als Wohnung, Lagerfläche, Geschäftszentrale und Call Center.[60] Im Laufe des restlichen Jahres wurde das Markensortiment aufgestockt und zugleich verlief das erste Weihnachtsgeschäft erfolgreich.[61] Anfang des Jahres 2009 wurde der Platz in den Büroräumen, die mittlerweile auch als Lagerfläche benutz wurden knapp, folglich zog die Zalando GmbH in größere Räumlichkeiten um.[62] Im Mai des Jahres hatte Zalando bereits 59 Marken im Angebot und verkaufte nun auch Kleidung für Frauen.[63] Eine weitere Expansion von Lager-/und Büroräumen war von Nöten.[64] Gegen Ende des Jahres wurde der erste Werbespot im Fernsehen ausgestrahlt, woraufhin der Bekanntheitsgrad und die Verkaufszahlen stiegen.[65] Darüber hinaus erhielt die Zalando GmbH die TÜV-Süd Auszeichnung für Service und Kundenzufrieden.[66] Zu Beginn des Jahres 2010 wurde Rubin Ritter als dritter Geschäftsführer im Bunde von den zwei Gründern David Schneider und Robert Gentz engagiert.[67] Nun fand der erste große Aufschwung statt.[68] Überdies erweiterte die Zalando GmbH ihr Online-Angebot auf Herren-, Kinder- und Sportbekleidung, sowie Sportartikel und Pflegeprodukte.[69] Im Juli 2010 waren circa 500 Marken bei der Zalando GmbH online erhältlich.[70] Zu diesem Zeitpunkt gab es die Zalando GmbH bereits in Holland und Frankreich, wobei 2011 noch Italien, Großbritannien, Österreich und die Schweiz hinzukamen.[71] In der zweiten Hälfte des Jahres 2011 war das erste eigene Logistikzentrum in Brieslang einsatzbereit, des Weiteren begannen die Bauarbeiten für das Zweite in Erfurt.[72] Im ersten Quartal des Jahres 2012 wurde die Zalando GmbH zum offiziellen Partner von „Germanys Next Topmodel" ernannt.[73]

---

[59] Vgl. Zalando GmbH, Presse, Die Entwicklung von Zalando, 2013.
[60] Vgl. Seidel, Hagen/ Evert, Hans/ Gribnitz, Rene, 2013.
[61] Vgl. Zalando GmbH, Presse, Die Entwicklung von Zalando, 2013.
[62] Vgl. Zalando GmbH, Presse, Die Entwicklung von Zalando, 2013.
[63] Vgl. Zalando GmbH, Presse, Die Entwicklung von Zalando, 2013.
[64] Vgl. Zalando GmbH, Presse, Die Entwicklung von Zalando, 2013.
[65] Vgl. Zalando GmbH, Presse, Die Entwicklung von Zalando, 2013.
[66] Vgl. Zalando GmbH, Presse, Die Entwicklung von Zalando, 2013.
[67] Vgl. Seidel, Hagen/ Evert, Hans/ Gribnitz, Rene, 2013.
[68] Vgl. Seidel, Hagen/ Evert, Hans/ Gribnitz, Rene, 2013.
[69] Vgl. Zalando GmbH, Presse, Die Entwicklung von Zalando, 2013.
[70] Vgl. Kuhls, Michael, 2010.
[71] Vgl. Zalando GmbH, Presse, Die Entwicklung von Zalando, 2013.
[72] Vgl. Zalando GmbH, Presse, Die Entwicklung von Zalando, 2013.
[73] Vgl. Zalando GmbH, Presse, Die Entwicklung von Zalando, 2013.

Die Geschäftsführer des Konzerns beschlossen die Strategie des Multichannel-Handels zu fahren. Denn in Berlin Mitte wurde von der Zalando GmbH ein Outlet eröffnet, sodass die Produkte nun nicht mehr nur online, sondern auch im Einzelhandel vertreten sind.[74] In diesem werden alte Kollektionen und B-Waren offeriert.[75] Auf Grund des großen Ansturms bei der Eröffnung des „Ladenhüter-Landens", muss mittlerweile auf der Internetseite erst eine Zalando-Outlet Karte erworben werden, um in den Laden zu können.[76] Während Ende des Jahres 2012 der „größte Kleiderschrank Europa", das Logistikzentrum in Erfurt eröffnete, begannen die Baumaßnahmen für das neue Lager in Mönchengladbach.[77] Außerdem erhielt die Zalando GmbH im Dezember 2012 den Deutschen Marketing-Preis.[78] Der Onlineshop ist seither nun auch in Schweden, Belgien, Spanien, Dänemark, Finnland und Norwegen vertreten.[79] Seit Januar 2013 ist die Zalando GmbH zusätzlich im App-Store zu finden, sodass die Smartphone Nutzer auch unterwegs von ihren mobilen Geräten aus, in der Lage sind sich über die neuesten Trends zu informieren und gegebenenfalls die gewünschten Neuheiten zu erwerben. Der Großkonzern produziert auch selbst und bringt eigene Kollektionen auf den Markt.[80] Die Eigenmarken werden von der zLabels GmbH entwickelt und hergestellt.[81] Die Zalando GmbH hat bereits seine zwölfte Eigenmarke auf den Markt gebracht.[82]Dies dient der Erweiterung des Sortiments, um sich dadurch von der Konkurrenz abzuheben. Diese sind Zign, mint&berry, even&odd, Pier One, Mai Piu Senza, Taupage, YOUR TURN, STUPS, fullstop, Twintip, Anna Field, magnificent.[83]

3 Derzeitiger Stand im Markt

Onlineshop: www.zalando.de

Im folgenden Kapitel, stellt der Verfasser den Onlineshop der Zalando GmbH da. Der Onlinestore ist wie folgt aufgebaut (s. Abbildung 12). In der Kopfzeile wird darauf aufmerksam gemacht, dass die Zalando GmbH

---

[74] Vgl. Zalando GmbH, Presse, Die Entwicklung von Zalando, 2013.
[75] Vgl. Seidel, Hagen/ Evert, Hans/ Gribnitz, Rene, 2013.
[76] Vgl. Seidel,Hagen, 2013.
[77] Vgl. Zalando GmbH, Presse, Die Entwicklung von Zalando, 2013.
[78] Vgl. o. V. (a), 2012.
[79] Vgl. Zalando GmbH, Presse, Die Entwicklung von Zalando, 2013.
[80] Vgl. Groh-Kontio, Carina, 2013.
[81] Vgl. zLabels GmbH, Über uns, 2012.
[82] Vgl. zLabels GmbH, Marken, 2012.
[83] Vgl. zLabels GmbH, Marken, 2012.

eine kostenlose Hotline zum anrufen bietet, kostenlosen Versand und Rückversand und, dass der Kunde 100 Tage Rückgaberecht hat. Oben links ist das Logo der Zalando GmbH sichtbar. Die Hintergrundfarbe der kompletten Webseite ist weiß. Oben rechts befindet sich der Warenkorb, welcher zusätzlich durch das Bild eines Zalandopaketes, das durch die Werbespots bekannt ist, gekennzeichnet ist. Das TÜV Süd- Siegel und das Trusted Shops Gütesiegel sind direkt links daneben erkennbar. In der Mitte oben ist ein Suchfeld, in das gesuchte Lieblingsprodukte eingegeben werden können. Die Mitte dominiert eine große Bildfläche mit ständig wechselnden Angeboten und Werbebildern. Die Topseller des Tages werden am unteren Bildschirmrand angezeigt. Die obere Leiste enthält fünf wählbare Kategorien, mit jeweils passenden Unterthemen.

Abbildung 12: Zalando GmbH Startseite[84]

Die erste von links ist als Symbol eines Hauses dargestellt. Es ähnelt dem Homebuttons eines Handys, somit ist den modernen Mediennutzern verständlich, dass sich dahinter die Startseite verbirgt. Auf dieser Seite werden die Neuheiten vorgestellt. In der linken Spalte am Rand sind noch weitere Optionen wählbar. Es gibt einen Themenbereich, der sich Inspiration nennt. Hier werden die neuesten Styles, MustHaves, Typberatung, Basics und Angebote gezeigt. Weiter findet neben dem Link zur Startseite die Abtei-

---

[84] http://www.zalando.de/

lung für Damen, Herren, Kinder und Wohnen.[85] Wählt man die Kategorie Damen, öffnet sich eine neue Seite (s. Abbildung 13).

Abbildung 13: Zalando GmbH Startseite, Abteilung Damen[86]

Hier gibt es eine Zeile, die es einem ermöglicht zwischen den teilweise bereits bekannten Feldern Inspiration, Bekleidung, Schuhe, Sport, Accessoires, Premium, Wohnen, Marken, Fashion Deal, Sale und Lounge zu wählen. Der nächste Link in der oberen Leiste steht für die Herren.[87] Diese Seite ist genau wie die Seite für die Damen aufgebaut.[88]

Rechts daneben ist der Feld für Kinder. In einer linke Spalte auf dieser Seite befinden sich die Kategorien Alter, Mädchen, Jungen, Basics, new In, Must Haves, Kinderhelden, Ratgeber und Umstandsmode.[89]

Das rechte Feld in der oberen Leiste nennt sich Magazin und ist einer Frauenzeitschrift sehr ähnlich. Es werden die Unterteilungen Outfits, Trends, Highlights, Streetstyles, Stories, Gallery, Männer, Modeklassiker, Star-Styl und Mehr geboten. Auf jeder Seite befinden sich ganz unten unter anderem eine Auflistung der angebotenen Marken, die Testurteile und die Spracheinstellung.[90]

---

[85] Vgl. Zalando, Startseite.
[86] http://www.zalando.de/damen-home/
[87] Vgl. Zalando, Damen.
[88] Vgl. Zalando, Herren.
[89] Vgl. Zalando, Kinder
[90] Vgl. Zalando, Style.

Der Verlauf eines Onlineeinkaufes wird nun im Folgenden anhand eines Beispiels erläutert. Hat der potenzielle Kunde die Internetseite „www.zalando.de" aufgerufen, kann er nun zwischen den Überkategorien Damen, Herren und Kinder wählen. Entscheidet er sich für die Herrenabteilung, erscheinen in einer Spalte am unteren Rand die Topseller des Tages.[91] Die große Werbefläche in der Mitte zeigt nun vermehrt Männermodeartikel.[92] Wählt der Kunde nun in der Herrenabteilung das Gebiet Bekleidung erscheinen in einer linken Spalte eine Auflistung jeglicher Kleidungsstückkategorien und die Anzahl der angebotenen Ware in diesem Bereich.[93] Wählt der Kunde nun das Feld `Shirts` erscheint eine Auflistung aller Shirts. Möchte der Kunde spezifischer suchen, kann er nun auch zwischen `T-Shirts basic`, `T-Shirts print`, `Poloshirts` und `Langarmshirts `wählen.[94] Des Weiteren kann er seine Suche spezifizieren, indem er eine Marke, seine Größe, die Farbe und eine Preisspanne angibt[95]. Im Beispiel des Verfassers, wählt der Kunde `T-Shirt basic`, `adidas®`, Größe `M`, schwarz und eine Preisspanne von 29€ bis 42€.[96] Nun kann der Kunde auf das Gewünschte klicken und erhält nähere Informationen (s. Abbildung 14).

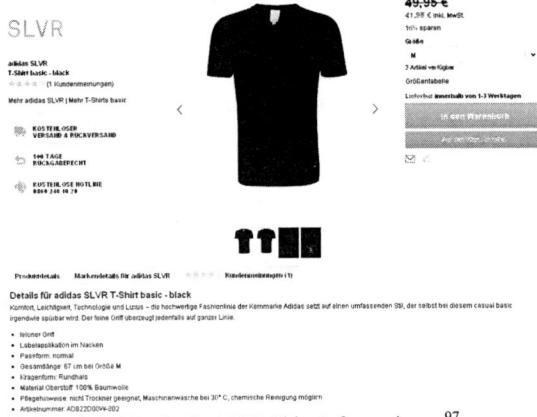

Abbildung 14: Bespiel Zalando GmbH T-Shirt Informationen[97]

---

[91] Vgl. Zalando, Herren.
[92] Vgl. Zalando, Herren.
[93] Vgl. Zalando, Herrenbekleidung.
[94] Vgl. Zalando, Herrenbbekleidung Shirt.
[95] Vgl. Zalando, Herrenbbekleidung Shirt.
[96] Vgl. Zalando, Herrenbekleidung, genaue Auswahl.
[97] http://www.zalando.de/adidas-slvr-t-shirt-basic-black-ad822d00w-802.html?size=M

Wenn er auf das T-Shirt drückt erscheint eine vergrößerte Aufnahme zur genaueren Betrachtung. Falls das Produkt den Wünschen des Kunden entspricht kann er es durch einen Klick auf den Warenkorb in diesen legen. Folglich erscheint der Warenkorb mit den ausgewählten Artikeln. Nach diesem Schema hat der Verfasser einen Warenkorb mit mehreren Artikeln erstellt (s. Abbildung 15).

Abbildung 15: Beispiel Zalando GmbH Warenkorb[98]

Im Warenkorb gibt es die Option weiter einzukaufen oder zur Kasse zugelangen. Ist der Einkauf beendet und der Zahlungsprozess soll abgeschlossen werden, wählt der Kunde den Button `Zur Kasse`. Im Fall, dass sich der Kunde noch nicht eingeloggt hat, hat er nun die Möglichkeit. Dies für die Abwicklung des Kaufs von Nöten. Vor Kaufabschluss, muss noch die Zahlungsmethode und gewünschte Lieferadresse angegeben werden.

4 Marketing

Auf Grund der Tatsache, dass die Zalando GmbH in den Medien äußerst präsent ist und zahlreiche Werbespots im Laufe ihres noch jungen Unternehmen Daseins geschaltet hat, ist davon auszugehen, dass die Zalando GmbH einen großen Wert auf ihren Bekanntheitsgrad legt. Dies ist natürlich, in Anbetracht der Konkurrenz, für ein Unternehmen besonders wich-

---

[98] http://www.zalando.de/warenkorb/

tig. Alle Werbespots der Zalando GmbH sind als kostenloser Download auf ihrer Webseite verfügbar.[99] Daraus lässt sich schließen, dass die Werbespots, welche im Fernsehen ausgestrahlt wurden für die Zalando GmbH von hoher Bedeutung sind. Zudem ist die Verbreitung dieser Werbespots legitim, lediglich in den Credits möchte die GmbH erwähnt werden. Die Werbespots dieser Firma sind sicher jedem bekannt. Produziert wurden sie bisher immer von der Agentur Jung von Matt/Pulse.[100] Die Imagefilme laufen immer nach dem ähnlichen Schema ab.[101] Den Rahmen bietet eine skurrile Alltagssituation, es klingelt, der Postbote bringt ein Paket, die Empfängerin schreit übertrieben vor Glück und der Postbote schreit danach auch, aber eher vor Schreck.[102] Der Werbespruch hieß anfangs, "Schrei vor Glück oder schick's zurück". Doch auf Grund der hohen Retourenquote und der damit verbundenen hohen Kosten, heißt es mittlerweile nur noch "Schrei vor Glück".[103] Dadurch fordert die Zalando GmbH den Kunden nicht mehr aktiv auf, die erworbene Ware zurückzuschicken.

Stephan Grünewald, bekannter Konsumpsychologe in Deutschland und Mitgründer des Marktforschungsinstituts Rheingold beurteilt die Werbespots als ausgezeichnet und wirksam. Dies ist insbesondere dadurch ersichtlich, dass die Rate der Aktivitäten auf der Internetseite heute noch nach oben schnellt, sobald ein Werbespot ausgestrahlt wird. Aber warum die Spots so wirksam sind, erklärt uns Stephan Grünewald. Hauptverantwortlich dafür ist der Überraschungseffekt. Die Kundin im Werbespot wirkt völlig überrascht und erfreut als der Postbote kommt und sie ihr Paket öffnet. Diese Begeisterung will der Zuschauer des Werbespots und damit potenzieller Kunde auch empfinden. Hier stellt sich die Frage, warum der Kunde im Werbefilm so überrascht ist? Er muss doch wissen, was er bestellt hat. Aber laut einer Studie vergessen insbesondere Frauen schon nach ein paar Stunden, was sie sich im Internet genau bestellt haben. Durch bewusstes Vergessen versucht der Mensch ein Überraschungsmoment zu erleben. Um die bestmöglichen Werbemittel auszuschöpfen werten Dienstleistungsunternehmen, nach dem Zeigen eines Werbespots der Zalando GmbH aus, welche Auswirkungen der Spot zum Beispiel auf die Aktivitäten, die Webseite betreffend, hat. Christian Meermann, zuständig für das Marketing der Zalando GmbH, erklärt, dass alles zuerst selbst ge-

---

[99] Vgl. Zalando GmbH, Presse, Downloads, 2013.
[100] Vgl. Zalando GmbH, Presse, Downloads, 2013.
[101] Vgl. Seidel, Hagen, 2013.
[102] Vgl. Seidel, Hagen, 2013.
[103] Vgl. Zalando GmbH, Presse, Downloads, 2013.

testet und ausprobiert wird, bevor es an die Öffentlichkeit kommt beziehungsweise im groß Aufgebot verwendet wird.

Zum Beispiel zeigte sich die Radiowerbung nicht als wirksam und wurde somit nicht in den Marketingpool aufgenommen. Trotz der durchdachten Verwendung von Werbemitteln, sind die Werbeausgaben der Zalando GmbH um einiges höher als bei seinen Konkurrenten. Mittlerweile wurden die Kosten minimiert, denn laut einer Umfrage kennen derweil circa 95% aller Deutschen den Online-Verkäufer.[104] Einen vergleichbaren Bekanntheitsgrad erzielt die Zalando GmbH ebenso im europäischen Raum.[105] In folgender Abbildung, sind die Mehrkosten dieser an Bruttowerbeausgaben von 2012 im Vergleich zu anderen Unternehmen ersichtlich, sowie die Werbespendingsenkung in% im Vergleich zum Vorjahr (s. Abbildung 16).

Unternehmen	Ausgaben 2012 (in Mio. €)	Veränderung zu 2011
ProSiebenSat.1 Digital	154,1	53,8
1&1 Internet	131,2	-11
Zalando	109,8	-19,1
Apple	101	7,9
eBay	98,8	88,6
Samsung Electronics	86,2	79,8
Microsoft	83,5	22,6
Trivago.de	47,6	69,1
Maxdome.de	41,4	3,9
Ab-in-den-Urlaub.de	34,1	40,1
Google.de	32,4	-14,6
Check24.de	30	53,4
Preis24.de	31,5	-9

Abbildung 16: Bruttowerbeausgaben ausgewählter Internetunternehmen in Deutschland im Jahr 2012 (in Millionen Euro)[106]

---

[104] Vgl. Seidel, Hagen, 2013.
[105] Vgl. Seidel, Hagen/ Evert, Hans/ Gribnitz, Rene, 2013.
[106] http://de.statista.com/statistik/daten/studie/152035/umfrage/werbeaus-gaben-ausgewaehlter-internetunternehmen-in-deutschland/

Um die hohen Kosten für das Ausstrahlen der Werbespots zu senken, traf die Zalando GmbH Vereinbarungen mit Fernsehsendern. Das Unternehmen bekommt die teuren Werbezeiten von Pro Sieben Sat. 1 ohne einen fixen Anteil dafür zahlen zu müssen. Im Gegenzug sind sie dazu verpflichtet, einen variablen Anteil ihres Umsatzes an den TV-Sender abzutreten.[107]

Bei einer Umfrage zur Mediennutzung von Jugendlichen im Alter von 14 bis 29 Jahren, ergab eine Umfrage laut Statista, dass 79% der Befragten am gestrigen Tag, das Internet genutzt haben.[108] Um diese Zahl der potenziellen Kunden ebenfalls mit ihrer Werbung zu erreichen, nutzt die Zalando GmbH das Internet, damit auch in diesem Medium eine hohe Präsenz ihrerseits gegeben ist.[109] Die Suchmaschinen Google und Yahoo sind hier von essenzieller Bedeutung.[110] Der potenzielle Kunde, welcher ein bestimmtes Produkt sucht, bekommt dies wahrscheinlich bei hunderten von Händlern angeboten, dadurch wird die SEO relevant.[111] Beim Einsatz von Suchmaschinen ist die Reihenfolge der erscheinenden Vorschläge wichtig, da der Nutzer meist nur den ersten Vorschlägen Beachtung schenkt.[112] Hier ist es für den einzelnen Händler entscheidend aus der Masse herauszustechen und zu diesen Suchergebnissen zu gehören.[113] Aber auch Link-Kooperationen mit Webseiten, Geldzahlungen und Buttonwerbung sind von hoher Bedeutung.[114] So ist Zalandowerbung auf vielen Webseiten im Internet zu finden. Die Marketingspezialisten der Zalando GmbH lassen sich immer wieder neue Aktionen einfallen. Zum Beispiel verkaufte Zalando in der Vorweihnachtszeit 2012 in Berlin am Gleisdreieck reduzierte Schuhe. Diese Aktion galt nur für bereits registrierte Kunden, jedoch kämpften Tausende um die Artikel.[115] Des Weiteren gehört die Zalando GmbH auch zu den Unternehmen, die in Zeitschriften und ähnlichem häufig vertreten sind.[116] Meist in Form von Gutscheinen, die eine Vergünstigungen von zehn Euro versprechen, ab einem bestimmten Einkaufswert.[117]

---

[107] Vgl. Wassink, Melanie, 2012
[108] Vgl. Viacom Brand Solutions, 2013.
[109] Vgl. Seidel,Hagen, 2013.
[110] Vgl. Seidel,Hagen, 2013.
[111] Vgl. Seidel,Hagen, 2013.
[112] Vgl. Seidel,Hagen, 2013.
[113] Vgl. Seidel,Hagen, 2013.
[114] Vgl. Seidel,Hagen, 2013.
[115] Vgl. Wassink, Melanie, 2012.
[116] Vgl. Seidel,Hagen, 2013.
[117] Vgl. Seidel,Hagen, 2013.

Eine hohe Präsenz in den Medien ist gegen über der Konkurrenz klar von Vorteil, welches jedoch umfassende Kosten verursacht. In der nachfolgenden Statistik sind die Bruttowerbeausgaben der Zalando GmbH dargestellt. Die Zahlen beziehen sich auf den Zeitraum 2009 bis zum ersten Halbjahr 2012. Es ist ersichtlich, dass die Werbekosten des Unternehmens von 2009 bis 2011 stark anstiegen. 2012 jedoch reduzierten sie ihre Werbeausgaben im Vergleich zum Vorjahr um über die Hälfte. Betrugen beispielsweise die Werbeausgaben für das Fernsehen 2009 noch 10,5 Millionen Euro so stiegen sie 2010 auf 76 Millionen Euro und 2011 waren es schon 93,4 Millionen Euro. Im Vergleich dazu gab die Zalando GmbH 2012 nur noch 40,1 Millionen Euro an Werbekosten für das Fernsehen aus, dies entspricht einer Werbekostensenkung von 57,06%. Eine vergleichbare Entwicklung der Werbeausgaben ist auch für das Internet zu beobachten. Die Werbeausgaben für Publikationszeitschriften sind in Anbetracht der gegeben Zahlen in diesem Kontext nicht erwähnenswert (s. Abbildung 17).

Abbildung 17: Bruttowerbespendings von Zalando von 2009 bis zum 1. Halbjahr 2012 (in Millionen Euro)[118]

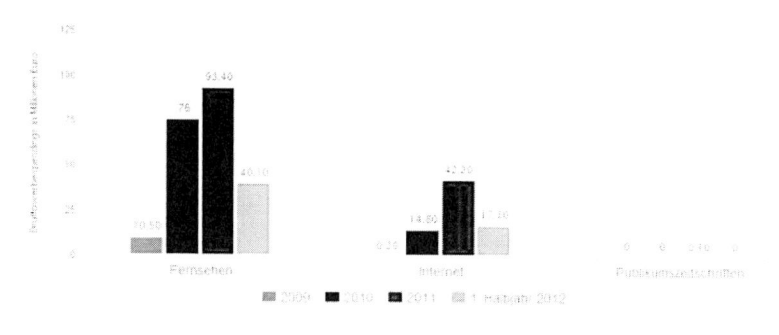

---

[118] http://de.statista.com/statistik/daten/studie/221482/umfrage/bruttowerbespendings-von-zalando-nach-werbetraeger/

Retourenquote

All umstritten in den Medien, ist die Retourenquote von der Zalando GmbH. Das Unternehmen selbst hat sich noch nicht zu den genauen Zahlen geäußert. Spekuliert wird dennoch viel. Die Zalando GmbH gab in einer asiatischen Stellenanzeige an, dass pro Tag 30.000 Paar Schuhe verkauft würden und dass das Unternehmen monatlich einen Umsatz von 100 Millionen Euro verbuchen würde.[119] Bei Betrachtung dieser Zahl als bruttowert, würde sich daraus eine Retourenquote von 66% ergeben.[120] Manche sprechen sogar von wahrscheinlichen 70-80%.[121] Das scheint unglaublich, würde aber die immerwährenden roten Zahlen erklären. Das Unternehmen verbucht dauerhaft Verluste.[122] Der Geschäftsführer Rubin Ritter sagte `Der Welt` im Interview zu den Spekulationen, dass die Zalando GmbH lediglich eine Rücksendequote von 50% habe.[123] Schuld an der ganzen Angelegenheit ist wohl die Zalando GmbH selbst. Bei einem Onlineeinkauf hat der Kunde für 14 Tage das Recht die Ware zurückzuschicken.[124].Die Zalando GmbH hingegen bietet sogar ein kostenloses Rückgaberecht von bis zu 100 Tagen, was vergleichsweise branchenuntypisch ist.[125]

Gewinner dieser Situation ist die Post. Der Rücklauf der Bestellungen der Zalando GmbH macht einen Teil des Wachstums der Post aus.[126] Der Leiter eines Paketzentrums schrieb in einem Zeitungsartikel „auch wir würden am liebsten schreien vor Glück".[127] Anhand der Zahlen wird die Situation deutlich. Im Frühjahr 2011 wurden täglich 6000 bis 8000 Zalandopakete verschickt und Frühling 2012 sogar noch mehr. Tendenz steigend.[128]

Umsatzentwicklung

Die noch junge Zalando GmbH hat in den letzten Jahren ein rapides Wachstum des Umsatzes verbuchen können, welches auf den hohen Bekanntheitsgrades zurückzuführen ist.

---

[119] Vgl. dz, 2012.
[120] Vgl. dz, 2012.
[121] Vgl. Seidel, Hagen, 2013.
[122] Vgl. Balmer, Dominik, 2012.
[123] Vgl. Seidel, Hagen/ Evert, Hans/ Gribnitz,Rene, 2013.
[124] Vgl.Verbraucherzentrale, Markt und Recht, 2013.
[125] Vgl. Balmer, Dominik, 2012.
[126] Vgl. Balmer, Dominik, 2012.
[127] Vgl. Balmer, Dominik, 2012.
[128] Vgl. Balmer, Dominik, 2012.

In nachfolgender Abbildung ist die Entwicklung der Geschäftszahlen von 2010 bis 2012 ersichtlich (s. Abbildung 18).

Die Zalando GmbH verbuchte im Jahr 2010 einen Umsatz von 150 Millionen Euro. Im Jahr 2011 erhöhte sich der Umsatz um 240% zum Vorjahr auf 510 Millionen Euro und 2012 gab es eine weitere Steigerung um 125% auf 1,150 Milliarden Euro. Dies entspricht einem außerordentlichen Wachstum, wie es nur wenige Neugründungen vorweisen können. In diesem Fall ist es allerdings nicht verwunderlich, denn das Unternehmen hatte immer genügend Investoren, die finanziell unterstützen.[129] Trotz des extremen Umsatzanstieges erzielte die Zalando GmbH keine positive Rendite und verzeichnete sogar enorme Verluste. Im Jahr 2011 betrugen sie 60 Millionen Euro und im Jahr 2012 sogar 90 Millionen Euro. Grund dafür sind wahrscheinlich die hohen Rücklaufquoten und die hohen Werbekosten.

Zalando-Geschäftszahlen

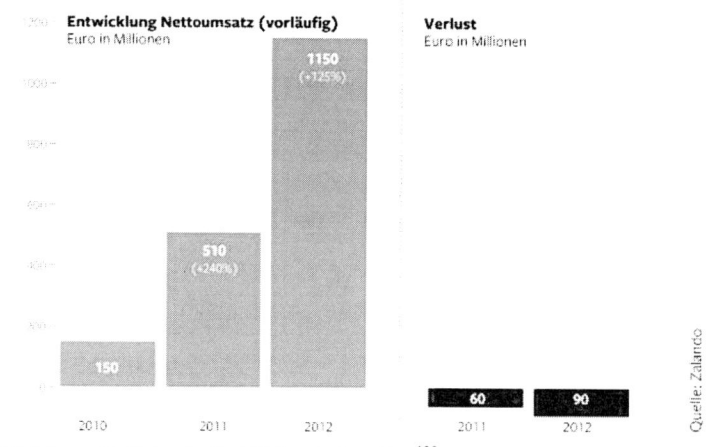

Abbildung 18: Zalando GmbH Geschäftszahlen[130]

Negative Schlagzeilen

Das ZDF Magazin Zoom nahm im Rahmen der Dokumentation „Gnadenlos billig" von Marc Rosentahl mit der Zalando GmbH Kontakt auf. Die Anfrage nach einem Interview, sowie einer Drehgenehmigung, wurden sei-

---

[129] Vgl. Seidel, Hagen, 2013.
[130] http://www.welt.de/wirtschaft/article113652606/Fuer-Umsatzrekord-zahlt-Zalando-einen-hohen-Preis.html

tens der Zalando GmbH nicht gestattet. Daraufhin schickte das ZDF-Team einen verdeckten Mitarbeiter mit versteckter Kamera, zu einer Zeitarbeitsfirma, die ihn als Leiharbeiter getarnt ans Logistikzentrum in Großbeeren in Berlin vermittelte. Dadurch kam bis dato noch unbekannte Zustände und Informationen, dieses Lager betreffend, an die Öffentlichkeit. So zahlt der Onlinehändler den Mindestlohn für Zeitarbeiter im Osten von Deutschland in Höhe von 7,01 Euro. Da dies einen geringen Bruttomonatslohn von etwa 1.100 Euro ergibt, finden sich zu diesen Bedingungen meist nur polnische Arbeitskräfte. Die Agentur für Arbeit bietet in Kooperation mit der Zalando GmbH eine Art >>Schnupperpraktikum<<, das so genannte MAG[131] an. Diese Praktikanten erbringen bereits nach wenigen Tagen eine vergleichbare Arbeitsleistung, wie eine vollausgebildete Arbeitskraft in diesem Bereich. Dies ist für die Zalando GmbH sehr profitabel, denn dadurch entstehen für das Unternehmen unentgeltliche Arbeitskräfte, da der Praktikant weiterhin Arbeitslosengeld bezieht. Professor Gerhard Bosch vom Institut für Arbeit und Qualifikation an der Universität Duisburg/Essen betitelte die Arbeitsbedingungen dieses Logistikzentrums, als „zum Teil nicht menschenwürdig". Beispielsweise ist den Lagerarbeiten für ihren kompletten Arbeitstag von siebeneinhalb Stunden das Sitzen verboten. Als Toilette für mehrere hundert Mitarbeiter dient ein verschmutzter Container mitten in der Halle. Die Zalando GmbH antwortete daraufhin, dass sie bezüglich dieses Lagers mit einem Partner[132] zusammenarbeiten würde, der für die Personal- und Lagerprozesse Verantwortung trage. Diesen würden sie in Zukunft genauer kontrollieren, damit es zu keinen Missverständnissen mehr komme. Das Unternehmen wolle auf jeden Fall handeln, wobei die Situation der sanitären Anlagen sogleich in Angriff genommen werde.[133]

5 Zukünftige Ausrichtung

Sortimentsentwicklung

Das Sortiment des Onlineshops umfasst mittlerweile 1.500 Marken mit 150.000 Artikeln.[134] Die Zalando GmbH hat die Profitabilität von Eigenmarken wahrgenommen und den Fokus auf diese gelegt. Durch die Eigenmarken ist der Konzern in der Lage eine höhere Gewinnmarge zu erwirt-

---

[131] Zur Aktivierung und beruflichen Eingliederung
[132] Docdata e-success
[133] Vgl. ZDF zoom, 2012.
[134] Vgl. Zalando GmbH, Presse, Zahlen & Fakten, 2013.

schaften.[135] Bereits annähernd 50% der verkauften Waren von der Zalando GmbH sind Handelsmarken.[136] Auf Grund des erweiterten und somit breiten Angebots an Produkten ist für den Kunden mehr Auswahl geboten.[137] Folglich ist die Zalando GmbH mit Hilfe der business-to-business Beziehungen in der Lage die Überkapazitäten von anderen Herstellern zu einem geringeren Stückpreis zu erwerben.[138] Dies ist für den Hersteller profitabel, da er seine fixen Kosten auf seine eigentliche und Überproduktion verteilen kann und dadurch eine Kosteneinsparung erzielt. Die Zalando GmbH hat mittlerweile 12 Hausmarken auf den Markt gebracht und damit fundamentale Grundlagen für den weitern Ausbau geschaffen.

Multichannelausbau

Die Zukunft des Handels wird tendenziell im eCommerce liegen. Dies hat die Zalando GmbH bereits erfolgreich erkannt. Schwerpunkt des Unternehmens ist der Online-Handel. Um jedoch auch in anderen Verkaufskanälen präsent zu sein, hat der Konzern durch einen stationären Outletstore bereits begonnen diese Möglichkeiten auszuschöpfen. Damit fundamentale Grundlagen in diesem Markt geschaffen werden, ist eine Expansion durch weitere Geschäftsstellen unabdingbar.

6   SWOT Beispielfirma und Wettbewerber

In der Verkaufsbranche reicht es nicht nur erfolgreich am Markt zu stehen. Ein Unternehmen, das auch weiterhin profitabel wirtschaften möchte, muss auch immer die Konkurrenz im Auge behalten. Grundlage dafür ist es, die eigenen Konditionen zu kennen. Im Weiteren gibt der Verfasser einen Einblick in die Stärken, Schwächen, Chancen und Risiken der Zalando GmbH. Die folgende Abbildung zeigt die sogenannte SWOT-Analyse des Unternehmens.

---

[135] Vgl. Groh-Kontio, Carina, 2013.
[136] Vgl. Graf, Alexander, 2011.
[137] Vgl. Graf, Alexander, 2011.
[138] Vgl. Graf, Alexander, 2011.

Stärken	Schwächen
Breites Sortiment Hohe Sortimentsqualität durch namenhafte Markenprodukte	Hohe Lagerkosten Hohe Kapitalbindung
Hohe Bereitschaft und Unterstützung der Investoren	Durch Investoren Entscheidungen erschwert
Multichannel	Hohe Kosten durch Eintritt in Stationären Einzelhandel vergleichsweise zu online Hoher Organisationsaufwand
50% der verkauften Ware sind Eigenmarken	
Kostenloser Hin- und Rückversand Rückgaberecht innerhalb 100 Tage	Hohe Retourenquote
	Gründer ohne praktische Vorerfahrung
Durch hohe Werbepräsenz hoher Bekanntheitsgrad Europaweit vertreten	Hohe Werbekosten Hohe Aquisitionskosten von Neukunden
Hoher logistischer Standard Schnelle Lieferung	Hohe Kosten durch Erbringung des Service
Hoher Umsatz	
Hohe Kundenzufriedenheit	
	Negatives Betriebsergebnis

Abbildung 19: SWOT-Analyse Teil I [139]

---

[139] Eigene Abbildung

Chancen	Risiken
Ausbau eCommerce	
Hoher Umsatz	Rentabilität unwahrscheinlich
Im App-Store vertreten	
In Sozialen Netzwerken vertreten	
Einzelhandel	Anhäufung von Ladenhüter und B-Ware
Eigenmarken	Falls Eigenmarke nicht gewünschte Qualität erreicht, folgt negativer Ausstrahlungseffekt auf alle Eigenmarken
Expansion der Geschäftsstellen und des Onlineauftritt	
Verbesserung der Beziehung zu logistischen Kooperationspartner	Abhängigkeit

Abbildung 20: SWOT-Analyse Teil II [140]

Ein ernstzunehmender Konkurrent zur Zalando GmbH ist die OTTO GmbH&Co. KG. Diese hat der Verfasser in Betracht gezogen, da sie ein vergleichbares Sortiment bietet. Das traditionelle Familienunternehmen, das seit 1949 besteht, befindet sich komplett in Familienbesitz.[141] Jedoch sind dadurch Entscheidungen im Hinblick auf zukünftige Neuausrichtungen in Anbetracht der vielen Inhaber problematisch und zeitintensiv. Folglich ist es nicht verwunderlich, dass die Umstrukturierung des Onlinehandels langsam verlief. Da in den letzten Jahren die Bedeutung von eCommerce rasant gestiegen ist, erscheint es unwahrscheinlich, dass die Nutzung der Katalogbestellung weiterhin bestehen bleibt. Gleichwohl dieser Probleme hat es die OTTO GmbH&Co. KG geschafft sich nach Amazon als den zweitgrößten Onlineshop zu etablieren. Über dies hinaus wird sie als größter Onlinehändler für Fashion und Lifestyle betitelt.[142] Durch das große Universalangebot ist das Unternehmen in der Lage, das Risiko zu minimieren und eine höhere Produktattraktivität zu schaffen. Zugleich ist das Angebot von Eigenmarken, zur Erhöhung der Gewinnmarge, noch nicht ausreichend fortgeschritten. Obwohl der Werbeauftritt der Otto GmbH&Co. KG in Deutschland in den letzten Jahren eher dezentral war, ist der Bekanntheitsgrad dieser konstant. Dies ist demzufolge auf die Reife und lang-

---

[140] Eigene Abbildung
[141] Vgl. Otto, Group, 2013.
[142] Vgl. Otto, Group, 2013.

jährige Katalogtradition des Unternehmens zurückzuführen. Hier wirkt sich der Vorteil eines Traditionsunternehmens positiv gegenüber einem hochgezogenen, noch recht jungem, Startup-Onlineanbieter wie die Zalando GmbH, aus. Der Bekanntheitsgrad der Zalando GmbH ist folgend auf Kosten von negativen Betriebsergebnissen erlangt worden, mit welchem die Otto GmbH&Co. KG sich nicht auseinandersetzten muss. Jedoch ist die Zurückhaltung des Werbeauftritts kritisch zu betrachten, da die zukünftige Verbraucherschicht keinen Ersichtlichen Bezug zum Traditionsunternehmen herstellen kann und somit nur auf Bekannte Onlinehändler zurückgreift.

7 Fazit und Handlungsempfehlungen

Grundsätzlich ist das Konzept der Zalando GmbH keine wirkliche Innovation, sondern beruht auf Ideen von bereits bestehenden Online-Schuh-Shops. Das Unternehmen hatte jedoch Unterstützung der Samwer Brüder, welche Erfahrung mit Startup-Unternehmen haben. Durch die Wahl von zahlreichen Investoren, sind die finanziellen Mittel für weitreichende Investitionen gegeben. So konnte sich das Unternehmen schnell erfolgreich am Markt beteiligen. Zu erwarten bleibt wie die Zukunft des Unternehmens verlaufen wird. Denn ein Unternehmen, das nicht profitabel wirtschaftet, ist nicht in der Lage langfristig am Markt bestehen zu bleiben.

Die Wertekette der Zalando GmbH sieht einen möglichst günstigen Einkauf von Ware vor. Bis zum Kauf und somit bis zum Verschicken der Ware muss sie gelagert werden. Dies bedeutet jedoch eine hohe Kapitalbindung für das Unternehmen, welche folglich zu einer Liquiditätsschwächung führen kann. Durch die benötigten Läger werden sowohl hohe fixe als auch variable Kosten verursacht. Zalando müsste es seinem großen Konkurrenten Amazon gleich tun. Das Unternehmen sollte die ganze Ware nicht selbst lagern und verschicken, sondern eher eine Plattform für Händler anbieten. Diese könnten ihre Produkte über die Webseite der Zalando GmbH verkaufen. Somit wären die Kosten der Zalando GmbH geringer und es bestünde keines so hohen Kapitals Bindung mehr. Folgend wäre aber der Service, auf den die Zalando GmbH viel Wert legt nicht mehr sicher gewährleistet.

Ein wesentlicher Kostenfaktor und eine der Hauptursache des negativen Betriebsergebnisses ist der anfangs umworbene kostenlose Rückversand der Ware. Dieser Werbeslogan animiert die Kunden, Ware zu bestellen, obwohl sie sich gar nicht sicher sind, ob sie zum Kauf überhaupt bereit sind. Um dieses Problem der hohen Rücklaufquote zu unterbinden, könnte

Zalando die Ware detaillierter anbieten, sodass die Kunden schon vor dem Kauf in der Lage sind auszusortieren. Es wäre ebenfalls denkbar dem Kunden ein Zusatzrabatt zu bieten, falls er die erworbene Ware nicht mehr zurücksendet. Dadurch würde man die Kaufentscheidung der Kunden sensibilisieren, was zu rationaleren Bestellvorgängen führen würde. Ein radikalerer Lösungsansatz wäre, die Abschaffung des kostenlosen Rückversandes, welches aber dem Unternehmensleitbild entgegen sprechen würde.

8 Arbeitsfragen

1. Die drei Samwer Brüder erbrachten das nötige Startkapital. Sie sind für den Aufbau von Startup Unternehmen bekannt, die sie dann gewinnbringend verkaufen.[143] Zudem sind Kritiker der Meinung, dass durch die hohen Werbespendings gezielt eine Umsatzsteigerung herbeigeführt werde, die einen hohen Verkaufspreis zur Folge hat.[144] Was meinen sie dazu?

2. Rubin Ritter, einer der drei Geschäftsführer von der Zalando GmbH, sagte in einem Interviewe mit „Der Welt", dass das Unternehmen eine zukunftsorientierte und langfristige Investition sei. Auf die Frage, wie die Investoren zu dem negativen Betriebsergebnis stehen, antwortete er, dass dies keine Rolle spiele. Alle Beteiligten sehen die Zalando GmbH als eine einzigartige Chance, an dem Aufbau des größten Online-Portals Europas investiv mitzuwirken.[145] Hat die Zalando GmbH wirklich das Potenzial zum größten Online-Shop Europas?

3. Wurde bisher ein möglicher Börsengang nicht in Betracht gezogen, so sagte Rubin Ritter im Interview mit der „Der Welt", dass dies mittlerweile durchaus denkbar wäre.[146] Welche Folgen hätte ein Börsengang für die Zalando GmbH?

---

[143] Vgl. Seidel, Hagen, 2013.
[144] Vgl. Seidel, Hagen, 2013.
[145] Vgl. Seidel, Hagen /Evert, Hans/ Gribnitz, Rene, 2013.
[146] Vgl. Hedtstück, Michael, 2013.

Quellenverzeichnis

Balmer, Dominik: Berner Zeitung: Die Post schreit vor Glück: http://www.bernerzeitung.ch/wirtschaft/unternehmen-und-konjunktur/Die-Post-schreit-vor-Glueck/story/23619641 (Abgerufen am 19. Oktober 2013)

Dz: internet WORLD BUSSINES: Wieder neue Zahlen von Zalando, 20 Millionen Euro Verlust in 2010: http://www.internetworld.de/Nachrichten/E-Commerce/Handel/Wieder-neue-Zahlen-von-Zalando-20-Millionen-Euro-Verlust-in-2010-64028.html (Abgerufen am 19. Oktober 2013)

Graf, Alexander: Kassenzone: Zalando: Zahlen, Fakten, Gerüchte: http://www.kassenzone.de/2011/07/27/zalando-zahlen-fakten-geruchte-umsatz/ (Abgerufen am 17. Oktober 2013)

Groh-Kontio, Carina: Handelsblatt: Diese Eigenmarken stecken hinter Zalando: http://www.handelsblatt.com/unternehmen/handel-dienstleister/online-strategie-diese-eigenmarken-stecken-hinter-zalando/7582236.html#image (Abgerufen am 17. Oktober 2013)

Hedtstück, Michael: Finance: Zalando nähert sich Börsengang: http://www.finance-magazin.de/maerkte-wirtschaft/kapitalmarkt/zalando-naehert-sich-boersengang/ (Abgerufen am 3. November 2013)

Kuhls, Michael: Zalando-Pressemitteilungen: Zalando startet mit "Schuhflatrate"-Gewinnspiel. http://zalando-pressemitteilung.s3.amazonaws.com/PM_Zalando_Schuh-Flatrate_260710.pdf (Abgerufen am 17. Oktober 2013)

Nienhaus, Lisa: Frankfurter Allgemeine: Zalando macht Milliardenumsatz - und Verlust. http://www.faz.net/aktuell/wirtschaft/unternehmen/online-handel-zalando-macht-milliardenumsatz-und-verlust-12081513.html (Abgerufen am 18. Oktober 2013)

Otto GmbH&Co. KG: Otto Group: http://www.ottogroup.com/de/die-otto-group/konzernfirmen/otto.php (Abgerufen am 5. November 2013)

Seidel, Hagen (a): Die Welt: Das geniale Erfolgsrezept von Zalando: http://www.welt.de/wirtschaft/webwelt/article120361689/Das-geniale-Erfolgsrezept-von-Zalando.html (Abgerufen am 18. Oktober 2013)

Seidel, Hagen: Die Welt: Retouren und rote Zahlen - alles kein Problem: http://www.welt.de/wirtschaft/webwelt/article112912133/Retouren-

und-rote-Zahlen-alles-kein-Problem.html (Abgerufen am 18. Oktober 2013)

Seidel, Hagen/ Evert, Hans/ Gribnitz, Rene: Die Welt: "Wir machen Verluste - bei Amazon war das auch so": http://www.welt.de/wirtschaft/webwelt/article112851544/Wir-machen-Verlust-bei-Amazon-war-das-auch-so.html (Abgerufen am 19. Oktober 2013)

Solutions Viacom Brand: Welche der Aufgelisteten Medien haben Sie am gestrigen Tag genutzt?: http://de.statista.com/statistik/daten/studie/200149/umfrage/mediennutzung-jugendlicher-14-bis-29-jahre/ (Abgerufen am 1. November 2013)

o.V. (a): Markenartikel: Zalando erhält deutschen Marketingpreis 2012: http://www.markenartikel-magazin.de/no_cache/unternehmen-marken/artikel/details/1004010-zalando-erhaelt-deutschen-marketing-preis-2012/ (Abgerufen am 27. Oktober 2013)

o.V (b): German Copy Cats: Das Geschäftsmodell von Zalando http://germancopycats.wordpress.com/2010/11/10/das-geschaftsmodell-von-zalando/ (Abgerufen am 20. Oktober 2013)

Verbraucherzentrale: So funktioniert der Internet-Einkauf: http://www.verbraucherzentrale-rlp.de/So-funktioniert-der-Internet-Einkauf-2 (Abgerufen am 19. Oktober 2013)

Wassink, Melanie: Hamburger Abendblatt: Zalando mischt den Internethandel auf: http://www.abendblatt.de/wirtschaft/article2177766/Zalando-mischt-den-Internethandel-auf.html (Abgerufen am 17. Oktober 2013)

Zalando GmbH, Presse: Die Entwicklung von Zalando: http://www.zalando.de/presse_geschichte/ (Abgerufen am 16. Oktober 2013)

Zalando GmbH, Presse: Downloads: http://www.zalando.de/presse_downloads_spots/ (Abgerufen am 28. Oktober 2013)

Zalando GmbH, Presse: Zahlen & Fakten: http://www.zalando.de/presse_zahlen-und-fakten/ (Abgerufen am 15. Oktober 2013)

Zalando GmbH: Herren: http://www.zalando.de/herren-home/ (Abgerufen am 30. Oktober 2013)

Zalando: Startseite: http://www.zalando.de/ (Abgerufen am 24. Oktober 2013)

Zalando: Damen: http://www.zalando.de/damen-home/ (Abgerufen am 30. Oktober 2013)

Zalando: Herrenbbekleidung Shirt: http://www.zalando.de/herrenbekleidung-shirts/ (Abgerufen am 30. Oktober 2013)

Zalando: Herrenbekleidung: http://www.zalando.de/herrenbekleidung/ (Abgerufen am 30. Oktober 2013)

Zalando: Herrenbekleidung, genaue Auswahl: http://www.zalando.de/herrenbekleidung-shirts-basic/adidas_schwarz_groesse-M/?price_from=20&price_to=42 (Abgerufen am 30. Oktober 2013)

Zalando: Kinder: http://www.zalando.de/kinder-home/ (Abgerufen am 30. Oktober 2013)

Zalando: Style: http://www.zalando.de/news-styles/ (Abgerufen am 30. Oktober 2013)

ZDF zoom: Gnadenlos billig, Online Shops auf dem Vormarsch: http://www.youtube.com/watch?v=lAHVeoRBmb4 (Abgerufen am 14. Oktober 2013)

zLabels GmbH: Marken: http://zlabels.de/brands/ (Abgerufen am 23. Oktober 2013)

zLabels GmbH: Über uns: http://zlabels.de/about_us/ (Abgerufen am 23. Oktober 2013)

3 Planet Sports

(Kopp, L.)

1 Das Unternehmen

1.1 Historie und Entwicklung

Planet Sports, eine Tochtergesellschaft der Puccini Group[147], ist Online-Anbieter in den Bereichen Freizeitbekleidung sowie Sportbekleidung für die Boardsportarten Snowboarden, Skateboarden, Wakeboarden und Surfen. Das Unternehmen wurde 1993 von Marcel Peters und Sven Horstmann gegründet und hat seinen Hauptsitz in München. Nachdem sich Planet Sports in Deutschland etablierte, folgte 2009 der Eintritt in den Europäischen Markt. Hierfür wurde der Online-Shop in vier weitere Sprachen übersetzt und die Lieferung europaweit ermöglicht. Besonders in den letzten Jahren erlebte Planet Sports ein starkes Wachstum. Nicht nur in Deutschland, sondern auch in Frankreich, Spanien und Italien konnte sich das Unternehmen bisher auf dem Online-Markt etablieren.

Abbildung 21: Planet Sports Logo[148]

Neben dem Online-Verkauf bestehen mittlerweile acht stationäre Verkaufsstellen in Deutschland. Drei der Planet Sports Shops befinden sich allein in München, wo Planet Sports ebenfalls seinen Hauptsitz hat. In München gibt es den ‚Flagship-Store‘, einen ‚Shoe-Store‘ und den ‚Snow-Surf-Wake-Store‘. Zusätzlich unterstützen fünf weitere Geschäfte in Hamburg, Dresden, Köln, Frankfurt und Karlsruhe den ansonsten überwiegenden Online-Handel.

---

[147] Die Puccini Group ist ein Private Equity finanziertes Handelsunternehmen und besitzt vier Tochtergesellschaften. Vgl. Homepage der Puccini Group: www.puccini-group.de, Stand: 25.10.2013.
[148] www.planet-sports.com

Seit Januar 2009 führt Planet Sports außerdem den Private-Shopping-Club clubsale.de.[149] Mit dem exklusiven Online-Shop nur für Mitglieder folgt Planet Sports den Vorreitern Vente Priveé und Brand4Friends in dem relativ neuen Geschäftsmodell der Club-Shops. Mitglied bei clubsale.de kann werden, wer von einem anderen Mitglied eingeladen wird. Die Mitgliedschaft ist kostenlos und unverbindlich. Clubsale bietet in regelmäßigen und zeitlich begrenzten Verkaufsauktionen Boardsport- und Freizeitbekleidung, sowie Schuhe und Accessoires zu hohen Rabatten (teilweise bis zu 80%) an. Untypisch für einen Private-Shopping-Club ist, dass die bestellten Artikel bereits nach 2-3 Tagen nach Bestellungseingang versendet werden. Der Shopping Club Brands4Friends versendet im Gegensatz dazu beispielsweise seine Ware erst nach 1-2 Wochen.

Für Planet Sports soll clubsale.de als Ergänzung zum normalen Online-Handel und als zusätzliche Attraktivität für die Kunden dienen. Das Alleinstellungsmerkmal für diesen Shopping Club ist, dass er sich nur auf die Marken der Streetwear-, Fashion- und Boardsport-Branche konzentriert. Planet Sports nutzt hierbei außerdem seine Erfahrung und Kompetenz in diesem Bereich.

1.2 Die Puccini Group

Die Puccini Group ist ein Private Equity finanziertes Handelsunternehmen mit Sitz in München. Mit vier Tochtergesellschaften im Bereich Versandhandel und rund 2.500 Mitarbeitern in acht Ländern weist sie einen Umsatz von über einer halben Milliarde Euro auf. Zu den vier Tochtergesellschaften gehören neben Planet Sports das ‚Versandhaus Walz', welches Möbel, Kinder-, Babykleidung und Haushaltsartikel anbietet, sowie zwei Unternehmen aus dem Modebereich (‚Bon'A Parte' und ‚Elégance'). Jede dieser Tochtergesellschaften ist auf ein bestimmtes Marktsegment spezialisiert und auf führender Position in ihrem jeweiligen Bereich. Die Tochtergesellschaften der Puccini Group sind hauptsächlich auf den Multichannel-Handel[150] mit Katalogen und einem immer größer werdenden Anteil an E-Commerce Aktivitäten fokussiert. Einige Tochtergesellschaften bedienen zusätzlich den stationären Kanal.

---

[149] Vgl. Homepage von Clubsale.
[150] Multi-Channel beschreibt den Vertrieb über verschiedene Vertriebskanäle, wie beispiels-weise Online, Katalog und stationäre Verkaufsstätten.

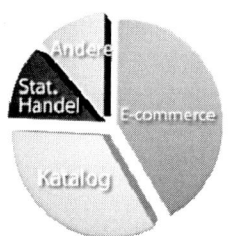

Abbildung 22: Distribution der Puccini Group nach Kanälen[151]

Ebenso betreiben alle Tochtergesellschaften Multi-Channel-Handel (s. Abbildung 22), da der Handel hauptsächlich über das Internet als auch über Kataloge erfolgt. Zusätzlich besitzen einige Unternehmen, wie Planet Sports, auch eine oder mehrere stationäre Handelsstätten.

1.3 Der Online-Shop

Das Sortiment von Planet Sports umfasst mehr als 450 verschiedene Marken. Hierzu gehören etablierte Marken wie Nike, Burton und Adidas, aber auch junge, aufstrebende Marken wie zum Beispiel ‚Lakeville Mountain' oder ‚Cleptomanicx'. Das Produktangebot umfasst Freizeitmode und Schuhe für Damen und Herren, Hartwaren wie Snowboards, Skateboards und Surfboards sowie die zur jeweiligen Sportart gehörige Kleidung. Zusätzlich ergänzen Accessoires wie beispielsweise Sporttaschen, Mützen und Schals, Sonnenbrillen und Gürtel das Produktportfolio.

Die Hauptzielgruppe des Unternehmens ist zwischen 16 und 32 Jahre alt und besteht zu 52% aus Männer und 48% aus Frauen. Diese sind sehr „markenbewusst, lifestyle-orientiert, und Boardsport-affin".[152]

Passend zu dieser Zielgruppe präsentiert sich Planet Sports als junges, sportliches Unternehmen und passt sich dem lässigen Trendsport-Stil der Snow-, Surf- und Skateboard-Szene an. Die Farben des Online-Shops sind Türkis und Weiß sowie einzelne Akzente in Pink. Das Erscheinungsbild wirkt dynamisch und frisch. Bei der Navigation des Online-Shops überwiegen englische Wörter und Fachbegriffe aus den angebotenen Sportarten. Dem Besucher der Seite steht außerdem eine Suchfunktion zur Verfügung. Die Produktseiten sind mit allen notwendigen Angaben zum jeweiligen Produkt sowie mit einem oder mehreren Produktbildern versehen. Außer-

---

[151] Homepage der Puccini Group, http://www.puccini-group.de/fakten-und-zahlen.html, Stand: 25.10.2013
[152] Homepage der Puccini Group.

dem ist ersichtlich, wie lange die Lieferzeit voraussichtlich sein wird. Möchte ein Kunde ein Produkt kaufen, so muss er die gewünschte Größe und Farbe auswählen und kann mit einem Mouse-Klick sein ausgewähltes Produkt in den Warenkorb legen. Folgende Zahlungsarten stehen dem Kunden bei Planet Sports zur Verfügung:
- PayPal
- Zahlung per Kreditkarte (VISA, MasterCard, American Express)
- Zahlung auf Rechnung/Ratenzahlung durch "Klarna"
- Sofortüberweisung oder Vorauszahlung
- Nachnahme

Neben dem Service der großen Auswahl an Zahlungsbedingungen steht Planet-Sports-Kunden eine Hotline zur Verfügung, wodurch jegliche Fragen, Probleme und Anregungen entgegengenommen und dem Kunden geholfen werden soll. Des Weiteren wirbt Planet Sports mit dem kostenlosen Versand ab einem Bestellwert von 40€. Auch die Rücksendung ist kostenlos. Neukunden erhalten einen Einkaufsgutschein im Wert von 5€.[153]

Abbildung 23: Ausschnitt der Homepage von Planet Sports[154]

---

[153] Vgl. Homepage von Planet Sports.
[154] www.planet-sports.de, Stand: 29.10.2013

Außerdem ist der Online-Shop neben Deutsch in den Sprachen Englisch, Spanisch, Französisch, Italienisch und Holländisch verfügbar.

Der Online-Shop ist in die Kategorien Home, Men, Girls, Shoes (unterteilt in Mens Shoes und Girls Shoes), Sports (unterteilt in Snowboarding, Skateboarding und Watersports), Accessoires und Outlet eingeteilt. Auf der Home-Seite finden sich verschiedene Banner, die, je nach Saison, Angebot oder Situation wechseln. So wird der Kunde auf aktuelle Angebote, Sales, neue Produkte oder Marken aufmerksam gemacht.

Auch im Private-Shopping-Club clubsale.de führt Planet Sports sein junges, sportliches Erscheinungsbild weiter (s. Abbildung 24). Zwar unterscheidet sich das Farbkonzept (hier überwiegen die Farben Schwarz, Grau und Violett) von dem des Planet Sports Online-Shops, zieht sich jedoch konsequent durch den gesamten Online-Auftritt und hinterlässt somit einen ansprechenden, ganzheitlichen Eindruck[155].

Abbildung 24: Ausschnitt der Homepage von clubsale.com[156]

---

[155] Vgl. Homepage von Clubsale.
[156] www.clubsale.com, Stand: 29.10.2013

2 Derzeitiger Stand im Markt

Seit der Gründung vor rund 20 Jahren konnte sich Planet Sports am Markt durchsetzen und ist aktuell Deutschlands größter Online-Händler für Boardsport-Artikel und Freizeitbekleidung.[157] Bei den marken- und lifestyleorientierten Kunden ist Planet Sports angesehen und beliebt. Planet Sports erwirtschaftet einen Bruttoumsatz von ca. 100 Millionen Euro, 80% davon können dem Online-Handel zugeschrieben werden. Dass es dem Unternehmen aktuell finanziell gut geht, lässt sich durch die getätigten sowie geplanten Investitionen erkennen. Allein in den letzten vier Jahren hat Planet Sports acht Filialen eröffnet und weiter acht bis zehn Filialen in Deutschland und im europäischen Ausland sind geplant. Seit 2013 wirbt Planet Sports außerdem mit einem eigenen TV-Spot. Insgesamt besitzt Planet Sports zurzeit einen Kundenstamm von rund 1,6 Millionen Kunden. Mit etwa 3,9 Millionen Online-Shop-Besuchern im Monat und monatlich ca. 47.000 Neukunden breitet sich Planet Sports stetig aus. Der Private Shopping Club clubsale.de weist 225.000 Mitglieder auf und führt pro Jahr mehr als 75 Rabatt-Aktionen durch.[158]

3 Unternehmensstrategie

3.1 Vision und Expansion

Das starke Wachstum der letzten Jahre möchte Planet Sports beibehalten und sich weiter im Markt ausbreiten. Neben dem Ziel, auch in Deutschland weiterhin zu wachsen, liegt der Hauptfokus auf der Expansion in andere europäische Länder und die Festigung der Position auf dem ausländischen Markt. So soll das Ziel der Erreichung und Festigung der Stellung als Europas bester Online-Shop für Boardsports, Streetwear und Schuhe erreicht werden. Des Weiteren steht für Planet Sports die Zufriedenheit der Kunden an oberster Stelle. Ein für Planet Sports entscheidender Faktor für die Kundenzufriedenheit ist die Erreichung einer hohen Lieferfähigkeit. Zu den Expansions-Plänen von Planet Sports gehört auch das Vorhaben, weitere stationäre Handelsstätten in Deutschland zu eröffnen.

---

[157] Vgl. Homepage der Puccini Group, Stand: 29.10.2013.
[158] Vgl. Unternehmenspräsentation von Planet Sports.

Allein in den letzten vier Jahren wurden acht Filialen des Sporthändlers eröffnet. Innerhalb eines weiteren Jahres sollen acht bis zehn weitere Standorte erschlossen werden. Hierzu gehören unter anderem Heidelberg, Mannheim und Nürnberg.[159]

3.2 Maßnahmen für die zukünftige Ausrichtung

Um eine höhere Lieferfähigkeit und somit größere Kundenzufriedenheit zu erreichen, entwickelte Planet Sports im Jahr 2012 zusammen mit dem Logistikdienstleister Loxxess ein neues Zentrallagerkonzept. Das neue Zentrallager befindet sich im tschechischen Bor, kurz hinter der bayrisch-tschechischen Grenze. Von diesem Lager aus werden sowohl alle Planet Sports Filialen in Deutschland als auch Verbraucher, die über den Online-Shop bestellen, mit Ware beliefert. Das Konzept der Belieferung von Handel und Endkunden aus einem Lager hat zwar einen höheren logistischen Aufwand, der viel Flexibilität erfordert, jedoch lassen sich so die Bestände optimal nutzen, was wiederum niedrigere Lagerkosten bei hoher Lieferfähigkeit bedeutet. Die 18.000 m^2 große Halle macht die Lagerung von rund 500.000 verschiedenen Artikeln möglich. Dazu gehören sowohl Sport- und Freizeitbekleidung, Schuhe sowie Accessoires wie beispielsweise Sonnenbrillen und Uhren, als auch Skate-, Surf- und Snowboards (s. Abbildung 25). Das Lager ermöglicht außerdem die Aussendung von rund 90.000 Paketen im Monat.[160]

Die Inbetriebnahme des neuen Lagers sollte so schnell wie möglich erfolgen. Der Geschäftsführer von Planet Sports, Henner Schwarz, sagte hierzu 2012: „Von der Vertragsunterzeichnung bis zur Einlagerung der ersten Artikel vergingen lediglich zehn Wochen. Aufbau und Inbetriebnahme unseres neuen Zentrallagers verlief also rasant. Trotzdem gab es mit Loxxess nicht die bei Dienstleisterwechseln sonst leider oft vorkommenden Nebenerscheinungen wie mangelnde Warenverfügbarkeit oder fehlerhafte Prozesse."[161]

Mit dem neuen Zentrallager möchte Planet Sports lieferfähiger und schneller werden. Dies soll sich positiv auf die Kundenzufriedenheit auswirken. Außerdem bietet das Lager noch weitere Kapazitäten, die nach Bedarf genutzt werden können. So will Planet Sports die in Zukunft geplanten Expansionen und das Wachstum im Markt bewältigen.

---

[159] Vgl. Immobilien Zeitung, Bericht vom 31.10.2013.
[160] Vgl. Unternehmenspräsentation von Planet Sports, S.10.
[161] Vgl. Verkehrsrundschau, Bericht vom 24.04.2012.

Abbildung 25: Neues Lager von Planet Sports im tschechischen Bor[162]

4 SWOT-Analyse

4.1 Begriffserklärung

Mit Hilfe der SWOT-Analyse können die internen Stärken (Strenghts) und Schwächen (Weaknesses) eines Unternehmens den externen Chancen (Opportunities) und Gefahren (Threats) gegenüber gestellt werden (s. Abbildung 26), um die aktuelle Situation eines Unternehmens darzustellen und die daraus resultierenden Ziele und Strategien abzuleiten.[163] Die Analyse zeigt außerdem aus, wo sich ein Unternehmen am Markt positionieren kann und wo noch Handlungsbedarf besteht.[164]

Bei der internen Analyse werden die Stärken und Schwächen eines Unternehmens aufgelistet. Leitfragen für Stärken können hierbei sein:
- „Was sind die Stärken des Unternehmens?"
- „Worin ist das Unternehmen gut?"
- „Weshalb kaufen die Kunden bei diesem Unternehmen?".

Um die Schwächen zu ermitteln helfen beispielsweise folgende Fragen:
- „Was fehlt dem Unternehmen?"
- „Was behindert das Unternehmen?"
- „Was läuft nicht gut?".

---

[162] Unternehmenspräsentation von Planet Sports
[163] Vgl. Haller, Sabine, 2008, S. 105.
[164] Vgl. Schawel, Christian / Billing, Fabian, 2012, S.249.

Bei der externen Analyse müssen die Chancen und Gefahren, mit denen das Unternehmen auf dem Markt konfrontiert ist, ermittelt und formuliert werden. Sie beziehen sich auf das unternehmensspezifische Marktumfeld.[165] Um die Chancen herauszufinden, helfen folgende Leitfragen:
- „Was sind die Chancen des Unternehmens in der Zukunft?"
- „Was könnte ausgebaut werden?"
- „Was könnte im Umfeld genutzt werden?".

Zur Ermittlung der Gefahren können unter anderem nachfolgende Fragen herangezogen werden:
- „Wo können in Zukunft Schwierigkeiten auftreten?"
- „Womit muss gerechnet werden?"
- „Was sind mögliche Risiken?".

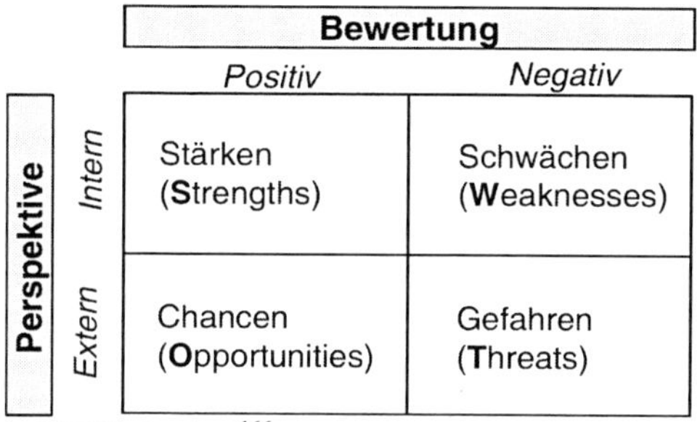

		Bewertung	
		Positiv	Negativ
Perspektive	Intern	Stärken (**S**trengths)	Schwächen (**W**eaknesses)
	Extern	Chancen (**O**pportunities)	Gefahren (**T**hreats)

Abbildung 26: Die SWOT-Analyse[166]

4.2 Die SWOT-Analyse für Planet Sports und den Wettbewerber Titus

Gerade in den Bereichen Streetwear, Board-, Surf- und Skatebekleidung sind Online-Shops sehr beliebt. Für die meist jungen Sportler ist es ein einfacher und unkomplizierter Weg im Internet zu bestellen. Neben Planet Sports handelt auch der Online Shop Titus mit Boardsport-Artikeln[167]. Der Anbieter ist ebenfalls in dieser Szene bekannt und akzeptiert und somit in direktem Wettbewerb zu Planet Sports.
Im Folgenden werden SWOT-Analysen für die Online-Shops Planet Sports (s. Abbildung 27) und Titus (s. Abbildung 28) durchgeführt sowie an-

---
[165] Vgl. Schawel, Christian / Billing, Fabian, 2012, S.250.
[166] Schawel, Christian / Billing, Fabian, 2012, S.251
[167] Vgl. Homepage von Titus.

schließend anhand ihrer Stärken, Schwächen, Chancen sowie Gefahren verglichen.

	Positiv	Negativ
Intern	**Stärken** • Große Auswahl (450 verschiedene Marken und über 250.000 Artikel) • Bei Zielgruppe angesehen, akzeptiert und beliebt (sowohl Männer als auch Frauen) • Ganzjährige Ware (sowohl Sommer- als auch Wintersportartikel) • Viele bekannte Marken aber auch interessante und neue Marken • Junges, modernes Auftreten • Zusätzlicher Verkauf über clubsale.de (macht auch Lagerabverkauf möglich → Reduktion der Lagerkosten) • Werbung im TV	**Schwächen** • Hardware → beratungsintesiv • Teilweise längere Lieferzeit
extern	**Chancen** • Marktführer auch in anderen europäischen Ländern • Entwicklung immer mehr hin zu Trendsportarten → Ausbau des aktuellen Sortiments, Hinzufügen neuer Trend – und Actionsportarten	**Gefahren** • Wettbewerber werden größer • Sportartikel teilweise beratungsintensiv → Kunden könnten stationären Handel vorziehen

Abbildung 27: Die SWOT-Analyse für Planet-Sports.de

Eine der größten Stärken von Planet Sports ist die überdurchschnittlich große Menge an Markenartikeln. Mit über 250.000 Artikeln von über 450 Marken bietet das Unternehmen seinen Kunden eine große Auswahl und ist dadurch bei der Zielgruppe angesehen, beliebt und akzeptiert[168]. Die Akzeptanz erhält Planet Sports vor allem durch die vielen bekannten und hochwertigen Marken wie beispielsweise Burton, Nike, Billabong und G-Star. Ergänzt wird das Sortiment durch neue, aufstrebende Marken.

---

[168] Vgl. Homepage von Planet Sports.

	Positiv	*Negativ*
Intern	**Stärken** • Hohe Bekanntheit und Glaubwürdigkeit im Bereich Skateboards (Titus war einer der ersten Skateboard-Shops in Europa) • Ganzjährige Ware (sowohl Sommer- als auch Wintersportartikel) • 260 verschiedenen Marken • Große Erfahrung und Kompetenz im Bereich Skateboards durch eigene Produktion und Design • Sehr schneller Versand	**Schwächen** • Größter Anteil: Skateboarding (andere Sportarten wie Snowboarding und Surfen sowie Freizeitbekleidung eher im Hintergrund) • Auftreten des Online-Shops spricht hauptsächlich männliche Kunden an
extern	**Chancen** • Führende Position in Deutschland im Bereich Skaten (Skateboards, -bekleidung, -equipment) • Innovationsführer im Bereich Skateboards, eigene Entwicklung und Produktion	**Gefahren** • Wettbewerber werden größer • Sportartikel teilweise beratungsintensiv → Kunden könnten stationären Handel vorziehen

Abbildung 28: Die SWOT-Analyse für Titus.de

Auch der Wettbewerber Titus bietet eine große Auswahl an Markenartikeln. Mit rund 260 verschiedenen Marken[169] liegt Titus jedoch deutlich unter der Marken-Anzahl von Planet Sports.
Planet Sports führt ganzjährige Ware. Sowohl Sommer- als auch Wintersportartikel und zusätzliche Freizeitbekleidung, die ebenfalls für jede Saison verfügbar ist, sorgen dafür, dass Kunden das ganze Jahr über bestellen und somit ein beständiger Umsatz besteht. Der Fokus liegt bei Planet Sports jedoch hauptsächlich auf Surf- und Snowboard-Artikeln sowie auf Freizeitbekleidung, Accessoires und Schuhen. Auch bei Titus werden Sommer- und Wintersportartikel angeboten. Hierbei fällt allerdings auf, dass sich der Anbieter Titus stärker auf eine Sportart, das Skateboarden, konzentriert während Planet Sports versucht, jede Sportart gleichermaßen abzudecken. Der größere Anteil an Skateboards, -bekleidung und –equipment hat seinen Ursprung in der Geschichte der Titus GmbH. Der

---

[169] Vgl. Homepage von Titus.

Gründer Titus Dittmann brachte das Skateboarden nach Europa und war somit Vorreiter in dieser Disziplin. Titus ist seitdem auch eine eigenständige Marke mit hohem Bekanntheitsgrad in der Skateboard-Szene mit Skateboards aus eigener Produktion. Somit verfügt das Unternehmen über eine größerer Erfahrung und Fachkompetenz im Bereich Skateboarden als Planet Sports.

Der Online-Auftritt von Planet Sports ist jung und sportlich, angepasst an die Zielgruppe. Der Wettbewerber Titus setzt ebenfalls auf ein Design, welches junge Menschen ansprechen soll. Im Unterschied zu Planet Sports spricht der Online-Auftritt von Titus jedoch eher männliche als weibliche Kunden an.

Der zusätzliche Verkauf über den Private-Shopping-Club clubsale.de ist außerdem eine große Stärke von Planet Sports. So können nicht nur Kunden an das Unternehmen gebunden werden, sondern auch durch den Abverkauf von Lagerbeständen die Lagerkosten erheblich gesenkt werden[170].

Beide Online-Shops verkaufen viele beratungsintensive Produkte. Zu diesen Artikeln gehören beispielsweise Snowboards und Skateboards, da hier auf die jeweilige Größe, das Gewicht und den Fahrstil des Kunden eingegangen werden muss. Dabei besteht die Gefahr, dass Kunden deshalb einen stationären Handel aufsuchen, um sich beraten zu lassen und somit könnten auch Verbundkäufe, wie passende Kleidung oder Accessoires, an die Konkurrenz im stationären Handel verloren gehen. Um auch den stationären Handel abzudecken und die Gefahr der Kundenabwanderung zu mildern, betreiben sowohl Planet Sports als auch Titus einige Verkaufsfilialen in Deutschland. Titus hat mit über 30 Geschäften eine deutlich größere Präsenz. Jedoch besteht für Planet Sports die Chance, mit den geplanten Neueröffnungen und stetiger Expansion sich auch im stationären Handel durchzusetzen.

Mit den geplanten Expansionen hat Planet Sports außerdem die Chance, Marktführer für Board-, Skate- und Surfsport auch in anderen europäischen Ländern zu werden. Da Titus bereits auf den Bereich Skateboards spezialisiert ist, kann die Position in der „Skater-Szene" gefestigt werden. Zusätzlich besteht die Chance, sich auch international als Marktführer mit großer Fachkompetenz im Bereich Skatboarding zu positionieren.

Da der Markt für Trendsportarten immer stärker wächst, wäre eine weitere Chance für Planet Sports, sein Angebot zu erweitern und weitere Trendsport-Artikel in das Sortiment aufzunehmen. Planet Sports würde dann für

---

[170] Vgl. Homepage von clubsale.de.

neue Trends und actionreiche Sportarten stehen und somit seinen Kundenkreis vergrößern.
Da der Markt für Trendsportarten wie Snowboarden, Surfen und Skateboarden stetig wächst, besteht eine Gefahr darin, dass Wettbewerber wie Titus größer werden und somit Planet Sports die Marktführerschaft in diesem Marktsegment streitig machen könnten. Des Weiteren könnte für beide Online-Shops die Schwäche, dass viele Artikel einer fachmännischen Beratung bedürfen, in Zukunft eine Gefahr darstellen, wenn dieser nicht durch hohe Präsenz im stationären Handel entgegengewirkt wird.
Abschließend ist bei den SWOT-Analysen der beiden Unternehmen festzuhalten, dass die beiden Online-Shops Planet Sports und Titus viele Gemeinsamkeiten und Stärken haben, es jedoch unterschiedliche Chancen am Markt gibt, um sich zu positionieren. So kann sich Planet Sports beispielsweise zukünftig als Anbieter für Snow-, Surf-, Wake- und Skateboarding sowie für Freizeitbekleidung und Schuhe auch international etablieren und weiter ausbreiten. Für Titus besteht die Möglichkeit, durch das Nutzen der langjährigen Erfahrung und Kompetenzen im Bereich Skateboarding auch international erfolgreich zu sein. Diese Lösung wäre für beide Online-Anbieter von Vorteil, da so die direkte Konkurrenz zueinander abnehmen würde. Zwar würde sich ein Teil des Sortiments weiterhin überschneiden, jedoch läge bei Planet Sports der Fokus vermehrt auch Freizeitbekleidung, Schuhen und Accessoires und bei Titus auf dem Skateboard-Bereich.

5 Fazit und Handlungsempfehlungen

Sport und Lifestyle nehmen in unserer Gesellschaft einen immer größeren Stellenwert ein. Hinzu kommen Trendsportarten wie Snowboarden, Surfen oder Skateboarden, dessen Anhänger lifestyle-orientiert und trendbewusst sind. Diese Kundengruppe möchte Planet Sports mit seinem Angebot und Auftreten erreichen.
Eine Studie des IfD Allensbach[171] belegt, dass Sportartikel und Sportgeräte vermehrt über das Internet gekauft werden (s. Abbildung 29), der Online-Markt für Sportartikel wird also immer stärker genutzt. Es ist davon auszugehen, dass diese Entwicklung auch in Zukunft bestehen bleibt. Somit ist

---

[171] Die Statistik zeigt die Anzahl der Personen, die Sportartikel und Sportgeräte über das Internet kaufen, in den Jahren von 2010 bis 2012. Im Jahr 2010 kauften in Deutschland rund 4,42 Millionen Personen Sportartikel oder Sportgeräte über das Internet.

Planet Sports mit seinem großem Angebot und aktivem Online-Auftritt in dieser Hinsicht gut aufgestellt. Planet Sports ist in den letzten Jahren stark gewachsen und plant zukünftige Expansionen im deutschen Markt sowie im europäischen Ausland. Ziel ist es, nach der erfolgreichen Positionierung in Deutschland, das Konzept im Ausland weiterzuführen und sich sowohl durch den Online-Handel als auch mit stationären Handelsstätten auszubreiten. Das ganzheitliches Auftreten und der festen Kundenstamm, der sich stetig vergrößert, kann Planet Sports dabei große Wettbewerbsvorteile verschaffen.

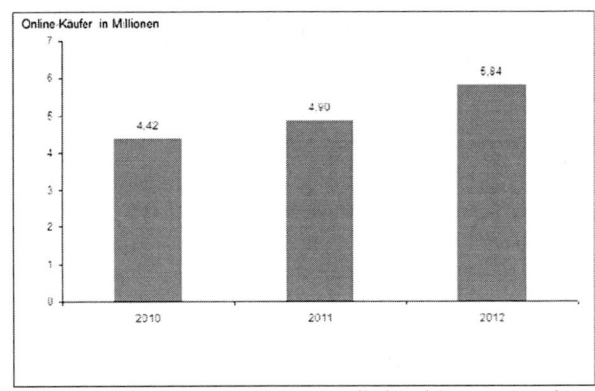

Abbildung 29: Anzahl der Personen, die Sportartikel und Sportgeräte über das Internet kaufen, von 2010 bis 2012 (in Millionen)[172]

6 Arbeitsfragen

1. Viele Artikel, die Planet Sports vertreibt, bedürfen einer Fachmännischen Beratung und Erklärung. Eine Lösung dafür ist die Erhöhung der Präsenz im stationären Handel, sodass für die Kunden auch die Möglichkeit besteht, bei Planet Sports nicht nur Online zukaufen, sondern sich auch direkt im Geschäft beraten zu lassen. Welche Möglichkeiten hätte Planet Sports im Online-Shop, um den Kunden die „Scheu" vor dem Kauf beratungsintensiver Produkte zu nehmen?

---

[172] Kauf von Sportartikeln und Sportgeräten über das Internet bis 2012: Institut für Demoskopie Allensbach, 2012, zitiert nach statista.com: http://de.statista.com/statistik/ daten/ studie/247200/umfrage/Kauf-von-Sportartikeln-und-Sportgeräten-über-das-Internet/(09.11.2013)

2. Planet Sports steht für einen aktiven Lifestyle rund um die Trendsportarten Snowboarden, Skateboarden, Surfen und Wakeboarden. Stellen Sie sich vor, Sie arbeiten in der Marketing-Abteilung von Planet Sports und sind für die Planung und Organisation von Kundenevents zuständig. Überlegen Sie sich 3 verschiedene Eventmöglichkeiten und skizzieren Sie kurz die jeweiligen Konzepte.

3. Planet Sports plant Expansionen bisher nur im europäischen Markt und nicht beispielsweise in den USA oder in Kanada, obwohl dort der Bedarf an Boardsport-Artikeln besonders groß ist. Nennen sie mögliche Gründe, warum Planet Sports so bei seiner Expansion vorgeht.

Quellenverzeichnis

Clubsale: Homepage: www.clubsale.com, Stand: 25.10.2013
Haller, Sabine: Handelsmarketing, 3. Aufl., Ludwigshafen (Rhein): Kiel, 2008
Immobilien Zeitung: Onlineshop Planet Sports macht in Läden, Nr. 43, S.10, 31.10.2013, Dauerhafte Adresse des Dokuments: http://www.wiso-net.de/webcgi?START=A60&DOKV_DB=ZGEN&DOKV_NO=IMMO101331027&DOKV_HS=0&PP=1
Planet Sports: Homepage: www.planet-sports.de, Stand: 25.10.2013
Puccini Group: Homepage: www.puccini-group.de, Stand: 25.10.2013
Schawel, Christian / Billing, Fabian: Top 100 Management Tools, 4. Aufl., Wiesbaden: Springer Gabler, 2012
Statista: Anzahl der Personen, die Sportartikel und Sportgeräte über das Internet kaufen, von 2010 bis 2012 (in Millionen): http://de.statista.com/statistik/daten/studie/247200/umfrage/Kauf-von-Sportartikeln-und-Sportgeräten-über-das-Internet/, Stand: 09.11.2013
Titus: Homepage: www.titus.de, Stand 07.11.2013
Trendscope: Online-Befragung in der Meinungscommunity RIDERS AREA, Studie zu Nutzung und Wahrnehmung von Online-Shops innerhalb der deutschen Action-Sport-Szene: http://www.trendscope.com/studie-zu-nutzung-und-wahrnehmung-von-online-shops-innerhalb-der-deutschen-action-sports-szene/, Stand: 26.10.2013

4 zooplus AG

(Güllich, P.)

Einführung

Betrachtet eine Person das 21. Jahrhundert und versucht dessen Merkmale von denen der vorhergehenden Jahrhunderte abzugrenzen, ist es für diese Person schier unmöglich, dies ohne die Aspekte Informationssysteme und intelligente Vernetzung zu tun. Aus der betriebswirtschaftlichen Perspektive verändert das Internet die Spielregeln auf allen Märkten fundamental. Fällt ein Unternehmen strategische Entscheidungen in der Distributionspolitik landet dieses schnell bei der Frage, ob es sich ein Fernbleiben im Onlinehandel leisten darf. Spätestens seit dem Siegeszug der Smartphones ist der Onlinehandel ein Markt mit erklecklichem Umsatzpotenzial für Firmen geworden. Dieses dennoch neue und relativ unbekannte Feld – ca. 10 Jahren – enthält eine riesige Vielfalt der Möglichkeiten für Unternehmungen. Diese Seminararbeit, welche im Rahmen eines Großprojektes der Dualen Hochschule Baden Württemberg Mannheim Fachrichtung Handel Kurs WHD 11 E erarbeitet wird, führt eine kritische Analyse über ein ausgewähltes Unternehmen durch. Als Rahmenvorgabe wurden den Studierenden eine Liste mit den TOP 100 eCommerce Unternehmen aus dem Jahr 2011 ausgehändigt. Vergleichswert war die Höhe des Umsatzes aus dem besagten Jahr. Alle Teilnehmer dieses Projektes waren dazu verpflichtet eines dieser Unternehmen frei auszuwählen. Gegenstand dieser Arbeit ist die zooplus AG bzw. deren Onlinehandel. Im Folgenden sollen drei Kernthemen untersucht werden. Dazu gehört die historische Entwicklung des Unternehmens, der derzeitige Stand im Markt sowie eine SWOT Analyse mit direktem Vergleich zur Konkurrenz im Hinblick auf den Onlinehandel. Abschließend verfasst diese Arbeit einen Ausblick für die zukünftige Entwicklung des Unternehmens.

1 Zooplus AG

Historische Entwicklung

Die zooplus AG ist ein Internethändler im Bereich Heimtierbedarf.[173] Gegründet wurde das Unternehmen im Jahre 1999.[174] Das Unternehmen ver-

---

[173] Vgl. zooplus AG Geschäftsbericht 2012, S. 5.

zeichnete rasche Erfolge. So waren sie bereits ein Jahr später in Österreich vertreten und erzielten im Jahr 2001 erstmals einen Umsatz jenseits der 10 Mio. EUR Marke.[175] So stieg das Unternehmen bereits 2004 in die Eigenmarkenproduktion und in die Vermarktung dieser Produkte.[176] Bereits 2006 kam es zur Erschließung des Marktraumes Großbritannien und gleichzeitig kam es zur Geburt des eigenen Webshops zooplus.com, welcher in englischer Sprache geführt wurde.[177] Ein Jahr später erschloss die zooplus AG den französischen Markt und der Jahresumsatz wuchs erstmals in der noch jungen Geschichte dieses Unternehmens auf über 50 Mio. EUR.[178] Im folgenden Jahr erschloss das Unternehmen den italienischen, spanischen und niederländischen Markt.[179] Ebenso ging die zooplus AG an die Börse (Entry Standard).[180] 2009 ist die zooplus AG in 17 Ländern vertreten und vollzog ein Segmentwechsel an der Frankfurter Wertpapierbörse (Prime Standard).[181] Der Umsatz lag im gleichen Jahr bei 130 Mio. EUR.[182] Dieses Volumen dehnte sich im folgenden Geschäftsjahr auf 190 Mio. EUR aus.[183] 2011 kam es sogar zur Aufnahme in den SDAX.[184]

Unternehmensbeschreibung

Die zooplus AG mit ihrem Sitz (Sonnenstraße 15) in (80331) München ist nach eigenen Angaben führend im Geschäftsfeld eCommerce Einzelhandel für Heimtierprodukte sowohl im Hinblick auf Umsatz als auch Kundenbasis.[185] Zooplus bietet insgesamt ca. 8000 Futter- und Zubehörartikel für die Bereiche Hund, Katze, Reptil, Kleintier, Vogel und Pferd sowie Aquaristik.[186] Zusätzlich können Kunden weitere Informations- und Beratungsangebote sowie Foren und Blogs kostenfrei wahrnehmen.[187] Es stehen dem Kunden spezifische Onlineshops in 20 Ländern europaweit zur Verfü-

---

[174] Vgl. zooplus-Meilensteine, 2013.
[175] Vgl. zooplus-Meilensteine, 2013.
[176] Vgl. zooplus-Meilensteine, 2013.
[177] Vgl. zooplus-Meilensteine, 2013.
[178] Vgl. zooplus-Meilensteine, 2013.
[179] Vgl. zooplus-Meilensteine, 2013.
[180] Vgl. zooplus-Meilensteine, 2013.
[181] Vgl. zooplus-Meilensteine, 2013.
[182] Vgl. zooplus-Meilensteine, 2013.
[183] Vgl. zooplus-Meilensteine, 2013.
[184] Vgl. zooplus-Meilensteine, 2013.
[185] Vgl. zooplus-Geschäftsmodell, 2013.
[186] Vgl. zooplus-Geschäftsmodell, 2013.
[187] Vgl. zooplus-Geschäftsmodell, 2013.

gung.[188] Darunter fallen neben Deutschland, Italien, Frankreich, Großbritannien, den Niederlanden auch Spanien, Belgien, Polen, Finnland, Irland, Dänemark, Portugal, die Slowakei und Tschechische Republik.[189] Nach eigenen Angaben erzielt das Unternehmen den größten Teil seiner Umsätze durch den Eigenmarkenverkauf aus den Zentrallagern in Hörselgau und Tilburg.[190] Das strategische Ziel ist nach Angaben der zooplus AG die Marktführerschaft im Onlinesektor zu halten und diese auszubauen.[191] Das Unternehmen zielt darauf ab, vom Wachstum des Onlinehandels zu profitieren.[192] Das Unternehmen erkennt durch die Erfahrung aus der Vergangenheit entsprechende Vorteile durch das Geschäftsmodell des Onlinehandels. Das Unternehmen konnte dieses Modell bereits in 18 Ländern erfolgreich einführen.[193] Laut eigenen Angaben ist die Präsenz besonders stark in den mitteleuropäischen Ländern.[194] Da sie als Pionier 1999 in den Onlinehandel eingestiegen ist, hat die Firma einen entscheidenden Wettbewerbsvorsprung.[195] Ebenso bieten die Produkte erfolgssteigernde Eigenschaften.[196] So handelt es sich bei Tierprodukte um weitestgehend einheitliche Güter, die einen gleichmäßigen Bedarf/Verbrauch bei den Kunden vorweisen.[197] Des Weiteren bietet der Onlineversand dem Kunden einen gewissen Grad an Convenience gegenüber dem eigenen Transport.[198] Zusätzlich verursacht der Onlinehandel zusammen mit dem breiten Sortiment eine enge Kundenbindung und Wiederkaufsrate.[199] Laut den firmeneigenen Aussagen zielt zooplus aus strategischer Sicht auf ein Wachstum im Heimmarkt Deutschland sowie einen Ausbau in den osteuropäischen Raum und Skandinavien ab.[200] Ebenfalls strebt das Unternehmen den Ausbau und die Stärkung des Auslandsgeschäftes u. a. durch den Ausbau landesspezifischer Onlineshops an.[201] Helfen sollen dabei eine intensivere Einbindung der Marketingaktivitäten und alle Maßnahmen, um eine noch stärkere Kundenbin-

---

[188] Vgl. zooplus-Geschäftsmodell, 2013.
[189] Vgl. zooplus-Geschäftsmodell, 2013.
[190] Vgl. zooplus-Geschäftsmodell, 2013.
[191] Vgl. zooplus-Geschäftsmodell, 2013.
[192] Vgl. zooplus-Geschäftsmodell, 2013.
[193] Vgl. zooplus-Geschäftsmodell, 2013.
[194] Vgl. zooplus-Geschäftsmodell, 2013.
[195] Vgl. zooplus-Geschäftsmodell, 2013.
[196] Vgl. zooplus-Geschäftsmodell, 2013.
[197] Vgl. zooplus-Geschäftsmodell, 2013.
[198] Vgl. zooplus-Geschäftsmodell, 2013.
[199] Vgl. zooplus-Geschäftsmodell, 2013.
[200] Vgl. zooplus-Geschäftsmodell, 2013.
[201] Vgl. zooplus-Geschäftsmodell, 2013.

dung zu erzielen.[202] Zu dem Konzern gehören zooplus AG, München, Deutschland, Matina GmbH, München, Deutschland, Bitiba GmbH, München, Deutschland, zooplus Services Ltd., Oxford, UK, LSC s.r.o. in Liquidation, Mimon, Tschechische Republik, zooplus France s.a.r.l., Straßburg, Frankreich, zooplus Italia s.r.l., Genua, Italien, zooplus Pet Supplies Import and Trade Ltd., Istanbul, Türkei, zooplus Polska Sp. z.o.o., Krakau, Polen sowie zooplus Services ESP S.L., Madrid, Spanien.[203] Die Mitglieder des Vorstandes sind: Dr. Cornelius Patt, Gründungsmitglied, CEO und Vorstandsvorsitzender des Unternehmens, mit dem Aufgabenbereich Operations und International Business sowie die Geschäftsführung. Andrea Skersies, CMO, mit dem Aufgabenbereich Einkauf, Sales und Marketing.[204] Andreas Grandinger, CFO, ist mit dem Aufgabenbereich Finanzen, Controlling, Recht und Investor Relations verbunden. Zum Aufsichtsrat gehören die folgenden Personen: Michael Rohowski (Vorsitzender), Dr. Jörg Lübcke (Stellvertretender Vorsitzender), Thomas Schmitt, Dr. Norbert Stoeck, Dr. Rolf-Christian Wentz, Stefan Winners.[205]

2 Derzeitiger Stand im Markt

Marktanalyse

Der zweite Teil dieser Seminararbeit erzielt einen genauen Einblick in die Leistungsfähigkeit des Unternehmens zooplus AG sowie eine Analyse des Onlineshops www.zooplus.de. Darauf aufbauend soll im dritten Teil eine SWOT Analyse sowie ein Stichproben-Preisvergleich zweier Konkurrenten mit der zooplus AG erarbeitet werden. Die nachfolgende Abbildung enthält die wichtigsten Kennzahlen für das Unternehmen zooplus.

Demnach stiegen die Umsatzerlöse in den letzten drei Jahren jährlich um durchschnittlich 37%. Ebenso verzeichnete das Unternehmen eine durchschnittliche Zuwachsrate von 38% auf die Gesamtleistung. Gleiches gilt auch für den Rohertrag, der eine entsprechende Zuwachsrate aufweist. Im Gegensatz dazu verzeichnete der operative Ertrag EBITDA sowie der EBIT im Jahr 2010 zwar ein positives Ergebnis von 3,8/3.3 Mio. EUR, wohingegen diese in den beiden folgenden Jahren negative Größen zu verzeichnen hatten. So lag das Ergebnis im Jahr 2011 mit -6,8/-7.7 Mio. EUR deutlich

---

[202] Vgl. zooplus-Geschäftsmodell, 2013.
[203] Vgl. zooplus Daten und Fakten, 2013.
[204] Vgl. zooplus Daten und Fakten, 2013.
[205] Vgl. zooplus vorstand und Aufsichtsrat, 2013.

unter dem Vorjahresergebnis und im Jahr 2012 mit -1,8/-2,5 Mio. EUR ebenso im negativen Bereich.

Kennzahlen (IFRS)

in TEUR	2010	2011	2012
Umsatzerlöse	177.828	244.796	319.236
Wachstum in %	45,0	37,8	30,4
Gesamtleistung	193.599	257.060	335.552
Wachstum in %	50,0	32,8	30,5
Rohertrag	84.061	100.015	121.343
in % der Gesamtleistung	43,4	38,9	36,2
EBITDA	3.887	-6.790	-1.842
in % der Gesamtleistung	2,0	-2,6	-0,5
EBIT	3.300	-7.564	-2.561
in % der Gesamtleistung	1,7	-2,9	-0,8
Konzernergebnis	1.970	-5.973	-2.112
in % der Gesamtleistung	1,0	-2,3	-0,6
Durchschnittliche Anzahl der Mitarbeiter	143	191	217

Abbildung 30: Kennzahlenzooplus AG aus Factsheet

Gleiches gilt auch für den Verlauf des Konzernergebnisses verglichen zum Verlauf des EBIT's. Verzeichnete der Konzern im Jahr 2010 mit knapp 2 Mio. EUR ein positives Ergebnis, so ging dieses in den beiden folgenden Jahren mit knapp -6 Mio. und -2,1 Mio. EUR in einen negativen Bereich.

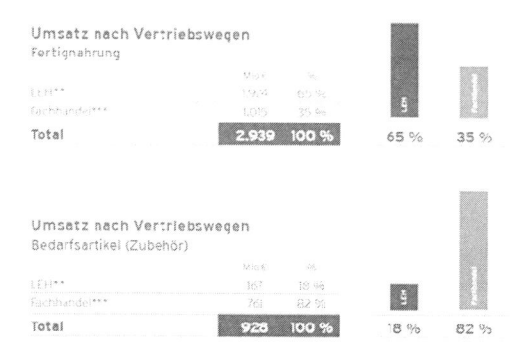

Abbildung 31: Vergleich Lebensmitteleinzelhandel und Fachhandel

Heimtierbedarfs-Markt 2012

Umsatz Heimtierbedarfs-Markt insgesamt

	Mio €	Veränderung*
Fertignahrung	2.939	+ 2,5 %
Bedarfsartikel und Zubehör	928	+ 1,3 %
Total	**3.867**	**+ 2,2 %**

Abbildung 32: Marktdaten Zentralverband zoologischer Fachbetriebe Deutschlands

Für die durchschnittliche Mitarbeiterzahl kann das Unternehmen in den letzten beiden Jahren einen klaren Anstieg aufweisen. So stieg die Zahl von 2010 mit 143 Mitarbeitern um 74 auf 217 Mitarbeiter im Geschäftsjahr 2012.

Um diese Kennzahlen einzuordnen und zu bewerten, sollen die Statistiken des Zentralverbands zoologischer Fachbetriebe für das Jahr 2012 herangezogen werden. In der obigen Statistik ist der Gesamtumsatz für den Heimtierbedarfsmarkt in Deutschland aufgeschlüsselt. Interessant sei hier zu erwähnen, dass ca. 75% der Umsatzerlöse durch den Verkauf von Fertignahrung erzielt wird und ca. 25% durch den Verkauf von Bedarfsartikeln. Die Zuwachsraten in Deutschland lagen im Jahr 2012 mit knapp 3,9 Mio. EUR bei +2,2% zum Vorjahr verhältnismäßig stark unter dem Wachstum der zooplus AG, das, wie oben zu ersehen, bei einem Wachstumsplus von +30,4% lag. Isoliert betrachtet, ist die zooplus AG ein deutlicher Markteroberer. Die Zuwachsraten erahnen das Geschäftspotenzial alleine für Deutschland. Bei ähnlichen Zuwachsraten in den nächsten Jahren, wäre die zooplus AG auf Dauer in der Lage, eine spürbare Marktposition im Tiermarkt zu erreichen. Fraglich ist, ob dieser Trend beibehalten werden kann, oder ob dieser in eine Stagnation endet. Abbildung 33 veranschaulicht die Umsatzanteile des gesamten deutschen Tiermarktes und schlüsselt diese unter dem Aspekt Fertignahrung und Bedarfsartikel auf. Hierbei werden der Lebensmitteleinzelhandel und der Fachhandel, zu welchem zooplus dazugehört, nach Umsatzanteilen verglichen. Im Bereich Fertignahrung generieren die LEH's knapp 2/3 aller Umsätze und der Fachhandel 1/3. Für die Bedarfsartikel beziehen die LEH's 1/5 aller Umsätze, wohingegen der Fachhandel 4/5 aller Umsätze generiert. Der Gesamtumsatz des Fachhandels bewegt sich im Bereich von 1,776 Mio. EUR. In der derzeitigen Marktsituation ist der Fachhandel im Bereich Tiernahrung einem starken Druck durch den Lebensmitteleinzelhandel ausgesetzt. Es ist anzunehmen, dass die Verbraucher keine fachspezifische Beratung im Bereich Tiernahrung brauchen und daher wohl eher die preisgünstigen Varianten des

LEH's, im Besonderen der Discounter, dem Fachhandel vorziehen. Im Sortimentsbereich Bedarfsartikel ist der Druck durch den LEH vergleichsweise gering. Das Potenzial, das der Fachhandel mit seiner Beratung und dem breiten und tiefen Sortiment mit sich bringt, kommt hierbei voll zum Tragen.
Generell bietet der europäische Markt für die zooplus AG ein breites Feld, um mit dem Geschäftsmodell Onlinehandel erfolgreich weiterzuarbeiten. Diese Statistik gliedert die einzelnen europäischen Länder nach der Stärke der Ausgaben der Privathaushalte für den Heimtierbedarf auf. Das Marktvolumen des gesamten europäischen Raums beziffert sich auf ca. 23 Mrd. EUR. Der gesamteuropäische Marktanteil der zooplus AG (in absoluten Zahlen) im Jahr 2011 belief sich demnach ca. bei 1% (245 Mio./23.000 Mio. EUR). Die verglichenen Wachstumsraten der zooplus AG mit dem Marktwachstum in Deutschland indizieren einen starken Wachstumstrend der zooplus AG. Nachdem die Marktsituation des Tier- und Tierbedarfmarktes vorgestellt und analysiert wurde, soll im Folgenden nun der Aufbau des Onlinehandels der zooplus AG analysiert werden.

3 Onlineauftritt: www.zooplus.de

Für diese Seminararbeit soll in diesem Kapital der Aufbau der Seite www.zooplus.de untersucht werden. Die zooplus AG bietet 21 weitere länderspezifische Onlineseiten an, jedoch kann in dieser Seminararbeit kein derart großer Umfang betrieben werden und alle Seiten untersucht werden. Daher wird lediglich die deutsche Onlineseite zur Untersuchung herangezogen. Die Seite präsentiert sich im grünen Design und symbolisiert dadurch ein biologisches, naturnahes Flair. Die Kopfzeile beinhaltet einerseits das Firmenlogo links oben sowie eine Suchleiste für den Kunden. Ebenso finden sich in der Kopfzeile der Warenkorb und Kundenservice sowie die Schnellinfos für die Ladenöffnungszeiten für den stationären Handel. Direkt darunter listet eine Zeile die einzelnen Kategorien auf (Hund, Katze, Kleintiere, Aquaristik, Vogel, Pferd, Top Marken und % Angebote). Wird der Cursor auf eine Kategorie bewegt, so öffnet eine Maske eine tiefere Auswahl der jeweiligen Kategorie. Auf der Sichtfeldebene in der Mitte der Seite, werden verschiedene Angebote auf einem großzügig angelegten Feld präsentiert. Auf der linken Seite findet der Nutzer unter einer ganzen Spalte eine Liste der Kategorien und Unterkategorien. Die komplette rechte Spalte bietet Kacheln mit schnell zu erblickenden Rabattaktionen sowie Bonus- und Sparprogramme für den Kunden. Beim runterscrollen entdeckt der Kunde Kacheln mit den Überschriften „Tierarzt Frage des Monats" und „Tierarzt Produkttipp".

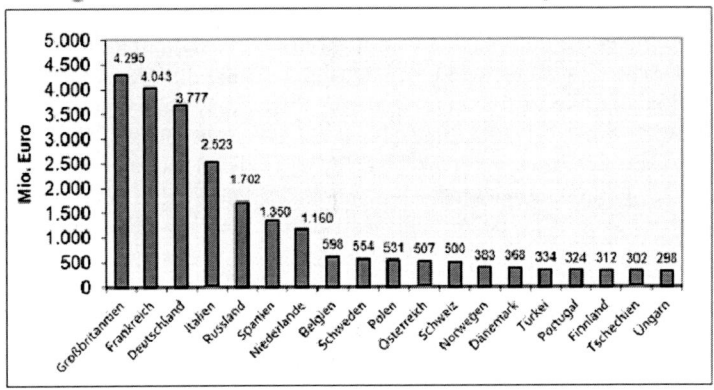

Abbildung 33: Ausgabenvergleich in Europa bereitgestellt durch den Zentralverband zoologischer Fachbetriebe

Gefolgt werden diese Kategorien von einer Tierbilderauswahl, Topseller Angeboten und den Zugang zu den Kundenforen und Blogs. Am unteren Rand der Homepage sind die für den Verkauf bedeutungslosen Informationen aufgelistet und in Rubriken sortiert: Informieren, Service, Community und International. Trotz der ausgeprägten Anzahl verschiedenster Informationen findet sich der Kunde relativ schnell und einfach zurecht.

Abbildung 34: Startseite www.zooplus.de

Am Beispiel „Hund" soll der Prozess der Bestellung erläutert werden. Hat der Kunde also die Seite betreten, kann er unter den verschiedenen Kategorien nach den gewünschten Artikeln suchen. Unter der Kategorie „Hund" öffnet sich ein neues Fenster. Der Aufbau ist im Grunde genommen der gleiche. Das Sichtfeld bietet wieder, nun auf die Artikel „Hunde" zugeschnitten, eine Auswahl an Sonderangeboten. Die Spalte links zeigt dem Käufer alle Unterkategorien für die ausgewählte Kategorie – hier „Hund" – auf. Die rechte Spalte beinhaltet Käuferschutzangebote, Rabatte, die Selbst Abbildung als Nummer 1 Verkäufer sowie eine Favoritenliste der Käufer für etwaige Produkte. Weiter unten bietet zooplus dem Kunden die Möglichkeit, fehlende oder nicht auffindbare Produkte anzugeben bzw. den Kontakt mit dem Händler aufzunehmen.

Abbildung 35: Kategorie "Hund"

Der Kunde hat nun die Möglichkeit einzelne Produkte auszuwählen und die Mengenangaben zu bestimmen. Wählt dieser beispielsweise unter „Hundefutter trocken" ein Produkt aus, so werden ihm alle Herstellermarken aufgezeigt. Wird ein spezifisches Produkt ausgewählt, kann der Kunde zwischen drei verschiedenen Verpackungsgrößen wählen, wobei die größte Verpackung unter dem Begriff Sparpaket deklariert wird. Die Menge gibt der Käufer in einem Feld selbst an. Sobald er seine Auswahl getroffen hat, poppt ein kleineres Fenster auf, das einerseits den Kunden informiert, dass der soeben genommene Artikel im Warenkorb liegt und andererseits bietet das Fenster dem Kunden die Möglichkeit, weiter zu shoppen oder zum Warenkorb zu gehen.

Bei Bedarfsartikeln erhält der Kunde bei einer konkreten Produktauswahl den Artikel zusammen mit kurzer Artikelbeschreibung, Kundenbewertungen im 0 - 5 Sterne System und eine Bildergalerie für das jeweilige Produkt. Hat der Kunde alle Artikel gefunden und möchte die Bestellung aufgeben, so wird er auf die Warenkorb-Seite geleitet. Auf dieser ist jeder Artikel samt Preisangaben sehr übersichtlich aufgeführt. Des Weiteren bietet es ihm die Möglichkeit, Änderungen bezüglich Bestellmengen und Artikelauswahl durchzuführen. Ebenfalls können Gutschein Codes und das Versandland eingetragen bzw. ausgewählt werden. Danach muss der Kunde Schritt für Schritt die üblichen Versandmodalitäten wie Kunden- und Adressangaben sowie Bezahl- und Liefermethoden angeben, bevor es zum Kaufabschluss kommt.

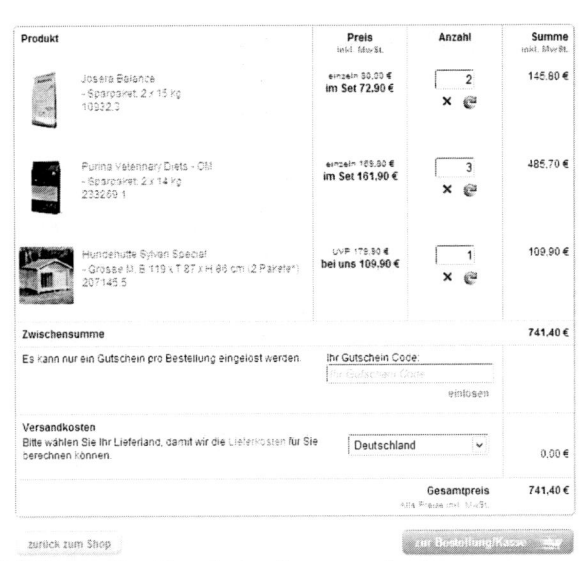

Abbildung 36: Selbsterstellter Warenkorb auf www.zooplus.de

4 Vergleich Onlinehandel zooplus AG & Konkurrenz

Preisvergleich

Im weiteren Verlauf greift diese Seminararbeit auf selbsterstellte Preisdaten zurück.[206] Es wurden Preisdaten von zwei Konkurrenten (www.Fressnapf.de und www.petshop.de) sowie der zooplus AG gesammelt und verglichen. Ebenso wird ein fiktiver „günstigster Warenkorb" für Bedarfsartikel ermittelt und die Preise verglichen. Neben einem Preisvergleich für gleiche Produkte soll es ebenfalls einen Vergleich für die Markentiefe verschiedener Produktkategorien geben. Sehr gute Vergleichswerte sind für Hunde- und Katzenfutter zu erwarten, da Hunde und Katzen auf dem europäischen Markt die beliebtesten Haustiere sind. Bei den Bedarfsartikeln wird jeweils der preisgünstigste Artikel des jeweiligen Onlineshops zu einer Produktkategorie ausgewählt.

Preisvergleich Hundefutter

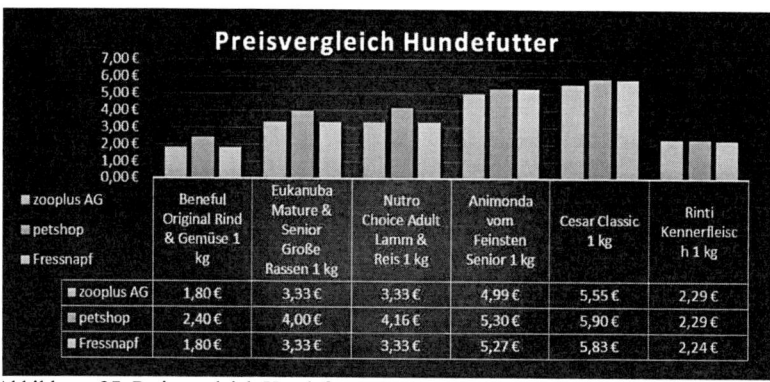

	Beneful Original Rind & Gemüse 1 kg	Eukanuba Mature & Senior Große Rassen 1 kg	Nutro Choice Adult Lamm & Reis 1 kg	Animonda vom Feinsten Senior 1 kg	Cesar Classic 1 kg	Rinti Kennerfleisch 1 kg
zooplus AG	1,80 €	3,33 €	3,33 €	4,99 €	5,55 €	2,29 €
petshop	2,40 €	4,00 €	4,16 €	5,30 €	5,90 €	2,29 €
Fressnapf	1,80 €	3,33 €	3,33 €	5,27 €	5,83 €	2,24 €

Abbildung 37: Preisvergleich Hundefutter

Getestet wurden drei Händler. Neben der zooplus AG wurde für diesen Vergleich die Onlinehändler petshop und Fressnapf dazu gezogen. Es wurden die Preise für jeweils ein und dasselbe Produkt und auf den kg Preis umgerechnet. Insgesamt wurden für die Kategorie Hundefutter 6 Hundefuttermarken untersucht und deren Preise ermittelt. Hierbei fiel auf, dass sich

---

[206] Alle folgenden Abbildungen beinhalten selbsterstellte Preisvergleiche. Hierbei wurden auf den einzelnen Internetplattformen der jeweiligen Akteure, die Preise ermittelt und in einer Excel Liste verarbeitet. Die Preise wurden am 21.10.2013 ermittelt.

zooplus und Fressnapf ein enges Kopf-an-Kopf Rennen lieferten. Die Preise für Hundefutter wichen demnach zwischen den beiden Anbietern gar oder nur sehr wenig voneinander ab. Weit abgeschlagen von diesem Preiskampf lag petshop. Im Vergleich konnte petshop nicht mit den Preisen von Fressnapf und zooplus mithalten und lag durchschnittlich deutlich über den Vergleichswerten. Lediglich bei drei von sechs Artikeln konnte petshop mithalten. Bei den Marken Beneful, Eukanuba und Nutro lag der Verkaufspreis bis zu einem Drittel über den Konkurrenzpreisen. Ähnliche Erkenntnisse lieferte auch der Preisvergleich von Katzenfutter. Hier jedoch konnte sich zooplus preislich bei einem Artikel deutlich von seinen Konkurrenten absetzen. So kostete das Produkt Bozita knapp einen Euro weniger als bei Fressnapf und ganze zwei Euro weniger als bei petshop. Besonders fiel das Gefälle bei Bozita, Royal Canin und Gourmet Perle auf. Petshop verlangte zwischen 25-50% mehr als zooplus. Dagegen lagen alle drei Anbieter bei den LEH affinen Produkten wie Kitekat vergleichsweise nahe beieinander. Verglichen zu den Ergebnissen bei Hundefutterpreisen, lieferten sich zooplus und Fressnapf auch bei den restlichen fünf Katzenfuttermarken (Sanabelle, Royal Canin, Gourmet Perle, Kitekat und Miamor) ein enges Duell.

Preisvergleich Katzenfutter

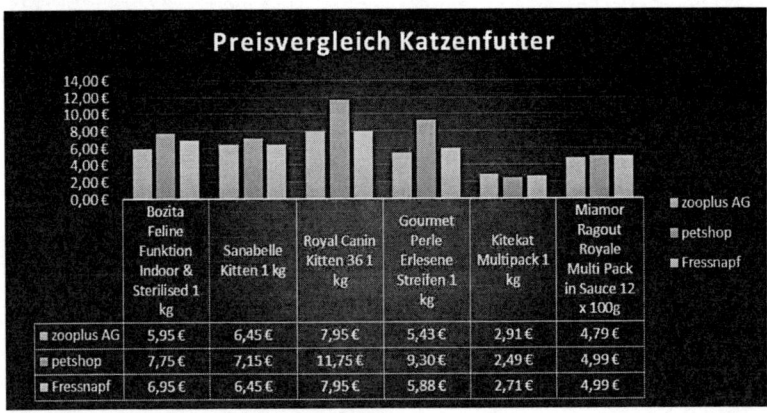

	Bozita Feline Funktion Indoor & Sterilised 1 kg	Sanabelle Kitten 1 kg	Royal Canin Kitten 36 1 kg	Gourmet Perle Erlesene Streifen 1 kg	Kitekat Multipack 1 kg	Miamor Ragout Royale Multi Pack in Sauce 12 x 100g
zooplus AG	5,95 €	6,45 €	7,95 €	5,43 €	2,91 €	4,79 €
petshop	7,75 €	7,15 €	11,75 €	9,30 €	2,49 €	4,99 €
Fressnapf	6,95 €	6,45 €	7,95 €	5,88 €	2,71 €	4,99 €

Abbildung 38: Preisvergleich Katzenfutter

Im Ergebnis bleibt festzuhalten, dass die zooplus AG und Fressnapf bei Hunde- und Katzenfutter preislich auf Augenhöhe stehen. Petshop konnte dem Preisdruck nicht standhalten. Nun sollen die Preise für Bedarfsartikel verglichen werden. Hierbei wurden typische Bedarfsprodukte verglichen, die ein Kunde erwerben würde, wenn dieser ein Hund, Katze, Vogel, Kleintier oder Fisch/Meerestier besäße. Sieben Artikel wurden hierbei miteinander verglichen. Das jeweils Preisgünstigste wurde in den Warenkorb gelegt. Für jeden Artikel wurde eine farbliche Rangfolge (rot, gelb und grün) festgelegt. Grün unterlegt wurde der günstigste, gelb der zweitgünstigste und rot der höchste Preis des jeweiligen Produktes. Die zooplus, obwohl am teuersten insgesamt, viermal grün, ein Mal sammelte gelb und zweimal rot. Die Preise für fünf Produkte hielten preislich mit den anderen mit bzw. unterboten die Preise der Konkurrenz. Lediglich beim Hundekissen musste sich zooplus petshop geschlagen geben. Der Einstiegspreis für Aquarien lag mit großem Abstand über den Preisen der Konkurrenz. Petshop bestätigte auch bei diesem Vergleich den Eindruck, schwächster Konkurrent in diesem Vergleich zu sein. So konnte dieser Händler bei einem Produkt einen deutlich niedrigeren Preis anbieten und lag bei einem zweiten Produkt leicht unter den Einstiegspreisen der beiden anderen Anbieter, aber dafür manifestierte sich bei vier Vergleichsprodukten der schon zuvor gewonnene Eindruck, im Durchschnitt einen deutlich teureren Preis für Produkte als zooplus und Fressnapf anzubieten.

Fressnapf lag zumeist in Schlagdistanz zu zooplus, konnte aber in den meisten Fällen nicht mit zooplus mithalten. Einzig und allein beim Aquarium konnte Fressnapf den günstigsten Preis anbieten und lag in allen anderen Fällen konstant auf dem zweiten Rang. Der Vergleich hinsichtlich der Markentiefe für Hunde- und Katzenfutter trocken sowie Flockenfutter für Fische barg Überraschungen in sich.

Warenkorb günstigster Preis

	zooplus AG	petshop	Fressnapf
Hundekorb	14,99 €	12,99 €	14,99 €
Hundeleine	3,49 €	9,99 €	4,99 €
Hundekissen	9,90 €	3,99 €	9,10 €
Kratzbaum	8,99 €	11,99 €	9,99 €
Freigehege	8,99 €	17,99 €	14,99 €
Vogelkäfig	29,90 €	40,00 €	39,90 €
Aquarium	129,99 €	79,20 €	54,99 €
Gesamt	206,25 €	176,15 €	148,95 €

Abbildung 39: Warenkorb "günstigster Preis"

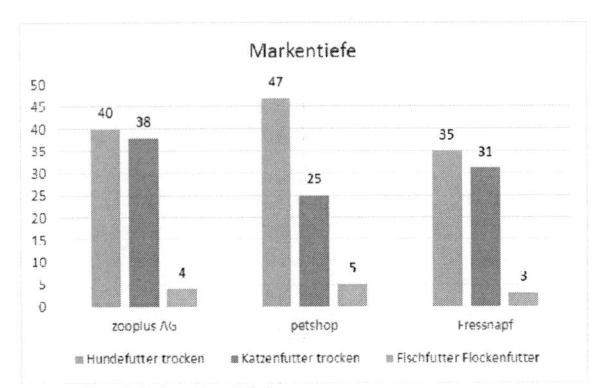

Abbildung 40: Markentiefe im Vergleich

Vor dem Hintergrund petshop auf dem letzten Platz zu erwarten, konnte dieser in zwei von drei Kategorien als Sieger mit der größten Markentiefe glänzen, zeigte aber auch Defizite in der Markentiefe von Katzenfutter. Hier wiederum muss zooplus als Sieger genannt werden, da dieser in allen drei Markentiefen stark vertreten ist. Besonders stark ist diese Leistung, vergleicht man das Sortiment mit dem von Fressnapf, das in allen drei Kategorien auf dem letzten Platz zu finden ist.

Im Ergebnis bleibt festzuhalten, dass zooplus beim Fachhandel einen enormen Preisdruck auf die Konkurrenz ausübt. Fressnapf konnte punktuell den Preis unterbieten bzw. den Preis von zooplus folgen, jedoch hatte zooplus des Öfteren den niedrigsten Preis. Petshop war in diesem Vergleich der eindeutige Verlierer mit seinen deutlich überdurchschnittlichen Preisen. Woher die Preisunterschiede stammen, kann diese Seminararbeit nicht beantworten. Auch bleibt festzuhalten, dass zooplus vorne mit dabei ist, wenn es um die Markentiefe geht. Überraschend stark vertreten zeigte sich hierbei petshop, welches bis dato als letzter aus dem Preisvergleich hervorkam.

SWOT Analyse zooplus AG

Die Gesellschaft ist heute im Geschäftsfeld eCommerce aktiv, d. h. im Bereich Internethandel für Heimtierbedarf bei Privatkunden.[207] In genau diesem Geschäftsfeld ist zooplus nach eigenen Angaben europaweit Marktfüh-

---

[207] Vgl. Konzernlagebericht der zooplus AG, 2013.

rer (bezogen auf Umsatz und aktiver Kundenbasis).[208] Damit verbunden lautet das strategische Geschäftsziel das nachhaltige Wachstum und die Erweiterung der Marktführerschaft im Onlinehandel.[209] Um dies zu erreichen, legt zooplus großen Wert auf die Vergrößerung seiner technologischen Infrastruktur.[210] Zooplus weist in seinem Segment ca. 8.000 Futter- und Zubehörartikel für seine Kunden auf.[211] Des Weiteren bietet die Gesellschaft kostenfreie, weiterführende Informationen, Foren, Blogs und Kundenportale für seine Onlinebesucher an.[212] Der Verkauf und die Auslieferung der Waren über den Onlinehandel erzielt zooplus durch seine Zentrallager in Deutschland und den Niederlanden.[213] Hierdurch gewährt zooplus eine vergleichsweise hohe Verfügbarkeit seiner Produkte, verglichen mit anderen Wettbewerbern.[214] Einen geringen Teil seiner Umsätze erzielt das Unternehmen durch das Streckengeschäft, indem der Produktverkauf direkt durch zooplus' Lieferanten erzielt wird.[215] Der Versand erfolgt über nationale und Internationale Paketdienste.[216]

Zu den Stärken des Unternehmens zählt die Kombination aus einer breiten Sortimentspalette und effizienten Warenflussprozessen durch die zwei Zentrallager sowie einfachen und bequemen Bestellmöglichkeiten für den Kunden.[217] Zooplus betreibt seit März 2013 erfolgreich über 20 landesspezifische Onlineshops in den weiter oben bereits erwähnten Märkten.[218] Im Bereich Onlinehandel ist zooplus der präsenteste Anbieter auf dem Markt. Im Gegensatz zu den lokalen, kleinen und großen Fachhändlern kann die zooplus große Vorteile aus Skalen- und Effizienzeffekten generieren.[219] Diese Effekte entstehen aus dem zentralen Einkauf, Kundenservice, Marketing und Logistik sowie der jahrelangen Erfahrung in der Eigenmarkenentwicklung und der Nutzung moderner Logistik-Technologien.[220] Zooplus erzielt somit hohe Kostenersparnisse durch automatisierte Geschäftsprozes-

---

[208] Vgl. Konzernlagebericht der zooplus AG, 2013.
[209] Vgl. Konzernlagebericht der zooplus AG, 2013.
[210] Vgl. Konzernlagebericht der zooplus AG, 2013.
[211] Vgl. Konzernlagebericht der zooplus AG, 2013.
[212] Vgl. Konzernlagebericht der zooplus AG, 2013.
[213] Vgl. Konzernlagebericht der zooplus AG, 2013.
[214] Vgl. Konzernlagebericht der zooplus AG, 2013.
[215] Vgl. Konzernlagebericht der zooplus AG, 2013.
[216] Vgl. Konzernlagebericht der zooplus AG, 2013.
[217] Vgl. Konzernlagebericht der zooplus AG, 2013.
[218] Vgl. Konzernlagebericht der zooplus AG, 2013.
[219] Vgl. Konzernlagebericht der zooplus AG, 2013.
[220] Vgl. Konzernlagebericht der zooplus AG, 2013.

se und den Verzicht des stationären Handels, da hier auf Fachpersonal, Einrichtungskosten, Miet- und Grundstückspreise verzichtet werden kann. Durch die jahrelang gesammelten Kundenaccounts erhält zooplus zusätzlich einen großen Kundenstamm, eine enge Kundenbeziehung bzw. Kundenbindung sowie die Neukundengewinnung durch Weiterempfehlungen.
Das Unternehmen bietet seinen Kunden ein breites und tiefes Sortiment, übersichtlich präsentiert, verbunden mit konkurrenzfähigen Preisen (siehe Preisvergleich) und hohem Komfort durch Lieferung nach Hause.
Verglichen mit anderen Produktkategorien, ist der Umsatzanteil des Onlinehandels für den Bereich Heimtier verschwindend gering und beträgt im europäischen Raum magere 2-3%. Auch wenn zooplus im Onlinesektor Marktführer ist, sind die Umsätze verglichen zum stationären Handel sehr gering. Zwei Faktoren sind von zentraler Bedeutung. Zum einen die oben beschriebene Entwicklung des Onlinemarktes sowie die allgemeine Entwicklung des Heimtiermarktes. Da kaum ein signifikantes Wachstum diesbezüglich zu erwarten ist, darf zooplus keine Veränderungen erwarten. In Rund einem Drittel aller Haushalte in Europa leben Haustiere. Es wird nicht erwartet, dass es hier Zuwachsraten geben wird; sprich es herrscht in Europa ein gesättigter Markt vor.
Der Heimtiermarkt in Europa bietet zooplus ein Gesamtmarktvolumen von ca. 22 Milliarden Euro. Durch die starke Verflechtung im Onlinehandel profitiert das Unternehmen zukünftig von den wachsenden Umsatzanteilen des Onlinehandels im Allgemeinen. Vor allem im Bereich Zubehörartikel entstehen große Wachstumschancen, verglichen zu der relativ umkämpften Marktsituation im Futterbereich. Im Letztgenannten konkurriert nicht nur der Fachhandel, sondern auch der Lebensmitteleinzelhandel. Entscheidend für den zukünftigen Wachstumserfolg ist auch hier die Entwicklung des Onlinehandels. Auf der ganzen Welt wird an allen Stellen die Infrastruktur für das (schnelle) Internet erweitert und verbessert. Die Markteintrittsbarrieren für den Onlinehandel nehmen zunehmend ab und die Anzahl potenzieller Kunden nimmt stetig zu. Im Fokus steht auch hier der mobile Internetzugang. Durch den Siegeszug der Smartphones wird ein ubiquitärer Internetzugang zukünftig realistisch sein. Als Indikator für den positiven Trend von Umsatzanteilen durch das Internet, soll die Veröffentlichungen des Bundesverbands des Deutschen Versandhandels herangezogen werden. Die eCommerce Umsätze betrugen demnach im Jahr 2012 deutschlandweit 28 Mrd. Euro.[221] Dies entspricht einer Steigerung von 27% gegenüber 2011. Es ist anzunehmen, dass dieser Trend in den nächsten Jahren anhält.

---

[221] Vgl. Konzernlagebericht der zooplus AG, 2013.

Daher können diese Trends die Wachstumschancen der zooplus AG weiter verstärken.

Die europaweiten Hauptabsatzkanäle sind die stationären Händler. Darunter zählen der Zoofachhandel, Garten- und Heimwerkermärkte sowie alle Super- als auch Discountmärkte. Wesentliche Unterschiede sind hierbei nur in der Sortimentsbreite und -tiefe sowie in der Produktpositionierung zu finden. Supermärkte und Discounter setzen auf ein relativ schmales Sortiment mit niedrigpreisigen Produkten im Bereich Tierfutter. Tierfutter macht ca. 75% des gesamten Heimtiermarktes aus und wird mit zwei Dritteln von den Discountern und Lebensmitteleinzelhändlern abgedeckt. Da Tiere einen relativ gleich bleibenden Bedarf und Geschmack haben, ist ein produkttreues Kaufverhalten der Konsumenten zu erwarten und abwandernde Kunden nur zu einem kleinen Teil zu erwarten. Die Nachfragestruktur wird auf mittlerer und langer Sicht kaum Veränderungen aufweisen und sich äußerst stabil verhalten. Zooplus findet sich auf dem gesamten europäischen Markt mit der Konkurrenz aus dem stationären Handel konfrontiert, die als zweites Standbein nun auch den Weg zum Onlinehandel finden. Zooplus bietet keinen stationären Handel und auch keine Beratung an. So können keine Umsatzeffekte aus einem Mehrkanalvertrieb generiert werden. Gerade bei beratungsintensiven Artikeln wie die Bedarfsartikel für Tiere, ist für den Kunden ein Beratungsgespräch von Vorteil. Hierbei besteht die große Gefahr, dass Kunden zur Konkurrenz wechseln, um im stationären Handel den Dialog mit dem Fachpersonal zu suchen und vor Ort die Bedarfsartikel kaufen. Da die Konkurrenzsituation für den Fachhandel im Bereich Futter durch den Druck der LEH´s stark umkämpft ist, ist eine stärkere Fokussierung auf die Bedarfsartikel unausweichlich. Das Potenzial des Kundenverlusts erscheint diesbezüglich sehr hoch. Suchmaschinen und Preisvergleichsanbieter erhöhen die Transparenz und den damit verbundenen Kostendruck für Internetanbieter. Findet der Kunde einen günstigeren Preis, kann er sehr schnell zu einem anderen Onlineanbieter wechseln.

5 Fazit und zukünftige Ausrichtung

Die zooplus AG ist von ihrem rasanten Wachstum der letzten 14 Jahre getrieben. Der Auftritt als reiner Internethändler wurde durch das rasante Wachstum erfolgreich bestätigt. Die Gesellschaft ist heute führend im eCommerce Handel und wird diese Position auch zukünftig beibehalten. Das Unternehmen ist im europäischen Raum sehr breit vertreten. Da sich das Unternehmen seit fast 15 Jahren auf eine Organisation für den Zweck des reinen Onlinehandels fokussiert hat, konnten sie bereits große Erfahrungswerte sammeln. Ihren Umsatz betreibt die Firma fast ausschließlich durch ihre zwei Zentrallager in Deutschland und den Niederlanden. Fraglich bleibt der zukünftige Wachstumserfolg. Die Daten zeigen, dass zooplus im Vergleich zum Gesamtmarkt rasant wächst, jedoch liegt der Marktanteil bei mageren 1%. Es ist schwer, abzuschätzen, ob dieser Wachstumstrend lange anhält. Die Bilanz weist einerseits ein stetiges und zweistelliges Wachstum auf andererseits lieferten die beiden letzten Jahre ein negatives EBIT. Auch ist fraglich, ob ein reines Bestehen auf den Versand von Artikeln erfolgreich bleiben wird. Der Umsatzanteil des Onlinehandels liegt bei ca. 2-3%. Ebenfalls zeigen die Marktdaten, dass der Großteil des Umsatzes durch Tierfutter generiert wird. In diesem Bereich ist der Lebensmitteleinzelhandel weiterhin tonangebend und baut einen starken Preisdruck auf den Fachhandel auf. Tiere haben keinen großen Anspruch bei Lebensmitteln und die Tierbesitzer nehmen im Durchschnitt das Produkt, welches den Ansprüchen der Tiere genügt und bleiben lange bei einer und derselben Marke. Ebenfalls sind die Kosten für den Versand, die der Kunde übernehmen muss, nicht zu unterschätzen. Zukünftige Aufgabe des Marketings könnte hier sein, dem Kunden zu vermitteln, dass Tiere anspruchsvolle Nahrung brauchen, auch zu vergleichsweise hohen Preisen. Die Konzentration sollte den Bedarfsartikeln gewidmet sein, da hier der Fachhandel die Oberhand besitzt und zwei Drittel der Umsätze generiert. Auch hier muss sich zooplus die Frage stellen, ob nicht ein stationärer Handel in Zukunft eine sinnvolle Alternative darstellt. Der Verkauf von Bedarfsartikel muss mit Beratung einhergehen. Kunden trauen sich nicht, teure und große Produkte online zu kaufen, ohne sie vorher angesehen und u. U. getestet zu haben. Eine unpersönliche Onlineberatung trifft nicht den derzeitigen Geschmack der Kunden und eine Änderung der Verhaltensweise ist nicht in Sicht. Demgegenüber steht der infrastrukturelle Wandel des Internets. Das schnelle und mobile Internet (LTE) und die rasante Verbreitung der Smartphones machen einen barrierefreien Markteintritt ins Internet möglich. Die optimalen Voraussetzungen für ein flächendeckendes Internet sind gegeben. Dies ist eine große Wachstumschance für den Onlinehandel und könnte in der Tat langfristig zu einem Umschwung zum Onlinehandel als umsatzstärksten Vertriebsweg führen.

6 Arbeitsfragen

1. Wie sieht die derzeitige Marktsituation am Heimtiermarkt in Deutschland aus?

2. Welche Stärken zeichnet die zooplus AG aus?

3. Welche Gefahren können zukünftig auf die zooplus AG hinzukommen?

Quellenverzeichnis

Literaturverzeichnis

Zentralverband zoologischer Fachbetriebe Deutschlands e. V.: Datenblatt Der Deutsche Heimtiermarkt 2012, 2013.
Zentralverband zoologischer Fachbetriebe Deutschlands e. V.: Marktanalyse Heimtiermarkt Europa 2011, 2013.
Zooplus AG: Daten und Fakten, Homepage von zooplus AG: http://investors.zooplus.com/de/zooplus-daten-und-fakten.html (Abruf am 15.10.2013) 2013.
Zooplus AG: Geschäftsbericht 2012: Konzernlagebericht der zooplus AG, 2012.
Zooplus AG: Geschäftsmodell, Homepage von zooplus AG: http://investors.zooplus.com/de/zooplus-geschaeftsmodell.html (Abruf am 15.10.2013) 2013.
Zooplus AG: Meilensteine, Homepage von zooplus AG: http://investors.zooplus.com/de/zooplus-meilensteine.html (Abruf am 15.10.2013) 2013.
Zooplus AG: Vorstand und Aufsichtsrat, Homepage von zooplus AG: http://investors.zooplus.com/de/zooplus-vorstand-und-aufsichtsrat.html (Abruf am 15.10.2013) 2013.

5 OBI E-Commerce GmbH

(Lahdo, R./Benger, J.)

1 Historie

Die Unternehmensgeschichte von OBI[222] reicht bis ins Jahr 1970 zurück, als in Hamburg-Poppenbüttel die erste OBI Filiale eröffnet wurde. Diese umfasste 870 Quadratmeter und stellte eine Neuerung in Deutschland dar. Zuvor mussten spezielle Geschäfte, wie z.B. Holzhändler und Eisenwarenhändler, aufgesucht werden, wobei seitdem verschiedene Warengruppen unter einem Dach geführt werden.
Das Konzept wurde von Dr. Emil Lux und Manfred Maus aus den USA importiert und für Deutschland weiterentwickelt.
Nach rund 40 Jahren ist OBI nun, nach eigenen Angaben, Marktführer in der deutschen Bau- und Heimwerkermarktbranche und gehört in Europa zur Spitze. Erklärtes Ziel der OBI Geschäftsleitung ist es, die Marktführerschaft weiter auszubauen. Mittlerweile ist OBI mit 585 Märkten in 13 europäischen Ländern vertreten, davon 344 in Deutschland. Die durchschnittliche Verkaufsfläche eines OBI Marktes beträgt zwischen 7.000-9.000 m² und es werden durchschnittlich 40.000-60.000 Artikel im Sortiment aufgelistet. Diese werden hauptsächlich an Endverbraucher sowie semiprofessionelle und professionelle Handwerker verkauft. Besondere Kompetenzen sind hierbei Garten, Baustoffe, Werkzeuge, Sanitärzubehör und Innendekoration.
Durch das steigende Wachstum des Unternehmens werden mittlerweile 43.778 Mitarbeiterinnen und Mitarbeiter, davon 23.170 in Deutschland, beschäftigt. Mit ihrer Hilfe konnte ein Umsatz von rund 6,87 Milliarden Euro im Jahr 2012 erwirtschaftet werden.[223]
Baumärkte bewegen sich hierzulande in einem stark fragmentierten Markt. So lag z.B. der Marktanteil der Top 3 Unternehmen der Baumarktbranche im Jahr 2004 bei 35%.[224] Um weiterhin für nachhaltiges Wachstum zu sorgen, ging das Unternehmen im November 2010 mit der OBI E-Commerce GmbH an den Markt, „dem ersten OBI für zu Hause"[225].

---

[222] Bei dem Namen OBI handelt es sich um die „Lautschrift" des französischen Wortes Hobby.
[223] Vgl. OBI, 2013a und Tengelmann, 2012, S.28.
[224] Vgl. Oliver Wyman, 2005, S.1-2.
[225] Vgl. OBI, 2013b.

Zwar vertrieb OBI bereits in der Vergangenheit Produkte online, nämlich als das Unternehmen mit dem Versandhändler Otto ein Joint-Venture mit dem Namen OBI@Otto gemeinsam betrieb. Allerdings zog es sich im Jahr 2006 aus diesem wieder zurück, da es unterschiedliche Vorstellungen bezüglich der strategischen Ausrichtung gab.[226]
Nun verfolgt das Unternehmen mit dem eigenen Multichannel-Geschäftsmodell stetige Wachstumsraten. So sollten durch die Verknüpfung von stationärem und Online-Handel ein Umsatzplus von 10% im Jahr 2011 erwirtschaftet werden.[227] Es ergeben sich besondere Chancen, wenn Kunden die unterschiedlichen Kanäle parallel und nicht alternativ verwenden.[228] Um eine solche Verflechtung zu erzeugen, gibt es bei OBI verschiedene Serviceangebote, um Produkte zu kaufen bzw. zu bestellen. Diese Möglichkeiten der Bestellung sind online, telefonisch oder die klassische Bestellung in einer Filiale. Werden die Produkte online bestellt, gibt es zwei Alternativen fortzufahren. Zum einen können diese nach Hause geliefert werden[229] und zum anderen können sie in einer Wunschfiliale abgeholt werden.[230]
Doch auch die Umsätze, die in den Filialen generiert werden, können profitieren. So hat der Kunde durch den Online Shop ein größeres Sortiment aus dem er wählen kann und durch die Lieferung nach Hause eine Serviceerweiterung.
Für die OBI E-Commerce GmbH wurden ein Zentrallager in Ennigerloh und ein Callcenter in Springe errichtet.[231] So werden einige Artikel direkt vom Lieferanten an den Kunden ausgeliefert (Streckengeschäft) und andere werden über das erwähnte Zentrallager abgewickelt.[232]
Laut Dr. Matthias Bauer, Geschäftsführer der OBI E-Commerce GmbH, „ist es sehr wichtig, dem Kunden auch beim Online-Shoppen die Sicherheit und das Vertrauen zu geben, das er aus dem Einkauf in unseren OBI Märkten gewohnt ist"[233]. So wurde der Online Shop nach weniger als einem Monat nach dem Rollout von Trusted Shops zertifiziert, was eine Garantie für sicheres Online-Shopping darstellt.[234]

---

[226] Vgl. o.V., 2010.
[227] Vgl. Accenture, 2011, S.25.
[228] Vgl. Ahlert, Dieter, 2003, S.139.
[229] Vgl. OBI, 2013c.
[230] Vgl. OBI, 2013d.
[231] Vgl. OBI, 2013b.
[232] Vgl. Accenture, 2011, S.25.
[233] OBI, 2013b.
[234] Vgl. OBI, 2013b.

Zum derzeitigen Zeitpunkt werden viele verschiedene Bezahlmöglichkeiten angeboten. Diese sind: Rechnung, Lastschrift, Kreditkarte, Vorkasse, PayPal, Sofortüberweisung und Finanzierung.[235]

Die Versandkosten für bestellte Artikel richten sich nach Größe und Gewicht, wobei nur der Artikel mit den höchsten Versandkosten ausschlaggebend ist, d.h. es kommt nicht auf die bestellte Menge an. Somit schlagen Kosten zwischen 4,95€ und 39,95€ zu buche.[236] Die Lieferzeiten kommen auf die gewählte bzw. nötige Versandart an. So ist eine Lieferung von einem auf den anderen Werktag per Expressversand möglich, wohingegen eine Lieferzeit von 3-5 Tage bei Versand per Spedition angegeben wird.[237]

Hintergründe dafür, dass OBI die OBI E-Commerce GmbH gegründet hat, sind vielfältig.

Zunächst lassen sich die enormen Wachstumsraten der E-Commerce-Umsätze nennen. Wie in der nachfolgenden Abbildung ersichtlich wird, sind diese seit dem Jahr 1999 bis 2013 stetig gewachsen. Auch für die Zukunft werden bis zum Jahr 2016 durchschnittliche Wachstumsraten von 16% pro Jahr erwartet.[238]

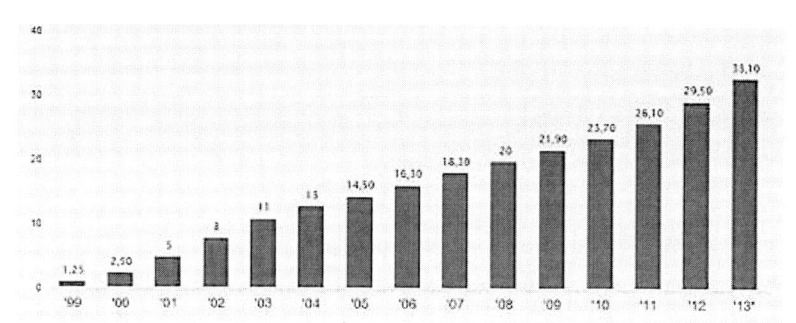

Abbildung 41: E-Commerce-Umsatz in Deutschland 1999 bis 2012 und Prognose für 2013 (in Milliarden Euro)[239]

Für Unternehmen ergeben sich jedoch nicht nur Umsatzsteigerungspotentiale, sondern auch Kostenvorteile. Diese lassen

---

[235] Vgl. OBI, 2013b.
[236] Vgl. OBI, 2013c.
[237] Vgl. OBI, 2013b.
[238] Vgl. McKinsey&Company, 2013, S.22.
[239] HDE, 2013, S.8

sich z.B. darauf zurückführen, dass sich der Kunde im Internet, ohne zusätzliche Beratung, selbstständig informiert.[240]
„Der Kunde hat zunehmend das Bedürfnis, orts-, zeit- und vertriebs- bzw. kommunikationsunabhängig Informationen aufzunehmen"[241]. Darüber hinaus lässt sich festhalten, dass das Internet zunehmend als Einkaufsstätte und nicht nur als Informationskanal genutzt wird.[242]
Nach der Entscheidung für einen erneuten Onlineshop, wurde die Unternehmensberatung Accenture mit der Entwicklung „einer Shoppingplattform, die es dem deutschen Marktführer im Bau- und Heimwerkermarkt ermöglicht, die Chancen im E-Commerce und im Multichannel-Geschäft zu nutzen"[243], beauftragt.
So ging der Online-Shop im November 2010 mit ca. 5.000 Produkten an den Markt. Heute findet man dort ein „E-Commerce-spezifisches Produktportfolio"[244], was teilweise starke Unterschiede zum Offline-Sortiment aufweist. Dieser beinhaltet Artikel aus dem bestehenden Sortiment und zusätzlich besonders große Artikel, bei denen der Transport direkt nach Hause eine Erleichterung darstellt.[245]

2 Derzeitiger Stand im Wettbewerb Markt

2.1 Baumarktbranche

Um einen „Bau und Heimwerkermarkt" handelt es sich nach Ansicht des Branchenverbands BHB „wenn mindestens 1.000 Quadratmeter beheizte Verkaufsfläche mit getrennter Abrechnung zur Verfügung stehen. Außerdem muss das Sortiment mehrheitlich aus den Warenfeldern Heimwerken, Bauen und Garten bestehen."[246] Die 2.390 Märkte in Deutschland, die zur Baubranche gezählt werden, erwirtschafteten im Jahre 2012 einen Gesamtbruttoumsatz von 18,6 Mrd. Euro.[247] Zu bekannten Vertretern der Branche zählen unter anderem OBI, Bauhaus, Toom, und Hornbach.
Schlagwort Anfang des 20.Jahrhunderts war das Wort „Cocooning", welches das Zurückziehen in die eigenen vier Wände, verbunden mit

---

[240] Vgl. Ahlert, Dieter, 2003, S.141.
[241] Ahlert, Dieter, 2002, S.298.
[242] Vgl. Ahlert, Dieter, 2003, S.138.
[243] Accenture, 2011, S.24.
[244] Accenture, 2011, S.25.
[245] Vgl. OBI, 2013b.
[246] BHB, 2013a.
[247] Vgl. BHB, 2013b.

dessen Umgestaltung beschreibt.[248] Daraus entwickelte sich der „Homing" Trend, wobei aktive Freizeitgestaltung und gemeinsame Aktivitäten, wie Spieleabende und Heimkinoerlebnisse in den Vordergrund rückten. Da diese Aktivitäten zu Hause stattfinden, nimmt die Gestaltung des Wohnraums an Bedeutung zu und lässt die Baumarktbranche profitieren.[249] Erfahrungen zeigen, dass das eigene Zuhause besonders in Krisenzeiten an Bedeutung gewinnt. Der Bau- und Heimwerkermarkt konnte im Krisenjahr 2009 im Vergleich zu anderen Branchen sogar ein Umsatzwachstum vermelden (s. Abbildung 42). Ebenso für das Jahr 2013 prognostiziert der „Bundesverband Deutscher Heimwerker- und Baumärkte e.V. (BHB)" ein Wachstum von 1-2%.[250] Die GFK bestätigt diesen Optimismus und geht davon aus, dass die privaten Haushalte in Deutschland ihre realen Ausgaben um 1% steigern werden. Nach GFK Prognose liegen insbesondere werthaltige Anschaffungen, angesichts der niedrigen Zinsen und der Befürchtungen um die Zukunft des Euros im Trend.[251]

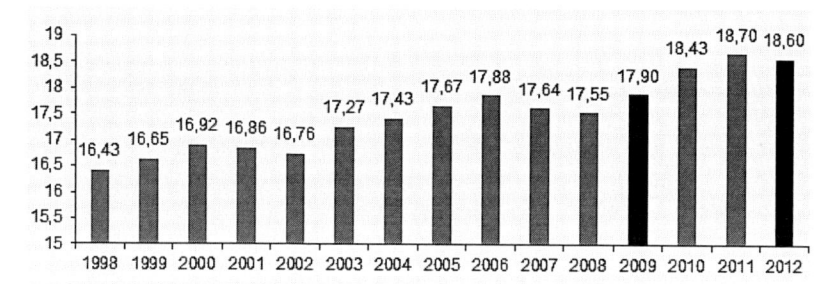

Abbildung 42: Umsatzentwicklung der Bau- und Heimwerkermärkte in Deutschland von 1998 bis 2012 (in Milliarden Euro)[252]

Gemessen am Bruttoumsatz für das Jahr 2012, befindet sich OBI auf Rang 1 der Do-It-Yourself (DIY) Märkte in Deutschland gefolgt von Bauhaus (s. Abbildung 43).

---

[248] Vgl. KPMG, 2012, S.55
[249] Vgl. BHB, 2013c. und KPMG, 2012, S.55
[250] Vgl. BHB, 2013b.
[251] Vgl. BHB, 2013b.
[252] In Anlehnung an Statista, 2013

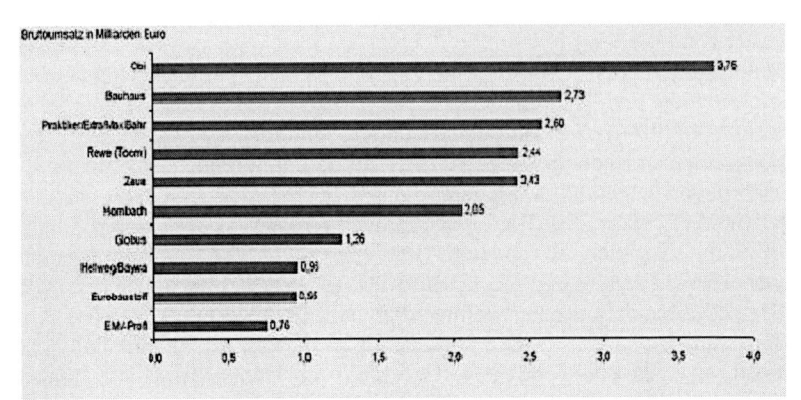

Abbildung 43: Größte Baumärkte in Deutschland nach dem Bruttoumsatz im Jahr 2012[253]

Die Beispiele der insolventen Unternehmen Praktiker und Schlecker zeigen jedoch, dass Handelsunternehmen die Gunst Ihrer Kunden verlieren können. Das Kaufverhalten der Konsumenten verändert sich ständig und führt zu Verschiebungen von Marktanteilen.[254] So zeigt der OC&C Proposition Index[255], dass OBI bezüglich der Kundenzufriedenheit im Jahre 2012 nur auf dem dritten Platz der führenden DIY Märkte ist (s. Abbildung 44). Die Märkte Hornbach und Bauhaus profitieren nach der Untersuchung von OC&C Strategy Consultants vor allem durch die großen Verkaufsflächen und die daraus resultierende Auswahl und Sortimentskompetenz gegenüber ihren Wettbewerbern. OBI weist aus Kundensicht beim Sortiment und der Preis-Leistungsbeurteilung Schwächen auf, die es zu beseitigen gilt.[256]

---

[253] Statista, 2012, S.8
[254] Vgl. OC&C, 2012, S.1.
[255] Der OC&C-Proposition-Index 2012 untersucht repräsentativ die Leistungsversprechen von 580 führenden Handelsunternehmen (darunter über 80 aus Deutschland) auf Grundlage einer internationalen Konsumentenbefragung von 25.000 Kunden. Es wurden dafür 240.000 Einzelbewertungen aufgenommen. Kriterien der Befragung sind: Kundensicht zur Preisstellung, Qualität, Auswahl, Einkaufserlebnis, Service, Preis-Leistungs-Wahrnehmung und Kundenvertrauen. Der zu erreichende Maximalwert ist 100 Punkte. Werte oberhalb von 75 werden als „gut oder sehr gut" beurteilt. Nähere Informationen sind auf www. occstrategy.de verfügbar.
[256] Vgl. OC&C, 2012, S.21.

```
HORNBACH                                    76,8
BAUHAUS                                   74,9
OBI                                       73,4
Max Bahr                                  73,0
toom Baumarkt                            70,9
hagebau                                 69,6
Praktiker                              65,6
baumarkt direkt                  57,7
                                      ⌀ 70,2
```

Abbildung 44: Baumärkte / DIY: Gesamtbewertung 2012[257]

2.2 E-Commerce

Hohen Stellenwert auf der Agenda von OBI und anderen Handelsunternehmen haben die Etablierung und die Verstärkung der E-Commerce Aktivitäten.[258] Der E-Commercebereich besitzt ein hohes Innovationspotential und verzeichnet seit Jahren steigende Wachstumsraten.[259] (s. Abbildung 1). Die Kunden werden mit der Einkaufsstätte Internet immer vertrauter, da die Qualität der Produkt Abbildung, die Benutzerfreundlichkeit und allgemein die technologischen Möglichkeiten zunehmen.[260]

Trotz des ansteigenden Trends ist OBI erst im Jahre 2010 wieder in den Online Handel eingestiegen und hat folglich einen wichtigen Baustein für High Performance gelegt.[261] Die verspätete Ausrichtung an eine Multichannel Strategie könnte an verschiedenen Gründen liegen:[262]

1 Unternehmenseigene Strukturen: Die Märkte sind zum Teil dezentral organisiert und werden von Franchisenehmern betrieben, sodass die Verantwortlichen zunächst vor Ort vom neuen Vertriebskanal überzeugt werden müssen.[263]

---

[257] OC&C, 2012, S.21
[258] Vgl. KPMG, 2012, S.57.
[259] Vgl. KPMG, 2012, S.20.
[260] Vgl. KPMG, 2012, S.20 und Ahlert, Dieter, 2003, S.138.
[261] Vgl. Accenture, 2011, S.25.
[262] Vgl. KPMG, 2012, S.57.
[263] Vgl. KPMG, 2012, S.57.

2 Nicht alle Produkte eignen sich gleich gut für den Verkauf über das Internet: vor allem bei laufenden Bau- und Sanierungsmaßnahmen wird gemäß einer Umfrage der Unternehmensberatung KPMG nicht das Internet als Informationsquelle genutzt. Entscheidend ist vielmehr die Beratung und Verfügbarkeit der Produkte in der Filiale.[264]
3 Das fehlende haptische Erlebnis, war lange Zeit ein Hindernis. Doch der Textilhandel zeigt beispielhaft, dass Produkte mit schwer darstellbaren Merkmalen sich auch für den Onlinehandel eignen. Produkte wie Gartenscheren, Hammer oder Bohrmaschinen, die verbal und grafisch sehr gut darstellbar sind, lassen sich online ohnehin gut vermarkten.[265]

Das generell gestiegene Verlangen der Konsumenten, Produkte online zu bestellen, wird auch an der Baumarktbranche nicht spurlos vorbei gehen. Im Jahre 2011 gaben zwar nur 17% von 1.071 Befragten an online Baumarktartikel gekauft zu haben. Doch 37% teilten mit, bei entsprechenden Qualitäts- und Lieferbedingungen in Zukunft online zu bestellen (s. Abbildung 45).[266]

Gemäß Angaben des BHB[267] und des Marktforschungsunternehmen IFH Retail Consultants in Köln verzeichnete der Onlinehandel der Baumärkte im Jahre 2012 ein Umsatzwachstum von 33% im Vergleich zum Vorjahr. Der Gesamtjahresumsatz des Onlinehandels belief sich auf 343 Millionen Euro. Für 2013 gehen das BHB und die IFH von weiteren Anstiegen der Umsätze aus.[268]

Nach subjektiver Einschätzung der im Jahr 2011 durch KPMG befragten Konsumenten, sind die Kategorien Elektronik und Textilien am attraktivsten für den Online Handel, wobei Möbel, Drogerie und Baumarktartikel immer mehr an Bedeutung gewinnen.[269] OBI nutzt dieses Wissen und bietet in seinem Onlineangebot auch Elektrogeräte, wie Kühlschränke und Waschmaschinen an. Der OC&C-Proposition-Index zeigt auch, dass Multichannel Strategien die Kundenzufriedenheit positiv beeinflussen können.[270] Somit ist der zusätzliche Vertriebskanal (Online)

---

[264] Vgl. KPMG, 2012, S.57.
[265] Vgl. KPMG, 2012, S.58.
[266] Vgl. KPMG, 2012, S.58.
[267] BHB steht für: Verband der Handelsbetriebe für Heimwerken, Bauen und Gärtnern.
[268] Vgl. BHB, 2013b.
[269] Vgl. KPMG, 2012, S.20.
[270] Vgl. OC&C, 2012, S. 5 und S.26.

für OBI ein wichtiger Ansatz zur Förderung der Kundenloyalität und damit zur signifikanten Steigerung der Unternehmensperformance.

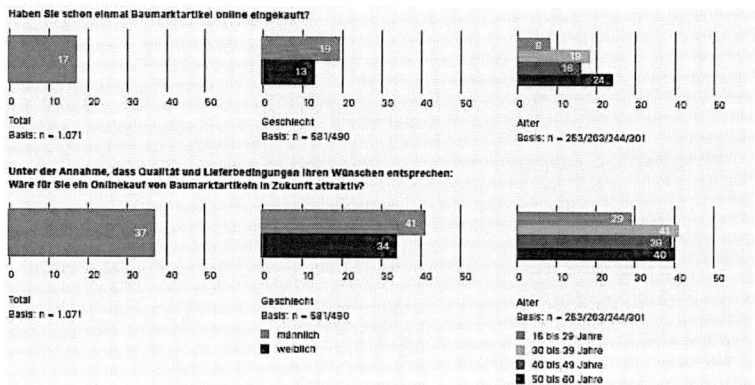

Abbildung 45: Onlinekauf von Baumarktartikeln[271]

Der OC&C-Proposition-Index 2012 hat ermittelt, dass es den Onlineanbietern im Jahre 2012 besser gelang sich auf Anforderungen ihrer Kunden einzustellen, als dem stationären Handel. Geprüft wurden die Kriterien: Produktqualität; Produktauswahl; Produkte, die zu mir passen; Service; Einkaufserlebnis und Preis-Leistungsverhältnis. In allen Kategorien schnitt der Onlinehandel besser ab und gewinnt insbesondere in den Kategorien: Preis-Leistungswahrnehmung; Produktauswahl und Produkte, die zu mir passen. Die Onlineanbieter hatten eine Verbesserung von 2,3 Punkten im Vergleich zum Vorjahr und liegen somit über der Kundenbewertung des stationären Handels (s. Abbildung 46).

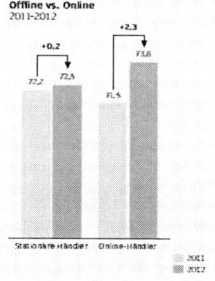

Abbildung 46: Offline-vs. Onlineanbieter im Vergleich in Punkten (aus 100)[272]

---

[271] KPMG, 2012, S.58
[272] OC&C, 2012, S.27

Stationäre Anbieter wie OBI nutzen vermehrt das Multichannel Konzept, da sie erkannt haben, dass dieses einen positiven Einfluss auf das Einkaufserlebnis und den Service hat. Ziel ist es ihre Position zu stärken und die Zufriedenheit ihrer Kunden zu steigern und damit die Kundenloyalität zu gewährleisten.[273]

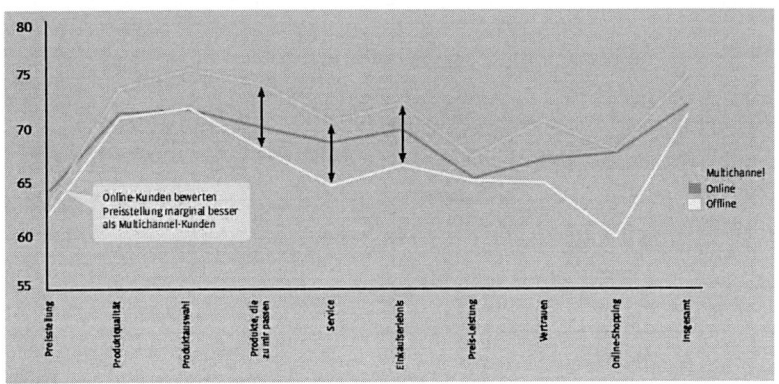

Abbildung 47: Durchschnittliche Konsumentenbewertung je Dimension und Kanal, 2012 in Punkten (aus 100)[274]

Der OC&C-Proposition-Index zeigt außerdem, dass Multichannel Kunden mit den jeweiligen Händlern zufriedener sind, da sie mit den Vorteilen beider Kanäle in der Summe besser bedient werden.[275]

2.3 Kunden

Damit es OBI gelingt, seine Position des stationären Geschäfts auf das Onlinegeschäft zu übertragen und Multichannel erfolgreich zu betreiben, muss analysiert werden, was Multichannel Kunden wollen.
Zu berücksichtigen ist, dass der stationäre Handel integraler Bestandteil des Kaufprozesses ist und die Kunden vermehrt „Showrooming" betreiben werden. Das bedeutet, dass die Konsumenten die Produkte in der Filiale entdecken, diese dann aber nach einem eventuellen Preisvergleich im Internet bestellen.[276] Kunden werden in Zukunft aber auch verstärkt online

---

[273] Vgl. OC&C, 2012, S.28f.
[274] OC&C, 2012, S.29
[275] Vgl. OC&C, 2012, S.28f.
[276] Vgl. BHB, 2013d.

Informationen zu Produkten suchen und diese weiterhin im stationären Handel einkaufen. Dieses Phänomen wird ROPO-Effekt (Research online, Purchase offline) genannt.[277] Wichtig ist also, dass beim Multi-Channeling beide Vertriebskanäle im Mittelpunkt der Betrachtung bleiben und den Wünschen der Konsumenten angepasst werden. Zu berücksichtigen ist auch, dass die Loyalität eines Kunden in beiden Kanälen tendenziell ansteigt mit:[278]
- geringerer Vergleichbarkeit der Produkte
- und steigender Bedeutung von „Geschmack" gegenüber „Funktion".

Das Sortiment von DIY Händlern wie OBI weist allerdings hohe Vergleichbarkeit und geringe Differenzierungsmöglichkeiten über Geschmack auf. Die Mitbewerber wie Hornbach und Bauhaus bieten nämlich sehr ähnliche Produkte an. Die Herausforderung für OBI wird es also auch sein, Möglichkeiten zu entwickeln, sich über die eigenen Produkte zu differenzieren. Eine OC&C Online-Kundenbefragung von 2.312 Probanden ergab, dass nur 0,1% der Kunden den gleichen Händler sowohl online als auch offline zum Kauf wählen. Diese werden als loyale Kunden bezeichnet. Die Studie ergab weiterhin, dass rund 74% der Online-Baumarktkunden ihre Produkte bei anderen Anbietern als ihrem stationären Händler kaufen (s. Abbildung 48). Die übrigen 26% der Baumarktkunden zählen als Kombinierer und kaufen sowohl bei ihrem bisherigen stationären Händler als auch bei anderen Unternehmen.[279]

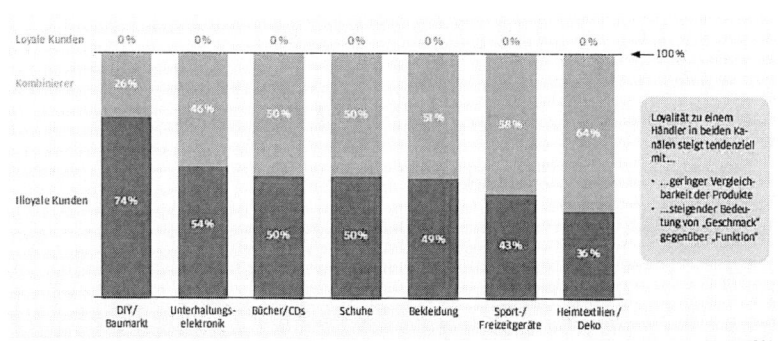

Abbildung 48: Händlerwahl online/offline nach Produktkategorie in% der Befragten[280]

---

[277] Vgl. KPMG, 2012, S.22.
[278] Vgl. OC&C,2013, S.9.
[279] Vgl. OC&C, 2013, S.9.
[280] OC&C, 2013, S.9

Wichtige Gründe von Kunden für den Onlinekauf sind nach OC&C Analyse des Jahres 2012:[281]

1. Convenience (jederzeit einkaufen): Dem Kunden bei OBI wird Convenience in dem Sinne geboten, dass über 40.000 Artikel online angeboten werden, deren Verfügbarkeit mit einem Knopfdruck online überprüft werden kann. Außerdem können über 10.000 Artikel direkt von zu Hause online bestellt, geliefert und über mehrere Zahlungsarten abgewickelt werden. OBI bietet zusätzlich die Möglichkeit einer kostenlosen Rückgabe und der Verfolgung des Lieferstatus an.
2. Großes Produktangebot: Das Produktportfolio beinhaltet ca. 40.000 Artikel.
3. Bessere Informationen zu Angeboten und Preisen: OBI bietet online eine sehr detaillierte Produktbeschreibung und eine grafisch sehr ansprechende visuelle Abbildung der einzelnen Artikel an.
4. Niedriger Preis: Unter der Rubrik „Angebote", kann der Kunde schnell und ohne großen Aufwand, das für ihn zutreffende, passende und günstige Angebot finden. Außerdem bietet OBI seinen Kunden Kundenkarten an, womit sie über Rabattcoupons und Produktangebote jederzeit einen Preisvorteil bekommen können.
5. Zeitersparnis: Da die Produkte online bestellt und je nach zeitlicher Möglichkeit in der Filiale abgeholt werden können, bietet OBI seinen Kunden dadurch eine Zeitersparnis. Auch der zusätzliche Lieferservice und die gute Produktbeschreibung und Abbildung erspart den Weg in den Markt.

3 Zukünftige Ausrichtung, Ziele, Expansionen etc.

Der Mutterkonzern Tengelmann führt seit 2010 jährlich einen CRS-Round-Table durch. An diesem beteiligen sich alle Tochtergesellschaften, so auch OBI. Ziel ist es Weichen für Nachhaltigkeitsstrategien und Zukunftsausrichtungen zu stellen.[282] Die Marketingstrategie von OBI für 2012 setzte den Schwerpunkt auf Kontinuität und Innovation, um im wettbewerbsintensiven Markt die eigene Marke zu stärken. Besonders im Fokus der Bemühungen standen die Profilierungsversuche im Bereich der Eigenmarken. OBI möchte diese nach einem ökologischen und ressourcenschonenden Lebensstil gestalten und fordert von Lieferanten

---

[281] Vgl. OC&C, 2013, S.7.
[282] Vgl. Tengelmann, 2012, S.16

hohe Qualitäts- und Nachhaltigkeitsstandards. Es geht dabei zum einen um die Profilierung gegenüber den Wettbewerbern, zum anderen auch um die Unterstützung der Kunden bei der Nutzung erneuerbarer Energien in den eigenen vier Wänden. Angebote von Sorglos Paketen für Dachbau, Gebäudedämmung und aktive Energiegewinnung durch Fotovoltaik-Kompaktpakete sollen einen besonderen Zusatznutzen offerieren.[283]

Zur Erhöhung des Konzernumsatzes von Tengelmann, haben insbesondere die Geschäftsfelder OBI und E-Commerce beigetragen.[284]

In Zukunft sollen vor allem bestehende Filialnetze von OBI modernisiert werden, um den Energieverbrauch der Filialen und dadurch den CO_2-Ausstoß zu reduzieren. OBI verpflichtet sich der Nutzung erneuerbarer Energiequellen und verwendet größtenteils Regenwasser, um den Wasserbedarf seiner Filialen zu decken.[285] Neben der Filialmodernisierung und der umweltfreundlichen und sozialverträglichen Sortimentsgestaltung, wird das Unternehmen seine E-Commerce-Aktivitäten weiter ausbauen.[286]

Für Deutschland prognostiziert der Handelsverband Deutschland (HDE) ein Wachstum des E-Commerce-Volumens um rund 12% auf ein Niveau von 33.1 Mrd. Euro.[287] Vor allem die beiden Kanäle Mobile Commerce und Social Media Commerce etablieren sich immer mehr und beschleunigen die Entwicklung des E-Commerce.[288]

OBI hat bereits begonnen seine Facebook Präsens auszubauen und auch eine Mobile Applikation bereitgestellt. In Zukunft werden diese weiter optimiert, um die Kundenzufriedenheit zu fördern und dadurch die eigene Marktposition voranzutreiben.[289]

Eigener Anspruch wird es weiterhin sein, in den Bereichen Preis-Leistungsverhältnis, Qualität und Kundennähe „Best in Class"[290] zu sein. Erreicht werden soll dieses Ziel durch kontinuierliche Verbesserung der Beratungsqualität, nachhaltige Strategien im Umgang mit eigenen Mitarbeiterinnen und Mitarbeitern[291] und Modernisierung des bestehenden Filialnetzes. Aber auch eine umweltfreundliche und sozialverträgliche

---

[283] Vgl. Tengelmann, 2012, S.16 und S.50.
[284] Vgl. Tengelmann, 2012, S.57.
[285] Vgl. Tengelmann, 2012, S.16 und S.29.
[286] Vgl. Tengelmann, 2012, S.29.
[287] Vgl. HDE, 2013, S.8.
[288] Vgl. Tengelmann, 2012, S. 64.
[289] Vgl. Tengelmann, 2012, S.29.
[290] Tengelmann, 2012, S.29.
[291] 2013 wurde das Unternehmen zum 5. Mal in Folge vom CRF Institut als „Top Arbeitgeber Deutschlands" zertifiziert.

Sortimentsgestaltung und eine intelligente Vernetzung von Offline und Online Kanäle in den kommenden Jahren sollen zu diesem Ziel beitragen.[292]

4 SWOT- Analyse

Die SWOT-Analyse ist ein Instrument für die Situationsanalyse und zur Strategiefindung eines Unternehmens.[293] Entwickelt wurde sie in den 1960er Jahren an der Havard Business School. Sie soll dazu dienen, vor wichtigen Entscheidungen Chancen und Risiken zu analysieren und interne Stärken und Schwächen zu erkennen.[294] Somit kann eine Positionierungsanalyse gegenüber den Wettbewerbern vorgenommen werden. Zudem wird eine Umfeld-Analyse durchgeführt und mit dem betriebsinternen Stärken-Schwächen-Profil in Verbindung gesetzt.[295]

Das Wort SWOT setzt sich aus den Anfangsbuchstaben der Wörter Strenghts (Stärken), Weaknesses (Schwächen), Opportunities (Chancen) und Threats (Risiken) zusammen. So lassen sich zu den einzelnen Bereichen folgende Überlegungen anstellen:[296]

Strenghts:
Stärken aus firmeninterner Sicht, z.B. Marktposition, erfolgreiche Produkte oder besondere Fähigkeiten
- Was kann das Unternehmen besonders gut?
- Was sind die Vorteile gegenüber der Konkurrenz?

Weaknesses:
Schwächen des Unternehmens, z.B. fehlendes Know-How oder ineffiziente Prozesse
- Was soll verbessert werden?
- Was können die Konkurrenten besser? (Benchmarking)

Opportunities:
Chancen des derzeitigen Marktes, z.B. neue Technologien, positive Wirtschaftsfaktoren, Lieferengpässe von Konkurrenten oder neue Absatzmärkte

---

[292] Vgl. Tengelmann, 2012, S.29f.
[293] Vgl. Hermann, Simon/ von der Gathen, Andreas, 2002, S.222.
[294] Vgl. o.V., 2013.
[295] Vgl. Wirtschaftslexikon. Gabler, 2013.
[296] Vgl. o.V., 2013.

Threats:
Risiken des aktuellen Marktes, z.B. neue Wettbewerber, nachteilige politische Entscheidungen, rückläufige Nachfrage oder eine schlechte Wirtschaftslage

SWOT - Analyse		Interne Analyse	
		Strenghts = Stärken	Weaknesses = Schwächen
Externe Analyse	Opportunities = Chancen	SO: Stärken nutzen => Chancen nutzen	WO: Schwächen abbauen => Chancen nutzen
	Threats = Risiken	ST: Stärken nutzen => Risiken vorbeugen	WT: Schwächen abbauen => Risiken vorbeugen

Abbildung 49: Matrix der SWOT-Analyse[297]

Betrachtet man nun die vier Felder der Matrix (s. Abbildung 49), so ergeben sich folgende Handlungsempfehlungen:[298]
- S-O: Durch die eigenen Stärken die Chancen des Marktes nutzen
- S-T: Durch die eigenen Stärken die Risiken des Marktes abmildern
- W-O: Die eigen Schwächen abbauen, um die Chancen des Marktes nutzen zu können
- W-T: Die eigenen Schwächen abbauen, um sich vor den Risiken des Marktes zu schützen

4.1 Chancen& Risiken der Baumarktbranche

Betrachtet man nun die Umwelt in der Bau- und Heimwerkerbranche, also die Chancen und Risiken, die der Markt bietet, ergibt sich folgendes Bild.
Zu den Chancen lässt sich sagen, dass dieser Markt relativ stabil ist. So musste die Branche im Jahr 2012 zwar ein leichtes nominales Umsatzminus von 0,6% verzeichnen, jedoch hält sie sich auf einem hohen Niveau. Wird dieses Ergebnis vor dem Hintergrund der europäischen Schuldenkrise und einer insgesamt rückläufigen Konjunktur gesehen, lässt sich dieser Markt als relativ stabil beurteilen.[299] So konnte selbst im Krisenjahr 2009 ein Umsatzwachstum (s. Abbildung 2) verzeichnet werden.[300]

---
[297] Controlling Portal, nach Hermann, Simon/ von der Gathen, Andreas, 2002, S.222
[298] Vgl. Angermeier, Georg, 2013.
[299] Vgl. BHB, 2013e.
[300] Vgl. KPMG, 2012, S.55

Weiterhin lässt sich festhalten, dass in Zeiten niedriger Zinsen, viele Menschen „Flucht ins Sachkapital" betreiben. So bietet der niedrige Leitzins von aktuellen 0,25% gute Voraussetzungen für Investitionen, die die Branche des Bau- und Heimwerkermarktes betreffen. Darüber hinaus bietet der angesprochene Markt ein großes Potential, denn trotz des stetigen Wachstums der E-Commerce Umsätze,[301] entfallen derzeit nur 3% der Gesamtumsätze auf den Onlinekanal.[302] Viele Produkte, bei denen das fehlende haptische Erlebnis zuvor ein Problem darstellte, lassen sich durch die fortgeschrittene technologische Entwicklung, nun besser online vertreiben.[303]

Zu den Risiken des vorliegenden Marktes lässt sich zunächst sagen, dass es sich hierbei um ein stark wetterabhängiges Geschäft handelt.[304] Darüber hinaus hat eine Studie ergeben, dass 74% der Baumarktkunden bei einem anderen Händler online bestellen als dort wo sie sich offline informiert haben.[305] Auch sollte die hohe Dynamik des E-Commerce Marktes nicht unberücksichtigt bleiben. So können sich sehr schnell Veränderungen bemerkbar machen und sich neue Konkurrenten am Markt etablieren. Deshalb ist es unerlässlich den Markt permanent zu beobachten, um früh, potentielle Gefahren für das eigene Unternehmen zu erkennen.[306] Da diese Regeln in der Vergangenheit nicht konsequent verfolgt wurden, konnten sich die reinen Internetversender zu großen Konkurrenten entwickeln.[307]

4.2 Stärken& Schwächen von OBI

Neben diesen Marktgegebenheiten, sollen auch die Stärken und Schwächen von OBI betrachtet werden.

Zu den Stärken zählen vor allem die Leistungsfaktoren, mit denen OBI glänzt.[308] Das beschäftigte Personal ist sehr motiviert, da es „exzellente Arbeitsbedingungen"[309] vorfindet. So belegt das Unternehmen den zweiten Platz beim „Top Arbeitgeber Deutschlands 2012" Vergleich des CRF Institutes und hinsichtlich der Karrieremöglichkeiten sogar den ersten

---

[301] Vgl. HDE, 2013, S.8.
[302] Vgl. DVZ, 2013, S.1.
[303] Vgl. KPMG, 2012, S.58.
[304] Vgl. Tengelmann, 2012, S.50.
[305] Vgl. OC&C, 2012, S.9.
[306] Vgl. McKinsey&Company,2013, S.22f.
[307] Vgl. DVZ, 2013, S.1.
[308] Vgl. Oliver Wyman, 2005, S.3.
[309] Tengelmann, 2012, S.51.

Platz.[310] Doch nicht nur das Personal trägt zum Erfolg bei, sondern auch die Produkte. So ist eine Weiterentwicklung der Produktpalette, besonders im Hinblick auf Eigenmarken, sehr entscheiden für den Multichannel-Erfolg.[311] Dadurch ist eine Abhebung von der Konkurrenz möglich. So kann OBI durch die kontinuierliche Ausweitung des Eigenmarkensortiments profitieren.[312]

Sehr beachtlich ist auch, dass OBI im Jahr 2012 3% mehr Umsatz erwirtschaften konnte, während der Branchendurchschnitt 0,6% im Vergleich zu 2011 verlor. Dieses Ergebnis konnte trotz schlechtem Wetters und einer verhaltenen wirtschaftlichen Lage erzielt werden. Vor allem die hohe Internationalisierung ermöglicht es OBI eine Risikostreuung zu betreiben, denn es werden 48% des Bruttoumsatzes im Ausland erwirtschaftet (s. Abbildung 50). So konnte ein eher verhaltenes Geschäftsjahr in Deutschland durch gute Wachstumsraten in Russland ausgeglichen werden.[313]

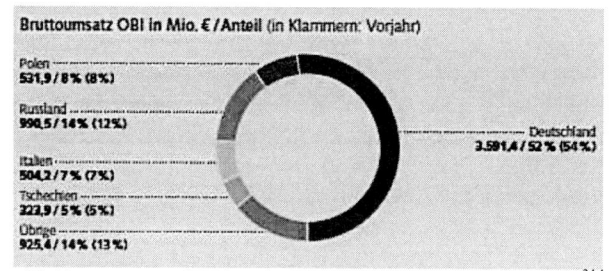

Abbildung 50: Bruttoumsatz OBI in Mio.€/ Anteil (in Klammern: Vorjahr)[314]

Jedoch ist auch OBI nicht frei von Schwächen. Zum einen hat OBI relativ gesehen wenig Artikel im Sortiment, wodurch die Auswahlmöglichkeiten begrenzt sind. Zum anderen lässt sich die geringe Preiszufriedenheit als großes Problem nennen. Diese zu steigern ist jedoch wichtig, denn Kundenzufriedenheit lässt sich in dieser Branche vor allem durch ein ausgewogenes Preis-Leistungs-Verhältnis erzielen. So ist der Preis genauso wichtig, wie die drei Dimensionen:

---

[310] Vgl. Tengelmann, 2012, S.17.
[311] Vgl. OC&C, 2012, S.15.
[312] Vgl. Tengelmann, 2012, S.50.
[313] Vgl. Tengelmann, 2012, S.50.
[314] Tengelmann, 2012, S.50

- Markt
- Mitarbeiter/ Service
- und Angebot/ Qualität zusammen.[315]

Die Schwäche „Preis" trägt dazu bei, dass bei einer Umfrage zur Kundenzufriedenheit nur der dritte Platz erreicht werden.

4.3 Stärken& Schwächen von Hornbach

Folgend sollen nun die Stärken und Schwächen von Hornbach betrachtet werden. Die Chancen und Risiken müssen nicht erneut genannt werden, da sie für alle am Markt tätigen Unternehmen gleich sind.
Zu den Stärken von Hornbach lässt sich zunächst der günstige Preis nennen. So ist es erklärtes Ziel von Hornbach „jeden Artikel zum garantierten Dauertiefpreis anzubieten. 365 Tage im Jahr."[316] Sollte ein Kunde einen Artikel dennoch woanders günstiger finden, erhält er bei Hornbach den gleichen günstigen Preis mit einem zusätzlichen Rabatt von 10%.[317] Weiterhin zählt das große Sortiment zu den Stärken des Unternehmens. So bietet das Unternehmen seinen Kunden online rund 53.790 Artikel an.[318] Eine solche Kombination bietet den Kunden eine gewisse Planungssicherheit, denn es können sehr viele Artikel zu einem garantiert günstigen Preis erworben werden. So konnte Hornbach den ersten Platz beim OC&C Proposition Index, welcher u.a. die Kundenzufriedenheit misst, belegen.
Das weniger stark ausgebaute Filialnetz lässt sich zunächst als Schwäche bezeichnen. So betreibt Hornbach insgesamt nur über 120 Märkte. Diese sind jedoch größer als die der Wettbewerber. So belegt Hornbach den ersten Platz in der Kategorie der Megastores. Unter diese Kategorie fallen Märkte, die bis zu zweimal so groß sind wie normale Märkte.[319]
Des Weiteren ist der Marktanteil von Hornbach gering. So konnte im Jahr 2012 nur der sechste Platz, gemessen an den Bruttoumsätzen, belegt werden.

---

[315] Vgl. Oliver Wyman, 2005, S.5.
[316] Hornbach, 2013.
[317] Vgl. Hornbach, 2013.
[318] Vgl. OC&C, 2013, S.7.
[319] Vgl. Hornbach, 2013.

5 Handlungsempfehlung

Das Internet beeinflusst das Verhalten der europäischen Verbraucher stark. Viele Nutzer sind heute 24 Stunden online, ob am PC, Notebook, Tablett oder unterwegs über das Smartphone.[320] Sie nutzen die Möglichkeiten des World-Wide-Webs privat, geschäftlich und zum Einkaufen. Versandhändler wie Amazon und Zalando profitieren durch das Internet. Auch der stationäre Handel nutzt den Multichannel-Kanal vermehrt. Der Trend zeigt immer mehr Richtung Tante Emma Läden und Drive-In Supermärkte: Der Konsument bestellt online und holt seine Ware später ab. Das Internet steigert die Macht der Verbraucher, da es als Informationsquelle und Preisvergleichsportal Anwendung findet. Es bietet dem Verbraucher erhebliche Erleichterungen im Kaufverhalten.[321] Entscheidend ist, dass sich OBI die möglichen Gewinne aus dem Onlinegeschäft nicht entgehen lässt. Neben der Fokussierung auf Nachhaltigkeit in den Handlungsfeldern „Produkte", „Standorte", „Dialog" und „Mensch",[322] ist entscheidend, dass das Unternehmen seine E-Commerce Aktivitäten weiter ausbaut. Der Ausbau muss sich sowohl auf Deutschland aber auch auf die anderen Länder in Europa erstrecken. Vor allem in Italien (+ 28%), Frankreich (+ 19%) und Großbritannien (+ 13%) wird 2013 ein hohes Wachstum im E-Commerce Bereich erwartet.[323] Der internationale Bereich gewinnt für OBI somit immer mehr an Bedeutung.[324] Ziel von OBI, sollte es sein eine Pionierstellung im Onlinehandel der Baumarktbranche anzustreben. Dazu ist es notwendig, Trends des E-Commerce besonders zu beobachten und schnellst möglich zu agieren. Zunehmende Bedeutung wird die Technologie Augmented Reality (erweiterte Realität, abgekürzt AR) im Bereich E-Commerce und Mobile Commerce gewinnen. Es geht dabei darum, durch den Einsatz von Webcams virtuelle und reale Welt miteinander zu kombinieren. Dadurch entsteht eine neue Form der Produktpräsentation über das Internet, da reale und virtuelle Objekte dreidimensional am Bildschirm dargestellt werden können. Vor allem Produkte, welche für den Vertrieb über das Internet weniger geeignet sind, können dadurch besser abgesetzt werden.[325] Das fehlende haptische Erlebnis bei bestimmten Produkten, wie z.B. Fliesen,

---

[320] Vgl. BHB, 2013d.
[321] Vgl. BHB, 2013d.
[322] Vgl. Tengelmann, 2012, S.16
[323] Vgl. Tengelmann, 2012, S.64.
[324] Vgl. Tengelmann, 2012, S.50.
[325] Vgl. KPMG, 2012, S. 24.

Holz usw. wird durch Augmented Reality relativiert. Die Kombination von online ausgewählten Farben oder Baumaterial mit der bereits vorhandenen Einrichtung, dürfte für viele Kunden eine Entscheidungshilfe darstellen. Außerdem reduziert die größere Sicherheit bei der Produktauswahl die Retourquoten, wodurch Kosten gespart werden können.[326] Zusätzlich sollte OBI die Möglichkeiten der Nutzung von M-Commerce nicht aus den Augen verlieren. „Gamification" und „Location Based Services" werden immer wichtiger.

Mit „Gamification" ist „die Übertragung von Spielmechaniken auf andere Anwendungen"[327], gemeint. Dabei geht es darum, durch spielerische Elemente ein Einkaufserlebnis zu schaffen und den Kunden Wertschätzung entgegen zu bringen.[328] Dieses Tool kann dazu verwendet werden, Kundenbindung zu betreiben. Eine Möglichkeit von „Gamification" ist beispielsweise, dass sich Kunden beim Betreten des Baumarktes über die OBI Applikation ihres Smartphone anmelden und bestimmte Auszeichnungen erhalten oder etwas gewinnen.

Mit sogenannten „Location Based Services" können die Kunden jederzeit und überall angesprochen werden.[329] Die potentiellen Verbraucher werden dabei entsprechend des Aufenthaltsortes adressiert und erhalten beispielsweise Sonderinformationen oder Couponcodes auf das Smartphone übermittelt.

In Kapitel 2 wurde dargestellt, das die Studie von OC&C Strategy Consultants ergab, dass nur 0,1% der online Kunden loyale Kunden und 26% Kombinierer sind.[330] Daraus ergibt sich die Frage, wie die Loyalität der Kunden, welche offline Produkte auswählen und online dann kaufen, also „Showrooming" betreiben, gesteigert werden kann. Es geht also darum, eine Strategie zu entwickeln, mit der die Kunden, die vorher offline Produkte ausgewählt haben zum Onlinekauf bei OBI bewegt werden. Als eines der wichtigsten Gründe für den Onlinekauf sehen Konsumenten den günstigen Preis.[331] Eine Möglichkeit wäre es deswegen, Rabatte beim Onlinekauf anzubieten. Die Mitarbeiter aus den Filialen könnten den Kunden einen Gutscheincode übergeben, der online eingelöst werden kann. Voraussetzung sollte sein, dass das Produkt welches stationär als sehr interessant erachtet wurde, online gekauft wird.

---

[326] Vgl. KPMG, 2012, S.24.
[327] KPMG, 2012, S.24.
[328] Vgl. KPMG, 2012, S.24.
[329] Vgl. KPMG, 2012, S.23.
[330] Vgl. OC&C, 2013, S.8f.
[331] Vgl. OC&C, 2013, S.7.

Zusammenfassend lässt sich sagen, dass das Internet dem Unternehmen viele Möglichkeiten bietet die Marktposition weiter auszubauen.

6   Arbeitsfragen

1 Nennen Sie mögliche Gründe, die das Zögern beim Einstieg in den E-Commerce Bereich erklären!

2 Nennen Sie wichtige Gründe für den Onlinekauf aus Kundensicht! Gehen Sie hierbei auch auf entsprechende Lösungen von OBI ein.

3 Nennen Sie Stärken und Schwächen von OBI!

Quellenverzeichnis

Accenture: Mit Onlinehandel neuen Umsatz generieren, in: Accenture Insights, 2011, 2. Ausgabe. Verfügbar: http://www.accenture.com/de- de/Pages/insights-asg-overview.aspx (Abruf am 6.11.2013)

Ahlert, Dieter: Customer-Relationship-Management im Handel: Strategien, Konzepte, Erfahrungen : mit 19 Abbildung n, Berlin u.a.: Springer, 2002

Ahlert, Dieter: Multikanalstrategien: Konzepte, Methoden und Erfahrungen, 1.Auflage, Wiesbaden: Gabler, 2003

Angermeier, Georg: SWOT-Analyse, 2013. Verfügbar: https://www.projekt magazin.de/glossarterm/swot-analyse (Abruf am 02.11.2013)

BHB: Branchendefinitionen, 2013a. Verfügbar: http://www.bhb.org/markt - statistik/branchendefinitionen/   (Abruf am 09.11.2013)

BHB: Konsumentenverhalten, 2013c. Verfügbar: http://www.bhb.org/markt-amp-statistik/konsumverhalten/ (Abruf am 08.11.2013)

BHB: Europa Konsumbarometer 2013: Mieten und Teilen von Baumarktproduk ten ist Trend, 2013d. Verfügbar: http://www.bhb.org/markt-statistik/kon sumverhalten/ konsum barometer-2013/ (Abruf am 06.11.2013)

BHB: Deutscher Baumarkthandel bestätigt 2012 Vorjahresniveau, 2013e. Verfügbar: http://www.bhb.org/markt-statistik/branchenbarometer/ branchenzahlen-d-2012/ (Abruf am 03.11.2013)

Controllingportal: SWOT-Analyse, August 2013. Verfügbar: http://www.controllingportal.de/Fachinfo/Grundlagen/SWOT-Analyse.html (Abruf am 04.11.2013)

DVZ: Baumärkte entdecken E-Commerce, DVZ, Nr. 54 vom 05.07.2013. Verfügbar: http://www.wiso-net.de/webcgi?START= A60&DOKV_DB=ZECO&DOKV_NO=DVZlv054cs-07- Synlog-Tag-673824- new&DOKV_HS=0&PP=1 (Abruf am 06.11.2013)

HDE: Der deutsche Einzelhandel, Juni, 2013. Verfügbar: http://www.einzel handel.deindex.php/presse/zahlenfaktengrafiken/item/download/570 3_aded 145622953ed65e5615d38434e1b0.html (Abruf am 05.11.2013)

Hermann, Simon/ von der Gathen, Andreas: Das große Handbuch der Strategieinstrumente : Werkzeuge für eine erfolgreiche Unternehmensführung, Frankfurt/Main u.a.: Campus-Verlag, 2002

Hornbach: 12 Nägel für die Ewigkeit, 2013. Verfügbar: http://www.hornbach.de/cms/de/de/_footer/unternehmen/12nagel/12 _naegel.html (Abruf am 10.11.2013)

KPMG: Comsumer Markets: Trends im Handel 2020, 2012. Verfügbar: http://www.kpmg.de/docs/20120418-Trends-im-Handel-2020.pdf (Abruf am 09.11.2013)

McKinsey&Company: Consumer Industries & Retail Group: Akzente [1] [13], April 2013. Verfügbar: http://www.mckinsey.de/sites/mck_files /files/Akzente_2013_01.pdf (Abruf am 10.11.2013)

o.V.: Eigener Onlineshop: Obi kehrt in den E-Commerce zurück, 23. November 2010. Verfügbar: http://www.onetoone.de/Obi-kehrt-in- den-E-Commerce-zurueck-18946.html (Abruf am 09.11.2013)

o.V.: SWOT-Analyse, 2013. Verfügbar: http://swotanalyse.net/ (Abruf am 06.11.2013)

Obi: Über Obi, 2013 a. Verfügbar: http://www.obi.com/de/company/de/ Expansion/aUeber_OBI/index.html (Abruf am 08.11.2013)

Obi: Der erste OBI für zu Hause – OBI startet Online Shop, 2013b. Verfügbar: http://www.obi.com/de/company/de/Presse_und_ Neues/Pressemitteilungen/2010/shop.html (Abruf am 5.11.2013)

Obi: Lieferung, 2013c.Verfügbar: http://www.obi.de/de/services/online-services/lieferung/index.html (Abruf am 6.11.2013)

Obi: Online reservieren und im Markt abholen, 2013d. Verfügbar: http://www.obi.de/de/services/online-services/online-reservieren/index.html (Abruf am 6.11.2013)

OC&C: Stationäre Eiszeit: Wie Online-Anbieter die Handelslandschaft Verändern: Der OC&C-Proposition-Index 2012. Verfügbar: http://www.occstrategy.com/de/our-capabilities/publications/stationare-eiszeit (Abruf am 07.11.2013)

OC&C: Wenn zwei sich streiten...entscheidet der Kunde: Trends und strategische Herausforderungen im Multichannel-Handel: Ein OC&C- Insight, 2013. Verfügbar: http://www.occstrategy.de/our- capabilities/publications/wenn-zwei-sich-streiten-entscheidet-der- kunde (Abruf am 09.11.2013)

Oliver Wyman: Presseinformation: Oliver Wyman-Studie zur deutschen Do-it-yourself-Branche, 1. September 2005. Verfügbar: http://www.oliverwyman.de/insight351.htm (Abruf am 07.11.2013)

Statista: Umsatzentwicklung der Bau- und Heimwerkermärkte in Deutschland von 1998 bis 2012 (in Milliarden Euro), März 2013.Verfügbar:http://de.statista.com/statistik/daten/studie/5090/umf rage/umsat zentwicklung-der-baumaerkte-seit-1998/ (Abruf am 10.11.2013)

Statista: Baumärkte und Gartencenter - Statista Dossier, 2012. Verfügbar:http://de.statista.com/statistik/studie/id/7152/dokument/ba umaerkte- und-gartencenter---statista-dossier/ (Abruf am 09.11.2013)

Wirtschaftslexikon. Gabler: Swot-Analyse, 2013. Verfügbar: http://wirtschaftslexikon.gabler.de/Definition/swot-analyse.html (Abruf am 05.11.2013)

Tengelmann: Nachhaltig Handeln: Bericht über das 146. Geschäftsjahr 2012. Verfügbar: http://tengelmann.de/home/presse/presse-aktuell/geschaeftsbericht.html (Abruf am 7.11.2013)

6   Dirk Rossmann

(Tungel, B.)

1   Aktuelle Rahmenbedingungen im Online Handel

Den Alltag gestalten ohne Internet ist heute kaum noch vorstellbar. Allgegenwärtig und jederzeit verfügbar, spielen u.a. mobiles Internet, soziale Netzwerke, Online Banking und E-Commerce eine immer größer werdende Rolle. „Heute haben mehr als zwei Drittel aller Haushalte in Deutschland einen Internetanschluss und davon wiederum surft eine deutliche Mehrheit auf schnellen Breitband-/DSL-Verbindungen."[332] Eine Messung, welche unter 30.000 Teilnehmern ab 14 Jahren in Deutschland stattfand, ergab eine rasante Steigerung in der Internetnutzung in den letzten Jahren. Eine Verdoppelung von 37% (2001) auf 76,5% (2013) lässt demnach noch mehr Wachstum in den folgenden Jahren vermuten.[333]
Besonders im Bereich des E-Commerce finden dynamische Entwicklungen statt. Als Definition des elektronischen Handels (E-Commerce) versteht man:
"[…]jede Art von geschäftlichen Transaktionen (z.B. Verkauf oder Kauf von Waren und Dienstleistungen) sowie elektronisch abgewickelte Geschäftsprozesse (z.B. Werbung, „After-Sales-Services", Onlinebanking), bei denen die Beteiligten auf elektronischem Wege (z.B. über das Internet oder Netzwerke von Mobilfunkanbietern) miteinander verkehren und nicht durch physischen Austausch in indirektem physischen Kontakt stehen."[334]
Die Distribution von Waren im Non-Food und Food Bereich über den Online Handel stellt für die Unternehmen großes Potenzial in der Umsatzsteigerung dar. Auf der einen Seite bietet es Ubiquität für den Kunden, auf der anderen Seite schnellere und aktivere Kommunikation des Unternehmens mit dem Kunden. Die Gesellschaft für Konsumforschung (GFK) bezeichnet gleichermaßen eine Trendsteigerung der Wichtigkeit des Internets von 89% auf 93% für das Jahr 2013.[335] Besonders beliebte Artikel, welche häufig über das Internet bezogen werden sind unter anderem Bekleidung, Elektronik und Bücher, während der Markt für schnelldrehende Produkte, branchenintern auch als Fast Moving Consumer Goods, kurz FMCG, mit noch

---

[332] http://www.gfkps.com, 2013.
[333] Vgl. http://de.statista.com, 2013.
[334] http://wirtschaftslexikon.gabler.de, 2013.
[335] Vgl. http://www.gfk.com, 2013.

unter 5% ausbaufähig erscheint.[336] „Inzwischen weist das Online Shopping von Produkten des täglichen Bedarfs aber auch in Deutschland eine deutliche Steigerung auf, wenngleich derzeit noch auf relativ geringem Niveau. So ist die Anzahl der Online Shopper von Kosmetik im letzten Jahr um 15% auf fünf Millionen gestiegen, die Anzahl der Käufer von Gesichts- und Körperpflege im Internet um elf% auf gut vier Millionen."[337] Welche Chancen und Risiken sich in diesem Zusammenhang für den Online Handel der Drogeriebranche und im speziellen für die Dirk Rossmann GmbH ergeben, als Rossmann im weiteren Verlauf abgekürzt, soll in dieser Seminararbeit behandelt werden.

2. Die Unternehmenshistorie der Dirk Rossmann GmbH

Die Dirk Rossmann GmbH startete ihre Unternehmung in Deutschland 1972. Als erster Drogerie-Discountmarkt eröffnete in Hannover die erste Filiale unter dem Namen „Markt für Drogeriewaren". Bereits zehn Jahre später vergrößert sich die Drogeriekette auf 100 Filialen, verteilt auf Norddeutschland, mit einem Jahresumsatz im Jahr 1981 von 87 Mio. Euro. Weiteren Wachstum ermöglicht 1990 die deutsche Wiedervereinigung. Es folgen Markteröffnungen in Sachsen-Anhalt und Thüringen, sowie der Eintritt in den osteuropäischen Markt in Polen und Ungarn (1993).[338]

25 Jahre nach seiner Gründung führt das Unternehmen 444 Filialen deutschlandweit, sowie 55 Märkte in Osteuropa. Damit wird ein Gesamtumsatz von 501 Mrd. Euro generiert. Parallel werden die ersten eigenen Handelsmarken „babydream" und „sun-ozon" eingeführt. Ein weiterer Meilenstein erfolgt im Jahr 1999, als die Dirk Rossmann GmbH mit seiner Tochterfirma, der Rossmann Online GmbH, in den Onlineverkauf von Drogerieartikeln einsteigt.[339][340] Die Gesellschaft beschäftigt 100 Mitarbeiter in Versand und Verwaltung und erzielte 2012 einen zusätzlichen Umsatz von 37 Millionen Euro.[341]

Auch der stationäre Handel wird weiter ausgebaut. Mit Übernahmen in Norddeutschland von 90 „Idea"- Märkten der Rewe Gruppe, sowie 70 Filialen „Kaiser´s Drugstore" (kd) der Tengelmann Gruppe, baut Rossmann seine Marktanteile weiter aus. Dieser Ausbau erstreckt sich auch regional.

---

[336] Vgl. http://de.statista.com, 2013.
[337] http://www.gfkps.com, 2013.
[338] Vgl. http://www.rossmann.de, 2013.
[339] Vgl. http://www.rossmannversand.de, 2013.
[340] Vgl. http://www.rossmann.de, 2013.
[341] Vgl. http://www.rossmann.de, 2013.

Die Drogeriekette dringt weiter in den südlichen Raum vor und eröffnet 2004 Märkte in Frankfurt, München als auch dem Ruhrgebiet, während am Umbau weiterer kd- Filialen im südwest-deutschen Raum gearbeitet wird.[342] Ein Jahr später wird die Übernahme der restlichen 300 kd-Filialen verwirklicht, womit Rossmann sein Netz deutschlandweit auf 1.100 Märkte vergrößern kann. Drei Jahre später gelingt eine knapp 90-%ige Anteilsübernahme der Drogeriemärkte „Kloppenburg", welche im norddeutschen Raum angesiedelt sind. Hier gelingt Rossmann mit einem Schlag eine fast 50-%ige Verdoppelung der Filialanzahl auf 2000 Märkte. Er kommt so seinem stärksten Konkurrenten dm zuvor, welcher gleichzeitig versucht den Fokus vom süddeutschen Gebiet auf nördlichere Regionen auszuweiten.[343] Ab hier kann nun wieder eine Konzentration auf den ausländischen Markt beobachtet werde. Mit Albanien und der Türkei kommen zwei weitere Absatzmärkte für Rossmann hinzu. Mit dem Gedanken des Drogeriediscounts stößt das Unternehmen besonders auf dem türkischen Markt auf eine innovative Marketingstrategie.[344]

2012 feiert Rossmann sein 40-jähriges Unternehmensbestehen und es scheint, als könne durch die Schlecker Insolvenz vor eineinhalb Jahren, der Marktanteile noch weiter ausgebaut werden. Es folgen Übernahmen von über 100 „Ihr Platz"-Filialen, die Rossmann zusätzlich im Wettbewerb gegenüber DM und der Müller Drogerie stärken.[345] Diese Wettbewerbssituation sowie die derzeitige Marktposition der Dirk Rossmann GmbH soll nun im Folgenden genauer betrachtet werden.

3. Derzeitige Marktposition der Dirk Rossmann GmbH im Vergleich zu seinen stärksten Wettbewerbern

Wie man in der nachfolgenden Abbildung erkennen kann, stellt neben Kunden, Zulieferern, Abnehmern und Ersatzprodukten, besonders die Konkurrenz in der Branche eine erhebliche Wettbewerbskraft dar (Abbildung 52).

---

[342] Vgl. http://www.rossmann.de, 2013.
[343] Vgl. http://www.rossmann.de, 2013.
[344] Vgl. http://www.rossmann.de, 2013.
[345] Vgl. http://www.rossmann.de, 2013.

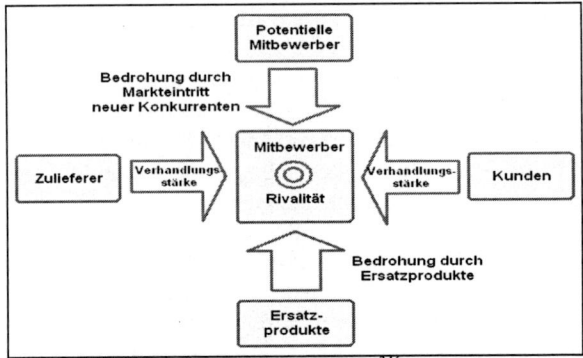

Abbildung 52: Wettbewerbskräftemodell nach Porter[346]

Zwar werden angesichts der derzeit dichten und gesättigten Marktsituation keine neu aufkommenden Wettbewerber erwartet, dennoch ist der Faktor Konkurrenz von hoher Brisanz. Unter anderem aufgrund der voran gegangenen Schlecker Insolvenz und damit verbunden neuer Standorterwerbsmöglichkeiten. Das größte Interesse ihr Ladennetz weiter auszubauen, werden neben Rossmann auch dm und Müller haben. Laut statista.de stellen diese beiden Unternehmen in Bezug auf den Umsatz 2012 die größten Konkurrenten von Rossmann dar.

Folgende Grafik zeigt dies. Im Weiteren soll auf beide Wettbewerber eingegangen werden.

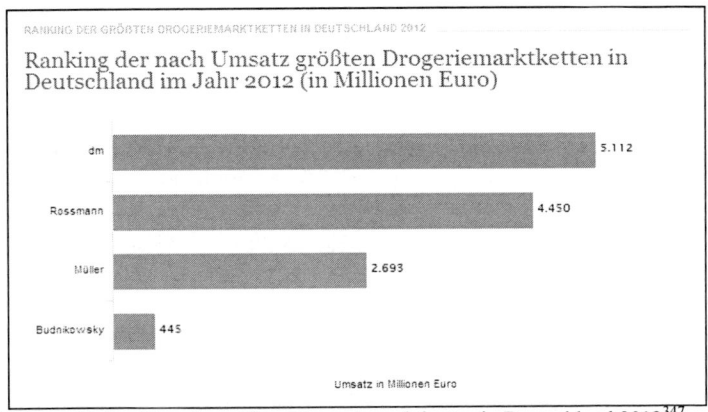

Abbildung 53: Ranking der größten Drogeriemarktketten in Deutschland 2012[347]

---

[346] http://de.academic.ru, 2013
[347] www.statista.com, 2012

3.1 Wettbewerber dm-drogerie markt GmbH + Co. KG

Die Firma erwirtschaftete im Jahr 2012 mit 5,112 Mrd. Euro den größten Umsatz im Drogeriefachhandel. Das Unternehmen eröffnete fast zeitgleich mit Rossmann 1973 seine erste Filiale in Karlsruhe. Mittlerweile ist die Drogeriekette in 12 europäischen Ländern vertreten mit insgesamt 2.900 Filialen vertreten. 1.480 davon in Deutschland. Dm hat sich ähnlich wie Rossmann auf eine osteuropäische Expansion fokussiert. Die Verkaufsgebiete überschneiden sich jedoch nur in Ungarn und Tschechien. Weiter führt dm Standorte in Österreich, Slowakei, Slowenien, Kroatien, Bosnien-Herzegowina, Serbien, Rumänien, Bulgarien und Mazedonien in. Es werden ca. 50.000 Mitarbeiter beschäftigt, allein 34.000 davon in Deutschland.[348] Ist die Konkurrenz zu Rossmann im stationären Handel besonders groß, betreibt dm keinen Online Handel. Es gab aber den Versuch dm Eigenmarken mit und über den Kooperationspartner Amazon zu vertreiben. „Amazon und dm hatten im August 2011 vereinbart, dass 1.700 Produkte der Eigenmarken von dm bei Amazon in einem speziellen Bereich, genannt dm-Shop, bestellt werden können. Doch Absatz und Umsatzzahlen bei Amazon hätten gezeigt, dass Menschen Drogerieartikel lieber im Einzelhandel kauften, erklärte Erich Harsch, Vorsitzender der Geschäftsführung von dm. Nach Informationen der „Lebensmittel Zeitung" soll der Erlös des Internet-Shops nur knapp über dem einer durchschnittlichen dm-Filiale gelegen haben."[349] Wird der Begriff „dm-shop" heute in die Amazon Suchleiste eingegeben, variieren die Vorschläge auf der ersten Seite von Haarbürste über Toilettenpapier zu indischen Flohsamen.[350] Sieht man das Onlinegeschäft in Deutschland als vorerst gescheitert, versucht das Nachbarland Österreich unter www.meindm.at online einen anderen Weg einzuschlagen. „Der Shop versteht sich dabei jedoch nicht nur als reine Online-Drogerie, sondern als neuartige Synthese aus digitaler Filiale und nützlichem Online-Magazin. Neben der Einkaufsmöglichkeit, können sich Verbraucher ausführlich über die angebotenen Produkte und Haushaltstipps informieren."[351] Das deutsche stationäre Produktangebot umfasst 12.500 Artikel. Die einzige aktive Online-Aktivität, die dm im Moment vorweisen kann, ist die Vermarktung personalisierter Eigenmarkenprodukte. Hierzu bietet das Unternehmen sowohl im Internet auf der Unternehmensseite, als auch mithilfe einer App die Möglichkeit diverse dm Produkte, wie Dusch-

---

[348] Vgl. http://www.dm.de, 2013.
[349] http://www.handelsblatt.com, 2013.
[350] Vgl. http://www.amazon.de, 2013.
[351] http://www.onlinehaendler-news.de, 2013.

gel oder Bodylotion, in der Aufmachung persönlich zu gestalten. Der Kunde gestaltet durch hochladen eigener Fotos und Schriftzüge sein individuelles Produkt. Diese werden dann durch den dm eigenen Foto Shop produziert und der Kunde holt sie schließlich in seiner Wunschfiliale ab. Abgesehen davon, aber hat sich das deutsche Unternehmen aus dem Online Handel zurückgezogen.

3.2 Wettbewerber Müller Holding Ltd. & Co. KG

Die Drogeriemarktkette Müller gehört nach Rossmann zu den Top 3 des umsatzstärksten Fachhandels. 2,69 Mrd. Euro erwirtschaftete das Unternehmen im letzten Jahr. Bereits 1953 als ursprünglicher Friseurbetrieb, entwickelte sich Müller schnell zu einem Drogeriefachmarkt. Heute betreibt das Unternehmen 682 Filialen europaweit. Ebenso wie dm und Rossmann expandiert Müller in das europäische Ausland. Dazu zählen die Schweiz, Österreich, Spanien, Slowenien, Ungarn und Kroatien.

Das stationäre Angebot umfasst ca. 185.000 Artikel und offeriert neben Drogerieartikeln auch Produkte aus Multimedia, Spielwaren und Schreibwarenartikel. Ähnlich wie bei dm findet kein aktiver Drogerie-Online-Verkauf statt. Stattdessen bietet Müller ausschließlich hochpreisige Lederwaren an, welche dann im Internet bestellt werden und anschließend in der Filiale abgeholt werden können.

3.3 Aktuelle Marktposition der Dirk Rossmann GmbH

Im Gegensatz zu dm und Müller bietet Rossmann sein gesamtes Sortiment, sowie ein erweiterte Produktpalette online an. Über 100.000 Artikel befinden sich im Online Shop und umfassen die Kategorien Baby & Kind, Düfte & Make Up, Essen & Trinken, Gesundheit & Sport, Haushalt & Wohnen, Outdoor & Garten, Pflege & Beauty, sowie spezielle Angebote (z.B. Erotik, Musik & Film) oder saisonale Angebote (z.B. Weihnachten).

Im Bereich der Kundenzufriedenheit bei Drogeriemärkten sichert sich Rossmann den zweiten Platz zwischen dm und Douglas, wie die nächste Statistik zeigt.

In Anbetracht der Tatsache, dass die beiden stärksten Konkurrenten im stationären Handel der Dirk Rossmann GmbH keinen Wettbewerber im Online Handel darstellen, scheint einen Vorreiterrolle auf Seiten Rossmanns gesichert zu sein. Wie diese Rolle in Zukunft durchgesetzt werden soll und welche Anforderungen daran festgemacht werden, ist Thema des nächsten Abschnittes.

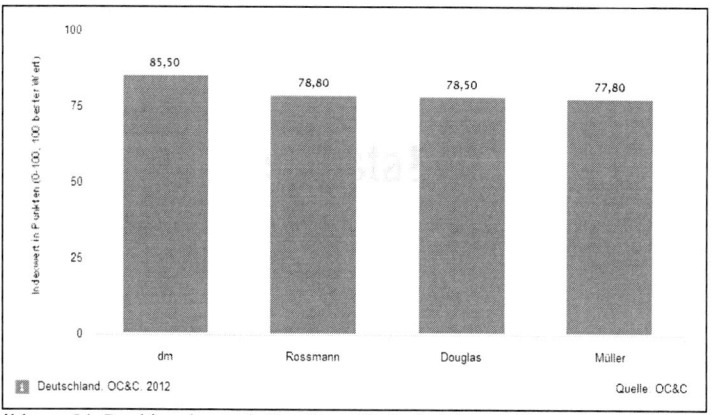

Abbildung 54: Ranking der nach Kundenzufriedenheit besten Drogeriemarktketten in Deutschland 2012[352]

4 Analyse der zukünftigen Ausrichtung

Charles Darwin, der britische Evolutionstheoretiker, stellte einst schon fest: „It is not the strongest of the species that survives, nor the most intelligent that survives. It is the one that is the most adaptable to change."[353]
Nach diesem Prinzip beschäftigt sich „Neuland", eine Kölner Strategieberatungsagentur, mit der digitalen Ausrichtung und Umsetzung eines Unternehmens. Ein eigens entwickelter „Digital Readiness Index" (DRI) soll die digitale Bereitschaft eines Unternehmens erfassen. Im September 2013 veröffentlicht Neuland erstmals sein Studienergebnis anhand 44 unterschiedlicher Handelsunternehmen. 80 verschiedenen Bewertungskriterien werden dazu in fünf Kategorien geteilt. Untersucht werden Digitales Marketing, Website &Customer Support, E-Commerce & Loyalty, Mobile und Internal.[354] Um die digitale Zukunftsaussichten von Rossmann zu ermitteln soll im nächsten Teil der Arbeit die Studie „Digital Readiness Index 2013" vorgestellt und dann auf Rossmann übertragen werden.

4.1 Digital Readiness Index 2013

Der DRI stellt einen Zusammenhang zwischen der digitalen Fitness und der Geschäftsfähigkeit dar. Denn den „Kopf einziehen und einfach die „digitale

---

[352] www.statista.com, 2012
[353] http://thinkexist.com, 2013.
[354] Vgl. http://www.neuland.me, 2013, DRI Studie, 2013

Krise" aussitzen, funktioniert in Zeiten des gesamtgesellschaftlichen Wandels, den Internet, Tablets und Smartphones ausgelöst haben nicht mehr."[355] Handelsunternehmen müssen, um dem digitalen Wandel nicht zum Opfer zu fallen, digitale Strategien entwickeln und auch einleiten.[356]Neuland begründet diese Notwendigkeit anhand der zunehmenden Bedeutung des Smartphones: Der bevorzugten Absatzkanal den früher der Fernseher als First Screen für sich beanspruchte, ging bald über zum Computer. Doch seit das Smartphone nun als First Screen ständiger Begleiter der Konsumenten ist, verändert sich auch das Konsumentenverhalten. Unabhängig davon, ob die Produkte besonders beratungsintensiv sind oder nicht, sollten Handelfirmen diesen zusätzlichen Absatzkanal proaktiv für sich nutzen. Denn während Multi-Channeling, also die vorausgehende Informationsbeschaffung über das Internet mit der anschließenden Kaufabschluss im Store, für den Konsumenten immer attraktiver wird, werden solche Firmen in den Hintergrund gedrängt welche online nicht präsent genug erscheinen [357] Welche Faktoren bei der Digitalisierung eine große Rolle spielen wird nun im Weiteren erörtert.

4.2 Fünf Analysekriterien des DRI

Erstes und mit 38% am meisten gewichtenden Faktor ist das *digitale Marketing*. Darunter fallen Search Traffic SEM, SEO, Web Authority, Landing pages, Marken-Content, Größe der Social Media Community, Social Media Engagement in Facebook, Twitter, Youtube, Google +, Pinterest und Instagram.[358]

Mit 12% bestimmt *Customer & Website Support* den Auftritt der Handelsunternehmen. Dazu zählt Neuland: Blog-Content, mobile Optimierung, personalisierte Newsletter, Social Media Integration, Performance und Effektivität von Support E-Mail/ Chat /Forum / FAQ's, Customer Support auf Social Media Plattform wie Facebook und Twitter.[359]

Die zweithöchste Gewichtung macht der *E-Commerce & Loyality* mit 25% aus. Dazu gehören u.a. E-Commerce & Check Out, Produktseiten, Innovation, Personalisierungsgrad und Produktvorschläge, Produktbewertungen, Kundenkartenservice, digitale Integration der Kundenkarte.[360]

---

[355] http://www.neuland.me, 2013.
[356] Vgl. http://www.neuland.me, 2013
[357] Vgl www.neuland.me, 2013
[358] Vgl www.neuland.me, DRI Studie, 2013.
[359] Vgl www.neuland.me, DRI Studie, 2013.
[360] Vgl www.neuland.me, DRI Studie, 2013.

Der vierte Punkt ist *Mobile.* Weitere 20% werden hier verbucht. Das Augenmerk liegt hierbei auf Kompatibilität, Optimierung, Funktionalität, Marketing und Service, Popularität und Innovationsgrad von nativen Smartphone und Tablet Applikationen.[361]

Zuletzt und mit den restlichen 5% zählt *Internal* zum DRI dazu. Hierzu zählen Online und Social Media Stellenausschreibungen sowie über Online und Social Media wie XIng/LinkedIN Mitarbeiter auffindbar zu machen.[362]

Abbildung 55 fasst dies grafisch noch einmal zusammen:

Besonders positiv fielen bei dieser Analyse Unternehmen wie Nike, H&M oder Otto. Nike kam mit einer Punktzahl von 220 am nächsten an die maximale Punktzahl von 280 heran. Praktiker und Penny waren mit 60 und 40 Bewertungspunkten digital deutlich schlechter aufgestellt.

Digitales Marketing 38%	Website & Customer Support 12%	E-Commerce & Loyalty 25%	Mobile 20%	Internal 5%
Search Traffic SEM, SEO Web Authority Landing pages Marken-Content Social Media Community Größe Social Media Engagement; Facebook, Twitter, Youtube, Google +, Pinterest, Instergram	Blog-Content Mobile Optimierung personalisierte Newsletter Social Media Integration Performance und Effektivität von Support E-Mail/ Chat / Forum / FAQ's Customer Support auf Social Media Platform wie Facebook und Twiter	E-Commerce & Check Out Produktseiten Innovation, Personalisierungsgrad und Produktvorschläge Produktbewertungen Kundenkartenservice digitale Integration der Kundenkarte	Kompatibilität Optimierung Funktionalität Marketing und Service Popularität und Innovationsgrad von nativen Smartphone und Tablet Applikationen Mobile optimierter Webseiten	Online und Social Media Stellenausschreibungen Online und Social Media Mitarbeiter auffindbar in XIng/LinkedIN

Abbildung 55: Bewertungskriterien nach Neuland[363]

Folgende Grafik zeigt einen Überblick über die Studienteilnehmer sowie deren DRI's (Abbildung 56). Die Dirk Rossmann GmbH findet sich mit 136 Punkten im Mittelfeld wieder. Worauf das zurückzuführen ist, wird im nächsten Kapitel untersucht.

---

[361] Vgl www.neuland.me, DRI Studie, 2013.
[362] Vgl www.neuland.me, DRI Studie, 2013.
[363] www.neuland.me , 2013

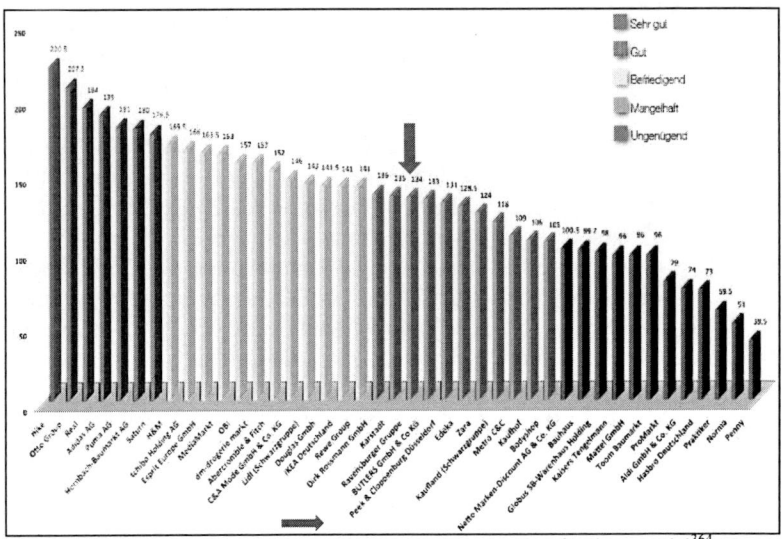

Abbildung 56: Das Neuland Digital Readiness Index Ranking für den Handel[364]

4.3 Der DRI der Dirk Rossmann GmbH

Wie der oberen Grafik entnommen werden kann, landet Rossmann mit 136 Bewertungpunkten im orangen und damit bereits mangelhaftem Bereich. Eine Analyse seiner digitalen Aktivitäten anhand der fünf Neuland-Kriterien soll Aufschluss über dieses Ergebnis geben und daraus Weiterentwicklungsmöglichkeiten für das Unternehmen ableiten.

Digitales Marketing: Der Kunde kann Rossmann sowohl auf Facebook, Twitter und Youtube folgen. Nicht vertreten ist die GmbH auf Google+, Pinterest und Instagram. Mit einer Fangemeinde von fast einer Million erreicht Rossman über Facebook die Mehrheit seiner Kundengruppen. Durch regelmäßige Posts wird die Kommunikation aktiv und lebendig gehalten. Auf Twitter gibt es derzeit 3.058 Follower und auf Youtube sind Videos diverser privater Produkttester, öffentlichen Firmenveranstaltungen oder Interviews des Unternehmensgründers zugänglich.

Website & Customer Support: Die Website bietet eine Rubrik FAQ´s die dem Kunden vorab Antworten auf Fragen geben sollen. Als zusätzliche Untrstützung wird eine Kundenhotline, Emailkontakt oder ein Livechat angeboten. Informationen können sich unter anderem auch durch einen

---

[364] www.neuland.me, 2013

personalisierten Newsletter oder einen Rossmann Blog besorgt werden. Fans der Rossmann Facebook Seite haben außerdem die Möglichkeit auf der Seite direkt eine Anregung, Feedback oder Beschwerde zu posten.

E-Commerce & Loyality: Rossmann bietet einen umfassend großes Sortiment in seinem Online Shop an, welcher auch dem Kunden erlaubt jedes einzelne Produkt auf seine Eigenschaften hin zu überprüfen. Es existiert aber weder eine Kundenkarte noch ein digitales Kundeprogramm. Einzig ein „babywelt bonusclub" steht dem Kunden zur Verfügung. Dieser Club befriedigt allerdings nur die Bedürfnisse einer ausgewählten Kundenzielgruppe und ist somit irrelevant für eine positive Bewertung in diesem Bereich. Dazu kommt ein fehlendes Produktbewertungsportal für Kunden von Kunden. Es besteht nur die Möglichkeit auf der Facabook Seite öffentlich für alle sichtbar Produkte zu zensieren. Hier herrscht aber keine Übersichtlichkeit und ist somit auch nicht als digitaler Fortschritt anzusehen

Mobile: Diese Möglichkeit bleibt von Rossmann bisher noch völlig ungenutzt. Vorstellbar hier wären eine Smartphone- oder Ipad App, welche die Informationsbeschaffung und folglich die Kaufentscheidung unterstützen können. Der Umsatz kann durch diese weitere Kundenbindungsmöglichkeit zusätzlich gesteigert werden.

Internal: In diesem Faktor ist Rossmann präsent. Die Website bietet eine eigene Stellenbörse an und richtet sich explizit an alle potenziellen Arbeitnehmer (Schüler & Azubis, Studenten, Absolventen, Berufserfahrene). Ein direkter Link zur Initiativbewerbung ist auch gegeben. In den einschlägigen Business Netzwerken findet man die Rossmann GmbH. Über Xing als auch LinkedIN kann sowohl das Unternehmen als auch seine Mitarbeiter ausfindig gemacht werden. Rossmann kann auf LinkedIN aktuell 314 Follower nachweisen.

Als Zusammenfassung kann festgehalten werde, dass Rossmann zwar bereits digital aktiv mit dem Kunden in Verbindung steht aber noch nocht das volle Potenzial ausschöpft. Eine Erweiterung im Bereich Social Media auf Google+, Pinterest und Instagram wäre möglich um auf diesem Wege noch mehr Kunden in seine Unternehmensaktivitäten mit einzubeziehen. Der Hauptfokus liegt im Moment noch auf Facebook. Gerade der von Neuland für so wichtig gehaltene Apekt der mobilen Kommunikation müsste von Rossmann angegangen werden um seine digitale Attraktivität zu behalten bzw. zu erhöhen. Und als zusätzlicher Absatzkanal für das Unternehmen sicherlich von Vorteil. Gerade da Rossmann mit knapp 1800 Filialen gut stationär persönlich für den Kunden erreichbar ist, kann die Form des Multi-Channelings auf diesem Weg noch ausgebaut werden.

Aufbauend auf diese Informationen erfolgt im nächsten Abschnitt eine SWOT Analyse für Rossmann sowie seinen größten Konkurrenten dm.

4. Swot Analyse

Eine SWOT Analyse „[...] Abk. für Analysis of strengths, weakness, opportunities and threats; die Stärken-Schwächen-Chancen-Risiken-Analyse stellt eine Positionierungsanalyse der eigenen Aktivitäten gegenüber dem Wettbewerb dar."[365] Als Ziel der folgenden Analysen wird Kundengewinnung und Umsatzsteigerung gesetzt.

4.1 SWOT Analyse für Rossmann

Rossmann kann durch den zusätzlichen Absatz über das Internet mehr Gewinn generieren und folglich seine Marktanteile ausbauen. Das umfassende Produktangebot im Internet führt auch zu einer höheren Kundenzufriedenheit, welche ebenso zum Verkaufswachstum beiträgt. Eine Möglichkeit vorhandene Schwächen zu bearbeiten wäre eine Erhöhung des DRI. Wie in Kapitel 4 erarbeitet, kann Rossmann den Faktor mobile Kommunikation ausbauen und so unter anderem einer schwachen Affinität, Drogerieprodukte online zu bestellen, vorzubeugen. Als derzeit einziger Online Drogeriefachmarkt ist die Firma auf diesem Gebiet keiner Konkurrenz in seiner Branche ausgesetzt, dennoch ist es von Wichtigkeit, dass sich Rossmann den steigenden technologischen Anforderungen anpasst und nicht stehen bleibt.

	Stärken	**Schwächen**
Möglichkeiten	• Wachstumssteigerung und Ausbau vom Marktanteilen • Breites und umfassendes Produktangebot	• Erhöhung des DRI • Stärkung des direkten Kundenkontakts durch stationären Handel
Bedrohungen	• Keine Bedrohung durch konkurrierenden Drogerie Online Shop	• Permanente technologische Weiterentwicklung

Abbildung 57: SWOT Analyse für Rossmann

---

[365] http://wirtschaftslexikon.gabler.de, 2013.

4.2 SWOT Analyse für dm

	Stärken	Schwächen
Möglichkeiten	- Marktführerposition - Bevorzugter Drogeriemarkt	- Einstieg in den Online Handel als zusätzlicher Absatzkanal
Bedrohungen	- Erhöhter Konkurrenzkampf durch Rossmann Online	- Einstieg in den Online Handel als zusätzliche Präsenz beim Kunden

Abbildung 58: SWOT Analyse für dm[366]

Dm genießt derzeit die Marktführerschaft im stationären Drogeriefachgeschäft. Nach statista.de wird dm auch bevorzugt besucht wenn der Kunde die Auswahl hat.[367] Dieses Vertrauen kann dm nutzen und mit E-Commerce zusätzlichen Präsenz beim Kunden, als auch seinen Gewinn auszubauen. Rossmann wäre dann nicht mehr der einzige Drogerie Online Shop und dm könnte Kunden akquirieren, die durch das fehlende Online Angebot bisher bei Rossmann bestellten.

6. Fazit

Welche Folgen die rasanten Entwicklungen des Handels haben, konnte in den letzten Monaten besonders an diversen Insolvenzen großer deutscher Handelsbetriebe beobachtet werden. Während Praktiker und Schlecker aus dem Markt gedrängt wurden, kann man sich die Frage stellen ob darin ein Zusammenhang besteht, dass beide Unternehmen die entscheidenden Chance der elektronischen Verkaufswelt verpasst haben.
„In zehn Jahren wird vermutlich jeder fünfte Euro im Einzelhandel online verdient. Im Vorteil werden dann Händler sein, die ihre Verkaufskanäle verbinden – und sowohl im Internet als auch im eigenen Geschäft verkaufen."[368]

---

[366] eigene Abbildung
[367] Vgl. http://de.statista.com, 2010.
[368] www.unternehmer.de, 2011.

Rossmann hat als einziger Drogeriefachhandel in Deutschland die Ausweitung seines Absatzes auf den Online Handel rechtzeitig und konsumentenfreundlich aufgebaut. Doch gerade weil im Drogeriefachhandel sensorische und haptische Reize eine große Rolle von Kaufentscheidungen spielen, war der Entschluss zu einer erweiterten Produktpalette außerhalb der Kosmetik- und Hygieneprodukte für Rossmann nur von Vorteil. Allein das Angebot nur von Drogerieartikel wäre für den Kunden nicht attraktiv genug gewesen. Durch das erweiterte Angebot, welches sämtliche Bedürfnisse des Haushaltsbedarfs abdeckt, sowie regelmäßige Aktionsware wird die Akzeptanz der Online Bestellung erhöht und die Chance potenziell neue Kunden dazu zu gewinnen steigt. Des Weiteren hat Rossmann den Vorteil nutzen können als alleiniger Online-Vertreter seiner Branche stationär bereits flächenweit für den Kunden erreichbar zu sein. Hier liegt auch der Vorteil gegenüber reinen Onlinehändler wie z.B. Amazon oder Ebay. Wissensbarrieren können so abgebaut und Vertrauen aufgebaut werden. Allerding konnte auch festgehalten werden, dass Rossmann noch digitales Ausbaupotenzial hat um in dem Kampf um die Online Kunden mithalten zu können.

Die Zukunft des Drogerie Onlinehandels liegt weiter in den Händen der Konsumenten. Die Akzeptanz Konsumgüter des täglichen Bedarfs über das Internet zu kaufen, wird weiter steigen, wenn es den Kundenbedürfnissen entspricht. Es kann jedoch davon ausgegangen werden, dass der Umsatz im E-Commerce weiter ansteigen wird. Ob die Onlineaktivitäten anderer Artikel auf Drogerieprodukte ausstrahlen wird, ein attraktiverer Auftritt der Unternehmen im Web oder der Kohorten Effekt dafür verantwortlich gemacht werden kann, d.h. die heutigen Onlinenutzer werden auch in als Middle-ager oder Senioren im Internet bestellen, wird die digitale Reise bald zeigen.

7 Arbeitsfragen

1. Erläutern Sie die Vor- und Nachteile eines Online Vertriebs im Bereich der Drogeriebranche.

2. Nennen Sie Möglichkeiten inwiefern der DRI bei Rossmann gesteigert werden kann.

3. Erklären Sie auf Basis der SWOT Analyse, warum Rossmann seinen Konkurrenten dm trotz dessen fehlenden Online Angebots im Umsatz bis jetzt nicht überholt hat.

Quellenverzeichnis

- http://de.academic.ru/pictures/dewiki/70/Five-forces.gif, (04.11.2013)
- http://www.amazon.de/s/ref=nb_sb_sabc?__mk_de_DE=%C3%85M%C3%85%C5%BD%C3%95%C3%91&url=search-alias%3Daps&pageMinusResults=1&suo=1384073436993#/ref=nb_sb_ss_i_0_7?__mk_de_DE=%C3%85M%C3%85%C5%BD%C3%95%C3%91&url=search-alias%3Daps&fieldkeywords=dm+shop&sprefix=dm+shop%2 Caps%2C178 &rh=i%3Aaps%2Ck%3Adm+shop (09.11.2013)
- http://www.dm.de/de_homepage/ unternehmen/zahlen-fakten/unternehmens zahlen/ , (01.11.2013)
- http://www.gfkps.com/imperia/md/content/ps_de/gfk_internetstudie_flyer.pdf,(05.11.2013)
- http://www.gfk.com/de/documents/news%20deutschland/gfk%20retail%20trend%20monitor%202013_website_dfin.pdf (05.11.2013)
- http://www.handelsblatt.com/unternehmen/handel- dienstleister/keinerfolg-mit-online-handel-drogeriemarktkette-dm-beendet-kooperation-mit-amazon/8516982.html (18.07.2013)
- http://www.neuland.me/2013/10/digital-readi ness-index-handel/ (02.11.2013)
- http://www.onlinehaendler-news.de/handel/internationales/2422-dm-startet-online-drogerie-in-oesterreich-deutschland-wartet.html, (05.11.2013)
- http://www.rossmann.de/unternehmen/historie.html (01.11.2013)
- http://www.rossmann.de/presse/pressemitteilungen/artikel/geschaeftsentwicklung-2012-und-ausblick-2013.html (31.10.2013)
- http://www.rossmannversand.de/site/335/-ber-Rossmann-Versand.aspx#Module_10087 (31.10.2013)
- http://de.statista.com/statistik/daten/studie/153284/umfrage/bevorzugter-drogeriemarkt-bei-gleicher-erreichbarkeit/ (01.03.2010)
- http://de.statista.com/statistik/daten/studie/165980/umfrage/top-6-der-drogerien-drogereimaerkte-in-deutschland-2010/ (03.11.2013)
- http://de.statista.com/statistik/daten/studie/158206/umfrage/prognostizierter-umsatz-der-top-5-drogeriemaerkte-2010/ (03.11.2013)
- http://de.statista.com/statistik/daten/studie/13070/umfrage/entwicklung-der-internetnutzung-in-deutschland-seit-2001/ (03.11.2013)
- http://de.statista.com/statistik/daten/studie/165638/umfrage/umsatzstarke-warengruppen-im-versand--und-online-handel/ (03.11.2013)

- http://thinkexist.com/quotation/it_is_not_the_strongest_of_the_species_that/7533.html (08.11.2013)
- http://www.unternehmer.de/marketing-vertrieb/106432-ein-blick-in-die-zukunft-der-online-handel-wird-boomen (09.03.2011)
- http://wirtschaftslexikon.gabler.de/Definition/swot-analyse.html (04.11.2013)
- http://wirtschaftslexikon.gabler.de/Definition/e-commerce.html (05.11.2013)

7   Parfümerie Douglas GmbH

(Kirsch, K.)

1   Die Bedeutung des Online-Handels

Das Internet spielt eine immer wichtiger werdende Rolle für Konsumenten. Vor allem die unzähligen Angebote und Vergleichsmöglichkeiten der verschiedenen Produkte bieten den Käufern einen großen Vorteil im Vergleich zum stationären Einzelhandel. Auch wissenschaftliche Studien des Instituts für Handelsforschung ergaben, dass der%uale Anteil der getätigten Online-Einkäufe in der Vergangenheit um jährlich etwa drei% gestiegen ist.[369] Dieses Ergebnis ist wenig überraschend, bedenkt man, dass ein bequemer Einkauf von zu Hause aus gerade bei Berufstätigen sehr beliebt ist. Vor allem die so genannten „Digital Natives", also die Generation, die mit dem Internet groß wurden, sind es gewohnt, Einkäufe via Onlineshopping zu tätigen. Auch die zunehmende Homogenität der angebotenen Produkte und Dienstleistungen begünstigen diese Entwicklung, da es keine wesentlichen Differenzen zwischen den verschiedenen Artikeln gibt. Die Chance für Fehlkäufe besteht somit kaum noch. Aufgrund dieser Veränderung der Gesellschaft ist es für Unternehmen wichtig, sich anzupassen, falls sie weiterhin erfolgreich bestehen wollen. Es ist hierbei wichtig, nicht nur einen Onlineshop einzurichten und somit Multichannel-Handel zu betreiben, das heißt unter Zuhilfenahme von verschiedenen Vertriebskanälen Produkte zu vertreiben, sondern den potentiellen Kunden auch einen Mehrwert zu bieten. Besonders Service und Beratung im E-Commerce können noch ausgebaut werden, sodass auch online auf die individuellen Kundenwünsche eingegangen werden kann.[370] Das in dieser Fallstudie betrachtete Unternehmen „Parfümerie Douglas GmbH" sieht sich außerdem erschwerten Bedingungen ausgesetzt. Dies liegt vor allem daran, dass die Konsumenten den Online-Erwerb von Düften und Kosmetikartikeln oftmals meiden, da sie keine Möglichkeit haben, in Erwägung gezogene Düfte einmal Probe zu riechen oder ein Makeup aufzulegen, um die Farbe oder Konsistenz zu testen. Wie und warum es das Unternehmen dennoch geschafft hat, sich am Markt so gut zu behaupten, soll in dieser Fallstudie näher betrachtet werden.

---

[369] Vgl. Institut für Handelsforschung,2013.
[370] Vgl. PwC Wirtschaftsprüfungs- und Beratungsgesellschaft,2013.

2 Historie des Unternehmens

Um die Strategie und Ziele des Unternehmens besser nachvollziehen zu können, soll im folgenden Kapitel dargestellt werden, wie es zum Zusammenschluss der Douglas-Gruppe und ihrer Positionierung am Markt kam.

2.1 Historie der Douglas-Holding

Der Anfang der Douglas-Gruppe wurde im Jahre 1949 begründet, als in Hagen das erste Süßwarengeschäft der heutigen Filialkette „Hussel Süßwaren-Fachgeschäfte GmbH" eröffnete. Nach zwanzig Jahren – also 1969 – erwarb die damalige Hussel AG die erste Douglas-Parfümerie in Hamburg. Bereits drei Jahre darauf wurde die erste Douglas Parfümerie in Österreich eröffnet – etwas später ließ sich das Unternehmen auch in Holland nieder, bevor es in ganz Europa agierte. 1986 wurde ein Anteil an der Bekleidungskette AppelratCüpper erworben. Etwa zehn Jahre später beteiligte sich die Douglas-Holding an CHRIST. Im Jahr 2001 schloss sich die Douglas-Gruppe mit Thalia zusammen und war nun auch im Buchhandel vertreten. Heute agieren unter dem Dach der Holding 1944 Einzelhandelsfilialen (Stand: Geschäftsjahr 2011/12) in 5 Branchen und 17 europäischen Ländern: Mit 1190 Filialen ist die „Parfümeriekette Douglas GmbH", die Produkte der Bereiche Duft, Kosmetik und Pflege vertreibt, die größte Sparte des Unternehmens. Die Douglas-Gruppe ist durch die „CHRIST Juweliere und Uhrmacher seit 1863 GmbH" in der Schmuckbranche und im Buchhandel durch die „Thalia Holding GmbH" vertreten. Die 13 „Reiner Appelrath-Cüpper Nachf. GmbH"-Fachgeschäfte, welche exklusive Damenbekleidung anbieten, gehören ebenfalls zur Douglas-Holding. Mit den Filialen der „Hussel Süßwaren-Fachgeschäfte GmbH" ist der Konzern außerdem in der Süßwaren- und Confiserie-Branche präsent. Die Douglas-Holding ist dezentral organisiert, was sich vor allem darin äußert, dass sowohl den Tochtergesellschaften als auch den Fachgeschäften ein großer Handlungsspielraum eingeräumt wird. So kann beispielsweise jede Filiale für sich entscheiden, wie das Sortiment gestaltet werden soll – abgesehen von einem „Kernsortiment", das in allen Filialen erhältlich ist. Allerdings werden vor allem Verwaltung und Abteilungen wie beispielsweise Controlling, Finanzen, Unternehmenskommunikation, Riskmanagement, Personal, Recht und Steuern von der Konzernzentrale in Hagen gesteuert. Zusätzlich bestehen „Service-Zentralen", deren Aufgaben es ist, den Einzelhändlern bei der Organisation des Tagesgeschäfts Hilfestellungen zu bieten und Bereiche wie Marketing, Einkauf und Logistik durch Bündelung effizienter zu gestalten. So werden etwa für mehrere Filialen der Parfümerie Douglas Produkte eingekauft, wodurch Mengenrabatte genutzt werden können.[371]

2.2 Historie der Parfümerie Douglas GmbH

Der Schotte John Sharp Douglas eröffnete 1821, nachdem er nach Deutschland ausgewandert war, eine Seifenfabrik in Hamburg. Seine Seifenvariationen waren so neuartig, dass er schnell bekannt wurde. Erst 1910 wurde die erste „Parfümerie Douglas"-Filiale von den Schwestern Maria und Anna Carstens in Hamburg eröffnet (Siehe Abbildung 1).[372] Sie hatten eine Vereinbarung mit dem Unternehmen „J.S.Douglas Söhne" getroffen, welche es den beiden ermöglichte, ihre Parfümerie wie oben genannt zu firmieren. Nach dem Erfolg dieser Parfümerie wurden in Hamburg 5 weitere Standorte der Parfümerie Douglas gegründet. Die heutige Douglas-Holding kaufte diese sechs Douglas-Filialen 1969 auf.[373] Schon 1972 eröffnete Douglas seine ersten Filialen in Österreich. In den kommenden zwei Jahrzehnten öffnete die Parfümeriekette auch in Holland, Frankreich, Italien, Spanien, Portugal und der Schweiz seine Pforten. Nach der Jahrhundertwende wurden weitere Standorte in Polen, Ungarn, Monaco, Slowenien, Tschechien, Rumänien, Bulgarien, Kroatien, der Türkei und im Baltikum begründet. Somit ist die Parfümeriekette heute in 18 europäischen Ländern vertreten.

Abbildung 59: Die erste Douglas-Filiale in Hamburg[374]

Auch die Einführung des Kundenbindungsprogramms „Douglas Card" 1995 war ein wichtiges Ereignis für das Unternehmen. Fast zehn Millionen Kunden sind im Besitz dieser Kundenkarte.

---

[371] Vgl. Homepage der Douglas Holding,2013a.
[372] Vgl. Homepage der Parfümerie Douglas,2013b.
[373] Vgl. Van Hattem,Brigitte,2013.
[374] http://www.beautyspion.de/spionneu/wp-content/uploads/2010/06/Parfumerie-Douglas-Neuer-Wall-3-Elise-Bock.jpg

Bereits im Jahr 2000 wurde der Onlineshop der Parfümerie Douglas eröffnet. In diesem werden sämtliche Artikel, die es in den stationären Filialen der Gesellschaft zu erwerben gibt, angeboten. Insbesondere die Kategorien Duft, Pflege und dekorative Kosmetik bieten den Kunden ein breites Angebot. Doch auch Accessoires und Dekorationsartikel sind im Onlineshop erhältlich.[375]

3 Aktueller Stand im Markt

Von Beginn an lautete das Motto der gesamten Douglas-Holding „Handeln mit Herz und Verstand". Auch heute noch orientiert sich das Unternehmen an diesem Grundsatz. Durch Kundenorientierung und exklusive Sortimente sowie motivierte und engagierte Mitarbeiter will das Unternehmen bei der Zielgruppe punkten. Das Unternehmen möchte durch Kompetenz und Freundlichkeit überzeugen.[376] Da sich die Fallstudie hauptsächlich auf den Online-Handel bezieht, wird der Autor der vorliegenden Arbeit nur kurz auf den stationären Einzelhandel der Parfümeriekette eingehen.

3.1 Allgemeines zur Parfümerie Douglas

Das Erfolgskonzept der Parfümeriekette liegt in der Exklusivität der angebotenen Produkte. Douglas kann die Exklusivität seiner Produkte als Alleinstellungsmerkmal nur deshalb halten, weil die Parfüm- und Kosmetikindustrie einen selektiven Vertrieb verfolgt und keineswegs Ubiquität garantieren will. Dies unterstützt Douglas darin, seinen Kunden Produkte und Marken anzubieten, die sonst nur schwer erhältlich sind. Außerdem hat Douglas Eigenmarken aufgebaut, die Kunden zusätzlich an das Unternehmen binden.[377] Mit dieser Eigenmarke „Douglas" erreichte das Unternehmen in einer Studie, die durch Interbrand durchgeführt wurde, Platz Zehn der „wertvollsten deutschen Einzelhandelsmarken 2013". Auf den vorderen Rängen waren vor allem Lebensmitteleinzelhändler, Elektrofachgeschäfte und Baumärkte vertreten. In der Kosmetikbranche erreichte lediglich ein Mitbewerber, nämlich die Drogeriemarktkette DM, einen besseren (sechsten) Rang.[378] Das Unternehmen vertreibt mehr als 40 Eigen- und Exklusivmarken, um sich von der Konkurrenz abzuheben und gleichzeitig die Kundenbindung zu erhöhen. Marken wie „Anatomicals", „Annayake",

---

[375] Vgl. Homepage der Parfümerie Douglas, 2013b.
[376] Vgl. Homepage der Douglas Holding, 2013d.
[377] Vgl. Nolte,Ado,2013.
[378] Vgl. Interbrand,2013.

„Beliance", „Beyu", „I love...", „Isadora", „Soap&Glory" und viele mehr sind deutschlandweit nur bei Douglas erhältlich. Auch die verschiedenen Untermarken der Eigenmarke „Douglas", beispielsweise „Absolute Douglas", „Douglas Men's System", „Douglas Sun", „Douglas Hair", „Douglas Nails Hands Feet" und „Douglas Beauty Systems" sind ausschließlich bei Douglas zu erhalten. Die erfolgreiche Positionierung am Markt gelang der Parfümerie Douglas GmbH nicht nur durch exklusive Produkte und umfangreiches Sortiment, sondern auch durch den Fokus auf die Beratungs- und Servicequalität. Diese spielt jedoch nicht nur im stationären Handel eine große Rolle, sondern wird durch eine gelungene Crosschannel-Strategie ebenso auf den Onlineshop übertragen, sodass die beiden Vertriebskanäle miteinander verknüpft sind.[379] Außerdem kommuniziert das Unternehmen seine Werte erfolgreich nach außen. Nicht nur durch Fernseh- und Radiowerbung, sondern auch in Printmedien macht das Unternehmen durch Anzeigen auf sich aufmerksam. Die Kundenorientierung wird durch die Aufschrift auf Tragetaschen „myDouglas.de" verdeutlicht werden. Hier macht die Parfümerie nicht nur auf ihren Onlineshop aufmerksam, vielmehr stellt sie den Kunden somit in den Mittelpunkt. Das Unternehmen möchte auf seine Kunden eingehen und sie durch individuelle Beratung wertschätzen.[380]

Zum Konzept von Douglas ist das Crosschannel-Prinzip nicht mehr wegzudenken. Obwohl sämtliche Parfümerien ihre Sortimentsbreite und -tiefe nahezu frei festlegen können und somit Unterschiede in der Erhältlichkeit der einzelnen Produkte bestehen, ist es möglich, auf Kundenwünsche einzugehen, indem auf das Sortiment des Onlineshops zurückgegriffen werden kann, welches alle bei Douglas erhältlichen Artikel umfasst. So garantiert Douglas seinen Kunden eine große Vielfalt an Produkten. In einer Filiale nicht verfügbare Artikel können nicht nur über das Personal der Parfümerie bestellt werden, sondern auch mit Hilfe von Terminals, die den Kunden in den Douglas-Filialen zur Verfügung stehen. Der Kunde kann wählen, ob seine Bestellung an die entsprechende (oder auch eine andere) Filiale oder direkt zu sich nach Hause gesendet wird.[381] Die Vertriebskanäle werden zudem dadurch verknüpft, dass der Kunde bei jeder Bestellung im Onlineshop der Parfümeriekette einen Gutschein im Wert von 5 Euro erhält, der jedoch lediglich in einer stationären Douglas-Filiale eingelöst werden kann. So schafft es Douglas, die Kunden nicht an bestimmte Vertriebskanäle,

---

[379] Vgl. Nolte,Ado,2013.
[380] Vgl. Heinemann, Gerrit, 2009.S.204 ff.
[381] Vgl. o.V.,2013c.

sondern an das Unternehmen selbst zu binden.[382] Ein klarer Wettbewerbsvorteil des Unternehmens ist es, dass der Einkauf aller Filialen gebündelt wird und Douglas somit nicht nur Mengenrabatte entstehen, sondern die Boni der Hersteller am Jahresende wesentlich höher ausfallen als die Rückvergütungen von kleineren Parfümerien.[383]

3.2 Der stationäre Einzelhandel der Parfümerie Douglas

Die Parfümeriekette stellt den stärksten Geschäftsbereich der Douglas Holding dar – und dies sowohl bezogen auf den Umsatz als auch die Anzahl der Filialen. Die Parfümerie Douglas ist nahezu Monopolist in ihrer Branche. Im Geschäftsjahr 2011/12 erhielt Douglas seine Stellung als europaweiter Marktführer. Mit einem Umsatz von fast 2 Milliarden Euro steigerte die Parfümeriekette diesen um 2,4% im Vergleich zum Vorjahr.[384] Keine deutsche Parfümeriekette hat annähernd so viele Filialen – geschweige denn einen so erfolgreichen Onlineshop. Dies liegt vor allem am breit gefächerten Sortiment des Unternehmens. Einzelhändler, die sich auf ähnlich exklusive Produkte und Marken konzentrieren, wie beispielsweise kleine Parfümerien, haben meist weitaus weniger Filialen als der Parfümerie-Riese Douglas. Ketten hingegen, die ähnlich weit verbreitet sind, bieten zumeist ein wesentlich breiteres aber weniger tiefes Sortiment an, wie zum Beispiel Drogeriemärkte oder Kaufhäuser, bei denen zusätzlich Schreibwaren, Bekleidung, Haushaltswaren und ähnliche Artikelgruppen verkauft werden.

Mit etwa 100 Filialen ist die Stadt-Parfümerie Pieper die zweitgrößte Parfümeriekette Deutschlands und somit wohl der größte Konkurrent von Douglas. Das vor allem in Nordrheinwestfalen tätige Unternehmen führt ebenfalls einen recht erfolgreichen Onlineshop und kann dank seiner Größe ähnlich hohe Boni von Herstellern erzielen wie Douglas.[385]

Weitere Konkurrenten sind die Schwanen-Parfümerie Willi Becker mit 46 Standorten hauptsächlich im Rheinland sowie die „Beauty Alliance", zu der sich 200 private Parfümerien an 950 Standorten im europäischen Raum zusammengeschlossen haben. Die TopCos Parfümerie-Gruppe ist ebenfalls ein Verbund aus über 300 privaten Parfümerien. Kaufhäuser wie Kaufhof und Karstadt sowie Drogeriemärkte wie Rossmann, Müller und DM stellen für Douglas ebenfalls eine Konkurrenz dar, wobei diese Betriebstypen an-

---

[382] Vgl. Homepage der Parfümerie Douglas,2013b.
[383] Vgl. o.V.,2013d.
[384] Vgl. Homepage der Douglas Holding,2013b.
[385] Vgl. o.V.,2013d.

dere Ziele verfolgen. Bei Drogeriemärkten und Kaufhäusern spielt nicht Exklusivität, sondern günstiges Einkaufen mit großer Auswahl und mehreren Warenkategorien eine große Rolle.[386] Bei Douglas hingegen soll dem Kunden ein einmaliges Einkaufserlebnis geboten werden. Dies gelingt unter anderem mit speziell ausgebildeten Mitarbeitern, die dem Kunden mit ihrem Fachwissen beratend zur Seite stehen. In den Douglas-Fachgeschäften werden den Kunden viele zusätzliche Dienstleistungen angeboten. Hierzu zählt nicht nur die Möglichkeit, Produkte als Geschenk verpacken, sondern auch Hautanalysen und Handmassagen durchführen und sich ein professionelles Makeup mit Produkten, die man eventuell kaufen möchte, anlegen zu lassen. Außerdem gibt es in ausgewählten Douglas-Filialen den „Douglas Hairdesign Salon by Oliver Schmidt", einen Friseursalon, der es Kunden ermöglicht, sich ein Haarstyling mit gewünschten Produkten kreieren zu lassen. An einigen Standorten werden außerdem Events angeboten, wie beispielsweise Fotoshootings oder Make-Up-Workshops.[387]

3.3 Der Onlineshop „myDouglas.de"

Ein Onlineshop hat für Kunden den großen Vorteil, dass er rund um die Uhr erreichbar ist und der Konsument seine Einkäufe somit unabhängig von Ladenöffnungszeiten tätigen kann. Außerdem kann die Kaufentscheidung in Ruhe überdacht werden. Der Douglas-Onlineshop stellte im Geschäftsjahr 2011/12 die umsatzstärkste „Filiale" der Parfümerie dar. Douglas konnte seinen Onlineumsatz im Geschäftsjahr 2011/12 auf etwa 100 Millionen Euro erhöhen. Dies entspricht einer Steigerung um 13% zum Vorjahr.[388] Das liegt unter anderem daran, dass das komplette Sortiment an Duft-, Kosmetik- und Pflegeprodukten des Unternehmens verfügbar ist.[389] Den mehr als einer Millionen Kunden stehen somit über 28.000 Produkte von etwa 400 Marken zur Auswahl.[390]

Douglas bietet seinen Nutzern zusätzliche Services, wie beispielsweise den Filialfinder. In nur wenigen Klicks werden den Kunden Douglas-Filialen angezeigt, die sich in der Nähe des von ihm eingegrenzten Gebietes befinden. Ebenso kann der Nutzer hier Events, die in diesen Filialen veranstaltet werden, einsehen. Vom „Midnightshopping" über Fotoshootings und

---

[386] Vgl. ebd.
[387] Vgl. Homepage der Parfümerie Douglas,2013b.
[388] Vgl. ebd.
[389] Vgl. Heinemann, Gerrit, 2009,S.204 ff.
[390] Vgl. o.V.,2013b.

„Beauty Contests" bis hin zur Pflegebehandlung wird den Kunden einiges geboten. So wird auch die stationäre Filiale geschickt umworben und dem Kunden ein Ansporn geschaffen, ebendiese aufzusuchen.[391] Kunden können online eine bestimmte Filiale als „Lieblingsparfümerie" speichern und erhalten künftig E-Mails über besondere Angebote oder Veranstaltungen in dieser Filiale (siehe Abbildung 60).

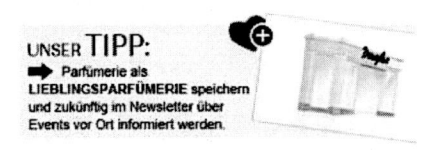

Abbildung 60: Meine Lieblingsparfümerie[392]

Ein häufig genannter Nachteil von Onlineshopping ist der Wegfall von kompetenter Beratung. Eine Studie des Marktforschungsunternehmens INNOFACT hat ergeben, dass dieser Nachteil mit Hilfe der Bewertung von Produkten durch andere Konsumenten kompensiert werden kann.[393] Auch Douglas bietet in seinem Onlineshop die Möglichkeit, Produkte zu bewerten. Doch nicht nur so wird dem Douglas-Kunden eine Produktauswahl erleichtert. Auch die Kategorie „Beauty-Experten" schafft den Douglas-Kunden einen Mehrwert. Zu verschiedenen Themen wie beispielsweise „Müde Augen" (siehe Abbildung 61) werden Links zu im Onlineshop erhältlichen Produkten aufgezeigt, mit denen man diese Probleme beseitigen kann. Zu den verschiedenen Artikeln gibt es außerdem Tipps und Tricks zur Anwendung (vgl. Abbildung 62).

Abbildung 61: „Beauty Profis" zum Thema „Müde Augen"[394]

---

[391] Vgl. ebd.
[392] http://www.douglas.de/douglas/events/show.html
[393] Vgl. E-Commerce Trendstudie, 2013.
[394] www.douglas.de/douglas/Beauty-Profis/index_c3400.html

UNSER BEAUTY-PROFI:
Highlighter gegen leichte Anzeichen von Müdigkeit

DAS KANN ER:
Dieser Highlighter lässt Anzeichen von Müdigkeit verschwinden, ohne dabei als Make-up sichtbar zu sein, und sorgt den ganzen Tag lang für einen strahlend schönen Teint.

SO WIRD ER ANGEWENDET:
Auf alle dunklen Gesichtszonen auftragen und anschließend mit den Fingerspitzen verblenden.

EXTRA-TIPP:
Kann für kleine Ausbesserungen während des Tages auch über Foundation und Puder aufgetragen werden.

› Zum Produkt

YVES SAINT LAURENT
Gesichtsmake-up
Touche Éclat
Concealer
ab € 34,99 / 2,5 ml

Abbildung 62: Produktempfehlung mit Anwendungshinweisen zum Thema „Müde Augen"[395]

Eine Besonderheit des Douglas-Onlineshops ist das „Douglas Online-TV". Wöchentlich erscheint eine neue Folge zur Anwendung unterschiedlicher Produkte oder etwa Schmink-Tutorials. Es ist möglich, auch online einen Hauttyptest zu machen, der bei der Auswahl der Pflegeartikel hilft. Diesen Test kann mit Hilfe einer Expertin oder alleine durchgeführt werden. Der Kunde muss hierfür mehrere Fragen zur Beschaffenheit seiner Haut beantworten und wird anschließend zu entsprechenden Produkten weitergeleitet (siehe Abbildung 63).

Welche Pflege ist die richtige für meine Haut?

Schöne Haut ist in erster Linie eine Frage der perfekten Pflege. Machen Sie unseren Hauttyptest und finden Sie heraus, was Ihre Haut braucht, um sich in Zukunft von ihrer schönsten Seite zu zeigen.

Unser Test ist schnell gemacht. Mit der Hilfe unserer Pflege-Expertin dauert er nur wenige Minuten. Wenn Sie ihn alleine durchführen, benötigen Sie kaum mehr als zwei Minuten.

Hauttyptest starten: MIT PFLEGEEXPERTIN   TEST ALLEINE DURCH

Abbildung 63: Der Hauttyptest bei Douglas[396]

---

[395] www.douglas.de/douglas/Beauty-Profis/müde Augen/index_c3401.html
[396] www.douglas.de/douglas/survey/hauttyptest/index.html?query=hauttyptest

3.3.1 Zusätzliche Online-Services

Neben dem Onlineshop bietet Douglas seinen Kunden auch das Konzept der „Beauty Boxen" an. Die „Douglas Box-of-Beauty" enthält ein „Starprodukt" in Fullsize-Größe sowie vier Maxiproben von namhaften Herstellern. Für 10 Euro monatlich kann die Box abonniert werden und der Kunde sich überraschen lassen (siehe Abbildung 64). An ein solches Abonnement zu kommen, ist allerdings nicht einfach: Die Stückzahl der Abonnements ist limitiert – erst bei Kündigung eines Abonnements wird ein neues frei. Vielleicht sind die Boxen gerade durch diese Limitierung und der damit verbundenen Exklusivität so begehrt.[397]

IHRE VORTEILE

- 1 Produkt in Originalgröße + 4 Maxiproben
- Versandkostenfreie VLieferung an eine Adresse Ihrer Wahl
- Abonnement jeder Zeit kündbar
- 10% Rabatt beim Nachkauf der Produkte in Originalgröße
- Douglas Box-of-Beauty verschenken

DOUGLAS BOX-OF-BEAUTY

ZUR ZEIT
KEIN ABO VERFÜGBAR

Abbildung 64: Die Douglas Box-of-Beauty[398]

Die Parfümerie Douglas hat erkannt, dass auch Social Media zunehmend an Bedeutung gewinnt. Seit 4 Jahren ist das Unternehmen auf der Online-Plattform „Facebook" vertreten, um junge Kunden der Generation Internet zu erreichen. Die „Fans" der Douglasseite können mehrere Vorteile für sich nutzen. So werden sie beispielsweise vorzeitig über anstehende Events und Sonderangebote informiert. Außerdem bietet das Unternehmen seinen Facebook-Fans die Möglichkeit, mit Hilfe eines monatlichen Rabatt-Codes bei einer Bestellung im Onlineshop das sogenannte „Douglas Fangeschenk" kostenlos zu erhalten (siehe Abbildung 65). Anhand dieses Beispiels erkennt man deutlich, dass die Parfümeriekette auch das Crosschanneling für sich nutzt, um Kunden nicht nur auf sich aufmerksam zu machen, sondern diese auch zu einem Kauf zu bewegen.

---

[397] Vgl. Homepage der Parfümerie Douglas,2013a.
[398] www.douglas.de/douglas/Douglas-Aktuell/Douglas-Box-of-Beauty/index_c0066.html

Für Smartphone-Besitzer hat Douglas zudem einen Mobileshop entwickelt, eine Applikation, mit Hilfe derer man auf die komplette Produktpalette und Zusatzservices des Onlineshops zugreifen kann. Auch eine Bestellung ist mit dieser „App" möglich.[399]

Abbildung 65: Das Douglas Fan-Geschenk[400]

3.3.2 Die Wettbewerber im Onlinehandel

Da das Internet unzählige Onlineshops verschiedenster Anbieter zur Verfügung stellt, ist es nahezu unmöglich sämtliche Mitbewerber des Douglas Onlineshops aufzuzeigen. Durch den selektiven Vertrieb von einigen Parfümherstellern entsteht Douglas jedoch auch hier ein Wettbewerbsvorteil. So hat beispielsweise die Firma Lancaster beschlossen, seine Produkte online lediglich von Händlern vertreiben zu lassen, die ebenfalls über stationäre Fachgeschäfte verfügen. Dies verschafft Douglas einen Vorsprung vor zahlreichen Online-Anbietern von Kosmetik und Düften, die lediglich diesen Vertriebsweg nutzen. Der Grund für diesen Beschluss ist nicht nur rechtlicher Natur. Der Hersteller von exklusiver Highend-Kosmetik möchte

---

[399] Vgl. Homepage der Parfümerie Douglas,2013b.
[400] www.facebook.com/DouglasDeutschland?ref=ts&fref=ts

sicherstellen, dass seine Produkte lediglich von kompetenten Fachgeschäften verkauft werden.[401]

Jeden Tag drängen neue Kosmetikunternehmen auf den Internetmarkt. So entstehen zusätzliche Konkurrenten für die Parfümeriekette, die vor allem den stetig wachsenden Anteil der Online-Käufe für sich nutzen möchten. Beispiele für solche Unternehmen sind Point Rouge, Ludwig Beck Beauty, Parfumdreams.de, und Parfumerie-becker.com. Außerdem strömen zahlreiche Billiganbieter auf den Markt, die die Kunden durch ihre günstigen Preise anlocken und durch den Verkauf großer Mengen an Kosmetikprodukte zum Erfolg gelangen möchten, beispielsweise jaléa.de oder iparfumerie.de. Da all diese Unternehmen jedoch einen sehr geringen Anteil des Marktumsatzes ausmachen, sind sie für den Parfümerie-Riesen Douglas als Konkurrenz eher zu vernachlässigen. Im Gegensatz dazu schaffen es auch neue Kosmetikunternehmen wie Planet Prestige und Flaconi mit einem ausgeklügelten Konzept zu einem ernsthaften Problem für Douglas zu werden. Mittels TV-Werbung gelingt es Flaconi die entsprechende Zielgruppe anzusprechen und auf das günstige Angebot, den schnellen Versand und die zusätzlichen Gratisproben hinzuweisen. Planet Prestige hingegen setzt auf Innovationen und Exklusivität. Der Onlineshop des Berliner Unternehmens bietet dem Kunden mit etwa 1000 Produkten deutlich weniger Auswahl als der Douglas-Onlineshop, kompensiert diesen Nachteil allerdings mit dem Angebot von ausgewählten Parfums, die schwer erhältlich sind. Dies ist dem Unternehmen nur dadurch möglich, dass es über ein Fachgeschäft in Berlin verfügt und so – genau wie Douglas – die Möglichkeit hat, exklusive Parfums über die beiden Vertriebswege zu verkaufen. Außerdem bietet auch Planet Prestige seinen Kunden regelmäßig Events an – vom professionellen Fotoshooting, über Schminkabende bis hin zu Modeausstellungen. All diese Veranstaltungen stellen für den Kunden zusätzliche Services, einen Mehrwert im Vergleich zur Konkurrenz dar. Zu den Innovationen des Unternehmens zählt unter anderem der „Like-Button", der an den „Gefällt mir"-Icon von Facebook angelehnt ist. Dieser befindet sich jedoch nicht im Onlineshop des Kosmetikunternehmens, sondern im stationären Einzelhandel. Wenn ein Produkt dem Kunden zusagt, kann er diesen Knopf drücken – so erhält nicht nur das Management des Unternehmens, sondern auch entsprechende Hersteller ein Feedback über ihre Produkte. Das aufstrebende Unternehmen bietet seinen Kunden außerdem ein Online-Magazin an (desired.de), das dem Douglas-Newsletter recht ähnlich ist.

---

[401] Vgl. Looss,Annekatrin,2013.

Kunden werden durch beide Instrumente auf Produktneuheiten, Sonderangebote, Gewinnspiele und Events aufmerksam gemacht. So bleibt das Unternehmen in ständigem Kontakt mit den Kunden und versucht sowohl seinen stationären als auch seinen Onlineshop mit entsprechenden Vorteilen anzupreisen.[402]

Allerdings muss hier auch erwähnt werden, dass die Duft- und Kosmetikbranche nicht die beste ist, um ausschließlich online Produkte zu verkaufen. Kennt man ein Produkt bereits und möchte es sich nachkaufen, wird der Vertriebskanal Internet eine gute Alternative zum stationären Handel darstellen. Zieht man allerdings den Kauf eines neu eingeführten Produktes in Betracht, so möchte man es zunächst testen: den Duft, die Farbe oder etwa die Konsistenz in Augenschein nehmen. Dies ist in einem Onlineshop unmöglich.[403]

Die oben bereits erwähnte Parfümeriekette „Parfümerie Pieper" ist die einzige ihrer Sorte, die einen ähnlich erfolgreichen Onlineshop wie die Parfümerie Douglas betreibt. Auch die Parfümerie Pieper bietet auf ihrem Onlineshop einen Filialfinder, Rabattaktionen sowie Beauty Tipps an, jedoch ist deren Angebot bei weitem nicht so umfassend wie das des Konkurrenten Douglas.

4 Ziele und Visionen der Parfümerie Douglas

Die Visionen der Parfümerie Douglas lassen sich im Großen und Ganzen auf die Unternehmenswerte zurückführen. Douglas legt nicht nur Wert auf Kundenorientierung, sondern sieht auch seine Mitarbeiter als wesentlichen Schlüssel zum Erfolg. Auch das Motto der Douglas-Gruppe „Handeln mit Herz und Verstand" gibt diese Werte wider. So soll nicht nur mit Kunden, sondern viel mehr auch mit den Mitarbeitern herzlich und respektvoll umgegangen werden. Hierbei steht Engagement für die Arbeit im Vordergrund. Nach Ansicht des Unternehmens können die Mitarbeiter Kunden nur für Produkte begeistern, wenn sie selbst glücklich und zufrieden mit ihrem Arbeitgeber sind.[404]

Ein ebenfalls wichtiger Aspekt der Kette ist der Entscheidungsfreiraum der einzelnen Filialen bezüglich Sortimentsgestaltung, umso besser auf gegebene Umstände und Kundenbedürfnisse je nach Standort eingehen zu können. Zu den wichtigen Unternehmenswerten zählt außerdem die Innovation. Douglas möchte Stillstand vermeiden und sich dagegen an geänderten

---

[402] Vgl. Maier,Jutta,2013.
[403] Vgl. Maier,Jutta,2013.
[404] Vgl.o.V.,2013a.

Gesellschaftsstrukturen orientieren, um weiterhin erfolgreich zu bleiben.[405] Hierfür gründete das Unternehmen am Standort in Köln eine Abteilung, die sich auf E-Commerce und neue Medien konzentriert, um die Parfümeriekette im Internet – zum Beispiel auf Facebook – zu präsentieren.

Das Unternehmen möchte seine Marktführerschaft in Europa weiter halten. Dies soll vor allen Dingen durch besonderen Service, ein exklusives Sortiment und engagierte, freundliche Mitarbeiter geschehen. Man möchte dem Kunden einen Mehrwert bieten, ein einzigartiges Einkaufserlebnis schaffen.

Dieses soll vor allem durch gezielte Sortimentsgestaltung verwirklicht werden. Der Anteil der Eigenmarken sowie der exklusiven Highend-Produkte soll weiter ausgebaut werden, um die Kunden noch mehr an das Unternehmen zu binden. Vor allem die Eigenmarke „Douglas" soll gefördert werden, um auch zukünftig preissensible Kundengruppen zu erreichen. Auch Produktneuheiten möchte das Unternehmen verstärkt bewerben und vertreiben, bevor mögliche Konkurrenten Zugang zu diesen haben. Dies soll durch die Kooperation mit namhaften Herstellern erfolgen.

Die Anzahl der Events in den Filialen soll mindestens beibehalten, wenn nicht sogar erhöht werden, um den Kunden ein erlebnisreiches Einkaufen zu bieten und ihn so auch emotional an das Unternehmen zu binden.

Das Unternehmen sieht Croschanneling weiterhin als Erfolgsfaktor und möchte auch zukünftig die verschiedenen Vertriebswege noch stärker miteinander verzahnen. Zudem war für das laufende Geschäftsjahr ein neuer Marktauftritt geplant und wurde im vergangenen Monat, Oktober 2013, bereits im Onlineshop umgesetzt. Dieser wurde mit einem neuen Design attraktiver und nutzerfreundlicher gestaltet.[406]

Um auch in Zukunft schnell auf Änderungen am Markt reagieren zu können, plant das Unternehmen in sogenanntes „Trendscouting" zu investieren. Die relevanten Märkte und Gesellschaft wird analysiert, um künftige Trends und Entwicklungen aufzuspüren und diese auf das eigene Unternehmen anwenden zu können.[407]

5 Expansionsvorstellungen der Parfümerie Douglas

Im Jahr 2013 haben die Investoren der Douglas-Holding der Parfümeriekette eine halbe Milliarde Euro zugesichert, die zum Ausbau ihrer Stellung am europäischen Markt dienen soll. In der Vergangenheit wurden jährlich etwa

---

[405] Vgl. Homepage der Douglas Holding,2013d.
[406] Vgl. Schwab, Natali,2013.
[407] Vgl. Homepage der Douglas Holding,2013c.

60 Millionen Euro in die Parfümerien investiert. Nun steht dem Unternehmen das Achtfache zur Verfügung. Das Geld soll vor allem in die Parfümeriekette fließen, um die Marktführerschaft zu erhalten. Geplant sind neue Filialen, doch auch die Modernisierung der bereits vorhandenen Standorte soll mit dem Geld finanziert werden. Vor allem aber soll der Onlinehandel des Unternehmens vorangetrieben werden.[408] Dieser war im Geschäftsjahr 2011/12 die umsatzstärkste „Douglas Filiale" und soll künftig einen noch größeren Anteil am Umsatz ausmachen. Vor allem im Ausland soll der Online-Handel gefördert werden.

Das Geld soll außerdem in den Kauf der Parfümeriekette Nocibé, die in Frankreich zu den 5 großen Marktführern gehört, investiert werden. So möchte Douglas seine dortige Stellung am Markt verbessern. Der Zusammenschluss würde Douglas auch in Frankreich mit 625 Filialen hinter Sephora auf Platz Zwei der führenden Unternehmen der Parfümeriebranche liegen.[409]

Zudem möchte die Parfümerie Douglas das Franchise-Konzept für sich nutzen. Hierbei geht es um das Bereitstellen des Geschäftskonzeptes der Marke „Douglas" mit allen zugehörigen Komponenten an Einzelhändler, die im Namen von Douglas Produkte vertreiben.[410]

6 SWOT-Analyse

Eine SWOT-Analyse betrachtet Stärken (strengths), Schwächen (weaknesses), Chancen (opportunities) und Risiken (threats) eines Unternehmens.

6.1 Stärken der Parfümerie Douglas

Die wohl größte Stärke des Unternehmens liegt in der Exklusivität der Produkte. Nicht nur mit Hilfe seiner Eigenmarke kann sich Douglas erfolgreich am Markt positionieren, sondern auch mit Hilfe von Herstellern, die ihre Produkte in Deutschland ausschließlich über die Parfümerie Douglas vertreiben. So kann sich das Unternehmen von der Konkurrenz abheben und gleichzeitig die Kundenbindung erhöhen. Außerdem von großer Bedeutung für die Konsumenten ist die Produktvielfalt, die Douglas bietet. Die Auswahlmöglichkeit wird dadurch enorm erhöht und steigert das Einkaufserlebnis, welches ebenfalls zu den Alleinstellungsmerkmalen von Douglas zählt. Durch das Anbieten von Events und Zusatzdienstleistungen

---

[408] Vgl. Deutsche Presse-Agentur, 2013.
[409] Vgl. Handelsblatt, 2013b.
[410] Vgl. Homepage der Douglas Holding, 2013c.

können Kunden auch emotional an die Parfümerie Douglas gebunden werden, weil sie schöne Erinnerungen mit Douglas verbinden. Das Unternehmen plant bereits weitere Investitionen in diesem Bereich (siehe Kapitel 4 Ziele und Visionen).

6.2 Schwächen der Parfümerie Douglas

Der Autor hat sich bei der Recherche zu dieser Fallstudie intensiv mit der Parfümerie Douglas GmbH befasst und konnte keine wesentliche Schwäche ausmachen. Lediglich das Überangebot an Produkten und Zusatzleistungen im Onlineshop könnte zukünftig eine Schwäche ausmachen. Ein breites Angebot ist nicht immer positiv, ist dem Konsumenten eine zu große Auswahl an verschiedenen Produkten gegeben, wird die Kaufentscheidung umso schwerer. Douglas versucht diesen Nachteil, den das umfangreiche Sortiment mit sich bringt, zu umgehen, indem es verschiedene Online-Tests anbietet, um je nach Bedürfnis entsprechende Produkte für den Kunden zu filtern. Bei so einem breiten Spektrum kann ein wenig versierter Internetnutzer den Onlineshop womöglich als unübersichtlich wahrnehmen. Douglas gelingt es jedoch sehr gut trotz des üppigen Service- und Beratungsangebots, das der Onlineshop den Konsumenten bietet, eine einfache Navigation zu gestalten (siehe Abbildung 66).

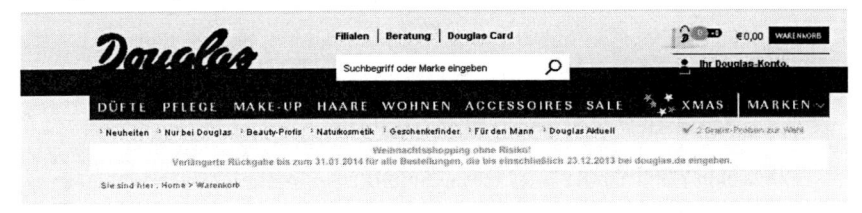

Abbildung 66: Das Menü des Onlineshops[411]

6.3 Chancen der Parfümerie Douglas

Durch die Aktivitäten im Bereich Multi- und Crosschannelhandel hat sich Douglas bereits einige Wettbewerbsvorteile geschaffen. Weitere Investitionen, die bereits in Planung sind (siehe Kapitel 5 Expansionsvorstellungen), können diesen Vorsprung gegenüber der Konkurrenz weiter ausbauen. Vor allem die zusätzliche Verknüpfung von stationärem und online Handel

---

[411] www.douglas.de/douglas/

stellt eine große Chance für Douglas dar, sich weitere Marktanteile zu sichern.
Auch der Relaunch des Onlineshops und dessen Erweiterung um zusätzliche Services kann dem Unternehmen Vorteile verschaffen. Laut einer Studie des Handelsblattes im Jahre 2011 wurde für den Online-Umsatz in der Kosmetikbranche ein jährlicher Anstieg um etwa 40 Millionen Euro prognostiziert. Aufgrund des sogenannten Kohorteneffekts wird hier sogar eine steigende Tendenz für möglich gehalten. Der Kohorten Effekt besagt, dass sich das Konsumentenverhalten nicht abhängig vom Lebensalter ändert, sondern von der Generation, der man angehört.[412] Eine Schlussfolgerung wäre, dass die Generation Internet zunehmend Einkäufe online tätigt und der Onlinehandel somit weiter ansteigt. Douglas nutzt bereits soziale Medien, um die relevante Zielgruppe der Generation Internet aktiv anzusprechen und mit Hilfe von Kommentaren oder „Likes" gleichzeitig ein Feedback zu erhalten. Dies sollte beibehalten, wenn nicht sogar noch ausgebaut werden. Vor allem über neue Netzwerke, wie beispielsweise „Instagram" hätte das Unternehmen weitere Möglichkeiten, junges Publikum gezielt anzusprechen.
Eine weitere Chance hat sich das Unternehmen durch das Einrichten von Bestell-Terminals in den Fachgeschäften geschaffen. Es fördert die Crosschannel-Fähigkeiten des Unternehmens. Außerdem kann die Kundenzufriedenheit dadurch gesteigert werden, dass nicht erhältliche Artikel problemlos und direkt nachbestellt werden können und auf Wunsch sogar bis nach Hause geliefert werden.

6.4 Risiken der Parfümerie Douglas

Die Risiken der Parfümeriekette werden durch den „Luxuscharakter" der vertriebenen Produkte erzeugt. Je nach Konjunkturphase der entsprechenden Volkswirtschaft und den daraus entstehenden Verhaltensänderung der Konsumenten können Risiken entstehen. Bei einer Rezession beispielsweise wird ein Großteil der Kunden zunächst vor allem bei Luxusartikel und Gütern, die nicht lebensnotwendig sind, Einsparungen machen. Dieses Risiko umgeht Douglas jedoch teilweise durch die europaweite Aktivität. Verschiedene Märkte finden sich meistens in verschiedenen Konjunkturzyklen, wodurch drastische Umsatzeinbrüche vermieden werden können. Im Geschäftsjahr 2011/12 gingen die Umsätze in Spanien, Portugal

---

[412] Vgl. Handelsblatt,2013a.

und Italien aufgrund einer Rezession zurück, wohingegen in Deutschland und Österreich ein Umsatzwachstum zu verzeichnen war.

Ein weiteres Risiko besteht darin, dass Douglas sich womöglich als konkurrenzlos betrachtet und aufstrebende Online-Kosmetikhändler unterschätzt. Doch auch im stationären Bereich wird Douglas bereits der Rang abgelaufen. Letztes Jahr wurde die Parfümerie Aurel als „Beste Parfümerie 2012" gewählt. Der Konkurrent konnte vor allem durch die Fachkompetenz seiner Mitarbeiter und die individuelle Beratung von sich überzeugen. Douglas belegte in dieser Studie einen guten zweiten Platz und konnte durch seine Kulanz bei Reklamationen überzeugen.[413] Diese Studie zeigt eindeutig, dass die Parfümerie Douglas sich nicht auf seinen Erfolgen ausruhen, sondern viel mehr die Konkurrenz im Auge behalten sollte. Das Unternehmen darf sich nicht ausschließlich auf die emotionale Kundenbindung, die mit Hilfe von Events erreicht werden kann, verlassen, sondern auch weiterhin in Schulungen und Trainings der eigenen Mitarbeiter investieren.

Die neu eingeführten Bestell-Terminals in den Fachgeschäften, die den Vertriebsweg des Onlinehandels mit dem des stationären Einzelhandels verknüpfen, erhöhen die Anforderungen an die IT-Abteilung. So muss gewährleistet sein, dass die Daten sicher übertragen werden und es zu keiner Serverüberlastung im Onlineshop kommt. Dies stellt ein weiteres Risiko dar. Falls diese Terminals komplex in der Bedienung, sehr langsam oder gar defekt sind, kann dies zu Kundenbeschwerden führen. Da negative Erinnerungen uns meist präsenter sind, als positive könnte dies den zuvor eingesetzten Kundenbindungsinstrumenten erheblich schaden. Doch auch generell stellen Multi- und Crosschanneling Herausforderungen dar. Die Mitarbeiter des Unternehmens müssen sich an die Neuartigkeit und Komplexität der Prozesse gewöhnen, um diese umsetzen und die Kunden auch auf die Multichannel-Aktivität hinweisen zu können. Andernfalls wird es dazu kommen, dass zwei Vertriebskanäle nebeneinander bestehen, jedoch nicht effizient genutzt werden.

7 Fazit

Der Erfolg der Parfümerie Douglas GmbH zeigt, dass das Geschäftskonzept des Unternehmens gut durchdacht ist. Auch die Marktführerschaft in Deutschland und in Europa belegt dies. Das Unternehmen entwickelt Serviceinnovationen in seiner Branche und richtet diese nach seinen Kunden

---

[413] Vgl. o.V.,2013e.

aus. Durch das umfangreiche Sortiment, das auch Eigen- und exklusive Marken beinhaltet, entsteht den Konsumenten ein Mehrwert, der nicht zu unterschätzen ist. Durch die zusätzlichen Dienstleistungen, Beratungen und Services, die den Kunden auch online zur Verfügung stehen, betont das Unternehmen seine konsequente Ausrichtung am Kunden und setzt diese gekonnt um. Für die Zukunft gilt es, vor allem im Online-Handel die Konkurrenz nicht außer Acht zu lassen und eventuell deren Innovationen auf das eigene Unternehmen anzuwenden. Außerdem sollte Douglas weiterhin an seinen Alleinstellungsmerkmalen Exklusivität, Einkaufserlebnis, Auswahlmöglichkeiten und Servicequalität arbeiten, um langfristig erfolgreich zu sein.

8 Arbeitsfragen

1. Wie können durch Crosschanneling Wettbewerbsvorteile geschaffen werden? Nennen Sie in einem Beispiel, wie der Parfümerie Douglas GmbH es gelungen ist, das Konzept des Crosschannelings für sich zu nutzen.

2. Worin unterscheiden sich Multi- und Crosschanneling? Erläutern Sie den Unterschied anhand eines Beispiels.

3. Wie kann der Nachteil des Onlinehandels – der Entfall von Beratung und Servicedienstleistungen – kompensiert werden?

Quellenverzeichnis

Deutsche Presse-Agentur: Neuausrichtung der Parfümkette: Dougklas bekommt eine halbe Milliarde Euro Wachstumskapital: http://www.wiwo.de/unternehmen/handel/neuausrichtung-der-parfuemkette-douglas-bekommt-eine-halbe-milliarde-euro-wachstumskapital/8402496.html (09.11.2013)
E-Commerce Trendstudie: Online Shoppen gehört zum Lifestyle: http://www.esales4u.de/2009/quelle-trendstudie-ecommerce.php (06.11.2013)
Handelsblatt: Online-Umsätze mit Kosmetik in Deutschland von 2007 bis 2011 und Prognose für 2012:http://de.statista.com/statistik/daten/studie/253666/umfrage/online-umsatz-mit-kosmetik-produkten-in-deutschland/ (09.11.2013a)
Handelsblatt: Verhandlungen in Frankreich: Douglas will Parfümeriekette Nocibé übernehmen:

http://www.handelsblatt.com/unternehmen/handel-dienstleister/verhandlungen-in-frankreich-douglas-will-parfuemeriekette-nocibe-uebernehmen/8962292.html (09.11.2013b)

Heinemann, Gerrit: Der Neue Online-Handel: Erfolgsfaktoren und Best Practises, 1. Auflage, Wiesbaden: Gabler Verlag, 2009

Homepage der Douglas Holding: Die DOUGLAS-Gruppe – eine Erfolgsgeschichte mit Tradition.: http://www.douglas-holding.de/index.php?id=537 (08.11.2013a)

Homepage der Douglas Holding: Die Welt der Schönheit: Perfekter Service wird in jeder der 1190 Douglas-Parfümerien im In- und Ausland großgeschrieben.: http://www.douglas-holding.de/index.php?id=528 (06.11.2013b)

Homepage der Douglas Holding: Parfümerie Douglas richtet sich strategisch neu aus: http://www.douglas-holding.de/index.php?id=1549&L=0 (09.11.2013c)

Homepage der Douglas Holding: Unternehmenswerte: Werte leben mit Herz und Verstand: http://www.douglas-holding.de/index.php?id=538 (08.11.2013d)

Homepage der Parfümerie Douglas:http://www.douglas.de/douglas/Douglas-Aktuell/Douglas-Box-of-Beauty/index_c0066.html (08.11.2013a)

Homepage der Parfümerie Douglas: Unsere Philosophie: http://www.douglas.de/douglas/index_c1301.html (06.11.2013b)

Institut für Handelsforschung: Umsatz im Internethandel in Deutschland von 2006 bis 2011: http://de.statista.com/statistik/daten/studie/233384/umfrage/entwicklung-des-umsatzes-des-deutschen-online-handels/ (08.11.2013)

Interbrand: Ranking der nach Markenwert wertvollsten deutschen Einzelhandelsmarken:http://de.statista.com/statistik/daten/studie/220530/umfrage/die-wertvollsten-haendlermarken-deutschlands/ (08.11.2013)

Looss, Annekatrin: Douglas drängt Konkurrenz aus dem Internetmarkt:Wurden Parfum-Hersteller unter Druck gesetzt?:http://m.welt.de/article.do?id=print-welt/article529147/Douglas-draengt-Konkurrenz-aus-dem-Internetmarkt (08.11.2013)

Homepage der Parfümerie Douglas: Ein kleines Douglas-Porträt: Wissenswertes, Spannendes&Schönes:http://www.douglas.de/douglas/index_c1302.html (08.11.2013)

Maier, Jutta: Online-Parfümerien: Düfte aus dem Netz:
http://www.berliner-zeitung.de/wirtschaft/online-parfuemerien-duefte-aus-dem-netz,10808230,21519946.html (08.11.2013)

Nolte, Ado: Multi-Channel ist…eine Allzweckwaffe oder der Tod?:
http://www.kundenbuerohh.de/2012/06/multi-channel-ist-eine-allzweckwaffe-oder-der-tod/ (06.11.2013)

Ohne Verfasser: Die DOUGLAS-Gruppe – Handel mit Herz und Verstand:
http://www.berufsstart.de/unternehmen/douglas/firmengeschichte.html (09.11.2013a)

Ohne Verfasser: Jens Diekmann (Douglas):"Crosschannel-Handel ist ein wesentliches Element unserer Wachstumsstrategie.":http://www.internetworld.de/Nachrichten/E-Commerce/Handel/Branchentalk-zum-Thema-Multichannel-Ein-unverzichtbarer-Ansatz/Jens-Diekmann-Douglas-Crosschannel-Handel-ist-ein-wesentliches-Element-unserer-Wachstumsstrategie.-66770.html (08.11.2013b)

Ohne Verfasser: Multi-Channel-Management in der Praxis:
http://bishwr.wordpress.com/multi-channel-management/multi-channel-management-in-der-praxis/ (06.11.2013c)

Ohne Verfasser: Parfumindustrie:http://www.wer-zu-wem.de/industrie/parfumindustrie/ (06.11.2013d)

Ohne Verfasser: Servicestudie Parfümerien (16.06.2012): Angebot Top, Beratung Flop: http://disq.de/2012/20120716-Parfuemerien.html (09.11.2013e)

PwC Wirtschaftsprüfungs- und Beratungsgesellschaft: Der Kunde wird wieder König: http://www.esales4u.de/2012/studie-pwc-kaufverhalten-online-handel.php (08.11.2013)

Schwab, Natali: Parfümerie Douglas will halbe Milliarde Euro in Expansion stecken: http://www.wsj.de/article/LL-CO-20130625-002373.html (08.11.2013)

Van Hattem, Brigitte: 100 Jahre „Parfümerie Douglas" – wie alles begann: http://suite101.de/article/100-jahre-parfuemerie-douglas---wie-alles-begann-a78451 (08.11.2013)

Bilder

http://www.beautyspion.de/spionneu/wp-content/uploads/2010/06/Parfumerie-Douglas-Neuer-Wall-3-Elise-Bock.jpg (10.11.2013)
www.douglas.de/douglas/events/show.html (10.11.2013)

www.douglas.de/douglas/Beauty-Profis/index_c3400.html (10.11.2013)
www.douglas.de/douglas/Beauty-Profis/müde Augen/index_c3401.html (10.11.2013)
www.douglas.de/douglas/survey/hauttyptest/index.html?query=hauttyptest (10.11.2013)
www.douglas.de/douglas/Douglas-Aktuell/Douglas-Box-of-Beauty/index_c0066.html (10.11.2013)
www.douglas.de/douglas/ (10.11.2013)
www.facebook.com/DouglasDeutschland?ref=ts&fref=ts (10.11.2013)

8 Roller GmbH & Co. KG

(Ditz, M)

1 Ausgangssituation

Der Weltmarkt ist aufgrund der Globalisierung ständigen Veränderungen ausgesetzt, welche die Unternehmen dazu veranlassen sich durch Rationalisierungs- sowie Differenzierungsmaßnahmen in allen Unternehmensbereichen von der Konkurrenz abzusetzen um wettbewerbsfähig zu bleiben.[414] Doch nicht nur die Globalisierung, sondern auch der demographische Wandel, stellt die Unternehmen vor immer neue Herausforderungen und bietet vielseitige Möglichkeiten. Einhergehend mit diesen Entwicklungen schreitet auch der technologische Fortschritt immer weiter voran. Die globale Vernetzung mittels Internet ist ein weiterer wichtiger Faktor mit dem sich die Unternehmen in der heutigen Zeit auseinandersetzen müssen. In den letzten zehn Jahren ist die Zahl der Internetnutzer stetig gestiegen und dieser Trend wird sich auch in den nächsten Jahren weiter fortsetzen (siehe Abb. 67).

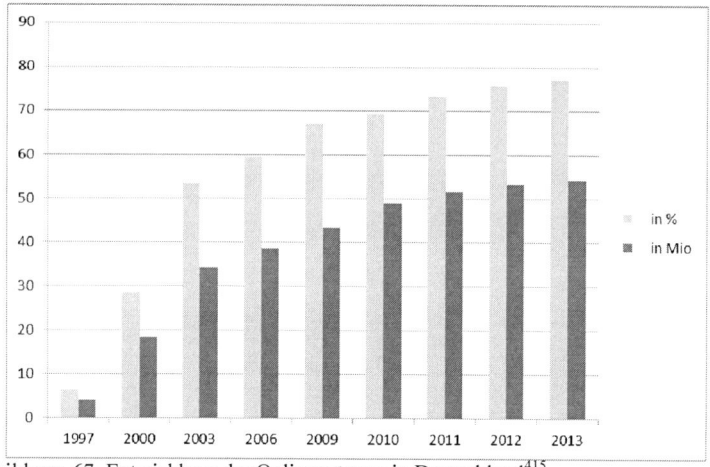

Abbildung 67: Entwicklung der Onlinenutzung in Deutschland[415]

---

[414] Vgl. North, Klaus, 2011, S. 1f.
[415] Eigene Abbildung in Anlehnung an: ARD/ZDF-Onlinestudie 2013

Nach Angaben des Statistischen Bundesamtes nutzten 2012 rund 77% der Deutschen ab zehn Jahren das Internet täglich bzw. fast jeden Tag.[416] Das sind alleine in Deutschland circa 54 Millionen Menschen.

Diese Entwicklung ist in allen Altersgruppen feststellbar, wobei im Bereich der 10-39 Jährigen, mittlerweile so gut wie jeder Deutsche das Internet zumindest gelegentlich nutzt, sieht das in den höheren Altersgruppen noch etwas anders aus. Sind es bei den 40-59 Jährigen noch 80-90%, die zumindest gelegentlich das Internet nutzen , fällt der Wert bei der Gruppe ab 60 Jahren auf rund 40%, allerdings steigt der Wert von Jahr zu Jahr (siehe Abb. 68).

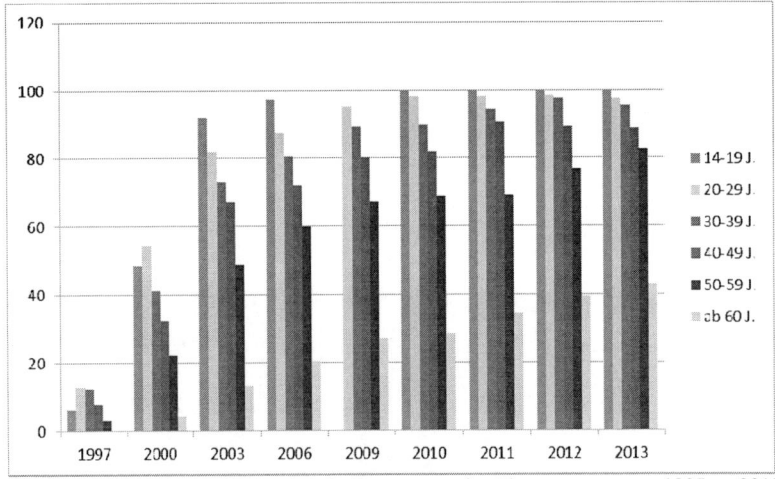

Abbildung 68: Entwicklung der Onlinenutzung je Altersgruppe von 1997 – 2013 in%[417]

---

[416] Vgl. Statistisches Bundesamt, 2012.
[417] Eigene Abbildung in Anlehnung an ARD/ZDF-Onlinestudie 2013

Der wachsende Einfluss der Online-Medien und der Ausbau der mobilen Möglichkeiten der Internetnutzung stellen die Unternehmen vor immer neue Aufgaben. Diese Entwicklung ist auch an der Möbelbranche nicht spurlos vorbei gegangen. Aus diesem Grund untersucht diese Fallstudie die Veränderungen und Möglichkeiten für den Onlinehandel in der Möbelbranche. Repräsentatives Untersuchungsobjekt dieser Studie ist die Roller GmbH & Co. KG. Die im weiteren Verlauf dieser Arbeit hinsichtlich der eigenen Entwicklung, der Chancen und Risiken, sowie im Vergleich mit dem Wettbewerb im Bereich Online Möbelhandel genauer untersucht wird. Ziel dieser Fallstudie ist es, den Einfluss des Onlinehandels auf die Möbelbranche darzustellen und die mögliche Entwicklungen in diesem Bereich aufzuzeigen.

2 Roller GmbH & Co. KG

2.1 Historische Entwicklung

Die Roller GmbH & Co. KG wurde 1969 in Wiedenbrück in Gelsenkirchen von den Brüdern Dieter und Wolfgang Marquardt gegründet. Das Unternehmen begann seine erfolgreiche Unternehmensgeschichte mit dem Vertrieb von Möbeln in einer kleinen Lagerhalle. Aufgrund der steigenden Nachfrage durch den Kunden eröffnete 1986 der erste Testmarkt in Georgsmarienhütte und präsentierte den Kunden sein breites Sortiment. Durch die hohe Akzeptanz und den großen Erfolg der ersten Testmärkte hielt man an dieser Strategie fest und konnte im Jahr 1996 bereits die Eröffnung der 50. Niederlassung verkünden. Der Ausbau des Niederlassungsnetzes stand in den darauffolgenden Jahren weiterhin im Mittelpunkt der Unternehmensstrategie und so konnte 2011 die Eröffnung der 100. Filiale gefeiert werden. Aufgrund der Veränderungen in der Möbelbranche, sowie auf dem gesamten Weltmarkt und dem stetig steigenden Konkurrenzkampf geht Roller[418] neue Wege um die Kunden zu erreichen. Seit 2006 ist das Unternehmen zusätzlich im Onlinehandel tätig und bietet die Möglichkeit die eigenen Produkte übers Internet zu bestellen.[419]
Roller gehört seit 2004 zu fast 75% und seit 2007 zu 100% zur Tessner Gruppe unter der Führung von Joachim Tessner, firmiert aber weiterhin unter eigenen Namen.

---

[418] „Roller" steht im Folgenden für die „Roller GmbH & Co. KG"
[419] Vgl. Möbeltresor, 2013.

Zur Tessner Gruppe zählen außerdem die Tejo Wohnwelten, Möbel Schulenburg, Möbel Klingeberg und die Meda Küchenfachmärkte und ist eines der 5 größten Handelsunternehmen in der Möbelbranche.[420]
Der Hauptsitz von Roller ist in Gelsenkirchen und besitzt zwei weitere Tochtergesellschaften in Polen und Luxemburg. Das Unternehmen bietet seinen Kunden ein Sortiment von über 10000 Möbelstücken und Einrichtungsaccessoires aus unterschiedlichen Kategorien, von Küchenschränken, über Wohn- und Kinderzimmereinrichtungen, bis hin zu Gartenmöbeln. Ergänzt wird dieses Angebot durch Bodenbeläge, Gardinen, Tapeten u.a. um den gesamten Bereich Wohnen und Renovieren abzudecken.[421] Derzeit verfügt Roller über mehr als 100 Filialen deutschlandweit und ermöglicht die Bestellung der Artikel, zusätzlich zum stationären Handel, via Internet, Telefonhotline und mobil übers Handy. Leitidee des Unternehmens ist seit je her „gute Möbel günstig verkaufen" und dieser Grundsatz besteht bis heute und hat Roller zum Marktführer im Möbel-Discount-Bereich heranwachsen lassen.[422]

2.2 Wettbewerbsposition

Der Konkurrenzkampf in der Möbelbranche ist so groß wie noch nie, aus diesem Grund kommt es mehr und mehr zu Konzentrationsprozessen zwischen Händlern und Herstellern, bestätigt auch der Präsident des Bundesverbandes der Deutschen Möbel-, Küchen und Einrichtungsfachhandels Hans Strothoff.[423] Das ist auch an den Umsatzzahlen der der 30 größten deutschen Möbelhandelsunternehmen zu erkennen. Im Jahr 2012 erzielten sie einen Umsatz von 18,1 Mrd. Euro, wobei die zehn umsatzstärksten Unternehmen der Branche zusammen 14,2 Mrd. Euro erwirtschafteten und einen Marktanteil von 45,8% erreichten. Die Tessner Gruppe mit Roller rangiert in dieser Statistik 2012 auf Rang vier mit 1,27 Mrd. Euro hinter Ikea mit 3,88 Mrd. Euro, Höffner mit ca. 2 Mrd. Euro und der XXXLutz Gruppe mit 1,6 Mrd. Euro Umsatz.[424]
Wie schon im vorangegangenen Kapitel erwähnt, ist Roller Marktführer im Möbel-Discount-Bereich, damit sehr stark preisorientiert und zählt zu den Fachmärkten der Möbelbranche (siehe Abb. 69).

---

[420] Vgl. Möbelmarkt online, 2007.
[421] Vgl. Wer zu Wem Firmenverzeichnis, 2013.
[422] Vgl. Roller, 2013.
[423] Vgl. BBE Handelsberatung, 2013.
[424] Vgl. Möbelkultur, 2013.

Abbildung 69: Positionierungsmodell Möbelhandel[425]

Die beiden größten Wettbewerber im Fachmarkt-Bereich sind Poco und Ikea, da sich auch diese Unternehmen stark über den Preis definieren, wobei Ikea nicht mehr zu den Möbel-Discountern gezählt wird. Im Discount-Sektor ist Poco der größte Konkurrent, die ihre Niedrigpreisstrategie sehr stark in den Vordergrund ihrer Werbekampagne rücken.

Nicht nur im stationären Handel nimmt Roller einen der führenden Plätze in der Möbelbranche ein, auch im Bereich Onlinehandel und Onlinepräsenz gehört das Unternehmen zu den aktivsten und rangiert hinter Ikea auf Platz 2 der stationären Händler (siehe Abb. 70).

In der Abbildung 70 wurden die Onlineaktivitäten hinsichtlich der Aktivität im Web, der Präsenz in Suchmaschinen und Optimierung der Suchergebnisse (SEO) und des Engagements in Sozialen Netzwerken verglichen. Karstadt und Otto dienen als Vergleichsobjekte hinsichtlich der Onlineaktivität und Design3000 ist ein reiner Onlineanbieter. Das Umsatzvolumen im Onlinehandel wird auf 1,38 Mrd. Euro geschätzt, was etwa 4,6% des Gesamtumsatzvolumens des deutschen Möbelmarktes ausmacht. Diese Untersuchung zeigt, dass Roller im Onlinesegment nur hinter dem Branchenbesten Ikea liegt, aber einen großen Vorsprung auf Poco und Höffner hat und so auch in diesem Bereich Wettbewerbsvorteile erzielen kann.[426]

---

[425] BBE Handelsberatung, 2013
[426] Vgl. Online-Marketing-Experts, 2013.

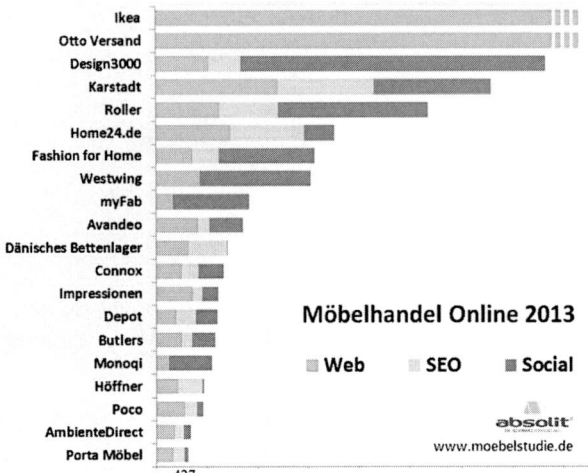

Abbildung 70: Onlineaktivität[427]

3 Zukünftige Ausrichtung

3.1 Trends in der Möbelbranche

Riesige Märkte prägen das Bild der Möbelbranche der heutigen Zeit in Deutschland. Dieser Trend wird sich auch in Zukunft fortsetzen. Die umsatzstärksten Unternehmen setzen weiterhin auf den Ausbau ihrer Filialnetze in ganz Deutschland und bauen immer größere Märkte. Hinzukommen die Discounter, Roller besitzt bereits jetzt über 100 Niederlassungen und sucht stetig nach neuen Standorten.[428]
Neben dem Ausbau des stationären Handels bekommt der Onlinehandel von Möbeln eine immer größere Bedeutung. 2012 wurden in diesem Bereich wurden 627 Millionen Euro Umsatz erzielt, in diesem Jahr sollen es mindestens 900 Millionen werden und laut Hansjürgen Heinick, Senior Consultant am Institut für Handelsforschung in Köln, hat der Möbelmarkt großes Wachstumspotenzial.[429] Gemäß der Studie „Möbel Online 2013" glauben 60% Befragten, dass der Möbelkauf im Internet so normal wird wie Schuhe kaufen. Nur 16% gehen nicht davon aus, dass der Onlinekauf von Möbeln alltäglich wird (siehe Abb. 71).

---

[427] Absolit Dr. Schwarz Consulting, 2013
[428] Vgl. Immobilien Zeitung, 2013.
[429] Vgl. Internet World Business, 2013.

Aus Kundensicht bietet das Internet und damit verbunden der Onlinehandel von Möbeln eine Alternative zum klassischen stationären Handel der großen Möbelhandelsunternehmen.[430] Durch die steigende Bedeutung des Onlinehandels rücken Multi-Channel-Strategien mehr und mehr in den Vordergrund der stationären Händler.

„Der Online-Kauf von Möbeln wird so alltäglich sein wie heute bei Schuhen oder Kleidung."

trifft voll und ganz zu	21,4
trifft eher zu	38,9
teils/teils	23,3
trifft eher nicht zu	14,8
trifft überhaupt nicht zu	1,6

Abbildung 71: Perspektiven für den Online-Möbelmarkt[431]

Unter Multi-Channel-Strategien versteht man die Kombination von stationärem Handel mit einem internetbasierten Absatzkanal.[432]
 Derzeit erkennen immer mehr der umsatzstarken Möbelhändler in den Deutschland das Potenzial des Onlinemarktes und richten für ihre Kunden Onlineshops ein. Das Onlineangebot dient als Zusatzkanal, einerseits können Kunden direkt Möbel bestellen, andererseits bietet ihnen das Internet die Möglichkeit sich über Neuheiten und Trends zu informieren, um sich dann in den Einrichtungshäusern genauer beraten zu lassen. Der Bereich Küchen bietet hierbei ein sehr großes Potenzial, da es ein sehr beratungsintensives Segment ist. Immer mehr Kunden benutzen außerdem Smartphones um sich einerseits über die Produkte genauer zu informieren, aber auch um Preise zu vergleichen. Des Weiteren bietet die mobile Internetnutzung die Möglichkeit für die Unternehmen Rabattaktionen übers Handy anzubieten oder Newsletter, um Konsumenten auf diese Weise in die Filialen zu locken. Ebenso wie das Internet an sich an Einfluss gewinnt, so bekommen

---

[430] Vgl. Institut für Handelsforschung Köln, 2013.
[431] Institut für Handelsforschung Köln, 2013
[432] Vgl. Stolz, Andreas, 2013, S. 5.

auch die sozialen Medien, wie z.B. Facebook eine immer größere Bedeutung. Auf Facebook unterhalten sich die Menschen über die unterschiedlichsten Themen, diese Tatsache können sich auch die Möbelhändler zu Nutze machen, indem sie die Informationen bzw. die Beiträge auf den eigenen Seiten auswerten. Die ausgewertet Daten können dann für gezielte Marketingaktionen genutzt werden, die speziell auf die Wünsche der Nutzer zugeschnitten sind. Zusätzlich kann die eigene Seite auf Facebook dazu genutzt werden, die Kunden mit Informationen zu geplanten Events oder Rabattaktionen versorgen. Ebenso können gezielt spezielle Rabatte ausschließlich für Facebook-Fans ausgegeben werden, die die Kunden in die nahegelegene Filiale locken.[433] Der Trend der Nutzung der sozialen Netzwerke wird in den nächsten Jahren weiter zunehmen, die Unternehmen werden die wachsende Bedeutung der Kundenwünsche erkennen und versuchen diese für sich auszunutzen.

Die Anzahl der reinen Onlinehändler wird in Zukunft weiter ansteigen. Wie sich jetzt schon zeigt, spezialisieren sich viele dieser Anbieter auf ein bestimmtes Möbelsegment, um so Wettbewerbsvorteile zu generieren oder bieten ein weitaus größeres Sortiment an als die klassischen Möbelhändler.[434] Welche Trends sich in der Zukunft bewähren wird sich in den nächsten Jahren zeigen.

3.2 Entwicklungstendenzen bei Roller

Roller fährt derzeit eine Multi-Channel-Strategie mit einem starken Fokus auf den stationären Handel und dessen Aufbau. Die Kunden können die Artikel direkt in einer der über 100 Filialen kaufen und hier aus einem Sortiment von mehr als 10000 Artikeln auswählen. Des Weiteren besteht die Möglichkeit ein Angebot von 6000 Artikeln online und mobil über „www.roller.de" oder telefonische über die Hotline zu bestellen.[435] Die starke Konzentration auf den Ausbau des stationären Filialnetzes wird sich auch in der Zukunft fortsetzen.[436] Roller konzentriert seine Expansionsbemühungen auf ausgewählte Gebiete in ganz Deutschland um Lücken zu schließen und den Kunden einen optimalen Zugang zum Angebot in den Möbelmärkten zu bieten.[437] Hierzu soll die Zahl der Möbelmärkte auf 150 bis 180 angehoben werden.

---

[433] Vgl. deutsche startups, 2012.
[434] Vgl. Onlinehändler News, 2013.
[435] Vgl. Roller, 2013.
[436] Vgl. möbel kultur, 2012.
[437] Vgl. Roller, 2013a.

Für einen besseren Werbeauftritt und zur Vermarktung verschiedener Marketingaktionen baut Roller die Zusammenarbeit mit Werbeagenturen aus und sucht nach neuen Ideen für die Vermarktung der eigenen Waren. Im Fokus hierbei steht vor allem die Optimierung der Marketingaktivitäten mit dem Ziel vom reinen Billig-Image weg zu kommen und ein neues bei den Kunden zu etablieren. Dadurch soll die Positionierung als "Nr. 1 für clever Einrichten" geschafft werden, um sich von den anderen Discountern, wie z.B. Poco, abzuheben und nicht alleine den Preis in den Vordergrund des Unternehmensimages zu rücken. Um dieses Ziel zu erreichen werden in den nächsten Jahren höhere Ausgaben für Werbung fällig. Roller bewegt sich zurzeit auf Rang 5, was die Werbeinvestitionen angeht und lag damit knapp vor Poco, das direkt dahinter rangieren (siehe Abb. 72).

Unternehmen	Spendings 2012 (in Mio. €)	Veränderung zu 2011 (in %)
Ikea	80,99	-26,4
XXL Möbelhäuser	49,86	-1,1
Höffner	36,51	19,5
Segmüller	23,82	10,7
Roller	22,77	7,1
Poco	19,65	42,4
Who's Perfect	17,75	247
Möbel Kraft	12,98	-3,5
Porta Möbel	12,21	-10,5
Marquardt Küchen	7,87	-6,7

Abbildung 72: Bruttowerbeinvestitionen 2012 [438]

Wie die Abbildung 72 zeigt, gibt es im Bereich Werbeinvestitionen noch einen gewissen Spielraum nach oben, vor allem vor dem Hintergrund, dass Poco seine Ausgaben deutlich erhöht hat.
Aber nicht nur in diesen Bereichen wird Roller seine Aktivitäten weiter ausbauen, sondern auch das Serviceangebot wird mit dem auflebenden Onlinegeschäft und den damit verbunden Chancen ausgebaut werden.
Wie die gesamte Branche wird auch Roller nicht daran vorbei kommen sich mit der Optimierung des Onlineshops und Onlineaktivität auseinanderzusetzen, um nicht den Anschluss zu verlieren im Kampf um zusätzlich Absatzmöglichkeiten auf dem sehr wettbewerbsintensiven Möbelmarkt.

---

[438] Statista, 2012

Des Weiteren wird auch der Auftritt bei Facebook und die Nutzung von Sozialen Medien weiter in den Fokus gerückt werden, zum einen bieten die Daten über Kundenbelange die dadurch erhoben und ausgewertet werden ein hohes Potenzial zur Verbesserung der Kundenzufriedenheit und Wettbewerbsfähigkeit und zum anderen laufen seit 2012 Versuche mit kurzen Filmen über das eigene Serviceangebot und die einzelnen Wohnwelten, die nicht nur auf der Homepage, sondern auch Facebook und Youtube gezeigt werden, neue Kunden auf sich aufmerksam zu machen.[439]

Im Mittelpunkt der Unternehmensentwicklung stehen somit zum einen der Ausbau des stationären Netzes und zum anderen die Optimierung der Multi-Channel-Strategie.

4 SWOT- Analyse

4.1 Theoretische Grundlagen

Strengths (Stärken)	Opportunities (Chancen)
• Was läuft gut? • Was sind unsere Stärken? • Worauf sind wir stolz? • Was gibt uns Energie? • Wo stehen wir momentan?	• Was sind unsere Zukunftschancen? • Was könnten wir ausbauen? • Welche Verbesserungsmöglichkeiten haben wir? • Was können wir im Umfeld nutzen? • Wozu wären wir noch fähig? • Was liegt noch brach?
Weaknesses (Schwächen)	**Threats (Risiken)**
• Was ist schwierig? • Wo liegen unsere Fallen / Barrieren? • Welche Störungen behindern uns? • Was fehlt uns?	• Wo lauern künftig Gefahren? • Was kommt an Schwierigkeiten auf uns zu? • Was sind mögliche Risiken / kritische Faktoren? • Womit müssen wir rechnen?

Abbildung 73: SWOT-Analyse[440]

Die SWOT-Analyse ist eine Untersuchung der Stärken und Schwächen, sowie der Chancen und Risiken des eigenen Vorgehens im Vergleich mit den Aktivitäten der Wettbewerber. Hierbei werden die eigenen Stärken und Schwächen den Chancen und Risiken gegenübergestellt, die sich aus der Unternehmensumwelt ergeben. Im Anschluss werden die einzelnen Ergeb-

---

[439] Vgl. Der Kontakter, 2012.
[440] TCW, 2013

nisse miteinander kombiniert, um Strategien zur Risikominderung und zum Schwächenabbau, sowie zur optimalen Ausnutzung der Chancen und dem Ausbau der eigenen Stärken zu entwickeln.[441]

4.2 Roller

Zu den Stärken von Roller gehört zum einen das deutschlandweite Filialnetz, mit bundesweit über 100 Niederlassungen ist das Unternehmen das als erstes diese Marke überschritten hat und zum anderen kann Roller auf eine 44 jährige Erfolgsgeschichte zurück schauen und verfügt dadurch über sehr viel Erfahrung im Möbelhandel. Durch die Zugehörigkeit zur Tessner-Gruppe können zusätzlich Einkaufs- und Logistikvorteile erzielt werden, was sich wiederum günstig auf die Kosten auswirkt. Zudem ist Roller eines der wenigen Unternehmen des klassischen Möbelhandels, das die Entwicklung auf dem Online-Markt erkannt hat und verfügt bereits über eine große Anzahl von Facebook-Membern und über ein funktionierendes Multi-Channel-System. Dazu kommt, dass Roller seinen Kunden ein Bewertungssystem auf der Homepage zur Verfügung stellt, in dem Käufer ihren letzten Einkauf bewerten und kommentieren können, sodass sich anderen potenzielle Kunden einen Eindruck vom Unternehmen und den Meinungen anderer bekommen. Dieses Bewertungssystem wird durch einen unabhängigen Anbieter ausgewertet und stuft das Unternehmen gleichzeitig nach den jeweiligen Ergebnissen der Kundenbewertungen separat ein.[442] Einen weiteren Pluspunkt stellen die vielseitigen Zahlungsmöglichkeiten dar,[443] mittlerweile ist es den Kunden möglich per Rechnung und Ratenzahlung ihre Rechnungen zu begleichen, zwei der beliebtesten Zahlungsarten von Konsumenten.[444] Außer den Zahlungsmöglichkeiten bietet Roller seinen Kunden ein umfassendes Zusatzserviceangebot, angefangen bei Aufbau- und Lieferservice, über Näh- und Verlege Service, bis hin zur Küchenplan, die auch online angeboten wird und die Anmietung von Transportern für den eigenen Transport der Waren.[445]
Die Schwächen liegen im eingeschränkten Angebot des Onlineshops gegenüber dem Sortiment im Möbelmarkt. Online sind 6000 Artikel ausgestellt, dagegen stehen dem Kunden im stationären Markt 10000 zur Verfü-

---

[441] Vgl. Gabler Wirtschaftslexikon.
[442] Vgl. Ecomi.
[443] Vgl. Roller, 2013b.
[444] Vgl. möbel kultur, 2013a.
[445] Vgl. Roller, 2013c.

gung. Des Weiteren fehlen im Onlineshop weitere Planungstools für andere Bereiche außer der Küche, die es dem Kunden ermöglichen seine Wohnung in einem grafischen Modell selbst einzurichten. Im Gegensatz zu home24, die ihren Kunden eine kostenlose Lieferung anbieten,[446] fallen bei Roller zusätzliche Kosten an. Trotz der bestehenden Präsenz auf dem Onlinemarkt nutzt das Unternehmen die Daten von Facebook und die Plattform an sich noch zu wenig um Kunden durch Rabatte oder ähnliche Vorteile auch in die Möbelmärkte zu locken.

Das Internet bietet riesige Ausstellungsflächen zur kostenlosen Nutzung. Es besteht die Möglichkeit zusätzliche Varianten von ganzen Einrichtungsreihen in den unterschiedlichsten Farben und Formen zu präsentieren, zudem können Neuheiten online getestet werden bevor sie den Markt kommen, damit kann die Floprate gesenkt werden.[447] Wie schon im Kapitel 3.1 beschrieben, eröffnen Plattformen wie Facebook und Twitter den Weg zu einer individuellen Kundensprache, daraus resultierend können Kunden direkt mit Social-Media-Marketing beworben werden und gleichzeitig ein breites Publikum angesprochen werden, sowie neue Kontakte geknüpft werden. Als Multi-Channel-Händel kann Roller zusätzliche cross selling Umsätze generieren, wenn Kunden, die im Internet bestellen und die Ware direkt im Möbelmarkt abholen, weitere Artikel beim Abholen kaufen. Laut einer Studie von eBay hat bereits jeder Vierte schon Waren im Internet bestellt und dann selbst abgeholt und 73% der Befragten kauften bei der Abholung andere Artikel dazu.[448] Eine weitere Chance besteht darin sich schon frühzeitig durch weitere Investitionen einen Wettbewerbsvorteil zu sichern, da viel Möbelhändler sehr zurückhaltend im Onlinemarkt agieren.

Vor allem der aufblühende Onlinehandel birgt einige Risiken. Einerseits besteht die Gefahr den Anschluss zu verlieren, denn der Absatz von Möbeln bietet ungeahnte Möglichkeiten und Wachstumspotenzial für unterschiedliche Strategien.[449] Dies birgt gleichzeitig die Gefahr der Vergrößerung des schon bestehenden Wettbewerbs, da viele Start-up-Unternehmen versuchen sich in dem Markt zu etablieren und ein Stück vom Umsatz für sich zu sichern. Die größere Transparenz und Präsenz durch das Internet macht es notwendig sich nicht alleine über den Preis zu profilieren, entscheidender für die Kunden ist die reibungslose Lieferung, Termineinhaltung und Retourenabwicklung.[450] Dies birgt die Gefahr steigender Kosten

---

[446] Vgl. home24.
[447] Vgl. Impulse, 2012.
[448] Vgl. eBay,2013.
[449] Vgl. Scharrenbroch, Christine, 2013.
[450] Vgl. Möbelmarkt online, 2012.

im Logistikbereich und ein erhöhtes Potenzial Kunden zu verärgern vor allem Bereich der Retouren, da die Kunden die Artikel nicht direkt anfassen und ausprobieren können und Bilder nicht das Original ersetzen können.[451] Durch den steigenden Wettbewerb und den noch stärker werdenden Preiskampf, greifen viele Möbelhändler auf „Lockvogelangebote" zurück, in dem sie die Artikel unter Einkaufswert verkaufen um Kunden für sich zu gewinnen. Dies kann zu Schwierigkeiten mit den Herstellern führen, die ihrerseits ihre Produkte nicht verramschen lassen wollen.[452]

Abbildung 8 stellt die Ergebnisse der SWOT-Analyse zusammengefasst dar. Durch die langjährige Erfahrung im Möbelmarkt hat Roller das Potenzial sich auch einem steigenden Wettbewerb durch die Onlinebranche zu stellen. Durch die Zugehörigkeit zur Tessner-Gruppe könne weitere Kostenvorteile erzielt werden und mögliche steigende Kosten durch höhere Retouren im Onlinebereich kompensiert werden. Grundlage für eine erfolgreiche Onlineetablierung ist das bereits bestehende Multi-Channel-System von Roller. Durch bessere Auswertung der Kundendaten im Social Media Bereich und gezieltes Social Media Marketing können neue Kunden gewonnen werden und die Kundenbindung erhöht werden, indem noch spezieller auf die Wünsche der Kunden eingegangen wird. Der Ausbau des Onlineserviceangebots durch zusätzlich Planungstools und günstigere Lieferbedingungen, z.B. kostenlose Lieferung für bestimmte Zeit als Rabattaktion können ein richtiger Schritt zu einer größeren Kundenzufriedenheit und höher Markanteile sein.

Stärken	Schwächen
- Langjähriges Know how	- Eingeschränktes Onlineangebot
- Einkaufsvorteile durch Konzentration	- Kostenpflichtige Lieferung
- Funktionierendes Multi-Channel-System	- Unzureichende Onlinedatenanalyse
- Flexible Zahlungsmöglichkeiten	- Wenig Planungstools
- Großes Serviceangebot	
- Social Media Aktivität	
- Bewertungstool Online	
- Online Zertifizierung	
Chancen	**Risiken**
- Neukundenakquise	- Steigender Wettbewerb
- Social Media Marketing	- Höhere Kosten für Logistik
- Zusätzliche Ausstellungsfläche Online	
- Zusätzlicher Absatzmarkt	

Abbildung 74: SWOT-Analyse Roller[453]

---

[451] Vgl. Manager Magazin Online, 2013.
[452] Vgl. Ruhkamp, Christoph, 2013.
[453] Eigene Abbildung

4.3 Ikea

Ikea ist der Marktprimus mit dem größten Marktanteil und dem höchsten Umsatz der gesamten Branche. Der hohe Bekanntheitsgrad und die hohe Markenpräsenz sind die großen Stärken des Unternehmens. Ein weiterer Vorteil ist die weltweite Verbreitung und Bekanntheit von Ikea. Ebenso wie Roller verfügt auch Ikea über ein sehr großes Know how. Einen weiteren Vorteil aus Kundensicht bietet das 3-monatige Rückgaberecht.[454] Dahingegen haben die Roller Kunden nur die Möglichkeit ihre Waren innerhalb von zwei Wochen zurück zu senden. Wie auch Roller bietet Ikea ein Küchenplanungstool für die individuelle Planung der eigenen Küche, allerdings wird dieses Angebot durch weitere Planungstools für den Bereich Wohnen, Büro und weitere ergänzt.[455] Wie in den vorangegangenen Kapiteln aufgezeigt wurde steht Ikea in den Statistiken unangefochten auf Platz eins, so auch bei der Social Media Nutzung. Stand in diesem Bereich zum Anfang des Jahres Roller noch klar an der Spitze, hat Ikea auch diesem Bereich seinen Konkurrenten den Rang abgelaufen (siehe Abb. 75). Auch hier sind die große Präsenz des Unternehmens zu sehen und der hohe Bekanntheitsgrad. Ikea nutzt die Daten aus dem Social Media Bereich zur direkten Ansprache der Kunden und trifft damit den Konsens der Kunden.

Platz	Marke	Fans	Veränderung	Sprechen darüber	FB seit	Händlerart
1	Ikea	364252	33117	12448	Dez 2012	Filialist
2	Roller	217477	26906	5917	Okt 2012	Filialist / Discount
3	Westwing	102091	392	1630	Jul 2011	Shopping Club
4	KARE Design	49651	715	632	Jan 2010	Franchise & Shop-in-Shop
5	Home24	39603	1377	1440	Jan 2012	Internet Pure Player
6 (+2)	Poco	27845	10097	1404	Jan 2011	Filialist / Discount
7 (-1)	Fashion4Home	24912	304	426	Nov 2009	Internet Pure Player
8 (+1)	Trends by Ostermann	23100	5415	1738	Mrz 2011	-
9 (-2)	Dodenhof	20645	348	222	Sep 2011	Lokaler Händler
10 (+2)	Momax	16071	1348	642	Jul 2011	Filialist

Abbildung 75: Facebook Ranking Möbelhandel Oktober 2013[456]

Es gibt allerdings auch bei Ikea noch Verbesserungsmöglichkeiten bzw. einige Schwachstell. Ein Beispiel dafür sind die fehlenden Prüfsiegel im Onlineshop, was eines der Kriterien ist, an dem sich Kunden orientieren.

---

[454] Vgl. Ikea, 2013.
[455] Vgl. Ikea, 2013a.
[456] möbel kultur, 2013b

Ebenso wie Roller bietet auch Ikea keinen kostenlosen Lieferservice. Hinzu kommen die eingeschränkten Zahlungsmöglichkeiten. Der Kunde hat hier z.B. nicht die Möglichkeit, per Rechnung zu zahlen. Ein weiterer Kritikpunkt ist, wie auch bei Roller, dass das Onlinesortiment nicht dem eigentlichen Angebot entspricht und nur einen Teil des Gesamtsortimentes anbietet.

Im Großen und Ganzen eröffnen sich für Ikea die gleichen Chancen durch den Ausbau der Online Aktivität wie auch für Roller. Es besteht die Möglichkeit neue Kunden im Internet zu akquirieren und gleichzeitig einen neuen Absatzmarkt zu gewinnen. Auch für Ikea gibt es die Möglichkeit sein Onlinesortiment zu erweitern und den Onlineshop als zusätzliche Verkaufsfläche zu nutzen.

Risiken sind auch bei Ikea die möglichen steigenden Logistikkosten, auch dadurch, dass das Filialnetz von Ikea viel kleiner ist als bei Roller oder anderen Wettbewerbern. Zusätzlich kommt auch hier der steigende Wettbewerb.

Stärken	Schwächen
- Bekanntheitsgrad	- Eingeschränktes Onlineangebot
- Langjähriges Know how	- Kostenpflichtige Lieferung
- Funktionierendes Multi-Channel-System	- unflexible Zahlungsmöglichkeiten
- Verschiedene Planungstools	- fehlende Zertifizierungen
- Social Media Aktivität	
- Onlinedatenauswertung	
Chancen	Risiken
- Neukundenakquise	- Steigender Wettbewerb
- Social Media Marketing	- Höhere Kosten für Logistik
- Zusätzliche Ausstellungsfläche Online	
- Zusätzlicher Absatzmarkt	

Abbildung 76: SWOT-Analyse Ikea[457]

Ikea punktet vor allem durch die hohe Akzeptanz bei Kunden und den hohen Bekanntheitsgrad. Durch das sehr starke stationäre Geschäft hat Ikea die Möglichkeit die möglichen höheren Kosten im Logistikprozess abzufangen und auch der steigende Onlinewettbewerb kann dadurch ausgeglichen werden. Durch ein weiteres Vorantreiben der Onlineaktivitäten kann auch Ikea das neue Kundenpotenzial noch besser ausschöpfen und sein Onlineangebot ausbauen. Um noch besser auf die Kundenbedürfnisse eingehen zu können, sollten die Zahlungsmodalitäten verbessert werden und

---

[457] Eigene Abbildung

auch bei den Lieferbedingungen können Rabatte einen weiteren Vorteil bringen.

5 Fazit

Die Möbelbranche steht vor einigen Veränderungen. Schon jetzt ist der steigende Einfluss des Onlinehandels spürbar. Immer mehr Möbelhändler bauen einen eigenen Onlineshop auf und erhöhen ihre Aktivitäten im Onlinesegment. Zudem rücken auch die Social Media Plattformen immer mehr in den Fokus der Unternehmen. Roller und Ikea sind die beiden Unternehmen, die als erstes auf die Entwicklungen im Onlinemöbelmarkt reagiert haben und stehen derzeit auf den führenden Rängen in diesem Bereich. Es ist allerdings zu erkennen, dass auch alle anderen sich nach und nach auf die neuen Gegebenheiten im Markt einstellen.

Zurzeit geht der Trend dahin, dass die großen zehn Möbelhändler immer mehr Marktanteile auf sich vereinen und diese Tendenz in den nächsten Jahren noch verstärken werden. Allerdings wird auch der Onlinehandel laut derzeitiger Prognosen kräftig an Bedeutung zu legen und die Möbelbranche in der Zukunft noch stärker prägen, als jetzt der Fall ist.

Die Unternehmen sind zurzeit in Einführungs- bzw. Testphase und tasten sich an den Onlinemarkt heran. Die Zukunft wird zeigen, welche Entwicklung der Markt nehmen wird, aber es ist ohne Frage, dass der Onlinehandel seinen Einfluss verstärken wird.

6 Fragen

Diese Fallstudie ist keine abgeschlossene Betrachtung des Onlinehandels und des Einflusses auf die Möbelbranche, sondern soll viel mehr die Grundlage für nachfolgende Untersuchungen bilden.
Mögliche weiterführende Fragen sind:

1. Welche Unternehmensstrategien sind im Onlinemöbelhandel am erfolgreichsten?

2. Wie verändert sich die Branche durch den aufkommenden Onlinehandel?

3. Welche Maßnahmen sind entscheidend für die Einführung einer erfolgreichen Multi-Channel-Strategie?

Quellenverzeichnis

Immobilien Zeitung: Ein Dreikampf an der Spitze, 29.08.2013, Nr. 34, S. 9

North, Klaus: Unternehmensführung: Wertschöpfung durch Wissen, 5. Aufl., Wiesbaden: Gabler Verlag, 2011

Ruhkamp, Christoph : Lockvogelangebote: Im Möbelhandel grassiert die „Rabattitis", in: Frankfurter Allgemeine Zeitung, 2013

Scharrenboch, Christine: Onlinehandel in der Möbelbranche: Das neue Sofa per Mausklick, in: Frankfurter Allgemeine Zeitung, 16.01.2013

Stolz, Andreas: Multi-Channel-Strategien im stationären Einzelhandel: Wie das Internet den Handel verändert, Hamburg: Diplomica Verlag GmbH, 2013

Sonstige Quellen

Absolit Dr. Schwarz Consulting, https://www.dropbox.com/sh/iw3ss1de7wmsfo6/ARXpuZ09Fp#lh:null-Moebelstudie-Top20.jpg, (05.11.2013), 2013

ARD/ZDF-Onlinestudie 2013, http://www.ard-zdf-onlinestudie.de/index.php?id=419, (04.11.2013), 2013

ARD/ZDF-Onlinestudie 2013, http://www.ard-zdf-onlinestudie.de/index.php?id=421, (04.11.2013), 2013

BBE Handelsberatung: BBE-Service Paper Möbel Januar 2013, http://www.marktdaten24.com/products/downloads/Studien/SP_Moebel_2013.pdf, (05.11.2013), 2013

Der Kontakter: Discounter Roller hofft auf kreativen Input, http://www.wiso-net.de/webcgi?START=A60&DOKV_DB=ZECO&DOKV_NO=KONTA53071556&DOKV_HS=0&PP=1, 08.10.2012, Nr. 41, S. 4

Deutsche startups: Möbelhandel im Internet: Gibt es noch eine Überlebenschance für Ikea & Co?, http://www.deutsche-startups.de/2012/06/14/moebelhandel-im-internet/, (05.11.2013), 2012

Gabler wirtschaftslexikon: SWOT-Analyse, http://wirtschaftslexikon.gabler.de /Archiv/326727/swot-analyse-v3.html, (07.11.2013)

eBay: Ergebnisse des eBay-Projektes „Zukunft des Handels" zeigen: 75% der Verbraucher wollen Multi-Channel-Angebote für Möbel, http://presse.ebay.de/pressrelease/4389, (08.11.2013), 2013

Ecomi: Bewertungszertifikat für Roller,
https://www.ekomi.de/bewertungen-rolleronlineshop.html,
(08.11.2013)
Hecking, Mirjam: Möbelkauf im Internet: Samwer-Brüder mischen den Möbelmarkt auf, in:
Manager Magazin Online, 17.01.2013, http://www.manager-magazin.de/unternehmen/handel/a-876569-2.html, (09.11.2013), 2013
Home24, http://www.home24.de/, (08.11.2013)
Ikea: Ikea Service, Ikea Planer und Ratgeber, http://www.ikea.com/ms/de_DE/ customer_service/return_policy/index.html, (09.11.2013), 2013
Ikea: Ikea Service, Ikea Rückgaberecht, http://www.ikea.com/ms/de_DE /customer_service/return_policy/index.html, (09.11.2013), 2013
Impulse: Wie der Möbelhandel ins Netz wandert: Das Internet mischt einen weiteren Markt auf. Aus den Schwächen der traditionellen Möbelhäuser wollen Onlinehändler ein Milliardengeschäft machen., http://www.impulse.de/management/wie-der-mobelhandel-ins-netz-wandert, (08.11.2013), 2012
Institut für Handelsforschung Köln: Möbel nehmen online Fahrt auf – Wachstum von über 40% erwartet, http://www.ifhkoeln.de/News-Presse/Moebel-nehmen-online-Fahrt-auf--Wachstum-von-ueber-40-%, (05.11.2013), 2013
Internet World Business: Online-Anteil im Möbelmarkt wächst, http://www.internetworld.de/Nachrichten/E-Commerce/Zahlen-Studien/IFH-Studie-Moebel-Online-2013-Online-Anteil-im-Moebelmarkt-waechst-80390.html, (06.11.2013), 2013
möbel kultur: E-Commerce: Möbelkauf bei Roller.de mit Klarna, http://www. moebelkultur.de/news/e-commerce-mbelkauf_bei_rollerde_mit_klarna /18934.html, (08.11.2013), 2013a
möbel kultur: Facebook-Ranking Oktober 2013, http://www.moebelkultur.de/news/facebook-ranking_oktober_2013-harter_fight_im__mittelfeld/19162.html, (09.11.2013), 2013b
möbel kultur: MÖBEL KULTUR-UMSÄTZE 2013, http://www.moebelkultur.de/news/mbel_kultur-umstze_2013-181_mrd_euro_fr_die_top_30/18668.html, (05.11.2013), 2013
möbel kultur: Tessner-Gruppe: Klare Ansage, http://www.moebelkultur .de/news/tessner-gruppe-klare_ansage/17079.html, (06.11.2013), 2012
Möbelmarkt online, http://www.moebelmarkt.de/news/tessner-gruppe-uebernimmt-roller-zu-100-26013.html, (04.11.2013), 2007

Möbelmarkt online, Versandoptionen und Lieferung entscheidend, http://www.moebelmarkt.de/news/studie-versandoptionen-und-lieferung-entscheidend-37708.html, (09.11.2013), 2012

Möbeltresor, http://www.moebeltresor.net/mobel-shops/roller/, (04.11.2013), 2013

Onlinehändler News: Stetiges Wachstum im Online-Handel – Nachholbedarf in der Möbelbranche, http://www.onlinehaendler-news.de/handel/allgemein/ 1156-wachstum-im-online-handel-moebelbranche.html, (06.11.2013), 2013

Online-Marketing-Experts: Möbelhändler verschlafen das Internet: Online und Offline verschmelzen, http://www.online-marketing-experts.de/content/dsp _popupDrucken.cfm?site=content&contentID=24350&aktion=drucken&CFID=116603052&CFTOKEN=8649faa58cef2cea-3BAA8A98-A6BB-AEA2-888C38067C60CFAF, (05.11.2013), 2013

Roller: Service: Serviceleistungen, http://www.roller.de/service/ serviceleistungen/, (08.11.2013), 2013c

Roller: Unternehmen: Expansion, http://www.roller.de/unternehmen/expansion/, (06.11.2013), 2013a

Roller: Unternehmen: Wir über uns, http://www.roller.de/unternehmen/wir-ueber-uns/, (04.11.2013), 2013

Roller: Zahlungsmöglichkeiten, http://www.roller.de/content/pop_hilfe.php?welchedenn=bezahlung.klarna, (08.11.2013), 2013b

Statista: Möbel- und Einrichtungshäuser mit den höchsten Werbespendings 2012, http://de.statista.com/statistik/daten/studie/150594/umfrage/werbespendings-der-moebelhaeuser-im-jahr-2009/, 2012

Statistisches Bundesamt, https://www.destatis.de/DE/ZahlenFakten/Gesellschaft Staat/EinkommenKonsumLebensbedingungen/ITNutzung/Aktuell_IT Nutzung.html, (04.11.2013), 2012

TCW: SWOT-Analyse: Strengths-Weaknesses-Opportunities-Threats, http://www.tcw.de/uploads/html/consulting/beratung/qualitaet/images/ 118_swot_1_gr.jpg, (07.11.2013), 2013

Wer zu Wem Firmenverzeichnis: Firmenprofil: Roller, http://www.wer-zu-wem.de/firma/Roller.html, (04.11.2013), 2013

9 s.Oliver

(Reil, K./Vicari, S.)

1 Historie und Entwicklung

In Würzburg gründete 1969 Bernd Freier auf 25 Quadratmetern eine Boutique Namens *Sir* Oliver. Dieser Name wurde an den Romanhelden Oliver Twist von Charles Dickens angelehnt. Der Name *Sir* im Firmennamen von *Sir Oliver* entstammte aus der Modewelt Londons, diese hatte damals das *Sir* im Namen angeregt und erfolgreiche Herrenausstatter behielten sich diese Namensgebung vor. Um der deutschen Boutique ein internationales Flair zu verleihen, benannte auch Bernd Freier seine Boutique hiernach und es entstand der Name *Sir Oliver*.[458]

Bernd Freier begab sich 1974 auf eine Reise nach Indien, um direkt mit den dort ansässigen Textilhändlern zu verhandeln, mit dem Hintergrund unabhängig vom Großhandel zu sein, da zu dieser Zeit der Großhandel unzuverlässig war. Durch erfolgreiche Verhandlungen gelang es ihm eigene Madraskarohemden produzieren zu lassen, mit welchen ein großer Absatz im deutschen Textilmarkt erzielt werden konnte.[459]

Durch einen Rechtsstreit wurde aus *Sir Oliver* der bis heute bestehende Markenname *s.Oliver*, welcher 1979 im deutschen Patent- und Markenamt DPMA in München eingetragen wurde. Durch die Namensänderung wurden fortan auch weibliche Kunden angesprochen. Im Laufe der Jahre wuchs das Unternehmen stetig, Marken wie Comma, QS, Casual und Selection zählen heute zu den bekanntesten Modelinien von s.Oliver.[460]

Im Jahr 1998 gelang s.Oliver die Expansion mit dem ersten Ladengeschäft in Österreich, daraufhin folgten die Länder Belgien, Niederlande und Schweiz. Nach den erfolgreichen Expansionen in die deutschen Nachbarländer, wagte s.Oliver den Schritt nach Osteuropa und weiter bis nach Indien. So entwickelte sich das Unternehmen innerhalb weniger Jahre zu einem der führenden Modehersteller im In- und Ausland. Heute bietet das Fashion- und Lifestyle-Unternehmen seine Produkte in über 30 Ländern an[461], siehe hierzu Abbildung 77:

---

[458] Vgl. s.Oliver Bernd Freier GmbH&Co.KG, 2013a.
[459] Vgl. s.Oliver Bernd Freier GmbH&Co.KG, 2013a.
[460] Vgl. s.Oliver Bernd Freier GmbH&Co.KG, 2013b.
[461] Vgl. s.Oliver Bernd Freier GmbH&Co.KG, 2013c.

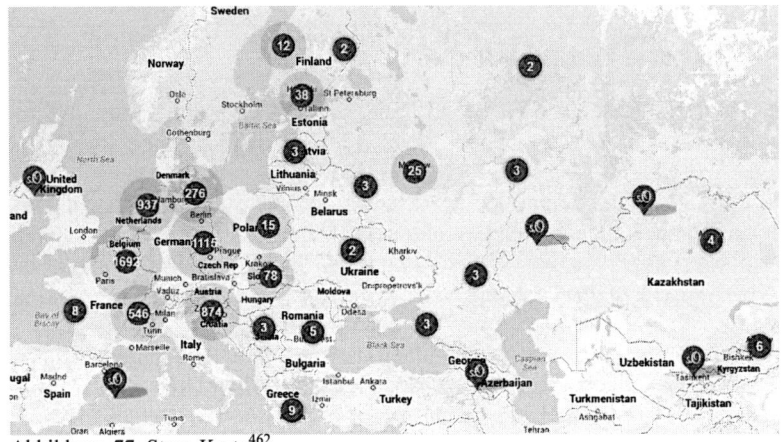

Abbildung 77: Store-Karte[462]

Die Unternehmensphilosophie von s.Oliver besteht aus drei Leitlinien:
- „We love our Company"[463]
- „We love Mut haben"[464]
- „We love Liebe zum Detail"[465]

Nach diesen Leitlinien lebt das Unternehmen und versucht dies auch nach außen an den Kunden heranzutragen. Durch Vertrauen und Respekt sowie durch den starken Zusammenhalt untereinander entsteht eine persönliche Verbindung zueinander, welche von Unternehmensseite gewünscht wird und aus Firmensicht das Unternehmen stark macht. Zeitgleich wird durch die übertragene Verantwortung der Geschäftsleitung auf den einzelnen Mitarbeiter das Selbstvertrauen der Mitarbeiter gefördert. Diese Motivation steigert die Zufriedenheit der Angestellten und damit auch den Unternehmenserfolg. Durch die Liebe zum Detail möchte sich s.Oliver vom Wettbewerb abheben, dies gelingt ihnen durch ein gutes Preis-Qualitäts-Verhältnis zu den Handelspartnern, Kunden und Lieferanten.

---

[462] Vgl. s.Oliver Bernd Freier GmbH&Co.KG, 2013d.
[463] s.Oliver Bernd Freier GmbH&Co.KG, 2013e.
[464] s.Oliver Bernd Freier GmbH&Co.KG, 2013e.
[465] s.Oliver Bernd Freier GmbH&Co.KG, 2013e.

Wie bereits erwähnt, ist der Hauptsitz der s.Oliver Bernd Freier GmbH & Co. KG Rottendorf bei Würzburg. Von hier aus wird die gesamte Wertschöpfungskette von der Entwicklung bis zum Verkauf der Produkte gesteuert. Betriebseigene Beschaffungsstätten sind in China, Indien, Indonesien, Bangladesch und der Türkei angesiedelt. Die Logistik wird wiederum vom deutschen Rottendorf aus organisiert, so werden täglich bis zu 350.000 Kleidungstücke in die ganze Welt verteilt. Das Modeunternehmen hat sich von einer Boutique bis hin zu einem der größten Fashion- und Lifestyle Unternehmen in Europa entwickelt:

- **1969** Eröffnung des ersten Einzelhandelsgeschäftes Sir Oliver in Würzburg
- **1978** Umbenennung des Unternehmen von *Sir Oliver* in s.Oliver
- **1979** Eintrag beim deutschen Patent- und Markenamt der Marke s.Oliver in München
- **1987** Gründung Oliver Twist Textilhandels GmbH und die Übernahme der Firma Chicago Jeansmoden sowie die Umfirmierung in KNOCK-OUT Textilhandels
- **1993** Gründung Chaloc Textilhandels GmbH sowie Einführung der Handelsmarke Chaloc
- **1994** Gründung Q.S. Textilhandels GmbH sowie Einführung der Marke QS FEMALE
- **1995** Umstellung auf eigenen Außendienst sowie Einführung der Marke s.Oliver MEN
- **1996** Einführung der Marke s.Oliver WOMEN
- **1997** Umstellung des Unternehmens auf zwölf Kollektionen im Jahr sowie der Start der Lizenzvergaben für die s.Oliver Marke
- **1999** Start der Retail Expansion
- **2001** Übernahme der Marke Comma
- **2002** Umfirmierung der Chaloc Textilhandels GmbH in Comma Textilhandels GmbH und Einführung der Marke Comma. Anschließend befasste sich das Unternehmen mit dem Start der Dachmarkenkampagne s.Oliver
- **2003** Übernahme der Auslandsmärkte Schweiz Benelux und Österreich als eigene Töchter
- **2004** Start des s.Oliver Online-Shop www.soliver.de. Im selben Jahr wurde der Start der Accessoires-Linien der Marke Comma durch Lizenzvergabe und Einführung Comma. Zudem die Einführung des QS

STYLE Male, Relaunch QS STYLE Female und die Eröffnung eines 1.500m² großen Flagshipstores in Hamburg
- **2005** Start Comma Accessoires (Taschen, Gürtel, Kleinlederwaren) sowie die Eröffnung eines 1.500m² großen Flagshipstores in Köln. Das Modeunternehmen hat zudem folgende Segmente umbenannt:

  - S.Oliver WOMEN und MEN in s.Oliver Selection women und s.Oliver
  - Selection men
  - S.Oliver Young Fashion in s.Oliver Casual women und men
    - QS Style in QS by s.Oliver female und male
    - Oliver Twist in s.Oliver Junior
- **2006** Am 17.8. ist die Kollektion Anastacia by s.Oliver an über 500 Point on Sale eingeführt worden. Im selben Jahr exportierte die Marke s.Oliver nach Italien, Kasachstan und nach Polen.
- **2007** QS by s.Oliver ruft zum ersten QS by s.Oliver Campus Contest auf. Nach 2006 kam der Markteintritt in Frankreich und Indien. Zusätzlich die Einführung in den deutschen Markt der Lifestyle Linien s.Oliver Garden und s.Oliver Baby (Kinderwagen)
- **2008** S.Oliver knackt die Milliardengrenze mit einem Umsatz von 1,05 Milliarden Euro im Geschäftsjahr 2007. Um das Unternehmen familienfreundlicher zu gestalten, wurde ein eigener Betriebskindergarten s.Oliver Mini Club am Firmenstandort eröffnet.
- Der erste eigenständige s.Oliver Selection Stores in Koblenz wurde eröffnet sowie ein s.Oliver Flagshipstore auf der „Meir" in Antwerpen und der erste Flagshipstores in Indien (Select City Walk, Neu Delhi)
- **2009** S.Oliver hat 40-jähriges Bestehen. Als Kernmärkte mit eigenen Vertriebsgesellschaften werden Polen und Tschechien/Slowakei neben Österreich, Schweiz und Benelux geführt. Zudem eröffnet s.Oliver einen Flagshipstore in Frankfurt im neuen „MyZeil" Center, Würzburg und in Hannover. s.Oliver ist zum Familienfreundlichster Arbeitgeber der Region Mainfranken des Jahres 2009 gekürt worden und startet eine Kooperation mit dem Stargeiger David Garrett als Testimonial für die The Sound of Chrismas Kampagne.
- **2010** S.Oliver unterstützt mit dem Verkauf von Peanuts-Shirts ein Jahr lang die Hilfsorganisation BILD hilft e.V. Ein Herz für Kinder und führt internationale Werbekampagne inklusive eines TV Spot ein. Das Unternehmen präsentiert sich im selben Jahr nicht nur als exklusiver Fashionpartner rund um die Verleihung des Deutschen Filmpreises in

Berlin sondern auch als erstes Modeunternehmen eines eigenen Online Music Channel. Das Lifestyle Unternehmen erhält vom Bayerischen Staatsministerium eine Auszeichnung für dynamisches Wachstum.
- **2011** Eröffnung eines Accessoires Monolabelstore am in Würzburg. S.Oliver wird mit stiller Beteiligung Investor bei Liebeskind Berlin und benennt das Segment s.Oliver Selection in SELECTION by s.Oliver um. Das Modeunternehmen wurde offizieller Fashionpartner des FC Bayern München.[466]

Beliebteste Bekleidungsmarken in Deutschland nach Kauf im Jahr 2013

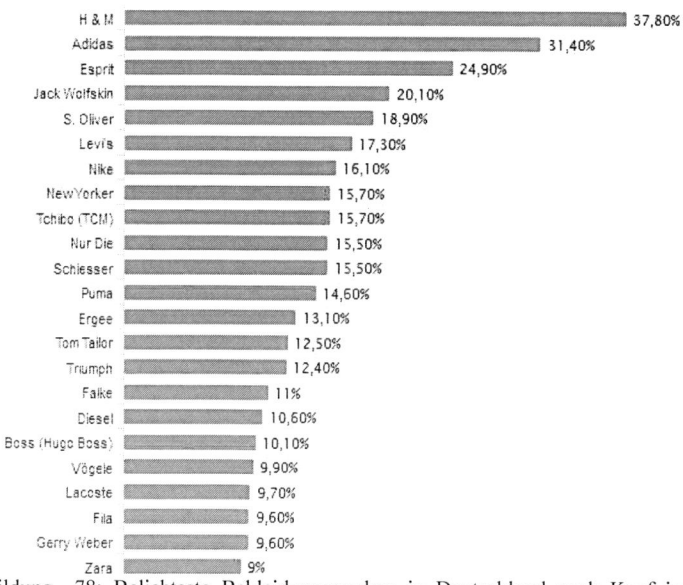

Marke	Anteil
H & M	37,80%
Adidas	31,40%
Esprit	24,90%
Jack Wolfskin	20,10%
S. Oliver	18,90%
Levi's	17,30%
Nike	16,10%
New Yorker	15,70%
Tchibo (TCM)	15,70%
Nur Die	15,50%
Schiesser	15,50%
Puma	14,60%
Ergee	13,10%
Tom Tailor	12,50%
Triumph	12,40%
Falke	11%
Diesel	10,60%
Boss (Hugo Boss)	10,10%
Vögele	9,90%
Lacoste	9,70%
Fila	9,60%
Gerry Weber	9,60%
Zara	9%

Abbildung 78: Beliebteste Bekleidungsmarken in Deutschland nach Kauf im Jahr 2013[467]

Durch die rasante Entwicklung des Fashion- und Lifestyle Unternehmen kann der Endverbraucher mittlerweile die Produkte nicht nur über die s.Oliver Handelspartner erwerben, sondern auch (wie im Jahr 2004 be-

---

[466] Vgl. s.Oliver Bernd Freier GmbH&Co.KG, 2013f.
[467] Axel Springer; Bauer Media Group; G+J; Hubert Burda Media

schrieben), über unternehmenseigene Vertriebskanäle wie dem Online-Shop und den eigenen Filialgeschäften. Mit einem Gesamtjahresumsatz 2011 von 1,48 Milliarden Euro und 7.872 Mitarbeitern befindet sich s.Oliver auf Platz fünf der beliebtesten Modeunternehmen in Deutschland im Jahr 2013, siehe hierzu Abbildung 78.

Derzeitiger Stand im Markt/ Wettbewerb

Um den derzeitigen Stand von s.Oliver am Markt zu betrachten, wird zunächst der E-Commerce (Online-Handel) generell näher erläutert.
Der sogenannte E-Commerce gewinnt zunehmend als Absatzweg an Bedeutung. Unter E-Commerce wird jegliche Art von geschäftlichen Transaktionen verstanden, bei der ein Unternehmen auf elektronischem Wege die Geschäfte abwickelt oder Handel mit Waren und Dienstleistungen betreibt. Dabei werden die Interaktionsformen von Informationsbereitstellung, über die Präsentation von den neusten Produkten, bis hin zu Online-Auktionen und Online-Vertrieb dargeboten.[468]
Unter den Ausprägungsformen des E-Commerce sind vor allem das sogenannte Business (Unternehmen) to Business, die Kommunikation zwischen den Unternehmen (Abrechnungs-, Bestell- und Materialsysteme) und zwischen Konsumenten (E-Shopping, elektronische Kataloge, Werbung) und Unternehmen das sog. Business to Consumer zu verstehen. Die Formen Consumer (Konsumenten) to Business (Zahlungsverkehr, Bewerbungen u.ä.), Business beziehungsweise Consumer to Administration und Consumer to Consumer gewinnen zunehmend an Bedeutung. Bei Consumer to Business-Aktivitäten spielen neben dem Computer immer häufiger unterschiedliche Formen von multimedialen Kiosksystemen am Point of Sale[469] eine Rolle. Hierunter werden Informations- bzw. Transaktionssysteme an öffentlich zugänglichen Orten verstanden, von denen häufig wechselnde und meist unbekannte Benutzer Informationen abrufen oder Transaktionen tätigen können.[470]
Die Nutzeranzahl des Internets steigt rasant. Dies wird nicht nur durch Benutzer von Computer und Notebooks gefördert, sondern auch durch die Nutzung der Smartphones. Bei einer Wohnbevölkerung ab 14 Jahren nutzen derzeit 70,51 Millionen Menschen das Internet.[471] Der parallele Einsatz an alternativen Absatzkanälen von Unternehmen hat daher bei vielen Ver-

---

[468] Vgl. Kirsch, Jürgen/ Müllerschön, Bernd, 2009, S.153.
[469] Point of Sale: Der Verkaufspunkt.
[470] Vgl. Kirsch, Jürgen/ Müllerschön, Bernd, 2009, S.153.
[471] Vgl. Kirsch, Jürgen/ Müllerschön, Bernd, 2009, S.154

brauchern somit Anklang gefunden. Zwischen den unterschiedlichen Absatzkanälen (Multichannel) besteht eine eindeutige Überlappung des Sortiments.[472] Die Umsätze, die über das Netz erwirtschaftet werden, nehmen explosionsartig zu.[473] EDV-Produkte, Reisen, Bücher und Musik werden besonders erfolgreich über das Internet vermarktet. Dicht gefolgt werden diese von den Bekleidungs-, Kosmetik- und Spielbranche. Die Verknüpfung von Internet-Shops mit stationären Geschäften nennt man „Clicks and Mortar"[474]. Heute sowie in den nächsten Jahren und Jahrzehnten wird das Internet erheblichen Zuwachs als Vertriebsinstrument verzeichnen und sich zu einem wichtigen Absatzkanal entwickeln.[475] Bei der Einrichtung eines Online-Shops, müssen Unternehmen darauf achten, eine Vielzahl von gesetzlichen Bestimmungen einzuhalten. Lückenhafte oder gar fehlende Angaben können zu Verstößen gegen § 5 Telemediengesetz (TMG) führen und Abmahnungen mit sich ziehen.[476]

Aktuell stehen jedoch die Kritikpunkte im Fokus. Allen voran die Befürchtung, dass der Multichannel sich gegenseitig kannibalisieren könnte. Wie jedoch die Ergebnisse einer empirischen Untersuchung bestätigt, ist durch den Einsatz mehrere Kanäle eine Kannibalisierung unbegründet, im Gegenteil: Die Kunden, die einen Teil benutzen, nutzen auch die anderen Kanäle, welche die Chance auf Zusatzkäufe merklich steigert. Hierdurch entsteht ein klarer Wettbewerbsvorteil, der den Marktanteil deutlich für die Unternehmen erhöht.[477]

Die Strategie, mit unterschiedlichen Absatzmöglichkeiten sich dem Kunden zu öffnen, stehen folgende Ziele:[478]

- Profilierung gegenüber der Konkurrenz
- Imagesteigerung
- Neukundengewinnung
- Kundenbindung

Die Vorteile durch den Einsatz des Absatzkanals (Online-Handel) lassen sich klar beschreiben:[479]

---

[472] Vgl. Krug, E., 2003.
[473] Vgl. Kirsch, Jürgen/ Müllerschön, Bernd, 2009, S.154.
[474] Clicks an Mortar: Verknüpfung des Internets-Shops mit dem stationären Geschäft.
[475] Vgl. Kirsch, Jürgen/ Müllerschön, Bernd, 2009, S.154.
[476] Vgl. § 5 TMG.
[477] Vgl. Krug, E., 2003.
[478] Vgl. Krug, E., 2003.
[479] Vgl. Döring, Ulrich/ Wöhe, Günter, 2008,189.

- Direkte Kundenansprache, Erschließung eines zusätzlichen Potentials
- Senkung der Transaktionskosten bei Abwicklung von Geschäftsbeziehungen
- Ständige Erreichbarkeit unabhängig von zeitlichen oder örtlichen Restriktionen
- Wegfall von Fahrtkosten sowie den Fahrtzeiten
- Automatisierung von den Prozessen
- Schnelle Informationsbeschaffung für Entscheidungen
- Kostengünstige und kürzere Kommunikationswege

Dennoch gibt es bei allen Vorteilen auch Kritikpunkte an den Multichannel. Unternehmen können den Vertrieb über das Internet noch so gut mit den stationären Geschäften aufeinander abstimmen, jedoch unterscheiden sie sich immer wieder anhand der Preise und Produkte. Diese Tatsache verursacht Unsicherheit bei den Kunden. Einen weiteren Gesichtspunkt stellt das kanalübergreifende Marketing dar. Marketing- und Kommunikations- Mix- Instrumente werden nicht aufeinander abgestimmt.[480]

Der aktuelle Gesamtumsatz und Online-Umsatz im Handel 2006 bis 2012 mit der Prognose 2013 (in Milliarden Euro) sieht wie folgt aus, siehe hierzu Abbildung 79:

---

[480] Vgl. Krug, E., 2003.

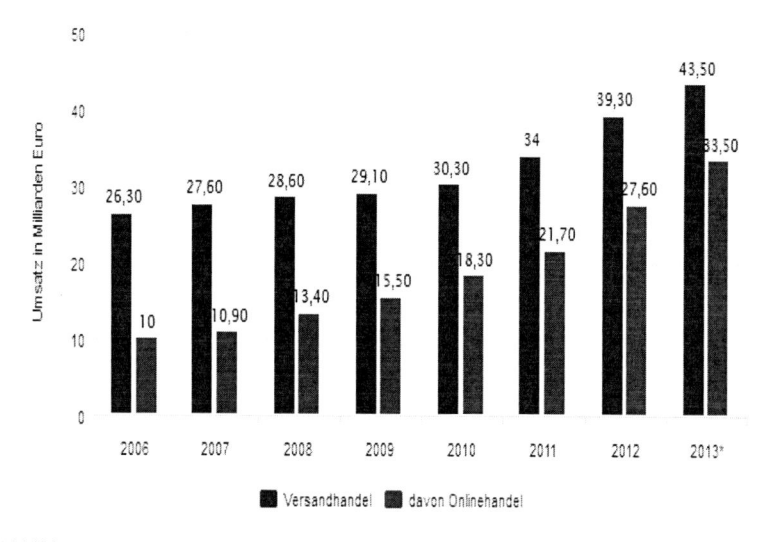

Abbildung 79: Gesamtumsatz und Online- Umsatz im Handel 2006 bis 2012 mit der Prognose 2013 (in Milliarden Euro)[481]

Die Grafik zeigt die Jahre 2006 bis 2012 mit den Prognosen für das Jahr 2013 (in Milliarden Euro) den Gesamt- und Online-Umsatz im deutschen interaktiven Handel auf. Das heißt, der Multichannel Online- und Versandhandel setzt seinen Erfolg fort. Die Branche ist 2012 um 15,6% zum Vorjahr gestiegen und erzielte 39,3 Milliarden Euro Gesamtumsatz. Einen Rekordumsatz um 5,9 Milliarden Euro (auf insgesamt 27,6 Milliarden Euro) verzeichnete das Onlinegeschäft 2012.[482]

Der Hintergrund diesen wachsenden Trend des Online-Handel, liegt in der Veränderung des Konsumentenverhaltens. Abhängig von den wirtschaftlichen Rahmenbedingungen sowie den zu erwartenden Veränderungen der Branchenstruktur liegt es in der Handlungsoption.[483] S.Oliver etablierte sich 2004 in den Online-Handel. Um ihr 42-jähriges Bestehen hat die Rottendorfer s.Oliver Group einen Zuwachs von 12,1% auf 1,2 Milliarden Euro für das Geschäftsjahr 2011 verzeichnen können. Der Gesamtumsatz stieg somit um 14,9% auf 1.478 Milliarden Euro. Dieser Zuwachs an Umsatz ist nicht nur durch den stationären Handel, der langjährigen Partner-

---

[481] Bundesverband des Deutschen Versandhandels (bvh)
[482] Vgl. Bundesverband des Deutschen Versandhandels, 2013.
[483] Vgl. mh, 2012.

schaft mit den Kunden und den Zulieferern zu verdanken, sondern auch dem Online-Handel.[484] Durch den Online-Handel erzielte das Unternehmen im Geschäftsjahr 2010 einen Umsatz von 56,1 Millionen Euro, Tendenz steigend. Im Vergleich liegt Esprit bei einem Online-Umsatz von 215,8 Millionen Euro und Dress for Less bei 59,6 Millionen Euro. Viele Konsumenten von s.Oliver, nutzen das Internet als Informationsquelle für ihre Einkäufe im stationären Handel, wobei andererseits die Konsumenten sich im Store (s.Oliver) informieren, um die Waren bequem zu bestellen und schnell nach Hause geliefert zu bekommen.[485]

Das Fehlen eines Online-Shops von s.Oliver führe heut zu Tage nicht nur zu Irritation der Kunden, sondern erzeugt auch ungenutzte Umsatz- und Ertragspotentiale. So hat das Deutsche Institut für Service-Qualität im selben Jahr das Modehaus s.Oliver als den Besten Online-Shop Fashion 2011 ausgezeichnet. Hierbei wurde das Unternehmen auf Versand, Bestellvorgang sowie dem Kundenservice getestet. Das Modeunternehmen überzeugte durch freundliche Beratungen, kurze Wartezeiten am Telefon und die beste Versandqualität. Im Vergleich lagen auf den hinteren Rängen H&M, Vera Moda, Zara und Dress for Less. Einige der getesteten Online-Shops zeigten Defizite bei Lieferzeit und Versand.[486]

Nicht nur im Jahr 2011, sondern auch im Jahr 2013 wurde das Rottendorfer Modeunternehmen zum Besten Online-Shop Fashion 2013 gekürt. In diesem Jahr überzeugte s.Oliver mit einer kundenfreundlich gestalteten Website, den Verzicht auf Versandkosten sowie kompetente Antworten auf Kundenanfragen und kurze Wartezeiten am Telefon. Auf dem zweiten Platz ist der Mitbewerber Zalando und auf dem dritten Platz Esprit.[487]

Wie vorweg beschrieben, zählt s.Oliver zu den besten Online-Shops Europas. Daher wird im Folgenden die Onlineseite näher betrachtet und mit dem Mitbewerber Esprit verglichen.

Um auf die Seite des Online-Shops zu gelangen, muss der Verbraucher (User) die Adresse www.soliver.de eingeben. Der Shop ist sehr Übersichtlich gestaltet. Wie auch im stationären Handel hat s.Oliver ihre Unternehmensfarben sowie das Logo im Online-Shop aufgegriffen, um ein einheitliches Auftreten dem Kunden zu präsentieren. Der User kann zwischen mehreren Kategorien auswählen: Damen, Herren, Junior, Triangle (Size 42+), Fashion Hero, Fashion Magazin, New und Sale. Diese Kategorien sind wiederum in Unterkategorien unterteilt. Das hat den Vorteil, dass die Ver-

---

[484] Vgl. o.V., 2012.
[485] Vgl. mh, 2012.
[486] Vgl. o.V., 2011.
[487] Vgl. o.V., 2013.

braucher einen schnellen Zugriff auf die gewünschten Artikel haben. Ist der Kunde sich eventuell doch unsicher über die Bezeichnung der Kategorie des gewünschten Artikels, so kann er einen Schnellsuchlauf starten. Das hierfür vorgesehene Suchfeld ist durch das Lupensymbol gekennzeichnet. Um den Kunden direkt auf die aktuelle Jahreszeit vorzubereiten, werden als Blickfang der Seite zusätzliche Themenkategorien wie Junior Bestseller, Outdoor Jacken, Knallig kuschelig, Jeans Lieblinge, Triangel by s.Oliver und Sale, mit trendigen Modebilder angezeigt. Hier werden die Verbraucher direkt angesprochen und zum Kauf angeregt werden.
Des Weiteren hat der User die Optionen, schnell und einfach auf sein Benutzerkonto zuzugreifen. Dazu benötigt er seine E-Mail-Adresse und sein persönliches Passwort. Auf der Hauptseite des Online-Shops kann der Kunde weitere Optionsfelder wie Versandkostenfrei und kostenlose Retouren, Kauf auf Rechnung, s.Oliver Card und Weltgrößte s.Oliver Auswahl zugreifen. Somit werden wichtige Zusatzfelder dem Kunden geboten, damit er sich bei Interesse darüber informieren kann. Die Produkte, die in dem Online-Shop angeboten werden, werden parallel zu stationären Verkauf präsentiert. Diese Gestaltung des Leistungsprogramms soll dem Verbraucher ein Einheitliches Konzept des Unternehmens wiederspiegeln. So hat der Kunde die Auswahl, die gleichen Produkte entweder über den Online-Shop oder über die Stores und Handelspartner von s.Oliver zu erwerben. Ebenso wie bei der Produktauswahl, hat der Kunde die Garantie, die Ware zum analogen Preis wie im stationären Handel zu erwerben.
Das Modeunternehmen s.Oliver wirbt zusätzlich im Online-Shop mit einer kostenlosen Lieferung, wahlweise per Hermes oder DHL. Somit hat der Kunde die Zustellung seiner Ware innerhalb von 2-5 Werktagen, nach Bestelleingang, zu Hause. Die Lieferung kann aber per Nachnahme gegen einer Gebühr von 2€ geliefert werden. Falls dem Kunden die bestellten Produkte nicht gefallen, können kostenfreie Retouren in jeder Postfiliale oder in einem beliebigen Hermes Paketshop abgegeben werden. Hierbei räumt das Unternehmen den Kunden ein 14-tägiges Rückgaberecht nach Erhalt der Ware ein.
Bei dem Unternehmen Esprit, können die Verbraucher den Online- Shop unter www.esprit.de aufrufen. Esprit hat ihre Seite ähnlich die s.Oliver gestaltet. Das Logo sowie die Unternehmensfarben sind hier wiederzufinden. Der Shop, ist zum Vergleich, schlichter gehalten.
Der User kann, wie bei s.Oliver, zwischen mehreren Kategorien wählen wie Women, Men, Kids, New, Sale, Stories und Friends wählen. Anders als bei s.Oliver, sind die Kategorien nicht der Landessprache angepasst, sondern in der Weltsprache Englisch aufgelistet. Die Unterpunkte der jeweili-

gen Kategorien sind teilweise deutschsprachig und wiederum englischsprachig (Trend & Specials, Bekleidung, Schuhe & Accessoires, Shop by Brand, Wohnen, Xmas und Gutscheine). Neben den Hauptkategorien (Women, Men etc.) werden an der linken Seite Themenkategorien wie Mini Röcke, Black Denim, Business Lounge, Jacken und Mäntel, Men: Winter Denim und Epic Moment Contest angezeigt. Aktuelle Themen (Trend, Neue Mode etc.) sind am Ende der Start-Seite des Online- Shops mit modischen Fotos platziert. Nicht nur die Kategorien, sondern auch andere Punkte weisen beim Aufbau der Seite Parallelen auf, wie zum Beispiel der Schnellsuchlauf, das Benutzerkonto und die Produkte (die auch im stationären Handel von Esprit erhältlich sind). Der Versand sowie notwendige Retouren sind beim Unternehmen ebenfalls kostenlos.

2 Zukünftige Ausrichtung, Ziele, Visionen, Expansionen

Aufbauend auf Kapitel 2, werden die möglichen zukünftigen Ausrichtungen, die Ziele, Visionen und Expansionen von s.Oliver erläutert.
s.Oliver ist bereits in Europa vielzählig vertreten. Diese Erfahrungen können sie in Hinsicht auf zukünftige Expansionen in neue Länder (ausländische Märkte) nutzen. Die bisher gesammelten Erfahrungswerte, können als Hilfestellung zur Beseitigung von potentiellen Schwächen dienen. Hierbei ist es zwingend notwendig, sich über fremde Kulturen und Gepflogenheiten zu informieren und in das erarbeitete Konzept einzupflegen und zu berücksichtigen. Ebenfalls müssen Punkte wie Kapitalverfügbarkeit, Kapitaleinsatz und Kapitalbindung bedacht werden.
Weiterhin muss der Blick auf der Produkt- und Unternehmensausrichtung liegen. S.Oliver sollte sich durch eine Expansion nicht zu stark verändern, da das Unternehmen sonst seine Werte verraten würde. Der Textilhändler beschreibt sich als Überbringer von Mode für jeden Menschen, in jeder Situation, zu jeder Zeit. Des Weiteren steht s.Oliver für Aufrichtigkeit sowie Intensität, Tradition und ehrliche Produkte zu fairen Preisen. Dies sind gleichermaßen das Geheimnis des Unternehmenserfolgs und die Mission, welche vertreten wird.
Durch die bereits erläuterte steigende Akzeptanz und Nachfrage nach Online-Shops, könnte s.Oliver seinen Internetauftritt erweitern um ihn noch bekannter zu machen. Hier besteht noch Wachstumsbedarf in Hinsicht auf Ab- und Umsatz.

3 SWOT-Analyse

Die SWOT-Analyse[488] hat das Ziel, die Ist-Position des eigenen Unternehmens mit der der Konkurrenz gegenüberzustellen[489], d.h. die Wettbewerbsposition des eigenen Unternehmens wird verdeutlicht[490]. Die Kernpunkte der Umweltanalyse sowie die strategischen Fähigkeiten eines Unternehmens werden zusammengefasst und in einer Grafik dargestellt. Die Abbildung erfolgt auf Grund von z.B. Unternehmensdaten, Expertenbeurteilungen und Schätzungen, hieraus lassen sich Stärken, die das Unternehmen beibehalten sollte sowie Schwächen, welche das Unternehmen abbauen sollte, ableiten[491].

Die Abbildung der Stärken und Schwächen ist eine interne und somit eine Unternehmensanalyse. Um eine spätere Bewertung in Stärken und Schwächen zu erreichen, müssen, wie vorweg erwähnt, die Umwelt- und Marktsituation betrachtet werden. Durch Szenarien werden die zukünftigen Entwicklungen, inklusive Auswirkungen auf den Markt abgeleitet, hierbei werden positive Entwicklungen als Chancen und negative Entwicklungen hingegen als Risiken gesehen. Chancen und Risiken werden aufgrund ihrer Wichtigkeit und Eintrittswahrscheinlichkeit bewertet[492]. Die Abbildung der Chancen und Risiken ist eine externe Abbildung und somit eine Umweltanalyse. Die hieraus gezogenen Erkenntnisse werden im weiteren Verlauf in Stärken, Schwächen, Chancen und Risiken aufgearbeitet und in einer Matrix dargestellt[493]. Aus dieser Abbildung können im späteren Verlauf Handlungsempfehlungen[494] und strategische Richtungen abgeleitet werden, welche sich zu einer Gesamtstrategie bündeln lassen:

- S-O-Strategien: Welche Stärken passen zu welchen Chancen, d.h. Stärken müssen so eingesetzt werden um Marktchancen nutzen zu können
- W-O-Strategien: Welche Schwächen passen zu welchen Chancen, d.h. Schwächen sollen zur Nutzung von Marktchancen beseitigt werden

---

[488] SWOT-Analyse bedeutet Strenghts (Stärken), Weaknesses (Schwächen), Opportunities (Chancen) und Threats (Risiken/Bedrohungen).
[489] Vgl. Liebmann, Hans-Peter / Zentes, Joachim / Swoboda, Bernhard, 2008, S.351.
[490] Vgl. Wöhe, Günter / Döring, Ulrich, 2008, S. 92.
[491] Vgl. Liebmann, Hans-Peter / Zentes, Joachim / Swoboda, Bernhard, 2008, S.351.
[492] Vgl. Liebmann, Hans-Peter / Zentes, Joachim / Swoboda, Bernhard, 2008, S.351f.
[493] Vgl. Lombris, Roman / Abplanalp, Peter A., 2004, S.197.
[494] Vgl. Liebmann, Hans-Peter / Zentes, Joachim / Swoboda, Bernhard, 2008, S.352.

- S-T-Strategien: Welche Stärken passen zu welchen Gefahren, d.h. Stärken sollen zur Abwehr von Bedrohungen für das Unternehmen beseitigt werden
- W-T-Strategien: Welche Schwächen passen zu welchen Gefahren, d.h. Schwächen sollen in Relation zu den Bedrohungen aus dem Umfeld des Unternehmens minimiert werden[495]

Mit der SWOT-Analyse lassen sich Fragen beantworten, wie z.B. „Wodurch entstehen Wettbewerbsvorteile für s.Oliver?" oder „Mit welchen Problemen könnte s.Oliver rechnen?"

3.1 Marketing-Mix

Um explizit auf vorher genannte Fragen und eine SWOT-Analyse im Gesamten eingehen zu können, müssen im Vorfeld Daten gesammelt und geordnet werden, die im Nachhinein den Stärken und Schwächen sowie Chancen und Risiken zugeordnet werden können um ein Fazit ziehen zu können und Handlungsempfehlungen ausgesprochen werden können. Zur Sammlung dieser Daten wird sich in dieser Fallstudie auf den Marketing-Mix und seinen Instrumenten, den sogenannten 4 P´s [496], bezogen, da hier eine aktive Marketing-Politik (zielgerichtete Bearbeitung der Märkte) betrieben werden kann[497] und somit auch die benötigten Informationen im Verlauf sichtbar werden. Die 4 P´s setzen sich aus folgenden Marketinginstrumenten zusammen:

Product   : Produktpolitik
Price   : Preispolitik
Promotion : Kommunikationspolitik
Place   : Distributionspolitik

Abbildung 80 zeigt die wesentlichen Inhalte, also die Einzelmaßnahmen des Marketing-Mix auf, welche von den Entscheidungsträgern ausgewählt, gestaltet und kombiniert werden müssen[498].

---

[495] Vgl. Dillerup, Ralf / Stoi, Roman, 2008, S.235.
[496] Vgl. Meffert, Heribert / Burmann, Christoph / Kirchgeorg, Manfred, 2012, S.385ff.
[497] Vgl. Kirsch, Jürgen / Müllerschön, Bernd, 2003, S.116.
[498] Vgl. Kirsch, Jürgen / Müllerschön, Bernd, 2003, S.116.

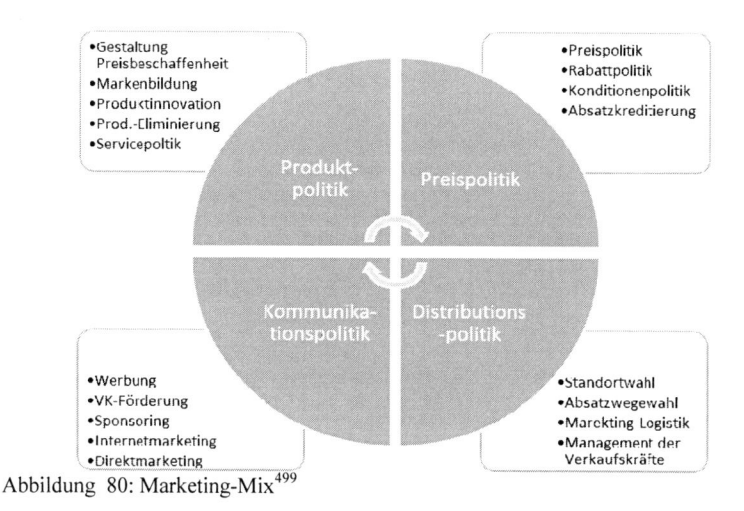

- Gestaltung Preisbeschaffenheit
- Markenbildung
- Produktinnovation
- Prod.-Eliminierung
- Servicepoltik

Produktpolitik

- Preispolitik
- Rabattpolitik
- Konditionenpolitik
- Absatzkreditierung

Preispolitik

Kommunikationspolitik

Distributions-politik

- Werbung
- VK-Förderung
- Sponsoring
- Internetmarketing
- Direktmarketing

- Standortwahl
- Absatzwegewahl
- Marckting Logistik
- Management der Verkaufskräfte

Abbildung 80: Marketing-Mix[499]

Die Produktpolitik umfasst alle Entscheidungen, die die Gestaltung des Leistungspro-gramms in einem Unternehmen betreffen[500]. Das heißt u.a. die in der Abbildung aufgeführten Aspekte.

S.Oliver ist ein Modeunternehmen, welches sich auf Bekleidung, Schuhe und Accessoires spezialisiert hat, das Sortiment wird durch Duftkollektionen und Schmuck abgerundet, wobei der Sektor Bekleidung den Hauptanteil darstellt. Das Bekleidungssortiment ist in drei Hauptsegmente untergliedert, um unterschiedliche Käufertypen anzusprechen. Hierbei gibt es für die Freizeitbekleidung die Marke s.Oliver Casual, welche den größten Segmentanteil übernimmt. QS by s.Oliver ist die Marke des Jugendmoden-Segments und SELECTION by s.Oliver das Segment der konservativen und stilvollen Mode[501].

Des Weiteren gibt es Produktlinien wie u.a. s.Oliver Junior für Baby- und Kinderkleidung, TRIANGLE by s.Oliver für Übergrößen, s.Oliver Shoes, s.Oliver Eyewear und Time für Schuhe, Brillen und Uhren. Hiermit hat das Unternehmen im Laufe der Jahre ein breites Sortiment geschaffen.

Der Hauptkonkurrent Esprit hat sich wie s.Oliver auch auf diese Sortimentsbereiche spezialisiert, detailliert ist dies im Kapitel 2 erläutert. Der ehemalige weltweite Chef und Aufsichtsrat, Heinz Krogner, kritisiert die Veränderung des Unternehmens in Hinsicht auf Qualität und Wiedererken-

---

[499] Eigene Abbildung
[500] Vgl. Kirsch, Jürgen / Müllerschön, Bernd, 2003, S.117.
[501] Vgl. s.Oliver Bernd Freier GmbH&Co.KG, 2013g.

nung am Markt. Seit dem internen Machtwechsel hätte Esprit keine Handschrift mehr und darüber hinaus die Kunden vernachlässigt. Hierin besteht eine enorme Gefahr, dass Kunden sich abwenden und verloren gehen[502].
Die Preispolitik legt Konditionen fest, unter welchen die angebotenen Produkte und Sach- und Dienstleistungen am Markt etabliert werden. Die Aktionsfelder hierbei sind z.b. Grundpreise, Rabatte, Kreditgewährung und Konditionen, welche für Lieferanten und Kunden getroffen werden müssen[503].
S.Oliver legt hierbei großen Wert auf die Aussage, dass sie moderne und hochwertige Kleidung zu fairen Preisen vertreiben. Sie etablieren sich im mittleren[504] bis höheren Preissegment[505], um auch weitere Käuferschichten anzusprechen, da die bislang angesprochene Mittelschicht am ehesten den Schwankungen aus der Weltwirtschaft inklusive Arbeitslosigkeit unterliegt[506].
Esprit hingegen beschreibt seine Produkte als stilvolle Mode in höchster Qualität.[507] Eine Äußerung über den Preis findet hier von Unternehmensseite nicht statt. Das Unternehmen ist jedoch ähnlich wie s.Oliver im mittleren bis hohen Preissegment positioniert.
In dieser Fallstudie befindet sich die Preis- und Qualitätseinordnung von s.Oliver im Vergleich zur Konkurrenz in einem Koordinatensystem. Dabei handelt es sich um eine subjektive Einschätzung der Verfasser dieser Fallstudie, wie sie die jeweiligen Preis- und Qualitätsindikatoren einordnen.
Grundsätzlich lässt sich die Kommunikation als Übermittlung von Informationen durch einen Sender und Empfänger erklären. Wenn daraufhin eine Rückmeldung des Empfängers an den Sender erfolgt, handelt es sich um eine zweiseitige Kommunikation[508]. Um eine zweiseitige Kommunikationsreaktion zu erhalten, dies bedeutet im Sinne der Marktteilnehmer ein Kaufreaktion, umfasst die Kommunikationspolitik alle Maßnahmen zwischen Unternehmen und potenziellen Kunden sowie Bezugsgruppen und Mitarbeitern[509]. Um diese Interaktion zu führen, werden Kommunikationsinstrumente wie u.a. die klassische Werbung, Verkaufsförderung (Sales

---

[502] Vgl. Iwersen, Sönke, 2012.
[503] Vgl. Kirsch, Jürgen / Müllerschön, Bernd, 2003, S.139.
[504] Vgl. Granzow, Axel / Bilen, Stefanie, 2010.
[505] Vgl. o.V., 2009.
[506] Vgl. o.V., 2009.
[507] Vgl. Esprit Global Image GmbH, 2013
[508] Vgl. Kirsch, Jürgen / Müllerschön, Bernd, 2003, S.161.
[509] Vgl. Meffert, Heribert / Burmann, Christoph / Kirchgeorg, Manfred, 2012, S.385ff.

Promotion), Öffentlichkeitsarbeit (Public Relations), Direct- Marketing, Sponsoring und Messen sowie Events eingesetzt[510].
S.Oliver sponserte bislang Sportteams wie den FC Bayern München, Borussia Dortmund und das Würzburger Basketballteam s.Oliver Baskets[511]. Über die klassische Fernsehwerbung und seit 2013 auch über das TV-Profil Fashion Hero von ProSieben, in der talentierte Designer antreten um ihre Kollektionen an eines der teilnehmenden Unternehmen zu verkaufen[512], sichert sich s.Oliver Bekanntheitswerte und steigert nachhaltig seinen Ab- und Umsatz. Über die Social-Media-Plattform Facebook und eigene Apps für Android und Apple Smartphones wird ebenfalls versucht, potentielle Kunden zu akquirieren[513]. Des Weiteren setzt sich s.Oliver sozial für Projekte wie nachhaltige Kleiderspenden (PACKMEE-Projekt)[514] oder auch die Unterstützung der Würzburger Kinderintensivstation und den Verein „Hilfe im Kampf gegen Krebs e.V."[515].
Wie in Kapitel 2 bereits beschrieben, stellt s.Oliver seine CI im stationären und Online- Handel gleich dar. S.Oliver hat im stationären Handel, wie auch im Online-Shop die Unternehmensfarben sowie das Logo einheitlich gewählt und aufgegriffen, um dem Kunden ein homogenes Bild zu repräsentieren. S.Oliver hat sich seit der Gründung zu einem traditionellen Unternehmen entwickelt, bei dem der Gründer Bernd Freier nach wie vor Geschäftsführungsmitglied ist. Durch so eine Kontinuität bildet sich Vertrauen gegenüber den Kunden und reflektiert die Beständigkeit eines Unternehmens.
Esprits größtes Sponsoring Projekt, stellte das Namenssponsoring der Düsseldorfer Sportarena „Esprit-Arena" dar. Dieses Projekt sollte ursprünglich bis 2014 andauern, jedoch wurde der Vertrag seitens Esprit bereits verfrüht zum 30.04.2013 gekündigt[516]. Weitere nennenswerten Sponsorings konnten nicht gefunden werden. Ebenfalls wie s.Oliver, präsentiert sich Esprit über klassische Werbung und nutzt Social-Media Plattformen und setzt sich für soziale Projekte ein. Die CI ist einheitlich gewählt und wird so im stationären und im Online-Handel aufgegriffen.
Als letzten Instrumentalbereich des Marketing-Mix ist die Distributionspolitik zu nennen. Hierbei wird der Absatzkanal gestaltet, um die räumliche,

---

[510] Vgl. Kirsch, Jürgen / Müllerschön, Bernd, 2003, S.162ff.
[511] Vgl. s.Oliver Bernd Freier GmbH&Co.KG, 2013h.
[512] Vgl. s.Oliver Bernd Freier GmbH&Co.KG, 2013i.
[513] Vgl. o.V., 2011.
[514] Vgl. s.Oliver Bernd Freier GmbH&Co.KG, 2013j.
[515] Vgl. s.Oliver Bernd Freier GmbH&Co.KG, 2013k.
[516] Vgl: Lauer, Ina / Onkelbach, Hans, 2013.

zeitliche und mengenmäßige Distanz zwischen Kunden und Unternehmen zu überwinden[517]. D.h. explizit, welchen Absatzweg nimmt ein Unternehmen wahr? , welchen Standort sieht es als angemessen an? , und wie wird das Management der Verkaufsorgane gestaltet?
S.Oliver hat sich mit dem Unternehmenshauptsitz in Rottendorf nähe Würzburg niedergelassen, von hier aus finden alle Maßnahmen statt. Neben dem stationären Handel, über eigene Ladengeschäfte, vertreibt das Unternehmen seine Produkte auch über Handelspartner in Partner-Stores, im Direkt-Vertrieb über ein Shop-in-Shop-System und im Großhandel. Der Endverbraucher kann darüber hinaus die Produkte über den Versandhandel und den Online-Shop erhalten.[518]
Das konkurrierende Textilunternehmen hat seine Hauptsitze in Ratingen bei Düsseldorf und Hongkong. International ist Esprit in über 40 Ländern weltweit im stationären, ähnlich wie bei s.Oliver sowie Online-Handel vertreten.[519]

Stärken von s.Oliver und Esprit

Wie bereits in Kapitel 1 dieser Fallstudie erwähnt, wurde s.Oliver bereits 1969 gegründet und eröffnete sein erstes Ladengeschäft. Eine stetige positive Entwicklung von s.Oliver zeichnet sich ab, da das Unternehmen bis heute besteht und zu den beliebtesten und umsatzstärksten Modeunternehmen Europas zählen. Dies ist ein klares Indiz für das Vertrauen der Verbraucher in die Marke und das Unternehmen s.Oliver. Die Entwicklung des Unternehmens s.Oliver in Hinblick auf ein einheitliches Erscheinungsbild mit einer klaren Preisgestaltung und der Positionierung am Markt, hat nicht nur in Deutschland, sondern Europaweit bereits einen klaren Wiedererkennungswert erreicht. Die Verbraucher sind von der Qualität der Produkte überzeugt und kaufen bei s.Oliver höchste Qualität zu fairen Preisen. Das Modeunternehmen hat bewusst nicht nur eine Zielgruppe definiert, sondern mehrere, um die Produkte für jedermann zugänglich zu machen und diese attraktiv und erschwinglich anbieten zu können. Bei dieser Strategie sollte der Blick in alle Richtungen gehen, um die größtmögliche Menge an potentiellen Kunden zu erreichen und zu binden.
Als nächste Stärke kann die steigenden Anzahlen von eigenen Ladengeschäften und Handelspartnern stehen, aber vor allem der Schritt in den Versand- und Onlinehandel. D.h. s.Oliver möchte jederzeit von immer mehr

---

[517] Vgl. Kirsch, Jürgen / Müllerschön, Bernd, 2003, S.145 ff..
[518] Vgl. s.Oliver Bernd Freier GmbH&Co. KG, 2013l.
[519] Vgl. Esprit Global Image GmbH, 2013.

Kunden erreichbar und zugänglich sein. Durch den Online- Handel sind zeitliche, persönliche und geografische Einschränkungen der potentiellen Kunden genommen worden und eine bequeme Alternative geschaffen worden. Dieser Sektor sollte weitergehend hohe Priorität haben, da die Konkurrenz ebenfalls Online-Shops hat.

S.Oliver wurde im Jahr 2013 zum zweiten Mal zum „Besten Online-Shop Fashion" ausgezeichnet. Hier wurden, wie in Kapitel 2 beschrieben, Kriterien wie Versand, Kundenservice und Bestellvorgänge bewertet. Das Unternehmen hat sich hier gegen andere Mitbewerber wie Zalando, H&M, Esprit durchgesetzt.

Der wirtschaftliche Erfolg, in Verbindung mit dem sozialen und nachhaltigen Engagement des Unternehmens, wird als Stärke zum weiteren Wachstum verwendet.

Neben einer hohen Medienpräsenz und einem gut ausgebauten Vertriebsnetz, überzeugt Esprit ebenfalls mit guter Qualität und einer weltweiten Bekanntheit. Klare Zielgruppendefinitionen, wirtschaftliche Erfolge und die Verfügbarkeit eines Online-Handels zählen ebenfalls zu den Stärken Esprits.

Schwächen von s.Oliver und Esprit

Das Unternehmen s.Oliver ist ein zentralisiertes Unternehmen, vom Hauptsitz Rottendorf aus wird die gesamte Wertschöpfungskette von der Entwicklung bis zum Verkauf der Produkte gesteuert. Hierbei sollte bei der weiteren Entwicklung (z.B. Expansionen in weitere Länder) sichergestellt werden, ob diese Organisationsstruktur umsetzbar und sinnvoll ist. Falls dies nicht der Fall ist, müsste eine neue Organisation für den jeweiligen Markt aufgebaut, oder das Vorhaben nicht realisieren werden. Desweitern muss s.Oliver darauf achten, seine Marke nicht verwässern zu lassen und eine klare Positionierung im Markt zu halten, da es sonst zu negativen Einflüssen kommen kann. Mit zu vielen Angeboten in verschiedenen Produktsegmenten und einer nicht klar definierten Preispositionierung können potentielle und vorhandene Kunden abgeschreckt und verloren werden.

S.Oliver hat eine starke Konkurrenz im Textilhandel, welche ebenfalls Online-Shops betreiben. Da Kannibalisierungseffekte über die einzelnen Vertriebskanäle entstehen können und eine Irritationen der Preisgestaltung vorliegen kann, sollte man sich weiter im dem Online- Handel beschäftigen.

Durch die Tatsache, dass Esprit eine Holding in Form einer Aktiengesellschaft ist, kann es sich schwierig gestalten, kurzfristige Entscheidungen

sowie langfristige Strategien zu entscheiden. In Hinsicht auf regionale Verbundenheit der Kunden könnte die Tatsache, dass Esprit keine rein national ansässig geführtes Unternehmen ist, zu Imageverlusten kommen.
Esprit sollte ebenfalls, wie s.oliver, darauf achten, eine klare Positionierung zu halten. Bei diesem Aspekt wird, wie im Kapitel 4.1. bereits erwähnt, kritisch auf die Veränderung geblickt. Hieraus könnten negative Auswirkungen auf den langfristigen und zukünftigen Unternehmenserfolg entstehen. Imagesenkend könnte sich auch der Streit und das negative Öffentlichkeitsinteresse, im Falle der Unstimmigkeiten, um das Namenssponsoring der bereits erwähnte ESPRIT- ARENA auswirken.

Langfristige Zukunftschancen

Für eine weitere Entwicklung und einer evtl. geplanten weiteren Expansion sollten strategische Partnerschaften bei bereits vorhandenen Partnern gestärkt werden. Neue Partner sollten akquiriert und mit ihnen ebenfalls Partnerschaften aufgebaut werden. Dies kann nicht nur das Unternehmen an sich stärken, sondern auch dazu dienen, neue Kundenschichten anzusprechen, zu gewinnen und diese langfristig zu binden.
Die Begeisterung für Mode und das Unternehmen steht bei s.Oliver bereits in den Unternehmensgrundsätzen und die Mitarbeiter versuchen dies auch an den Kunden weiter zu geben und sie von der Marke zu überzeugen.
Die Grundeigenschaften der Marken, die Sicherstellung und Gewährleistung der höchsten Qualität zu fairen Preisen sollte auch zukünftig beachtet werden und bieten eine umsatzstarke Prognose.
Als besonderer Motivator kann eine stetige Weiterentwicklung des Unternehmens für Mitarbeiter und Kunden darstellen. Um jedoch eine stetige Weiterentwicklung gewährleisten zu können und um gesund zu wachsen, muss s.Oliver die Fähigkeit besitzen, Wissen und Erfahrungen weiter zu geben.
Da sich s.Oliver nicht im Zwang befindet unbedingt wachsen zu müssen und / oder expandieren zu müssen, können folgende Faktoren genannt werden, welche einen Markt attraktiver machen um z.B. Synergieeffekte, wie Kostenersparnisse zu erhalten, um Wettbewerbsvorteile zu bewahren:

- Kostenvorteile
- Arbeitsmarktlage
- Wahrnehmen vom Marktanteilen und Marktpotentialen
- Spezielle Kompetenzen und wichtiges Wissen kennen und einsetzen

Durch die starke Konkurrenz von s.Oliver, besonders auch im Online-Handel, muss darauf geachtet werden, kontinuierlich einen aktuellen und für den Kunden attraktiven, verständlichen und einfachen Online-Shop zu haben. Preispolitische Maßnahmen wie Rabatte, Gutscheine, einfache Zahlungsweisen und Rückgabeservices müssen hierbei beachtet und kundenfreundlich gestaltet werden.
Die soeben aufgeführten Punkte gelten analog für Esprit. Des Weiteren sollte die Aktiengesellschaft darauf achten, seine Leitideen nicht zu verlieren und auf die Bedürfnisse des Kunden einzugehen.

Risiken

Als allgemeines Marktrisiko ist hier die Schnelllebigkeit der Modetrends zu nennen. Durch ständig wechselnde Trends und Trendvorgaben ist es schwierig, hier einen optimalen Lösungsansatz zu finden. Das Risiko einen Trend nicht frühzeitig zu erkennen und zu bearbeiten, ist in der Textilbranche groß und kann enorme Einbußen für ein Unternehmen bedeuten.
Die Pflege eines Online- Shops betreibt großen Aufwand in Hinsicht auf die Aktualität, Rechtsvorschriften und die Übertragungs- und Datenrisiken. Des Weiteren können Online- Shops Imageprobleme durch unseriöse Mitbewerber entstehen, wobei es sich als schwer gestaltet die eigene Seriosität zu repräsentieren und das Kundenvertrauen zu halten und eine Akzeptanz zu halten und zu fördern.
Bei Lieferschwierigkeiten, die bezüglich der zustellenden Logistiker entstehen, können Vertrauensverluste der Kunden bis hin zum Kundenverlust erfolgen. Da die Kunden die Lieferproblematiken nicht mit dem Logistiker an sich, sondern mit dem Unternehmen, welches den Online- Shop betätigt verbindet, entstehen negative Synergieeffekte.
Als Letztes ist die Preisstrategie zu nennen. Dabei muss darauf geachtet werden, dass bei Unternehmen, welche stationäre Ladenlokale und ein Online- Shop besitzen, dieselbe Strategie genutzt wird um den Kunden nicht zu irritieren.

Abbildung der SWOT-Analyse

Zur besseren Abbildung und zum besseren Verständnis, sind alle genannten Punkte und weitere externe Umwelteinflüsse, nochmals in Abbildung 81 in einer SWOT- Abbildung visualisiert. Hier wird das Unternehmen s.Oliver in Hinsicht auf den Mitbewerber Esprit und den allgemeinen Umwelteinflüssen dargestellt.

Interne Faktoren / Externe Faktoren	Stärken	Schwächen
Chancen	S-O-Strategien: - Das Filialnetz noch besser ausbauen durch die Eröffnung weiterer Ladengeschäfte - Noch schneller auf Modetrends reagieren - Kundenbefragungen / Marktforschungen tätigen	W-O-Strategien: - Imageaufwertungen der Marken / des UN - Angebotserweiterungen je nach KD-Bedarf und Wunsch - Qualitätsstandards halten - Mitarbeiterschulungen für weiterhin guten Service
Risiken	S-T-Strategien: - Lieferantenpflege - Onlineshop pflegen	W-T-Strategien: - Neukunden gewinnen - Kunden von qualitativ hochwertiger Leistung überzeugen - gezielte Werbemaßnahmen starten - Trendfrüherkennung ausbauen - Der Unternehmensphilosophie treu bleiben

Abbildung 81: SWOT- Analyse[520]

---

[520] Eigene Abbildung

4 Fazit

Der Online-Shop von s.oliver sichert dem Unternehmen, wie bereits im Kapitel 2 erwähnt, die Profilierung gegenüber den Mitbewerbern wie Esprit, H&M, Zalando, Zara etc..
Des Weiteren dient der Shop im Internet zu Imagesteigerung sowie der Kundenbindung und der Neugewinnung von Kunden. Die Konsumenten von s.oliver genießen die Vorzüge eines Online-Shops für eine schnelle Informationsbeschaffung ihrer Kaufentscheidungen sowie der kürzeren Kommunikationswege.
Klar definierte Ziele und Visionen erleichtern es dem Kunden, das Unternehmen zu verstehen und ihm zu vertrauen. Deshalb ist es wichtig, eine klare Unternehmensphilosophie aktiv zu kommunizieren und zu leben. Den Integrationsgrad eines Unternehmens wird durch die transparente und integrierte Kommunikation gefördert. Dies gibt eine Orientierung und ermöglicht eine Überlappung von Eigen- und Fremdbild und unterstützt hiermit nachhaltig die Geschäftsziele des Unternehmens.
Um weiterhin eines der erfolgreichsten Textilunternehmen Europas zu bleiben, muss s.oliver seine Stärken immer weiter ausbauen, auf Markttrends reagieren und innovativ bleiben. Dies kann u.a. der Aufdruck der Online-Shop-Adresse von s.oliver auf den Einkaufstüten sein. Schwächen hingegen müssen analysiert und gegebenenfalls eliminiert werden. Hierbei ist es wichtig, das Wissen stets auszubauen, weiterzugeben und zu sichern.

5 Arbeitsfragen

1. Nennen Sie die 4 Strategien der SWOT-Analyse und was besagen sie?

2. Wie positioniert sich s.Oliver am Markt?

3. Formulieren Sie eine Expansionsstrategie für den amerikanischen Markt.

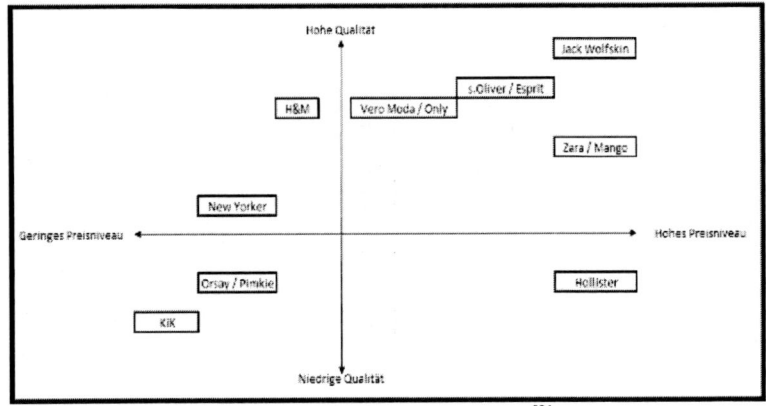

Abbildung 82: Preis- & Qualitätsposition der Unternehmen[521]

Quellenverzeichnis

Literaturverzeichnis

Dillerup, Ralf / Stoi, Roman: Unternehmensführung, 2.Aufl., München: Verlag Franz Vahlen GmbH, 2008

Kirsch, Jürgen/ Müllerschön, Bernd: Marketing kompakt: Mit englischem Marketing-Fachwortverzeichnis, 6. Aufl., Sternenfels: Verlag Wissenschaft und Praxis, 2009

Lombriser, Roman / Abplanalp, Peter A.: Strategisches Management: Visionen entwickeln, Strategien umsetzen, Erfolgspotentiale aufbauen, Zürich: Versus Verlag

Meffert, Heribert / Burmann, Christoph / Kirchgeorg, Manfred: Marketing: Grundlagen marktorientierter Unternehmensführung, 11.Auflage,Wiesbaden: Gabler Verlag, 2012

Wöhe, Dieter / Döring, Ulrich: Einführung in die Allgemeine Betriebswirtschaftslehre, 23. Aufl., München: Verlag Franz Vahlen GmbH, 2008

Rechtsquellenverzeichnis

Gesetz zur Vereinheitlichung von Vorschriften über bestimmte elektronische Informations- und Kommunikationsdienste

---

[521] Eigene Abbildung

(Elektronischer-Geschäftsverkehr-Vereinheitlichungsgesetz–ElGVG) (Telemediengesetz, TMG) vom 26. Februar 2007 (BGBl. I S. 179, 251)

Internetverzeichnis

Bundesverband des deutschen Versandhandels: Gesamtumsatz und Online-Umsatz im interaktiven Handel 2006 bis 2012 in Deutschland mit Prognose für 2013 (in Milliarden Euro), Homepage des EHI Handelsdaten.de: http://www.handelsdaten.de/statistik/daten/studie/76745/umfrage/umsatz-versandhandel-und-onlinehandel/ (Abruf am 05.11.2013), 2013

Esprit Global Image GmbH: Profil: Esprit – unser Spirit, Homepage der Esprit Global Image GmbH: http://www.esprit.com/company/about_us/profile/ (Abruf am 05.11.2013), 2013

Granzow, Axel / Bilen, Stefanie: Gerry Weber stiehlt der Modebranche die Show, Homepage des Handelsblattes:http://www.handelsblatt.com/unternehmen/mittelstand/rekordergebnis-gerry-weber-stiehlt-der-mode-branche-die-schau-seite-2/3383080-2.html (Abruf am 05.11.2013), 2010

Iwersen, Sönke: Esprit hat Kunden vergrault, Homepage des Handelsblattes: http://www.handelsblatt.com/unternehmen/industrie/abrechnung-des-ex-esprit-chef-esprit-hat-kunden-vergrault-seite-all/6753516-all.html (Abruf am 05.11.2013), 2012

Krug,E.: Multi-Channel-Retailing – Kannibalisierung der Kanäle, Homepage der GBI-Genios Deutsche Wirtschaftsdatenbank GmbH: http://www.genios.de/wirtschaft/multi_channel_retailing_im_blickpunkt/c_vertrieb_20030514.html (Abruf am 05.11.13), 2003

Lauer, Ina / Onkelbach, Hans: Arena sucht neuen Namens-Sponsor, Homepage der RP Online: http://www.rp-online.de/region-duesseldorf/duesseldorf/nachrichten/arena-sucht-neuen-namens-sponsor-1.3286179 (Abruf am 05.11.2013), 2013

Mh: Alle setzen auf Multichannel, Homepage der ChannelPartner: http://www.channelpartner.de/handel/ecommerce/2585472/index.html (Abruf am 05.11.2013), 2012

o.V.: s.Oliver wird zum Luxuslabel, Homepage von FashionUnited: http://www.fashionunited.de/News/Leads/s.Oliver_wird_zum_Luxuslabel_200908096601/ (Abruf am 05.11.2013), 2009

o.V.: Studie: s.Oliver führt den besten Online-Shop, Homepage von FashionUnited: http://www.fashionunited.de/News/Columns/Studie%3A_s.Oliver_f%FChrt_besten_Online-Shop_201104019419/ (Abruf am 05.11.2013), 2011

o.V.: s.Oliver baut mobile Kommunikation aus, Homepage der Innovationsagentur für IT und Medien: http://innovation.mfg.de/de/standort/informationstechnologie/mobil-telekommunikation/s-oliver-baut-mobile-kommunikation-aus-1.5913 (Abruf am 05.11.2013), 2011

o.V.: s.Oliver meldet Umsatzplus von 12%, Homepage von FashionUnited: http://www.fashionunited.de/News/Columns/s.Oliver_meldet_Umsatzplus_von_12%25_2012053011868/ (Abruf am 05.11.2013), 2012

o.V.: s.Oliver betreibt „Besten Onlineshop Fashion 2013", Homepage von FashionUnited: http://www.fashionunited.de/News/Leads/s.Oliver_betreibt_%22Besten_Onlineshop_Fashion_2013%22_2013030613590/ (Abruf am 05.11.2013), 2013

s.Oliver Bernd Freier GmbH & Co.KG: Es war einmal..., Homepage der s.Oliver Bernd Freier GmbH & Co.KG: http://career.soliver.com/de/wer-wir-sind/geschichte (Abruf am 05.11.2013a)

s.Oliver Bernd Freier GmbH & Co.KG: Es war einmal..., Homepage der s.Oliver Bernd Freier GmbH & Co.KG: http://career.soliver.com/de/wer-wir-sind/geschaeftsmodell/, (Abruf am 05.11.2013b)

s.Oliver Bernd Freier GmbH & Co.KG: Es war einmal..., Homepage der s.Oliver Bernd Freier GmbH & Co.KG: http://career.soliver.com/de/wer-wir-sind/produkte/, (Abruf am 05.11.2013c)

s.Oliver Bernd Freier GmbH & Co.KG: Store-Finder, Homepage der s.Oliver Bernd Freier GmbH & Co.KG: http://www.soliver.com/stores/store-finder.html, (Abruf am 05.11.2013d)

s.Oliver Bernd Freier GmbH & Co.KG: Was uns ausmacht: Unsere Werte, Homepage der s.Oliver Bernd Freier GmbH & Co.KG: http://career.soliver.com/de/wer-wir-sind/werte/ (Abruf am 05.11.13e)

s.Oliver Bernd Freier GmbH & Co.KG: s.Oliver – von einer Boutique bis hin zu einem der größten Fashion - und Lifestyleunternehmen

Europas, Homepage der s.Oliver Bernd Freier GmbH & Co.KG: http://www.soliver.com/fileadmin/content/03_company/history/Chronik_de.pdf (Abruf am 05.11.13f)

s.Oliver Bernd Freier GmbH & Co.KG: Von der Idee zum Verkaufshit: Unsere Produkte, Homepage der s.Oliver Bernd Freier GmbH & Co.KG: http://career.soliver.com/de/wer-wir-sind/produkte/ (Abruf 05.11.2013g)

s.Oliver Bernd Freier GmbH & Co.KG: Highlights, Homepage der s.Oliver Bernd Freier GmbH & Co.KG: http://www.soliver.com/company/about-us/highlights.html (Abruf am 05.11.2013h)

s.Oliver Bernd Freier GmbH & Co.KG: s.Oliver ist offizieller Partner von Fashion Hero, Homepage der s.Oliver Bernd Freier GmbH & Co.KG: http://www.soliver.com/fashion-hero/fashion-hero.html (Abruf am 05.11.2013i)

s.Oliver Bernd Freier GmbH & Co.KG: s.Oliver ist Fashion-Partner von Packmee – Die Kleiderspende im Karton, Homepage der s.Oliver Bernd Freier GmbH & Co.KG: http://www.soliver.com/company/about-us/packmee.html (Abruf am 05.11.2013j)

s.Oliver Bernd Freier GmbH & Co.KG: s.Oliver feiert den Weltkindertag mit den Miniclub-Kindern, Homepage der s.Oliver Bernd Freier GmbH & Co.KG: http://www.soliver.com/company/about-us/highlights.html (Abruf am 05.11.2013k)

s.Oliver Bernd Freier GmbH & Co.KG: Wie wir funktionieren, Homepage der s.Oliver Bernd Freier GmbH & Co.KG: http://career.soliver.com/de/wer-wir-sind/geschaeftsmodell/ (Abruf am 05.11.2013l)

10 SportScheck

(Baumann, M./Heeren, D.)

1 Historie und Entstehung

Die Ursprünge der SportScheck GmbH führen auf Otto Scheck zurück, der 1946 in München aus alten Militärbeständen erstmals Wintersportausrüstungen herstellte.[522]

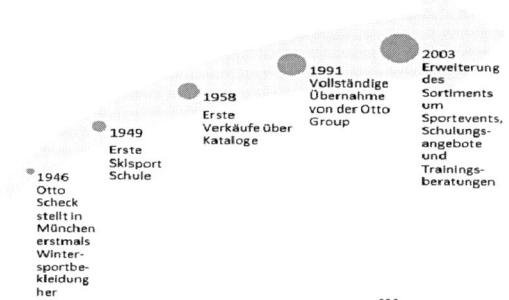

- **1946** Otto Scheck stellt in München erstmals Wintersportbekleidung her
- **1949** Erste Skisport Schule
- **1958** Erste Verkäufe über Kataloge
- **1991** Vollständige Übernahme von der Otto Group
- **2003** Erweiterung des Sortiments um Sportevents, Schulungsangebote und Trainingsberatungen

Abbildung 83: Zeitstrahl des Unternehmens SportScheck[523]

Bereits in den Anfängen wurde sehr viel Wert darauf gelegt, dass nicht ausschließlich die Sportartikel verkauft werden, sondern darüber hinaus der Umgang hiermit geschult wird. Somit wurde 1949 von Scheck die erste Skischule gegründet. Hieraus entwickelte sich das heutige Motto: „SportScheck. Wir machen Sport".[524] In diesem Zusammenhang wird SportScheck als Treffpunkt für Aktive gesehen und bietet die Möglichkeit Sport zu treiben und neues zu entdecken. Seit 1958 fand der Verkauf über Kataloge statt. Dadurch wurde die Otto- Group, die bekannt für ihren Katalog Verkauf ist, auf SportScheck aufmerksam. SportScheck wurde 1988 anteilig und 1991 vollständig von der Otto- Group übernommen. Von 1990 bis 2003 beschränkte sich das Unternehmen auf den Verkauf von Ausrüstungen und Bekleidung für die verschiedensten Sportarten. Doch SportScheck erkannte, dass dies nicht der optimale Weg ist und erweiterte das Angebot.[525] So lassen sich auf der Homepage zusätzlich Tipps über

---

[522] Vgl. SportScheck, 2013a.
[523] Eigene Abbildung
[524] Vgl. SportScheck, 2013b.
[525] Vgl. IHK München, 2012.

Events, Berg- und Skischulen und Trainingstipps für organisierte Läufe von SportScheck finden.

2 Philosophie

„SportScheck ist ein Lebensgefühl, das wir verkaufen"[526]- unter diesem Leitsatz vertreibt die SportScheck GmbH sämtliche Bekleidung und Ausrüstung für verschiedenste Sportarten an Damen, Herren und Kinder. Von der Fußballhose über die Yoga- Matte bis zur Wanderausrüstung sind hier alle Bereiche abgedeckt.
SportScheck selbst definiert als Ziel Menschen an den Sport heranzuholen.
Die Angestellten sind sportbegeistert und oft selbst sportlich sehr erfolgreich. Zur Unternehmensphilosophie zählt es gerne in den Dialog mit dem Kunden zu treten und Wissen weiterzugeben. Dies geschieht sowohl im direkten Kontakt in der Filiale als auch durch die Sortimentsgestaltung und Eventplanung.
„Unser Ziel: Der Besuch bei SportScheck- egal wo- soll dir Spaß machen und Lust auf mehr."[527]
So findet zum Beispiel jährlich das Outdoor- Testival am Molvenosee in Nord Italien statt. Hierbei besteht die Gelegenheit Ausrüstungen zu testen und eventuell einen Sport für sich zu entdecken.
SportScheck legt sehr viel Wert auf den direkten Kontakt zu seinen Kunden. Jeder der mit SportScheck in Kontakt tritt, sei es im Internet oder in den Filialen, wird vom Personal geduzt und persönlich und sehr individuell beraten.
Mit dem Slogan „Wir machen Sport" zeigt das Unternehmen seinen Bezug zum Sport und seine Relevanz im Sport. Ohne SportScheck gäbe es keinen Sport soll dieses Motto scheinbar nach außen suggerieren. Dabei denkt SportScheck auch schon an die Zukunft. Damit auch kommende Generationen in einer intakten Umwelt ihren Aktivitäten nachgehen können, legt das Unternehmen großen Wert auf den nachhaltigen Umgang mit Ressourcen.[528]

---

[526] IHK München, 2012.
[527] SportScheck, 2013b.
[528] Vgl. SportScheck, 2013c.

3 Derzeitiger Stand im Markt

Allgemeines

Heute gilt SportScheck mit jährlich vier Hauptkatalogen, 17 Filialen in Deutschland und Vertrieb im Internet als Ausrüstungs- und Bekleidungsspezialist für nahezu jede Sportart.[529]
Die Produkte sind in Deutschland, Österreich und der Schweiz erhältlich. Es besteht ebenfalls die Möglichkeit aus dem Katalog über den Online-Bestellschein die Ware zu erhalten.
Durch den Internetauftritt ist SportScheck heute zu dem führenden Multichannel- Sportfachhändler geworden.
Die Website gliedert sich zur schnellen Übersicht in die Bereiche Damen, Herren und Kinder auf. Aber auch über die Rubriken Neuheiten, Sale und Sportarten kann man zu dem gewünschten Produkt gelangen.
Das Unternehmen selbst stellt auf der Internetseite seine Philosophie und Historie dar. Dadurch wird deutlich, wie bedeutend SportScheck den direkten Kontakt zum Kunden einstuft.
Auf der Homepage sind viele Hilfestellungen gegeben. Zum einen ist ein Reiter zur Hilfe der Bestellabwicklung und aufkommenden Fragen vorhanden und zum anderen gibt es die Möglichkeit zur Produktberatung, z.B. dem Rucksackberater. Hierbei wird man durch einen gezielten Fragenkatalog zum individuellen optimalen Produkt geführt. Außerdem besteht bei ungeklärten Fragen täglich 24 Stunden die Möglichkeit eine Hotline anzurufen.
Das Sortiment umfasst aktuell ca. 500 verschiedene Marken und 30.000 Artikel.[530] Im Vordergrund stehen hierbei kreative Konzepte und Innovation.
SportScheck kann jährlich auf 1,1 Millionen Kunden im Versandhandel, 17 Millionen Kunden in den Filialen und 52 Millionen Visits im Online-Shop[531] zurückblicken und erzielte im Jahr 2012/ 2013 einen Nettoumsatz von 336 Millionen Euro.[532]
In Deutschland liegt SportScheck momentan auf Platz 8 des bestintegriertesten Online- und Offlineangebots.[533] Aufgrund dieser guten Platzierung und des hohen Internetumsatzes soll in dieser Ausarbeitung der

---

[529] Vgl. SportScheck, 2013d.
[530] Vgl. SportScheck, 2013d.
[531] Vgl. SportScheck, 2013e.
[532] Vgl. Statista, 2013a.
[533] Vgl. Statista, 2013b.

Online- Handel und der derzeitige Stand im Markt näher betrachtet werden. In den folgenden Unterkapiteln wird dafür der Marketing Mix des Online Handels von SportScheck untersucht, um den aktuellen Stand des Unternehmens zu fixieren.

4 Online Handel- Marketing- Mix

Im Folgenden soll die Umsetzung des Marketing- Mix von SportScheck näher beleuchtet werden.
Hierzu wird zunächst der Marketing- Mix nach Porter theoretisch erläutert. Daraufhin sollen die Marktstrategien von SportScheck deutlich werden, indem auf die einzelnen Komponenten des Marketing- Mix - Product, Place, Promotion und Price- eingegangen wird. Die Ausführungen beziehen sich in erster Linie auf den Online Handel des Unternehmens.

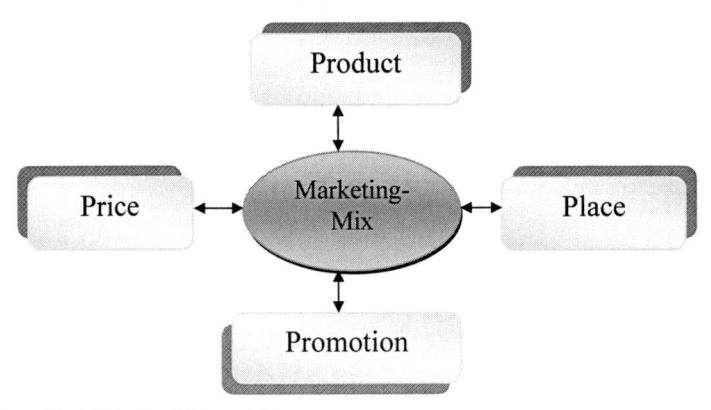

Abbildung 84: Marketing Mix nach Porter

Der Marketing- Mix fasst die vier klassischen Marketinginstrumente zusammen. Hierdurch können Unternehmen ihre Marktstrategien anhand von vier Komponenten gliedern und gezielt umsetzen.
Product bzw. die Produkt- & Sortimentspolitik befasst sich mit jeglichen Entscheidungen, die die Produkte und die Zusammenstellung des Sortiments betreffen. Hierzu zählen beispielsweise Service, Verpackung und Markierung.[534]

---

[534] Vgl. Schneider, 2009, S. 305ff.

Place bzw. die Distributionspolitik beinhaltet die Vertriebsstrategien, das heißt die gewählten Vertriebswege eines Unternehmens und die Gestaltung der Kundenbeziehung sowie die Kundengewinnung/ und – bindung.[535]
Promotion bzw. die Kommunikationspolitik bezieht sich auf die Unternehmenskommunikation und das Erscheinungsbild. Hierzu zählen beispielsweise Sponsoring, Werbung und Veranstaltungen.[536]
Price bzw. die Kontrahierungspolitik betreffen die Entscheidungen bezüglich des Preises der Produkte. Das Preismanagement und Konditionenmanagement im Unternehmen spielen hierbei eine Rolle. In diesem Bereich werden die Rabatte sowie Zahlungs- und Lieferbedingungen festgelegt.[537]
Im Folgenden werden die einzelnen Komponenten für das Unternehmen SportScheck analysiert.

Product- Sortimentspolitik

Die Produkte bilden den Kern eines gesamten Unternehmens und sind die Basis für den betrieblichen Erfolg.[538] SportScheck listet aktuell ca. 30.000 verschiedene Artikel.[539] Das Unternehmen verfügt über ein sehr tiefes Sortiment. Auf der Homepage finden sich Artikel zu 36 verschiedenen Sportarten. Neben der jeweiligen Bekleidung, Schuhen und Accessoires bestehen auch Angebote zu Ausrüstungen, wie z.B. Boards, Bällen und Rucksäcke.
SportScheck bietet Produkte in Kombination mit zusätzlichen Dienstleistungen. Dabei handelt es sich ausschließlich, um fertigerzeugte Konsumgüter. Diese sind in der Regel Massenprodukte, allerdings versucht das Unternehmen durch intensive Beratungsangebote individuell den Konsumenten das optimale Produkt anzubieten. Die Produkte lassen sich in die Kategorie der Shopping Goods einordnen, da sie unregelmäßig erworben werden und davon auszugehen ist, dass die Kunden zuvor einen intensiven Preis/ Leistungsvergleich betreiben.
Ein Produkt stellt aus Perspektive des Marketings ein Bündel aus nutzenstiftenden Eigenschaften dar.[540] Um die Produkte näher zu betrachten, bietet es sich an die vier Dimensionen des produktpolitischen Gestaltungs-

---

[535] Vgl. Schneider, 2009, S. 387ff.
[536] Vgl. Schneider, 2009, S. 423ff.
[537] Vgl. Schneider, 2009, S. 345ff.
[538] Vgl. Schneider, 2009, S. 305.
[539] Vgl. SportScheck, 2013d.
[540] Vgl. Schneider, 2009, S. 306.

spielraums zu betrachten. Diese Dimensionen beeinflussen sich jeweils gegenseitig.
Die folgende Abbildung verdeutlicht welche verschiedenen Komponenten in den Produktbegriff einfließen.[541]

```
                    Produktpolitischer
                    Gestaltungsspielraum

    Leistungskern                           Serviceleistungen
            Verpackung      Markierung
```

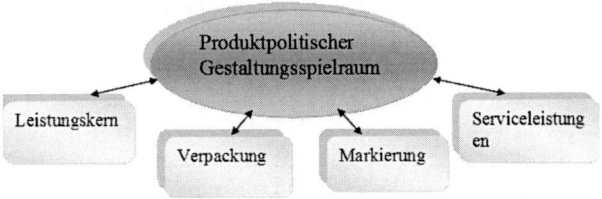

Abbildung 85: Unterpunkte des Politischen Gestaltungsspielraums[542]

Der Leistungskern eines Produkts setzt sich zusammen aus dem Grundnutzen und dem Zusatznutzen. Der Grundnutzen meint die objektiven technischen Merkmale und der Zusatznutzen beschreibt die darüber hinaus gehenden ästhetischen, sozialen und Selbstverwirklichungsaspekte.[543]
Bei SportScheck ist in erster Linie der Grundnutzen gegeben, z.B. durch die Wärme, Wasserundurchlässigkeit und Funktionsfähigkeit einer Skihose. Zusatznutzen wird durch ästhetische Aspekte ebenfalls gestiftet, da in sämtlichen Kategorien sehr großen Wert auf Trends und Mode gelegt wird, z.B. die Skihose in aktueller Farbe und Design. Durch recht hohe Preise wird zudem der Befriedigung der sozialen Bedürfnisse nachgegangen, da hierdurch Prestige erzielt wird. Die Befriedigung von Selbstverwirklichungsbedürfnissen wird durch das Freiheitsgefühl und den Fahrspaß erlangt, was z. B. die Nutzung der Skihose bei einem Ausflug mit sich bringt. Diese Ausführungen zeigen, dass die Produkte von SportScheck über einen umfassenden Leistungskern verfügen, der Grund- und Zusatznutzen der Konsumenten abdeckt.
Die Verpackung bezeichnet die gesamten Materialien, die das Produkt umhüllen.[544] Dies sollte verschiedene Funktionen erfüllen, wie die Schutzfunktion, Distributionsfunktion, Informations- und Kommunikationsfunktion, Conveniencefunktion und Markierungsfunktion. Da in diesem Fall die Produkte in Bezug auf den Online- Handel analysiert werden, spielt die Verpackung eine untergeordnete Rolle, da diese beim Online- Kauf nicht zu sehen ist. Deshalb sind lediglich die Schutz- und Distributionsfunktion

---

[541] Vgl. Schneider, 2009, S.306.
[542] Eigene Abbildung
[543] Vgl. Schneider, 2009, S. 307.
[544] Vgl. Schneider, 2009, S. 308.

von größerer Bedeutung. Die Verpackung von SportScheck gewährleistet Haltbarkeit, Hygiene, Qualität und Unversehrtheit und erfüllt so die Schutzfunktion. Außerdem wird die Ware transportfähig gemacht und kommt so der Distributionsfunktion nach.
Die Markierung hat einen hohen Stellenwert im Unternehmen, da ausschließlich Markenprodukte vertrieben werden. SportScheck listet um die 500 verschiedenen Marken. Diese haben teilweise einen hohen Bekanntheitsgrad, wie beispielsweise die Marken Nike und Bench. Außerdem werden Marken vertrieben, die eher in Insiderkreisen bekannt sind, z.B. Zimtstern im Snowboardsport. Die Homepage verfügt über eine Schnellsuche, in der alle Marken aufgelistet sind, um den Kunden eine Suche nach konkreten Marken zu ermöglichen.
Die Produkte werden bei SportScheck durch Flankierende Serviceleistungen ergänzt. Diese lassen sich in zwei Kategorien einteilen: Kaufmännischer Service und Technischer Service. Zum kaufmännischen Service zählt die intensive Beratung im Online Handel. Es bestehen ca. 15 verschiedene Beratungsangebote wie z.B. der Rucksackberater. Hierbei besteht die Möglichkeit durch Beantwortung gezielter Fragen den optimalen Rucksack für sich zu entdecken. Eine weitere Serviceleistung ist die Produktschulung, d.h. dass die Produkte erklärt werden, dies geschieht durch Videos auf der Homepage. Eine Telefon- Hotline bietet darüber hinaus die Möglichkeit für den Kunden, sich relativ persönlich Auskunft geben zu lassen.
Durch eine Versandpauschale wird dem Kunden entgegengekommen, da er nicht die gesamten Versandkosten tragen muss.
Durch ein breites Angebot an Zahlungsmöglichkeiten gewinnt der Kunde zusätzlich Flexibilität.
Zur technischen Lieferung zählen Angebote wie Testlieferungen und Rücknahmeleistungen. SportScheck verfügt über ein großzügiges Angebot an Rücknahmeleistungen, da das Unternehmen jegliche Produkte ohne Angabe von Gründen zurücknimmt.
Es wurde deutlich, dass SportScheck über ein sehr tiefes Angebot verfügt und darüber hinaus einige Leistungen erbringt.
Im Folgenden soll untersucht werden auf welche Wege diese Angebote vertrieben werden.

Place- Distributionspolitik

Die Distributionspolitik befasst sich mit den Fragen der Standortwahl, der Absatzwegewahl, des Kundenmanagements und der Distributionslogistik.

Die Standortwahl bei SportScheck sieht zukünftig vor, dass das Unternehmen zu den 17 bereits bestehenden Filialen weitere 25 bis 30 bis zum Jahre 2020 in Deutschland eröffnen möchte. Sowohl in Großstädten wie Berlin und Düsseldorf, als auch in mittelgroßen Städten, wie zum Beispiel in Reutlingen, einer schwäbischen Provinz. Diese Filialen sollen mit 1200 m² von mittlerer Größe sein. Ziel ist es mit den relativ kleinen Geschäften eine flächendeckende Expansion zu betreiben und für Kunden in ganz Deutschland erreichbar zu sein.[545]

Neben dem stationären Handel vertreibt SportScheck seine Produkte ebenfalls über das Internet. Gerade im Hinblick auf Konkurrenten wie Zalando, Amazon und Ebay, die über eine sehr starke Internetpräsenz verfügen, ist es wichtig, dass SportScheck zum Bestehen auf dem Markt seinen Internetauftritt weiterhin fördert. So verkauft SportScheck Gutscheine für sportliche Erlebnisse bei Amazon, wie z.B. Golf Schnupperkurse, Wandertouren oder auch Bobfahrten. Die Ausrüstung und die Klamotten für die sportlichen Aktivitäten vertreibt das Unternehmen über eine eigene, gut strukturierte Internetseite.

Trotz des allgemeinen Trends hin zum Onlinevertrieb, legt SportScheck sein Augenmerk zurzeit mehr auf den stationären Handel. Denn laut eigenen Angaben macht SportScheck bereits mit den 17 Stores in Deutschland über 50% seines Umsatzes.[546] Mit weiteren Stores soll noch mehr Umsatz generiert werden und der Umsatzanteil des stationären Handels gesteigert werden. Die Frage der Absatzwegewahl beantwortet SportScheck zusammenfassend mit der Strategie des Multichanneling. Der Retail-Vorstand Timm Homann betont dabei, dass „die Verbindung der verschiedenen Kanäle [...] das Erfolgsrezept für die Zukunft (ist)"[547]. SportScheck will also die digitale Welt mit dem stationären Handel bestmöglich verknüpfen, um den Kunden eine vielfältige Auswahl an Bezugsmöglichkeiten zu bieten und dadurch eine große Anzahl an sportaffinen Menschen anzusprechen.

Der direkte Absatz über das Internet und den stationären Handel, ohne das Zwischenschalten von Absatzmittlern oder Absatzhelfern, bietet dem Unternehmen die Möglichkeit seine Kunden individuell zu beraten, Kundenwünsche und Anregungen direkt aufzunehmen und gegebenenfalls umzusetzen und großen Einfluss auf den Vertriebskanal auszuüben.[548] Dadurch kann das Unternehmen schnell auf sich verändernde Marktverhältnisse reagieren und ist unabhängig von externen Aufgabenträgern.

---

[545] Vgl. Dierig, 2013, S.9.
[546] Vgl. Becker, 2013, S.34.
[547] Dierig, 2013, S.9.
[548] Vgl. Schneider, 2009, S.398.

Die Distributionslogistik als letztes Teilelement der Distributionspolitik besteht aus den Elementen der Auftragsabwicklung, der Lagerhaltung, dem Transport, der Verpackung und der Redistribution. In den Geschäften des Sportbekleidungsunternehmens sind die Waren in großer Menge vorrätig und die Kunden können nach intensiver Beratung die Waren direkt mit nach Hause nehmen. Umtausch ist gegen den Kassenbon wie in anderen Handelsgeschäften noch mehrere Wochen nach dem Kauf möglich.

Im Internet stehen den Kunden alle Produkte des Unternehmens auf der eigenen Internetseite 24 Stunden am Tag zur Verfügung. Auch online kann sich der Kunde beraten lassen. Zum Abwickeln des Bestellvorgangs meldet sich der Käufer mit seiner E-Mail Adresse an, wählt die gewünschten Produkte, Zahlungs- und Liefermodalitäten aus und schickt die Bestellung ab. Es gibt ebenfalls die Möglichkeit übers Internet eine Katalogbestellung aufzugeben. Dazu braucht der Kunde lediglich die Bestellnummer aus dem Katalog, die gewünschte Größe und die benötigte Menge einzugeben und die Bestellung wird nach dem Absenden von SportScheck bearbeitet.

Bei der Lagerhaltung der Artikel wird auf Verfügbarkeit viel Wert gelegt. Dennoch kann es bei stark nachgefragten Artikeln zu Lieferengpässen kommen. In dem Fall wird der Kunde darüber informiert, wann der Artikel voraussichtlich wieder verfügbar ist und bei ihm eintreffen wird.

Ausgeliefert werden die Bestellungen von Hermes. Hermes wird als kundenfreundlicher Zustelldienstleister auf der Internetseite von SportScheck beschrieben[549], da die Hermes Boten bei nicht Antreffen des Adressaten drei weitere Male innerhalb der folgenden Tage versuchen das Paket zuzustellen. Alternativ kann der Kunde bei der Bestellung im Internet einen nahegelegenen Hermes PaketShop auswählen, an dem er seine Lieferung jederzeit abholen kann.

Gefällt dem Käufer ein Produkt nicht, so kann er es innerhalb von 14 Tagen ohne Angabe von Gründen an SportScheck zurückschicken. Auch hierbei erweist sich Hermes als kundenorientiert, da der Lieferant die Rücksendung bei Bedarf bei den Kunden zu Hause abholt. Das erleichtert den Kunden die Rücksendung. Ebenso nimmt Hermes auch jederzeit Haushaltsbatterien mit und führt diese einer geeigneten Sammelstelle zu. So stellt SportScheck gemeinsam mit Hermes sicher, dass umweltgefährdende Stoffe nicht in den Hausmüll gelangen.

---

[549] Vgl. SportScheck, 2013f.

Promotion- Kommunikationspolitik

In der Kommunikationspolitik geht es darum, das Fremdbild und das Selbstbild des Unternehmens auf einen gemeinsamen Nenner, das Idealbild zu lenken. Wenn Fremd- und Selbstbild übereinstimmen, hat das Unternehmen ein einheitliches und aussagekräftiges Auftreten und kann seine Produkte an die entsprechenden Zielgruppen absetzen. Dieses Idealbild kann durch die Corporate Identity gefördert werden. Sie ist die Identität des Unternehmens und spiegelt sich im Umgang mit Mitarbeitern und Kunden, in der Kommunikation und im Erscheinungsbild des Unter-nehmens wieder.[550] Sind diese Bereiche einheitlich und aufeinander abgestimmt, so spricht man von einer gelungenen Corporate Identity. Auch bei SportScheck lässt sich eine Corporate Identity erkennen. Schon die Farbwahl und das Logo sind sowohl in den Geschäften als auch im Internet einheitlich.

Abbildung 86: Einheitliches SportScheck Logo[551]

In dem Logo der Abbildung 86 wird mit dem Slogan „Wir machen Sport" auch die eingangs erwähnte Firmenphilosophie erkennbar. Ein Besuch auf der Internetseite oder auch im Geschäft soll dem Kunden Lust auf Sport machen. Deshalb arbeiten in den Geschäften viele (ehemalige) Spitzensportler, die durch ihre Begeisterung für den Sport und ihr Fachwissen rund um die Ausrüstung und die Durchführung des jeweiligen Sports den Kunden animieren und begeistern.[552] Diese Affinität zum Sport, die alle Mitarbeiter bei SportScheck verspüren, trägt enorm zur Corporate Identity bei. Sie zeigen, dass der Spruch „Wir machen Sport" nicht nur eine leere Worthülse ist, sondern bei SportScheck wirklich mit Leben gefüllt wird.

Um die Nähe zum Sport zu verkörpern, unterstützt und organisiert SportScheck viele sportliche Events. Dazu zählen diverse Stadtläufe in ganz Deutschland, Winter Events wie Ski- oder Schneewandertouren und weitere Outdoor Aktivitäten, zu denen sich Interessierte anmelden können, um

---

[550] Vgl. Schneider, 2009, S.423f.
[551] AE-Advertising, 2013.
[552] Vgl. SportScheck, 2013b.

dann in einer Gruppe sportbegeisterter Menschen den Sport zu genießen. Es gibt zudem eine von SportScheck betriebene Berg- und Skischule, die in der Wintersaison Kurse für Anfänger, Fortgeschrittene und Profis anbietet. Besonders interessant ist das Gletscher Testival in Österreich. Das ist ein großer Materialtest für Ski- und Snowboardfahrer. Diese können dort gegen Zahlen eines Eintrittspreises über 3800 Sportartikel ausprobieren und kaufen.[553] SportScheck ermöglicht es wintersportaffinen Menschen die verschiedensten Ausrüstungen und Kleidungsstücke auf ihre Tauglichkeit und individuelle Eignung zu testen. Dies ist nicht nur für die potentiellen Kunden interessant, sondern auch für SportScheck selber. Das Unternehmen kann Präferenzen, Wünsche und Anregungen der Kunden direkt aufnehmen und zukünftig als Erfahrungswerte nutzen und dementsprechend das Sortiment gestalten.

SportScheck richtet die beschriebenen Events nicht alleine aus. Partner wie BMW, Samsung und die Münchner Merkur Versicherung wirken als weitere Sponsoren in der Gestaltung und Finanzierung der Events mit. Sportler, die eine BMW-Card besitzen bekommen zum Beispiel ermäßigte Eintrittspreise beim Gletscher Testival.[554] Die Funktion der Sponsoren, die BMW bei dem Testival einnimmt, nimmt SportScheck an anderer Stelle ein. SportScheck ist offizieller Partner des Mountainbike Festivals Tegernseer Tal 2013. SportScheck unterstützt die Durchführung des Festivals finanziell und dafür machen die Veranstalter Werbung für SportScheck.

Ein weiteres Projekt von SportScheck neben den Events, ist das Sponsoring von Vereinen. Im Internet besteht für Vereine die Möglichkeit sich auf www.vereins-sponsoring.net zu registrieren. Nach der Registrierung kann jeder über die Seite des jeweiligen Vereins auf verschiedene Versandhäuser zugreifen. Auch auf das Internetportal von SportScheck. Das Geld, das die Unternehmen durch den Vertrieb übers Internet im Vergleich zu den Kosten eines Verkaufs über den stationären Handel einsparen, geht zum Großteil an den Verein, über dessen Internetseite der Kunde auf das Versandhaus zugegriffen hat. Mit diesen Geldern kann der Verein seine Vereinskassen aufstocken und die Qualität des Trainings aufrechterhalten.

Nicht nur das Sponsoring und das Austragen von sportlichen Veranstaltungen sollen SportSchecks Bekanntheitsgrad steigern und das Image des Unternehmens verkörpern. Auch die klassische Werbung im TV, dem Internet und in Printmedien gehört zur Vermarktungsstrategie des Unternehmens. Im Jahr 2010 gab es erstmals in der Geschichte des Sportfachgeschäftes

---

[553] Vgl. SportScheck, 2013g.
[554] Vgl. SportScheck, 2013g.

eine umfangreiche Kampagne, die auch Fernsehspots inbegriffen hatte. Die Sentimentale Film AG setzte diese Kampagne filmerisch um. Emotionale und teilweise schweißtreibende Bilder wurden im Zeitraum von Ende September 2010 bis Anfang Dezember 2010 im Abendprogramm der privaten Fernsehsender ausgestrahlt. Diese Spots sollten die Zuschauer dazu animieren, direkt online zu gehen oder ins nächstgelegene Geschäft von SportScheck zu fahren und sich dort die neusten Sportartikel zu kaufen. Abgestimmt auf die Trailer gab es die passende Facebook Kampagne mit dem Slogan „Wir machen Sport. Was machst du?", sowie wöchentliche Beilagen in Printmedien. Diese sollten die Angebote auch außerhalb des Wohnzimmers promoten. Für diese Kampagne hat Sport-Scheck laut der Fabeau Fashion Business News einen siebenstelligen Betrag ausgegeben.[555]

Weitere Werbespots folgen von da ab an immer zum Saisonbeginn. In jedem Spot werden Sportler bei verschiedenen, zum Teil extremen sportlichen Aktivitäten gezeigt und ein Sprecher sagt zum Takt der rockigen und dynamischen Musik Sätze die immer mit „Wir" beginnen und eine Tätigkeit folgen lassen. Ein Beispiel dafür ist die Sequenz „Wir springen. Wir fliegen. Wir landen. Wir siegen. – SportScheck. Wir machen Sport." aus dem Werbespot der Wintersaison 2012/ 2013.[556] Die Spots sind alle gleich aufgebaut, zeigen jedoch der Saison entsprechend unterschiedliche Sportarten zum Teil aus der Sicht des Sportlers. Dadurch wirken sie sehr motivierend und machen dem Zuschauer Lust darauf, den Sport so schnell wie möglich selber auszuprobieren und sich in dem Sportgeschäft mit der nötigen Ausrüstung auszustatten. Das Aufgreifen des Slogans „Wir machen Sport" erfüllt den Gedanken der Corporate Identity. Mit diesem Spruch verbindet jeder, der den Spot sieht, zukünftig das Unternehmen SportScheck.

Bestellt ein Kunde einmal bei SportScheck, so werden ihm zum Saisonbeginn Kataloge kostenfrei an die Lieferadresse geschickt. Auch in diesen Katalogen findet sich der Slogan wieder und das orangefarbene Layout erinnert an das Logo des Unternehmens.

Online kann jeder interessierte Kunde den Katalog öffnen und sich die Artikel von ansehen, ohne schon einmal bei SportScheck etwas bestellt zu haben.

Das gesamte medienwirksame Auftreten des Unternehmens ist aufeinander abgestimmt. Einheitliche Gestaltung der Werbebotschaften sorgen für einen Wiedererkennungswert und setzten sich so in den Köpfen der Konsu-

---

[555] Vgl. Fabeau Fashion Business News, 2010.
[556] Vgl. Youtube, 2013.

menten fest. Das Unternehmen präsentiert sich jung und dynamisch und leitet die potentiellen Kunden dazu an, auch Sport zu treiben. Und das am besten in der Ausrüstung von SportScheck.

Price- Kontrahierungspolitik

Kontrahierungsmanagement teilt sich in die Bereiche Preismanagement und Konditionenmanagement. Das Preismanagement umfasst Maßnahmen durch die Preise beeinflusst und durchgesetzt werden.[557]
Das Konditionenmanagement beschreibt die Vereinbarungen, die über den Preis hinausgehen, z.B. Rabatte, Liefer- und Zahlungsbedingungen und Kredite.
Im Preismanagement spielt die Preispositionierung eine wichtige Rolle, d.h. in welcher Preislage sich ein Unternehmen ansiedelt. SportScheck befindet sich in der mittleren bis hohen Preislage. Sie fahren keine Niedrigpreisstrategie, aber dennoch sind die Produkte erschwinglich und nicht äußerst exklusiv. Die Preise sind weitgehend an den Markt angepasst und oft durch die Hersteller nur eingeschränkt variabel.
Ein anderer Aspekt ist die Preisstrategie. Hierbei agiert SportScheck vor allem in der Preisdifferenzierung was folgendes Beispiel verdeutlicht. Eine Funktionshose für Herren von OCK kostet in den Größen 46-56 69,96 € und in der Größe 58 79,95 €. Hierdurch verlangt das Unternehmen für prinzipiell ein und dasselbe Produkt einen unterschiedlichen Preis.
Die Flexibilität der Preise ist teilweise eingeschränkt, da in den Katalogen die Preise festgehalten werden und so nicht beliebig variiert werden können.
Das Rabattmanagement ist wichtiger Bestandteil des Konditionenmanagements. Es lässt sich unterscheiden in Geldrabatt und Naturalrabatt.
Die Kunden von SportScheck haben die Möglichkeit im Online- Shop in der Rubrik „Sale" zu shoppen, hier befinden sich Produkte, die stark reduziert sind. Außerdem kann der Kunde durch die Mitgliedschaft bei SportScheck bis zu 5% Rabatt erhalten.[558]
Naturalrabatt existiert bei SportScheck nicht.
Ein anderer Aspekt des Konditionenmanagements ist die Festlegung der Liefer- und Zahlungsbedingungen.
SportScheck kooperiert mit einem Versandhaus, das die Ware liefert. Die Versandkosten betragen unabhängig von der Bestellmenge eine Pauschale von 5,95 €. Für Artikel, die zu sperrig oder schwer sind fallen Kosten in

---

[557] Vgl. Diller, 2001, S. 1337.

Höhe von 10 € an. Während des gesamten Bestellvorgangs kann der Kunde den Status seiner Lieferung verfolgen. Es besteht die Möglichkeit der Lieferung nach Hause oder an einen Paketshop.
Die Zahlung ist per Kreditkarte, Rechnung, Nachnahme, Ratenzahlung und Kapital möglich. Die Zahlung per Nachnahmen bringt zusätzliche Kosten von 3 € mit sich.
Im Kreditmanagement agiert SportScheck nicht, es bestehen keine Möglichkeiten von Rabatt durch Skonto.
Zusammenfassend lässt sich sagen, dass das Kontrahierungsmanagement von SportScheck preislich sehr stark an den Markt angepasst ist und dem Kunden hinsichtlich Lieferung und Zahlungsmöglichkeiten viel Flexibilität bietet.
Nach der Darlegung der aktuellen Situation und Strategien von SportScheck wird im nächsten Kapitel darauf eingegangen, wie das Interesse von SportScheck daran, weiterhin zu wachsen, erfüllt werden kann. Dieses Vorhaben fordert einige Maßnahmen und Investitionen von dem Unternehmen, die im Folgenden erläutert werden.

Zukünftige Ausrichtung

Um die im vorherigen Kapitel genannten Umsatzzahlen zu erhöhen, plant das Unternehmen weitere Filialen, um stationär zu wachsen. Dieses Ziel ist ungewöhnlich, denn in den vergangenen Jahren haben die meisten Anbieter ihren Internetauftritt ausgeweitet und sich von dem stationären Handel ein Stück weit verabschiedet. Der Otto Konzern, dem SportScheck angehört, will seine Chancen jedoch im Multichannel ausbauen. Das liegt zum einen an der Geschichte des Unternehmens, welches sich aus einem Kataloggeschäft heraus entwickelt hat und zum anderen an der Erkenntnis, dass die Verbindung verschiedener Vertriebswege ein „Erfolgsrezept für die Zukunft" sei (Homann, Die Welt, 2013).
So sei der Absatz der Marke myToys, die ebenfalls Teil der Otto Group ist, nach Eröffnung von mehreren Geschäften stark gestiegen. Es zeigt sich, dass der stationäre Handel zur Steigerung des Bekanntheitsgrades einer Marke und zur Neukundengewinnung einen entscheidenden Beitrag leistet. MyToys gehört seit der Eröffnung von zwei Läden im Jahr 2006 und mittlerweile 13 Läden in Deutschland zu den fünf größten Spielwarenhändlern Deutschlands.
Mit der Marke SportScheck hat die Otto-Group ähnliches vor. Bis 2020 sollen zu den 17 bestehenden Filialen 20 bis 25 weiter hinzukommen, um den stationären Vertrieb noch stärker mit dem Online Handel zu

verknüpfen.[559] Dazu sollen Standorte in Großstädten wie Berlin, Düsseldorf und Bremen erschlossen werden. In München wurde am 10.10.2013 ein Flagshipstore in der Fußgängerzone eröffnet. Dieses Vorzeigegeschäft soll die Marke Sport Scheck etablieren und ein positives, modernes Image kreieren.[560]
Der Stationäre Handel beeinflusst also den Umsatz positiv. Der Online Handel sollte deshalb aber nicht außer Acht gelassen werden. Untersuchungen ergaben, dass der Großteil der Kunden Informationen zunächst im Internet sucht und danach im nächst gelegenen SportScheck-Geschäft einkauft.[561] Zudem gelingt es dem Unternehmen über das Internet überall präsent zu sein und jeder zweite Euro wird bereits über den Versandhandel umgesetzt.[562]

5   SWOT- Analyse

Die SWOT-Analyse in der Theorie

Die SWOT- Analyse bietet eine Grundlage zur strategischen Planung. Auf dieser Basis lassen sich zukunftsorientierte Maßnahmen und Erfolgskontrollen festlegen.
Die Buchstaben SWOT stehen für Stärken (Strenghts), Schwächen (Weaknesses), Chance (Opportunities) und Risiken (Threats).
Hierbei werden zunächst die Stärken und Schwächen des Unternehmens analysiert, um die entscheidenden Leistungselemente zu entdecken, die das Unternehmen am Markt gezielt einsetzen sollte.[563] In Kombination damit wird eine Analyse der Chancen und Risiken im Markt vorgenommen, z.B. Situation des Umfeldes oder der Branche. So soll es gelingen die Stärken eines Unternehmens optimal zu nutzen, um die Chancen am Markt wahrzunehmen und die Risiken zu vermeiden. Die Ergebnisse werden -wie in folgender Abbildung deutlich wird- in einer Matrix dargestellt.

---

[559] Vgl. Dierig, 2013, S.9.
[560] Vgl. Dierig, 2013, S.9.
[561] Vgl. IHK München, 2012.
[562] Vgl. IHK München, 2012.
[563] Vgl. Walter, 2005, S. 30ff.

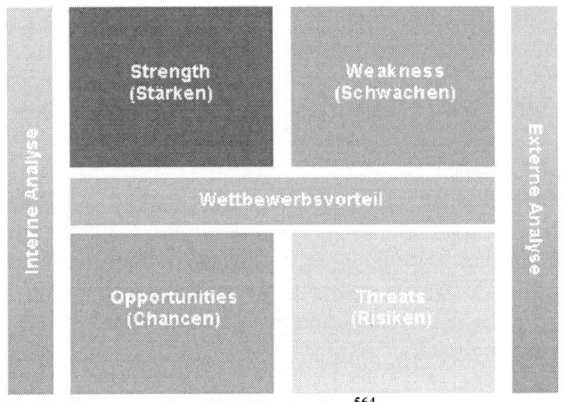

Abbildung 87: Die Elemente einer SWOT- Analyse[564]

Durch die Betrachtung sowohl der externen als auch der internen Faktoren, werden durch die SWOT- Analyse die wesentlichen Einflüsse abgedeckt. Es gilt die Stärken auszubauen, die Schwächen aufzuholen, die Chancen abzusichern und die Risiken zu meiden.
Mit dieser Basis besteht die Möglichkeit zur Ideenfindung für weitere Strategien.[565]

Die SWOT-Analyse in der Praxis

Im Folgenden werden zwei SWOT- Analysen durchgeführt. Eine für das bereits vorgestellte Unternehmen SportScheck und eine weitere für den Wettbewerber Planet Sports. Planet Sports zählt wie z.B. Bon´A Parte zur Münchener Puccini Group.[566]
Das Unternehmen erwirtschaftete zuletzt einen Bruttoumsatz von 100 Mio. Euro, 80% sind hierbei aus dem Online- Geschäft entstanden. Planet Sports betreibt Online Shops in Deutschland, Spanien, Frankreich, Italien und der Niederlande. Die Lieferung erfolgt in insgesamt 15 europäische Länder. Aktuell vertreibt Planet Sports darüber hinaus in acht Läden. Für das Jahr 2014 sind acht bis zehn weitere Standorte geplant.[567] Planet Sports ist spezialisiert auf Kleidung, Schuhe und Accessoires für Männer, Frauen und Kinder sowie Skateboarding, Snowboarding und Watersports. Gerade in

---

[564] Keil Steuerberater, 2013.
[565] Vgl. Walter, 2008, S.31.
[566] Vgl. Immobilien Zeitung, 2013, S.10.
[567] Vgl. Immobilien Zeitung, 2013, S.10.

den letzten drei genannten Kategorien gilt Planet Sports als großer Konkurrent für SportScheck.

Abbildung 88: Einheitliches Planet Sports Logo[568]

In der folgenden SWOT- Analyse werden zunächst die Stärken und Schwächen der beiden Unternehmen gegenüber gestellt und im Anschluss daran die Umweltfaktoren, also die Chancen und Risiken beschrieben. Das Ziel dieser SWOT- Analyse ist es, aus den Divergenzen der beiden Unternehmen aber auch zwischen den internen und externen Faktoren Handlungsempfehlungen abzuleiten, welche SportSchecks Marktposition verbessern können.

Stärken

Stärken SportScheck

SportScheck gehört zur Otto Group, welche einen Jahresumsatz von 11,8 Mrd. Euro im Jahr 2012/ 2013 generiert hat und mit durchschnittlich 53.823 Mitarbeitern in Europa, Amerika und Asien mit verschiedenen Geschäftskonzepten vertreten ist. Mit der Otto Group steht hinter SportScheck der weltweit größte Onlinehändler für Fashion und Lifestyle im Business to Consumer (B2C) Kontakt, der im Jahr 2013 zum achten Mal den renommierten Online Star-Award gewonnen hat. 80% des Umsatzes generiert die Otto Group durch ihren Onlinehandel.[569]
Durch regelmäßige Analysen der Rentabilität ihrer Unternehmen stellt die Otto Group sicher, dass dieser Erfolgskurs beibehalten wird. Zudem nennt sie in ihrem Konzernabschluss mehrere Punkte, die die Stärken des Unternehmensportfolios sichern sollen.[570]
Dazu gehört, dass der Nachhaltigkeit eine besondere Bedeutung zugeschrieben wird. Die Vision lautet „Die Otto Group ist eine weltweit tätige

---
[568] Sparfreunde, 2013.
[569] Vgl. Otto (GmbH & Co KG), 2013, S.17.
[570] Vgl. Otto (GmbH & Co KG), 2013, S.20.

Unternehmensgruppe von Einzelhändlern und handelsnahen Dienstleistern mit erfolgreichen Unternehmenskonzepten, die Verantwortung gegenüber Mensch und Natur übernimmt."[571] Jeder einzelne Mitarbeiter wird aufgefordert dieser Vision nachzukommen und sie mit Leben zu füllen.
Ein wichtiger Partner dafür ist die Hermes Gruppe, die für Otto alle Dienstleistungen entlang der Logistik anbietet und sich selber auch der Nachhaltigkeit verschrieben hat und deshalb jährlich ihren CO_2- Ausstoß verringert. Zudem gilt die Hermes Gruppe als sehr kundenorientiert und bietet Services, die über das einmalige Beliefern der Kunden hinausgehen.[572] Mit diesem Logistik Dienstleister hat die Otto Gruppe einen starken Partner an ihrer Seite, dessen Ziele sich mit ihren decken.
Die Otto Gruppe plant für die Zukunft signifikante Investitionen in den IT-Bereich. Davon wird auch der Internetauftritt von SportScheck profitieren und die Abwicklung von Onlineeinkäufen wird optimiert.[573]
Stärken, die nicht durch die Otto Group gegeben sind, sondern auf SportScheck direkt zurückzuführen sind, sind vor allem die Mitarbeiter. Sie sind alle sportbegeisterte Menschen, mit der Ambition den Kunden ihre Erfahrungen weiterzugeben und diese zum Sport zu animieren.[574] Sie sind dynamisch und geben dem Unternehmen ein Gesicht, welches von den Kunden positiv aufgefasst wird. Zu dem positiven Image trägt auch die Firmenphilosophie bei, die auf der Internetseite nachgelesen werden kann und anhand der sich Kunden mit dem Unternehmen identifizieren können. Zu dieser Philosophie gehören die schon genannte Nachhaltigkeit, aber auch die Begeisterung für den Sport und der persönliche Kontakt zu den Kunden. Deshalb gibt es auch eine Clubmitgliedschaft, durch die Kunden Newsletter, Gutscheine und Geburtstagsgeschenke sowie viele weitere Begünstigungen erhalten.[575]
Zudem überzeugt das Sortiment von SportScheck durch seine Tiefe im Bereich Sportausrüstung aber auch durch seine Breite. Denn nicht nur Sportbekleidung und –ausrüstung wird verkauft, sondern auch Gutscheine für Events oder Unterrichtseinheiten im Skilaufen oder Snowboardfahren.
Die Preise liegen dabei im mittleren bis oberen Preisniveau, wodurch ein positives Qualitätsempfinden bei den Kunden ausgelöst wird.
Die Stärken von SportScheck lassen das Unternehmen wachsen und auch die Otto Group honoriert den Erfolg ihres Partners, in dem es der Erweite-

---

[571] Otto (GmbH & Co KG), 2013, S.19.
[572] Vgl. SportScheck, 2013f.
[573] Vgl. Otto (GmbH & Co KG), 2013, S.20.
[574] Vgl. SportScheck, 2013b.
[575] Vgl. SportScheck, 2013h.

rung um 20-25 Filialen bis 2020 zustimmt. Um für diese Expansion genügend motivierte und qualifizierte Mitarbeiter zu rekrutieren, startet die Otto Group neben den klassischen Stellenangeboten auch Aufrufe über soziale Netzwerke und das direkte Hochschulmarketing, bei dem Talente bereits während ihres Studiums von Otto angesprochen werden.[576]

Stärken Planet Sports

Zu den Stärken von Planet Sports zählt die Expansion im Online- Shop. Hierdurch gelingt es Planet Sports an fünf verschiedenen Märkten zu agieren. Außerdem liefert Planet Sports in 15 verschiedene Länder wodurch das Unternehmen verbreitet wird und Umsätze erzielen kann.
Planet Sports bezeichnet sich selbst als führender Anbieter im Bereich Boardsports und Streetwear. Durch eine sehr tiefe Angebotspalette kann es diesem Slogan gerecht werden.
Ein weiterer Distributionsweg ist der Online- Lagerverkauf. Hierbei sind 50.000 Artikel bis zu 80% reduziert.[577] Dies bietet die Möglichkeit Restbestände zu verkaufen und zusätzlich den Kunden durch einmalige Angebote zu locken und zu binden.
Die Homepage von Planet Sports verfügt neben den Angeboten auch die Vorstellung der Mitarbeiter des Unternehmens. Dies lässt eine Identifikation mit dem Unternehmen zu. Außerdem werden Sportler zu den Kategorien Snow, Skate, Surf und Artists vorgestellt, die den Kunden Videos zur Verfügung stellen.
Positiv zu erwähnen sind zudem die Zahlungsmöglichkeiten, die sehr breit gefächert sind. So lässt sich per Kreditkarte, Nachnahme, PayPal, Sofortüberweisung, Vorauskasse und auf Rechnung zahlen.
Die Versandkosten betragen bis zu einem Einkaufswert von 40 € 2,90€ und ab 40 € Bestellwert liefert Planet Sports versandkostenfrei.[578]
Ein weiteres Angebot bietet der Planet Sports clubsale. Hierbei handelt es sich um eine Mitgliedschaft bei Planet Sports. Mitglied wird man entweder über die Startseite oder indem man von einem Freund geworben wird, wodurch man 10 € Startguthaben bei einem Einkauf ab 75 € erhält.[579]
Durch das Werben von Freunden erhält man einen „Friends & Family" Zugang. Dieser ermöglicht es, bereits am Vorabend von Aktionen exklusiv zu shoppen. Außerdem haben Werber die Möglichkeit unbegrenzt Gutscheine

---

[576] Vgl. Otto (GmbH & Co KG), 2013, S.20.
[577] Vgl. PlanetSports, 2013a.
[578] Vgl. PlanetSports, 2013b.
[579] Vgl. PlanetSports, 2013c.

zu sammeln und bei einem Verkauf einzulösen. Für die Mitglieder besteht eine Sonderseite, die über extra Infos und Produkte verfügt, die noch nicht im Verkauf sind. Außerdem erhalten sie regelmäßige Newsletter.

Schwächen

Schwächen SportScheck

SportScheck vertreibt seine Ware übers Internet ausschließlich nach Deutschland, Österreich und in die Schweiz. Eine Expansion in andere Länder ist vorerst nicht vorgesehen, da sich SportScheck zunächst auf die Erweiterung des stationären Handels beschränkt.

Die Preise in den Filialen, im Internet und in den Katalogen sind meist durch den Hersteller vorgegeben und lassen SportScheck wenig Gestaltungsspielraum. Für die Hersteller ist es gut, wenn ihre Waren überall zum gleichen Preis angeboten werden, für den Händler wäre es aber interessanter die Produkte günstiger anbieten zu können als die Wettbewerber.

Im Internet kann sich der Kunde zwar vielseitig beraten lassen, aber eine Anprobe wie im stationären Handel ist nicht möglich. So kommt es zu vielen Rücksendungen der im Internet bestellten Waren und zu hohen Handlings- und Logistikkosten.

Für die Kunden gibt es zwar die Möglichkeit eine Clubmitgliedschaft zu beantragen, es gibt aber keine Exklusiven Aktionen auf die die Clubmitglieder früher zugreifen können als der normale Kunde. Rabatte durch Skonto gewährt das Unternehmen nicht.

Schwächen Planet Sports

Planet Sports ist sehr stark spezialisiert auf Boardsport. Es bestehen keine Angebote zu anderen Sportarten, hierdurch wird in erster Linie nur eine spezielle Käufergruppe angesprochen.

Die Homepage verfügt über keine Informationen zum Unternehmen und zur Philosophie was eine Identifikation mit dem Unternehmen erschwert.

Außerdem fehlt es an jeglichen Service- und Beratungsmöglichkeiten.

Was dem Unternehmen auch die Akquisition von Kunden erschwert, ist die Tatsache, dass es Planet Sports nur als Versandhändler gibt. Es wird kein stationärer Handel betrieben, durch den Neukunden auf den Sportbekleidungshändler aufmerksam werden könnten.

Chancen der Unternehmen

Die Chancen für SportScheck und Planet Sports sind im Großen und Ganzen identisch, da sich beide Unternehmen den gleichen externen Faktoren ausgesetzt sehen.
Positiv für die beiden im Onlinehandel aktiven Unternehmen ist die Tatsache, dass der Deutsche Online- und Versandhandel auf dem Vormarsch ist. Er verzeichnete eine Umsatzsteigerung von 15,6% im Jahr 2012 auf 39,3 Mrd. Euro und steigerte somit auch seinen Gesamtanteil am Einzelhandel. Dabei bleibt „Bekleidung" die am meisten übers Internet bestellte Warengruppe. Mehr als 40 Mio. Menschen haben im Jahr 2012 in Deutschland Waren übers Internet eingekauft.[580]
Die Abbildung 89 verdeutlicht, wie groß die Chance ist, durch das Multi-Channeling seinen Umsatz zu erhöhen.

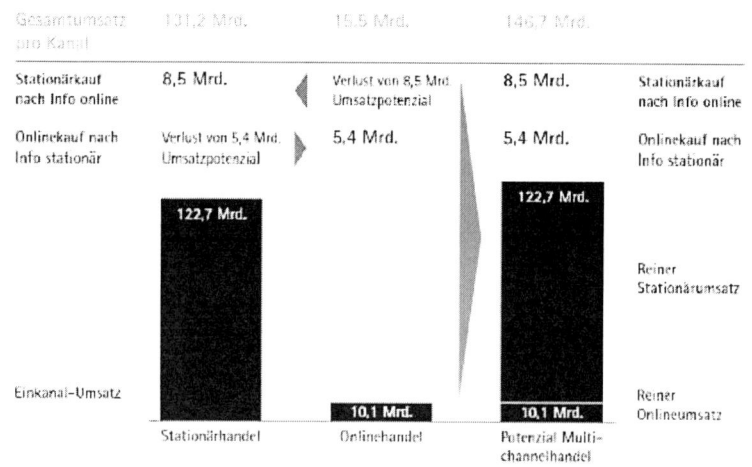

Abbildung 89: Umsatzsteigerung durch Multichanneling[581]

Im stationären Handel ist ein Einkanal-Umsatz von 122,7 Mrd. Euro möglich und im Onlinehandel ein Einkanal-Umsatz von 10,1 Mrd. Euro. Abzulesen sind diese Werte in den lilafarbenen Balken. Das bedeutet, dass sich die Unternehmen, die entweder stationär oder online ihre Waren verkaufen, den jeweiligen Umsatz des anderen Vertriebskanals entgehen lassen. Zu-

---

[580] Vgl. Otto (GmbH & Co KG), 2013, S.22.
[581] Accenture/ GfK, 2010.

dem ist über den lilafarbenen Balken zu erkennen, dass zu dem Einkanal-Umsatz jeweils noch der Umsatz hinzukommen kann, den die Kunden ins Unternehmen bringen, die sich vor dem Kauf mit Hilfe des anderen Vertriebskanals über das Produkt informieren. Somit entgeht dem stationären Handel ein Umsatzpotenzial von 5,4 Mrd. Euro, welches die Kunden im Onlinehandel ausgegeben hätten, wenn dieser Vertriebskanal vom Unternehmen geführt werden würde. Genauso verliert ein reines online Unternehmen ein Umsatzpotenzial von 8,5 Mrd. Euro.
Durch die Verknüpfung von stationärem Handel und Onlinehandel besteht für ein Unternehmen die Möglichkeit, die Umsatzpotenziale beider Vertriebskanäle abzuschöpfen. Zusätzlich kann ein Multichannel Unternehmen noch das Umsatzpotenzial realisieren, welches dadurch entsteht, dass sich Kunden vor ihrem Einkauf über das Gut über den jeweils anderen Vertriebskanal informieren. Für Unternehmen, die ihren Umsatz steigern und am Markt bestehen wollen, ist die Multichannel-Strategie eine zielführende Maßnahme.
Eine weitere Chance zur Absicherung eines Unternehmens ist die Streuung der Risiken. Das geht zum Beispiel, indem ein Unternehmen in vielen Ländern vertreten ist und dort seine Waren verkauft.[582] Denn dann ist das Unternehmen nicht abhängig von nur einem Verbrauchermarkt und kann bei Umsatzeinbrüchen auf einem Markt weiterhin einen anderen Markt abschöpfen.
In heutiger Zeit besonders wichtig erscheint der Umgang mit Ressourcen und der Umwelt. Die Menschheit befasst sich mit dem Klimawandel und da wird vermehrt auf die Produktion und die Logistik von Unternehmen geschaut. Je nachdem, wie nachhaltig sie arbeiten und wie professionell sie mit dem Thema Ökologie umgehen, desto positiver ist das Image nach außen auf die Kunden.

Risiken der Unternehmen

Auch die Risiken der beiden Sportartikel Anbieter sind überwiegend übereinstimmend, da auch hierbei beide Unternehmen den gleichen externen Faktoren ausgesetzt sind. Am interessantesten dabei ist das wirtschaftliche Umfeld. In Deutschland wuchs das reale Bruttoinlandsprodukt (BIP) im Jahr 2012 um 0,7%, wohingegen es 2011 noch um 3,0% stieg.[583] Verantwortlich gemacht werden kann dafür sicherlich die Eurokrise. Obwohl die Wirtschaft in Deutschland trotz ihr relativ robust geblieben ist im Vergleich

---

[582] Vgl. Otto (GmbH & Co KG), 2013, S.32.
[583] Vgl. Otto (GmbH & Co KG), 2013, S.20.

zu anderen EU-Mitgliedern, sank die gesamtwirtschaftliche Produktion in den Industrieländern um 2,4% zum Vorjahr 2011.[584] Dies ist ein Indikator für eine rückläufige Nachfrage. So wuchs auch der Welthandel nur noch um 2,7% statt wie im Jahr 2011 um 5,8%.[585]
All dies führt zu einer Verschärfung des Wettbewerbs, da die Unternehmen versuchen, die weniger werdenden Konsumenten für sich zu gewinnen. Dies führt zu einer sich weiter verschärfenden Preissensibilität der Kunden. Sie werden zwischen den Anbietern Preise vergleichen, was über das Internet keinen großen Aufwand mehr bedeutet.[586]
Da beide Unternehmen im Ausland tätig sind, ist es nicht nur wichtig, den deutschen Markt zu beobachten, sondern auch die Märkte der jeweiligen Länder. Ist durch die internationale Ausrichtung zum einen eine Risikostreuung gegeben, so bringt sie zum anderen auch Risiken mit sich. Dazu gehört das Marktrisiko, welches im Zuge der finanziellen Risiken im folgenden Verlauf kurz erörtert wird.
Die finanziellen Risiken gliedern sich wie folgt auf[587]:

1. Liquidationsrisiko
2. Kontrahentenrisiko
3. Marktrisiko

Bei Ersterem wird von den Risiken gesprochen, die entstehen, wenn das Unternehmen illiquide ist und keine Investitionen mehr tätigen kann oder gar vertragliche Abmachungen nicht erfüllen kann.
Das Kontrahentenrisiko beschreibt die Nichterfüllung von Bedingungen seitens der Vertragspartner. SportScheck und Planet Sports haben beide viele Vertragspartner. Das sind zum einen die Logistikdienstleister, die Hersteller der Güter und die Mitarbeiter in allen Bereichen, zum anderen aber auch die Kunden. Zahlen diese nicht für ihre bestellte Ware, so kann es für die Unternehmen zu finanziellen Engpässen kommen. Als letztes finanzielles Risiko gilt das Marktrisiko. Damit sind die Risiken gemeint, die Zins- und Wechselkursänderungen mit sich bringen. Beide Unternehmen kooperieren mit Firmen im Ausland und haben mit Wechselkursschwankungen zu rechnen.
Das Risiko der Fehlartikel und Lieferengpässe zum Endverbraucher ist nicht zu unterschätzen. Besonders Aktionsartikel oder Saisonartikel können

---

[584] Vgl. Otto (GmbH & Co KG), 2013, S.21.
[585] Vgl. Otto (GmbH & Co KG), 2013, S.20.
[586] Vgl. Otto (GmbH & Co KG), 2013, S.32.
[587] Vgl. Otto (GmbH & Co KG), 2013, S.33.

zum Teil nicht in ausreichender Menge gelagert werden und dem Kunden somit nicht permanent zur Verfügung gestellt werden. Die Lagerung von Ware kostet Geld und diese Kosten möchte ein Unternehmen gering halten. Dennoch soll eine Lieferbereitschaft sichergestellt sein. Dieser Zielkonflikt ist nur durch Erfahrungswerte und mit etwas Glück zu umgehen, da im Vorfeld nie eine 100%-ig stimmige Abverkaufs Planung erstellt werden kann.

Ergebnis für SportScheck

Folgende Vier-Felder-Matrix zeigt die Ergebnisse der SWOT-Analyse und ermöglicht eine schnelle Übersicht über Stärken, Schwächen, Chancen und Risiken. Sie dient als Zusammenfassung anhand der die Handlungsempfehlungen entwickelt werden können.

Stärken	Schwächen
Starker Mutterkonzern	Begrenzte Internationalisierung
Nachhaltigkeit	Begrenzte Testmöglichkeit der Produkte im Internet
Mitarbeiter	
Sortiment	Begrenzte Preisgestaltung
Chancen	**Risiken**
Umsatzwachstum im Onlinehandel	Kunjunkturelle Lage der Absatzmärkte
Multichanneling	Finanzielle Risiken
Risikostreuung	Lieferengpässe

Abbildung 90: Ergebnis der SWOT- Analyse[588]

6 Handlungsempfehlungen für SportScheck

Die Otto Group ist ein starkes Unternehmen, das mit ausreichend finanziellen Mitteln hinter SportScheck steht. Daher hat der Sportausrüstungshändler einigen Spielraum, was Expansionen angeht.
Diese werden momentan nur im stationären Handel vorgenommen. Vergleichend zu Planet Sports, könnte dies auf lange Sicht eventuell nicht aus-

---

[588] Eigene Abbildung

reichen. Planet Sports vertreibt seine Ware in 15 verschiedene europäische Länder. SportScheck nur in drei Länder. Dieses Vertriebsnetzt zu erweitern wäre sicherlich ein Schritt, der SportScheck mehr Umsatz generieren lassen würde. Er passt zudem sehr gut in das bereits bestehende Konzept des Unternehmens sich auf den Multichannel Vertrieb zu konzentrieren.

In der Produktpolitik könnte das Angebot z.B. durch Testlieferungen ausgeweitet werden. So würde für den Kunden die Gelegenheit bestehen sich eine begrenzte Anzahl an Artikel zu bestellen, um die Größe zu testen oder die Produkte zu vergleichen ohne in Vorleistung zu gehen. Dieser Ansatz ist allerdings fraglich, da dem Kunden theoretisch die Möglichkeit bleibt dies in einer Filiale durchzuführen. Dennoch würde sich dies für Kunden in bestimmten Regionen anbieten, die über kein naheliegendes stationäres SportScheck Geschäft verfügen.

Um für SportScheck die Versandkosten zu senken und den Kunden bei der Auswahl von Produkten im Internet zu helfen, könnte SportScheck ihnen einen Avatar zu Verfügung stellen. Es gibt bereits ein umfangreiches Beratungsangebot auf der Homepage, dennoch können die Kunden nicht sehen, wie die Ausrüstung oder die Bekleidung an ihnen persönlich aussieht. Ein Avatar könnte von den Internetnutzern mit den eigenen Körpermaßen, der Haarfarbe und sonstigen Merkmalen erstellt werden. Diesem Abbild würden dann die Produkte angezogen werden, um die Entscheidung für den Kunden leichter zu machen. Es wäre sinnvoll einen solchen Avatar vorerst nur für Club Mitglieder anzubieten und zu testen, wie gut dieser bei den Nutzern ankommt.

Um den Kunden immer die Neusten und innovativsten Artikel anzubieten, wäre es hilfreich mit den Herstellern in einen direkten Dialog zu treten und Innovationen voranzutreiben. Die Ergebnisse und Anregungen der Sportler bei dem Gletscher Testival in Österreich können dafür herangezogen werden. Durch den Kontakt zu den Herstellern, bestünde für SportScheck die Möglichkeit die Preisdifferenzierung weiter auszubauen und einen größeren Gestaltungsspielraum für die Verkaufspreise zu erzielen. Dies ist aber nicht sicher, da die Hersteller ihre Ware an verschiedene Händler verkaufen und daran interessiert sind, dass diese überall zu gleichen Preisen verkauft wird.

Eine weitere Möglichkeit im Bereich der Preispolitik stellt das gezielte Gewähren von Naturalrabatt dar, indem ein Einkaufswert von über 200€ im Bereich Ski beispielsweise ein paar Handschuhe inklusive mit sich bringt.

Der Zahlungsverkehr ließe sich noch im Hinblick auf die Angebote von Planet Sports ergänzen, indem die Option für PayPal und Sofortüberweisung hinzugefügt wird.

Ein weiterer Anreiz wäre eine versandfreie Sendung ab bestimmtem Lieferwert.
Neben dem dauerhaften Sale Angebot, ließe sich noch ähnlich wie bei Planet Sports ein Online- Lagerverkauf, der auch dementsprechend promotet wird, anbieten.

7 Arbeitsfragen

1. Erklären Sie, wie es zu einer Umsatzsteigerung durch Multichanneling kommt.

2. Entwickeln Sie weitere Preisdifferenzierungsmaßnahmen für SportScheck.

3. Erläutern Sie, warum die Wechselkurse für SportScheck zu einem finanziellen Risiko werden können.

Quellenverzeichnis

Literaturverzeichnis

Accenture/ GfK: Non-Food Multichannel Handel 2015: Vom Krieg der Kanäle zur Multichannel-Synergie, Düsseldorf: 2010

Becker, Nicolas: Neues Sport-Scheck-Haus als Markentreiber, in: Der Kontakter, vom 04.10.2013, S.34

Dierig, Carsten: Otto eröffnet neue Läden: Der Versandhändler bringt Marken wie Sport Scheck verstärkt in die Innenstädte, in: Die Welt, vom 07.10.2013, S.9

Diller, H.: Vahlens Großes Marketinglexikon, 2. Auflage, München: 2001

Otto (GmbH & Co KG): Konzernabschluss zum 28. Februar 2013, Hamburg: 2013

Schneider, Willy: Marketing und Käuferverhalten, 3. Auflage, München: Oldenbourg Wissenschaftsverlag GmbH, 2009

Walter, Simon: GABALs großer Methodenkoffer: Managementtechniken, 1. Auflage, Offenbach: GABAL Verlag GmbH, 2005

Internetquellenverzeichnis

AE-Advertising: http://www.ae-advertising.com/referenzen.php (03.11.2013), 2013

Fabeau Fashion Business News: SportScheck erstmalig mit TV- Werbung: http://www.fabeau.de/news/sportscheck-erstmalig-mit-tv-werbung/ (3.11.2013), 23.11.2010

IHK München: Sport- Scheck GmbH- Sport ist ein Lebensgefühl, das wir verkaufen: https://www.muenchen.ihk.de/de/WirUeberUns/Publikationen/Magazin-wirtschaft-/Aktuelle-Ausgabe-und-Archiv2/magazin-8-2012/Tischgespraech/sport-scheck-gmbh-sport-ist-ein-lebensgefuehl-das-wir-verkaufen (1.11.2013), 2012

Immobilien Zeitung: Onlineshop Planet Sports macht in Läden, Nr. 43 vom 31.10.2013, S. 10:
http://www.wiso-net.de/webcgi?START=A60&DOKV_DB=ZGEN&DOKV_NO=IMMO101331027&DOKV_HS=0&PP=1 (6.11.2013), 2013

Keil Steuerberater: http://www.keil-steuerberater.de/uploads/pics/swot_analyse.gif (06.11.2013), 2013

Planet Sports: Outlet: http://www.planet-sports.de/specials.html (8.11.2013), 2013a

Planet Sports: Liefer- und Versandkosten: http://www.planet-sports.de/shipping.php (8.11.2013), 2013b

Planet Sports: Clubsale: http://www.clubsale.com/ (8.11.2013), 2013c

Sparfreunde: http://www.sparfreunde.com/sites/default/files/dealpics/2165029_300.jpg (07.11.2013), 2013

SportScheck: Historie: Unsere Wurzeln: Wer wir sind: http://www.sportscheck.com/unternehmen/historie/ (1.11.2013), 2013a

SportScheck: Philosophie: Wie wir denken: Unsere Philosophie: http://www.sportscheck.com/unternehmen/philosophie/ (3.11.2013), 2013b

SportScheck: Verantwortung: Unsere Verantwortung: http://www.sportscheck.com/unternehmen/verantwortung/ (3.11.2013), 2013c

SportScheck: Wege zum Kunden: Wo Sie uns finden: http://www.sportscheck.com/unternehmen/wege-zum-kunden/ (3.11.2013), 3013d

SportScheck: Geschäftszahlen: Was wir bewegen: Unsere Geschäftszahlen: http://www.sportscheck.com/unternehmen/geschaeftszahlen/ (1.11.2013), 2013e

SportScheck: Lieferung: http://www.sportscheck.com/hilfe/lieferung/ (04.11.2013), 2013f

SportScheck: GletscherTestival 2013:
http://mein.sportscheck.com/sport/wintersport/events/gletschertestival/
info/infos_and_dates (4.11.2013), 2013g

SportScheck: Club- Vorteile: https://www.sportscheck-
club.com/content/publish/club_vorteile_public.aspx?ActiveID=1051
(6.11.2013), 2013h

Statista: Umsatz der Otto Group nach Versendern in den Geschäftsjahren
2010/2011 bis 2012/13:
http://de.statista.com/statistik/daten/studie/236399/umfrage/umsatz-
der-otto-group-im-versandhandel-nach-konzernbereichen/
(4.11.2013), 2013a

Statista: Ranking der Unternehmen mit nach dem IBM Omnichannel
Maturity Index ausgereiftesten Multichannelkonzepten in Deutschland
im Jahr 2013:
http://de.statista.com/statistik/daten/studie/262045/umfrage/ranking-
von-multichannelhaendlern-in-deutschland-nach-konzeptreife/
(4.11.2011), 2013b

Ohne Verfasser: Die 4 klassischen Säulen vom Marketing- Mix:
http://marketinginstrumente.net/ (4.11.2013), 2013

Youtube: TV- Spot SportScheck Herbst/ Winter 2012/2013:
http://www.youtube.com/watch?v=j0MNpvLxhnQ (6.11.2013), 2013

11 Verlagsgruppe Weltbild
(Hintz, C./Traiser, T.)

1. Das Unternehmen

Als europaweit agierendes Internethandelsunternehmen vertreibt die Verlagsgruppe Weltbild GmbH vorwiegend Bücher und Medien. Gemeinsam mit der Familie Hugendubel betreibt Weltbild die DBH (Deutsche Buch Handels GmbH & Co. KG).[589] Unter diesem Dach sind die Buchhandlungen Hugendubel, Weltbild und Jokers zusammengefasst. Zum Angebot gehören mittlerweile nicht mehr nur Bücher, eBooks und sonstige Medien, auch Geschenkartikel, Spielwaren und preisgünstige Artikel für den Haushalt zählen zum Sortiment.[590]

Der Ursprung

Die Anfänge von Weltbild sind bis in das Jahr 1948 zurückzuverfolgen. Peter Hall gründet im März 1948 gemeinsam mit dem Katholischen Männerwerk Fulda die Winfried-Werk GmbH. Mit dem katholischen Magazin „Mann in der Zeit" erreicht der Verlag im Jahre 1957 eine Auflage von über 500.000 Exemplaren.[591] Im Jahre 1967 verschmilzt das katholische Magazin mit der farbigen Monatsillustrierten „Feuerreiter" und wird umbenannt in „Mann in der Zeit mit Feuerreiter".[592] 1968 erscheint zum ersten Mal der Name „Weltbild". Seit 1972 ist es möglich Bücher per Katalog über die Tochtergesellschaft Weltbild-Bücherdienst GmbH zu bestellen. Im Verlauf der 1980er wird Weltbild durch Gründung beziehungsweise Übernahme Eigentümer von zahlreichen Zeitschriften und Verlagen.[593] Seit den 1990ern widmet sich Weltbild einem expansiven Ausbau seiner Vertriebswege. Mit der darauffolgenden Filialisierung werden neue Kunden gewonnen und der Absatz wird immens gesteigert. Seit 1997 betreibt Weltbild unter weltbild.de seinen Online-Shop. Weltbild expandiert seit den 2000ern auch international, so zum Beispiel in die Niederlande. Im Jahre 2006 erfolgt die Fusion des stationären Geschäfts der Verlagsgruppe mit der Fami-

---

[589] Vgl. http://www.boersenblatt.net/143822/, 2010.
[590] Vgl. http://www.weltbild.com/unternehmen/ueber-uns/, 2013.
[591] Vgl. http://www.weltbild.com/unternehmen/ueber-uns/chronik/40er/, 2013.
[592] Vgl. http://www.weltbild.com/unternehmen/ueber-uns/chronik/60er/,2013.
[593] Vgl. http://www.weltbild.com/unternehmen/ueber-uns/chronik/80er/, 2013.

lie Hugendubel unter dem Dach der DBH.[594] Seit 2007 hat Weltbild sein Angebot um Musik-Downloads und gebrauchte Bücher erweitert. Mittlerweile hat Weltbild rund 330 Filialen in ganz Deutschland, das Hauptgeschäft bleibt dennoch der Versandhandel.

Durch die stetige Expansion und Weiterentwicklung im eBook-Geschäft kann Weltbild im Wettbewerb mit den vielen anderen Anbietern konkurrenzfähig sein.

2000er: Internationalisierung und Multi-Channel

90er: Filialisierung und Internetpräsenz

80er: erste Expansionen ins Ausland

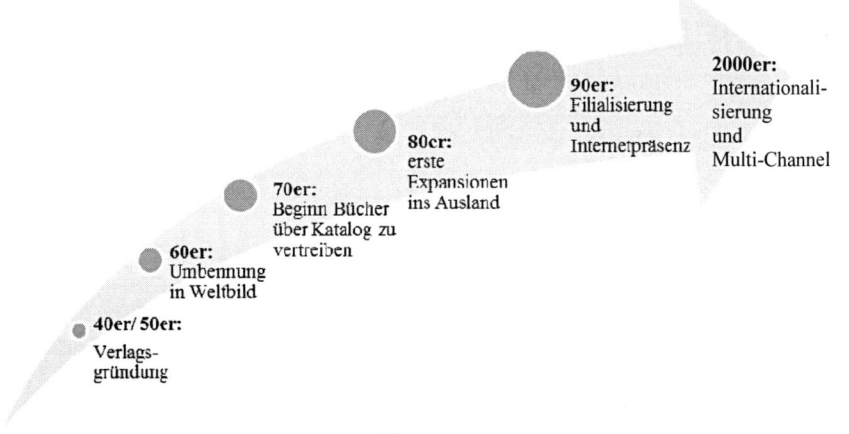

70er: Beginn Bücher über Katalog zu vertreiben

60er: Umbennung in Weltbild

40er/50er: Verlagsgründung

Abbildung 91: Unternehmensentwicklung[595]

Die obige Abbildung zeigt den Entwicklungsprozess von Weltbild seit seiner Gründung im Jahre 1948 bis heute. Angefangen beim katholischen Magazin „Mann in der Zeit" hat sich Weltbild heutzutage fest im Versandhandel etabliert. Ständige Expansionen ins Ausland und Multi-Channel werden immer wichtiger. Multi-Channel beschreibt die Anzahl der möglichen Kommunikationskanäle für die Unternehmen, wie zum Beispiel die klassische Werbung, Internet, Filiale oder Kundenselbstbedienung.[596] „Ziel des Multi-Channeling ist es deshalb, der richtigen Person das richtige Angebot zur richtigen Zeit über den richtigen Kanal anzubieten"[597]. Durch die höhe-

---

[594] Vgl. http://www.weltbild.com/unternehmen/ueber-uns/chronik/seit-2000/, 2013.
[595] http://www.weltbild.com/unternehmen/ueber-uns/chronik/, 2013
[596] Vgl. Schneider, Willy, 2009, S. 515.
[597] Schneider, Willy, 2009, S. 515.

re Präsenz auf allen Kanälen lassen sich Umsatzsteigerungen realisieren. Die derzeitige Geschäftsführung der Verlagsgruppe Weltbild setzt sich zusammen aus Carel Halff, Vorsitzender der Geschäftsführung, sowie Dr. Martin Beer und Josef Schulthies.[598] Carel Halff übt dieses Amt bereits seit 1975 aus.[599]

Gesellschafter

Die Gesellschafter von Weltbild setzen sich aus zwölf katholischen Diözesen, dem Verband der Diözesen Deutschlands und der Soldatenseelsorge in Berlin zusammen.[600] Aufgrund des christlichen Einflusses ist ein wichtiger Grundpfeiler der Unternehmenskultur die christliche Weltanschauung zu würdigen und danach zu handeln. Laut Weltbild sind die Erfordernisse auf den Märkten mit der christlichen Unternehmenskultur zu vereinbaren.[601] Das folgende Kreisdiagramm zeigt die genaue Zusammensetzung der Gesellschafter (siehe *Abbildung 92*).

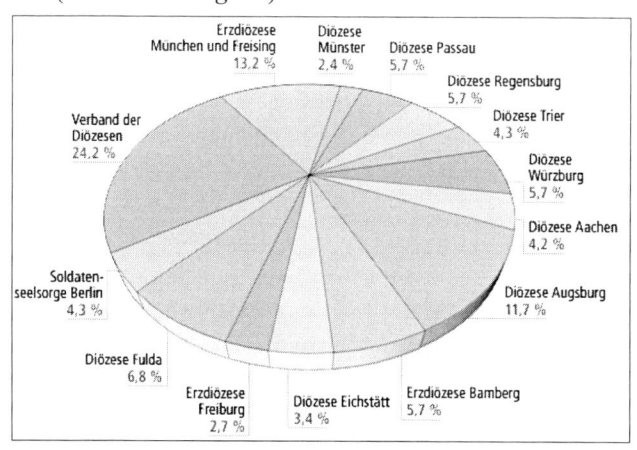

Abbildung 92: Zusammensetzung der Gesellschafter[602]

---

[598] Vgl. http://www.weltbild.com/unternehmen/ueber-uns/organe/geschaeftsfuehrer/, 2013.
[599] Vgl. http://www.weltbild.com/unternehmen/ueber-uns/chronik/70er/, 2013.
[600] Vgl. http://www.weltbild.com/unternehmen/ueber-uns/organe/gesellschafter/, 2013.
[601] Vgl. http://www.weltbild.com/unternehmen/ueber-uns/#abschnitt2, 2013.
[602] http://www.weltbild.com/unternehmen/ueber-uns/organe/gesellschafter/, 2013

Die kirchliche Ausrichtung des Unternehmens schränkt es im Angebot seiner Bücher ein. So werden erotische Buchtitel und kritische Ansätze gegenüber dem Christentum nicht angeboten.[603] Als Weltbild 2011 mit erotischen Buchtiteln in Verbindung gebracht wurde, konterte dies die Geschäftsführung mit einer Pressemitteilung, in der das Vorhandensein pornografischer Produkte ausdrücklich bestritten wurde.[604]

Töchter und Beteiligungen

Abbildung 93 zeigt, an welchen Unternehmen Weltbild/DBH beteiligt sind und welche Tochtergesellschaften sich herausgebildet haben.

Inland

Unternehmen		
Fiegweil & Taubert Gruppe, Köln Großhandel Buch		100%
DBH Buch Handels GmbH & Co. KG, München Stationärer Buchhandel und Internetbuchhandel		50%
c-Books Germany GmbH, Düsseldorf Marktplatz/Gebrauchtmedien		49%
buecher.de GmbH & Co. KG, Augsburg Internet-Buchhandel	bücher.de	33%

International

Unternehmen		
Weltbild Verlag GmbH, Olten (CH) Internet- und Medienhandel	Weltbild.ch	100%
Weltbild Verlag GmbH, Salzburg (A) Internet- und Medienhandel	Weltbild.at	100%

Abbildung 93: Töchter und Beteiligungen[605]

---

[603] Vgl. http://www.buchreport.de/nachrichten/nachrichten_detail/datum/2011/10/14/unter-der-bettdecke.htm?no_cache=1&cHash=5eee50c9af7c6a7249e1c8d117a0c5e9, 2011.

[604] Vgl. http://www.buchreport.de/nachrichten/nachrichten_detail/datum/2011/11/08/ruege-durch-den-papst.htm?no_cache=1&cHash=cb0d1658363eea6b3e2a13150b36759e, 2011.

[605] http://www.weltbild.com/unternehmen/ueber-uns/toechter-und-beteiligungen/, 2013

Die in Köln ansässige Beteiligungsgesellschaft Fiegweil & Taubert Gruppe ist zum Beispiel ein Großhändler von Büchern. Die Finanzholding DBH Buch Handels GmbH & Co. KG mit Sitz in München ist der Zusammenschluss aus Weltbild, Jokers, Hugendubel, Weiland, Wohlthat'sche und DBH Warenhaus.[606] Darüber hinaus besteht eine Beteiligung an c-Books Germany GmbH mit Sitz in Düsseldorf sowie am Internet-Buchhandel bücher.de GmbH & Co. KG mit Sitz in Augsburg. Sowohl die Schweizer Weltbild Verlag GmbH in Olten als auch die österreichische Weltbild Verlag GmbH in Salzburg ist ein 100-%iges Tochterunternehmen der Verlagsgruppe Weltbild.[607]

Produkte

Zu Beginn machte Weltbild mit dem katholischen Magazin, „Mann in der Zeit" auf sich aufmerksam. Das Sortiment wurde in den 1970er Jahren um Bücher erweitert, die nun auch per Katalog bestellt werden konnten. Seit den 1990er Jahren wurde das Sortiment im Zuge der Internetpräsenz erweitert. Weltbild vertreibt seitdem auch Software, Games sowie Geschenkartikel und Produkte rund um Hobbies und Freizeit.[608] Die Rubriken auf der heutigen Internetplattform von Weltbild umfassen die Kategorien Bücher und Taschenbücher, eBooks, Dekoration, Trends und Geschenke, Haushalt, Garten und Technik, DVDs und Blue-rays, Musik, Spielwaren sowie Hörbücher. Die Sortimentsvielfalt hat sich im Laufe der Zeit seit der Gründung enorm vergrößert, woraus in Verbindung mit dem heutigen Angebot von circa drei Millionen Artikeln der konstante Kunden- und Umsatzzuwachs seit den 1990ern resultiert.

2. Derzeitiger Stand im Wettbewerb

Weltbild nutzt die Instrumente des Multi-Channel-Handels, um den Kunden vielfältige und flexible Möglichkeiten für Produktauswahl und Bestellung zu geben. Dies umfasst den klassischen Katalogversand, die zahlreichen Weltbild-Läden für Vor-Ort-Käufe sowie einen Online-Shop, der auch über das Smartphone erreichbar ist, wodurch neben dem E-Commerce

---

[606] Vgl. http://www.weltbild.com/karriere/stellenangebote/dbh-buch/, 2013.
[607] Vgl. http://www.weltbild.com/unternehmen/international/weltbild-oesterreich/, 2013.
[608] Vgl. http://www.weltbild.com/unternehmen/ueber-uns/, 2013.

auch der steigenden Bedeutung von M-Commerce Rechnung getragen wird.[609]

Online-Geschäft

Laut des Online Shopping Surveys der Gesellschaft für Konsumforschung (GfK) aus dem Jahre 2012 erzielt der Online-Shop von Weltbild, weltbild.de, mit sieben Millionen Online-Käufern gemeinsam mit dem Versandhandelsunternehmen Otto den dritten Platz hinter Amazon und Ebay mit 27,7 Millionen beziehungsweise 21,0 Millionen Online-Käufern (s. *Abbildung 94*). Ein Blick auf die letzte veröffentlichte Bilanz der Verlagsgruppe Weltbild für das Geschäftsjahr 2011/2012 belegt die steigende Bedeutung des Online-Handels als wichtige Stütze für den Unternehmenserfolg.

Ein Indikator hierfür ist ein Internetanteil bei Büchern von 40%[610], der damit weit über dem Branchendurchschnitt von 16,5% (Stand: 2012) liegt.[611]

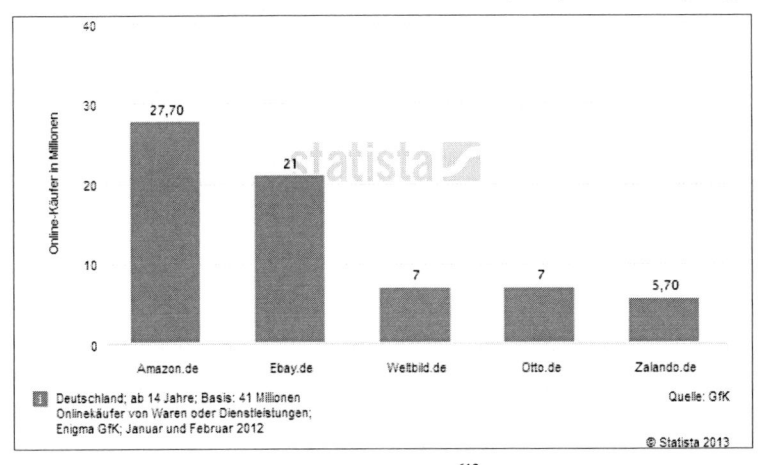

Abbildung 94: Online-Käufer in Millionen (2012)[612]

---

[609] Vgl. http://www.weltbild.com/unternehmen/marken/weltbild, 2013.
[610] Vgl. http://www.weltbild.com/presse/pressemitteilung/Bilanz-Geschaeftsjahr-201112/520, 2012.
[611] Vgl. http://www.boersenverein.de/de/158286, (2013).
[612] http://de.statista.com.ezproxy.dhbw-mannheim.de/statistik/daten/studie/20034/umfrage/anzahl-der-online-kaeufer-in-online-shops/, 2013

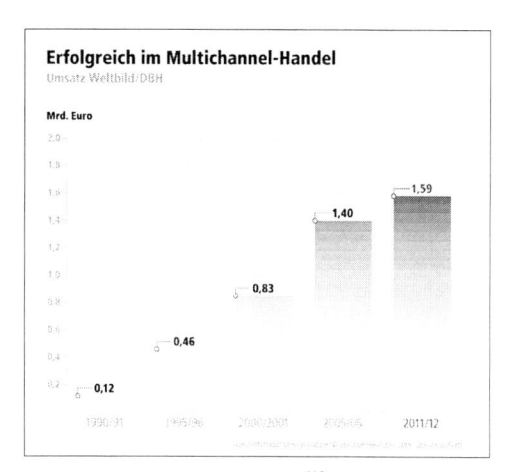

Abbildung 95: Umsatzverlauf von 1990 bis 2012[613]

Zwar lassen sich seit den 1990ern steigende Umsätze konstatieren (s. *Abbildung 95*), jedoch offenbart ein Vergleich der Umsatzzahlen aus dem Jahr 2011 mit dem Jahr 2012 eine Stagnation mit leicht rückläufiger Tendenz von 1,657 Milliarden Euro auf 1,59 Milliarden Euro.[614] Hieran zeigt sich, dass die Digitalisierung zu einer Verschärfung des Wettbewerbs führt und große Umsatzzuwächse keine Selbstverständlichkeit mehr sind.
Abbildung 96 zeigt, dass der Online-Shop isoliert betrachtet im Jahr 2012 einen Umsatz von 388,90 Millionen Euro erwirtschaftete, was im nationalen Vergleich lediglich Platz fünf hinter namhaften Konkurrenten wie Amazon und Otto bedeutet.[615] Erklärbar ist eine solch große Differenz von Weltbild zu Amazon und Otto unter anderem durch eine schmalere Produktpalette auch durch die insgesamt geringere Anzahl an Online-Käufen im Vergleich zu Marktführer Amazon (siehe *Abbildung 94*). Bemerkenswert ist zudem, dass ein im Vergleich zur langen Geschichte von Weltbild noch eher neuer Online-Shop wie der des Online-Versandhändlers Zalando seit Gründung 2008 bereits mehr Umsatz mit dem Online-Geschäft generiert.

---

[613] http://www.weltbild.com/presse/pressemitteilung/Bilanz-Geschaeftsjahr-201112/520/.de, 2012

[614] Vgl. http://www.weltbild.com/presse/pressemitteilung/Bilanz-Geschaeftsjahr-201112/520/, 2012.

[615] Vgl. http://de.statista.com.ezproxy.dhbw-mannheim.de/statistik/daten/studie/170530/umfrage/umsatz-der-groessten-online-shops-in-deutschland/, 2013.

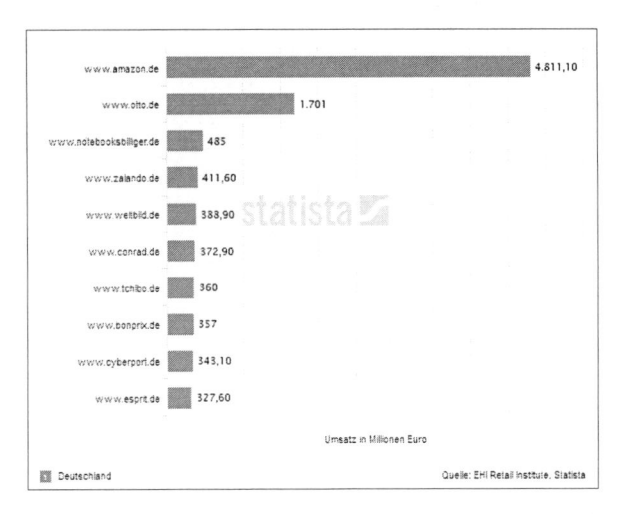

	Umsatz in Mio. €
www.amazon.de	4.811,10
www.otto.de	1.701
www.notebooksbilliger.de	485
www.zalando.de	411,60
www.weltbild.de	388,90
www.conrad.de	372,90
www.tchibo.de	360
www.bonprix.de	357
www.cyberport.de	343,10
www.esprit.de	327,60

Deutschland — Quelle: EHI Retail Institute, Statista

Abbildung 961: Umsatz der 10 größten Online-Shops in Deutschland 2012 (in Mio. €)[616]

Zwar ist Zalando kein direkter Konkurrent von Weltbild, jedoch zeigt diese Entwicklung, dass eine lange Unternehmensgeschichte nicht automatisch Erfolg auf allen Absatzkanälen verspricht, sondern auch neue aufstrebende Unternehmen in relativ kurzer Zeit erfolgreich im Online-Geschäft sein können.

Markenbekanntheit

Auch die große Markenbekanntheit zeichnet die derzeitige Wettbewerbssituation von Weltbild aus. So konnte Weltbild seinen Bekanntheitsgrad seit Beginn des neuen Jahrtausends von 54,8% auf 84,6% im Jahr 2011 ausbauen (siehe *Abbildung 97*).

---

[616] http://de.statista.com.ezproxy.dhbw-mannheim.de/statistik/daten/studie/170530/umfrage/umsatz-der-groessten-online-shops-in-deutschland/, 2012

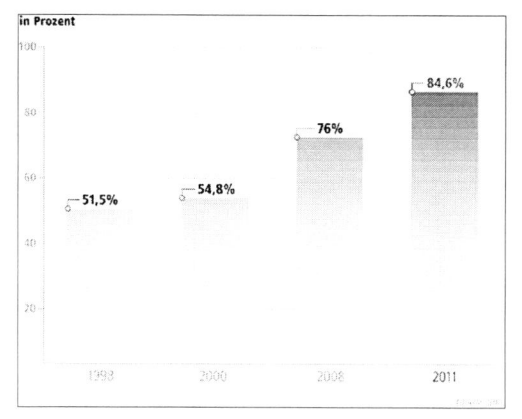

Abbildung 97: Markenbekanntheit von Weltbild in%[617]

3. Zukünftige Ausrichtung

Das Verlagshaus Weltbild steht momentan vor großen Umstrukturierungen, die den Konzern im Wettbewerb mit Amazon, Otto und Co. stärken soll. Hierfür wurden große Investitionen in die IT, die Eingliederung der Filialen in das Multi-Channel-Konzept sowie in die Erweiterung des eigenen e-Books mit dem Namen Tolino unternommen, die sich jedoch in Verlusten für das laufende Geschäftsjahr niederschlagen werden.[618] Um diese Erweiterungen zu realisieren und die Logistik in den Filialen und Lägern zu koordinieren, steigt der Personalbedarf für Weltbild an. Hierfür wurden 2012 in der Zentrale in Augsburg 450 neue Stellen geschaffen und weitere 200 Leiharbeiter in feste Arbeitsverhältnisse überführt.[619] Die Absicht der Gesellschafter ihre Anteile in eine Stiftung zu überführen und damit neue Eigentümerverhältnisse zu schaffen, wurde auch nach zwei Jahren noch nicht in die Tat umgesetzt und ließ die Banken an einer klaren und seriösen Unternehmensführung zweifeln.[620] Die beteiligten Gesellschafter einigten sich letztlich mit den Geschäftsbanken auf ein umfangreiches Sanierungsprogramm, das neben den genannten Investitionen auch Entlassungen von

---

[617] http://www.weltbild.com/unternehmen/ueber-uns/in-zahlen/, 2013
[618] Vgl. http://www.welt.de/wirtschaft/article121495718/Organisierte-Sinnentleerung-des-Weltbild-Verlags.html, 2013.
[619] Vgl. http://www.weltbild.com/presse/pressemitteilung/Bilanz-Geschaeftsjahr-201112/520/, 2012.
[620] Vgl. http://www.faz.net/aktuell/politik/inland/katholische-kirche-insolvenz-von-weltbild-verlag-vorerst-abgewendet-12646418.html, 2013.

Mitarbeitern notwendig machte, um das Unternehmen für das digitale Geschäft effizienter aufzustellen.[621]

Durch Zusagen über neues Kapital in Höhe von 60 Millionen Euro, das im Wesentlichen von den Bistümern München und Freising, Augsburg und der Soldatenseelsorge Berlin zur Verfügung gestellt wird, konnte Weltbild kurzfristig Liquidität für das Weihnachtsgeschäft 2013 generieren und eine Insolvenz abwenden.[622] Zudem gelang es durch einen Kapitalschnitt in Höhe von 130 Millionen Euro den finanziellen Engpass etwas zu entspannen.[623] Eine Neustrukturierung der Eigentümerverhältnisse soll zudem dazu führen, dass Entscheidungsprozesse intern und extern effektiver und flexibler gestaltet werden können.[624] Für das Berichtsjahr 2011/2012 vermeldete Weltbild, dass mittlerweile mehr als zehn% des Online-Buchumsatzes mit eBooks erwirtschaftet werden und erwartet wird, dass sich dieser Trend auch in Zukunft fortsetzen soll.[625] Auf der Frankfurter Buchmesse 2013 präsentierte Weltbild eine neue Version des mittlerweile etwas mehr als eine halbe Million Mal im Konsortium aus Bertelsmann, Deutsche Telekom, Thalia und Hugendubel verkauften eBooks, wodurch der Marktanteil in diesem Segment von derzeit 33% (Vergleich Amazon: 40%) ausgebaut werden soll.[626]

Zu den weiteren Investitionen zählen Millionenbeträge in den Bau eines vollautomatischen Kistenlagers für den Vertrieb, um angesichts hoher erwarteter Wachstumsraten seitens der Geschäftsführung in den Bereichen M-Commerce und eBooks konkurrenzfähig zu bleiben.[627]

Zu den weiteren Sanierungsmaßnahmen zählten unter anderem folgende Meilensteine:

---

[621] Vgl. http://www.mediadb.eu/datenbanken/deutsche-medienkonzerne/verlagsgruppe-weltbild.html, 2013.
[622] Vgl. http://www.faz.net/aktuell/politik/inland/katholische-kirche-insolvenz-von-weltbild-verlag-vorerst-abgewendet-12646418.html, 2013.
[623] Vgl. http://www.welt.de/wirtschaft/article121624091/Weltbild-will-Mehrheit-an-Buecher-de-uebernehmen.html, 2013.
[624] Vgl. http://www.welt.de/wirtschaft/article121624091/Weltbild-will-Mehrheit-an-Buecher-de-uebernehmen.html, 2013.
[625] Vgl. http://www.weltbild.com/presse/pressemitteilung/Bilanz-Geschaeftsjahr-201112/520/, 2012.
[626] Vgl. http://www.welt.de/wirtschaft/article121624091/Weltbild-will-Mehrheit-an-Buecher-de-uebernehmen.html, 2013.
[627] Vgl. http://www.weltbild.com/presse/pressemitteilung/Bilanz-Geschaeftsjahr-201112/520/, 2012.

- Juli 2013: Planung des Verkaufs des 50-%igen Anteils am Verlag Droemer Knaur an die Verlagsgruppe Holtzbrinck.[628]
- 2013: Schließung aller 40 Weltbild-Läden in Polen und Entlassung von 320 Mitarbeitern.[629]

Zudem ist geplant die Mehrheit am Online-Buchversand buecher.de, einem der größten Konkurrenten von Amazon, zu übernehmen und sich so weitere Marktanteile in diesem Segment zu sichern.[630]

4. SWOT-Analyse

Innerhalb einer SWOT-Analyse (**S**trenghts, **W**eaknesses, **O**pportunities, **T**hreats) werden die Stärken und Schwächen sowie die Chancen und Risiken eines Unternehmens gegenübergestellt. „Die Befunde der Stärken-Schwächen- und Chancen/Risiko-Analyse müssen schließlich in einer SWOT-Analyse [...] zusammengeführt werden"[631].

Stärken

Die große Produktvielfalt bildet eine Stärke von Weltbild. Es werden viele Kundensegmente angesprochen, wodurch die Markenbekanntheit gesteigert wird. Aufgrund der hohen Marktpräsenz können mehr Kunden unabhängig von Ort und Zeit bei Weltbild einkaufen. Somit wird der Umsatz erhöht und wiederum die Bekanntheit gesteigert.

Außerdem spielt das Markenbewusstsein eine große Rolle. Durch die Pflege und das Angebot von renommierten Marken wie dem eBook Tolino spricht Weltbild mehr Kunden an. Durch die Zusammenarbeit mit der Buchhandlung Hugendubel, die eines der führenden Unternehmen im deutschsprachigen Buchmarkt ist[632], kann sich die Verlagsgruppe Weltbild in Bereichen wie Qualität und Kompetenz profilieren.

Darüber hinaus ist es in der heutigen Zeit immer wichtiger Kunden verschiedene Absatzkanäle anzubieten. Mit dem Streben nach Multi-Channeling eröffnet Weltbild den Kunden eine Vielzahl solcher Möglichkeiten. Der Kunde kann zwischen stationärem Einzelhandel, Katalogver-

---

[628] Vgl. http://www.mediadb.eu/datenbanken/deutsche-medienkonzerne/verlagsgruppe-weltbild.html, 2013.
[629] Vgl. http://www.boersenblatt.net/581643/, 2012.
[630] Vgl. http://www.welt.de/wirtschaft/article121624091/Weltbild-will-Mehrheit-an-Buecher-de-uebernehmen.html, 2013.
[631] Schneider, Willy, 2009, S. 117.
[632] Vgl. http://www.weltbild.com/unternehmen/buchhandel/hugendubel/, 2013.

sand und Internetversandhandel wählen. Dadurch kann ein großer Teil des Marktes abgedeckt werden. Multi-Channel zielt unter anderem darauf ab, dass „Kunden die von ihnen präferierten Kommunikationskanäle nutzen können"[633]. Dies kann zusätzlich den positiven Effekt haben, dass neue Kunden angesprochen werden. Dementsprechend ist die Strategie von Weltbild sehr an den Wünschen des Kunden ausgerichtet und gilt so als eine der Stärken von Weltbild.

Außer diesen beiden Aspekten leistet auch die Innovationskraft von Weltbild einen positiven Beitrag zur Etablierung am Markt. Die nachhaltige Reaktion auf veränderte Marktgegebenheiten ist daher eine entscheidende Stärke von Weltbild, um in Folge des technologischen Wandels und der stetigen Digitalisierung am Markt bestehen zu können. Weltbild entwickelt seine Internetplattform kontinuierlich weiter und erweitert kontinuierlich sein Produktangebot.

Datenschutz ist ein Thema, das für viele Kunden bezüglich des Online-Handels oberste Priorität hat. Dies ist ein Grund, warum Weltbild sich aktiv mit Datenschutz beschäftigt (siehe *Abbildung 98*). Die u.a. Abbildung zeigt, dass der Online-Shop von Weltbild durch mehrere Prüfsiegel zertifiziert ist und somit für den Kunden vertrauenswürdiger ist. Zusätzlich zu diesem Sicherheitssiegel bietet Weltbild seinen Kunden spezielle Vorteile beim Online-Shopping an. Bei einer Bestellung, die ein Buch oder eBook enthält, wird dem Kunden die bestellte Ware portofrei innerhalb von Deutschland zugestellt. Zusätzlich gibt es ein „14-Tage-Rückgaberecht". Weltbild umwirbt diesen Service damit, dass der Kunde nur das behalten soll, was ihn zu 100% überzeugt.[634] Hinsichtlich der Zahlungsart bietet Weltbild an, die Lieferung erst nach Erhalt zu zahlen. So kann der Kunde sich erst von der Qualität der Ware überzeugen und diese anschließend bezahlen. Weiterhin bietet Weltbild an, die bestellten Produkte versandkostenfrei in jede beliebige Filiale zu senden. Diese aktiven Maßnahmen beziehungsweise Serviceleistungen für den Kunden fördern die Kundenbindung und somit auch die Kundenzufriedenheit.

---

[633] Schneider, Willy, 2009, S. 516.
[634] Vgl. http://www.weltbild.de/, 2013.

Sicheres und geprüftes Online-Shopping bei Weltbild			
[ehrlicher Händler Siegel]	Weltbild.de ist laut einer Kundenbefragung von ServiceValue GmbH ehrlichster Händler! Für den Nachweis als „ehrlicher Händler" sind die Erfahrungswerte der Kunden ausschlaggebend. Mehr Info hier.	[GEPRÜFTER ONLINE-SHOP Siegel]	Dieses Zertifikat bestätigt, dass der Shop erfolgreich zertifiziert wurde und autorisiert ist, das Gütesiegel im Shop zu führen. Mehr Infos hier.
TÜV SAARLAND	Das Siegel „TÜV-geprüftes Preis-/Leistungs-verhältnis" wird an Unternehmen vergeben, denen auf Kundenseite ein besonders gutes Preis-/Leistungsverhältnis bescheinigt wird. Mehr Infos hier.	TRUSTPILOT	Trustpilot ist eine offene Bewertungsplattform auf der Online-Shopper authentische Bewertungen abgeben können. Weltbild hat hier viele Top-Bewertungen von Kunden erhalten. Mehr Infos hier.

Abbildung 98: Datenschutz bei Weltbild[635]

All diese Stärken haben zu einer Steigerung des Marktanteils geführt und Weltbild an die dritte Stelle der zehn größten Versandhändler katapultiert, woraus sich ableiten lässt, dass die Kunden Weltbild vertrauen. Dies schlägt sich auch in einer Untersuchung von ServiceValue nieder, in der Weltbild mit 96% als ehrlichster Händler bewertet wird.[636] Das Werben mit dieser Auszeichnung auf der Homepage des Unternehmens dient dazu das gewonnen Vertrauen auf andere Produkte des Sortiments zu übertragen.

Schwächen

Weltbild ist ein christlich ausgerichtetes Unternehmen. In den letzten Jahren ist es durch das Angebot von nicht christlich vertretbaren Büchern auffällig geworden.[637] Die Gesellschafter von Weltbild, die allesamt der Kirche angehören, hinterfragten in der Vergangenheit oftmals die katholische Ausrichtung der angebotenen Bücher- und Medienauswahl. Es herrscht seit einiger Zeit Unstimmigkeit zwischen den Gesellschaftern. Umsatzpotenziale solcher Produkte stellen jedoch das Grundgerüst und die Grundpfeiler von Weltbild in Frage. Dies wirkt sich eventuell negativ auf das Unternehmensimage aus, wodurch ein Kundenrückgang nicht auszuschließen ist.

Trotz eines Umsatzes von rund 1,6 Milliarden Euro verzeichnet Weltbild Verluste (siehe „Zukünftige Ausrichtung"). Durch die Ausweitung auf ver-

---

[635] http://www.weltbild.de/, 2013
[636] Vgl. http://www.welt.de/wirtschaft/article108788672/Kunden-halten-die-meisten-Haendler-fuer-ehrlich.html, 2012.
[637] Vgl. http://www.faz.net/aktuell/politik/inland/katholische-kirche-verlagsgruppe-weltbild-akut-bedroht-12566012.html, 2013.

schiedene Produktgruppen wäre folglich der gegensätzliche Fall zu vermuten gewesen. Durch das Multi-Channel-Konzept und einer damit verbundenen Schließung von Standorten beziehungsweise dem Rückzug aus beispielsweise dem polnischen Markt spart das Unternehmen durch den zunehmenden Internethandel Raum- und Personalkosten. Welche Schwächen und Risiken das Multi-Channel-Konzept birgt, wird in der weiteren Analyse untersucht. Weltbild vertreibt seine Waren zusätzlich auch über den stationären Einzelhandel. Die Kostenstruktur ist dementsprechend sehr komplex. Laut der Unternehmensführung ist der Verlustzustand nur eine kurzfristige Schwäche aufgrund der drastischen Konzentration auf den Onlinehandel und damit verbundenen Investitionen in IT, Logistik und die Filialen.[638]

Chancen

In Österreich und in der Schweiz hat Weltbild bereits mit seinen Tochtergesellschaften die Märkte erfolgreich erschlossen. Aufgrund des kontinuierlichen Umsatzwachstums und des stetigen Wachstumsprozesses ist die Chance vorhanden, auch in anderen europäischen Ländern erfolgreich zu sein. Durch die Expansion in andere Teile der Welt können neue Absatzmärkte erschlossen und die Marktabdeckung erhöht werden.

Die zahlreichen Maßnahmen zur Erhöhung der Kundenbindung, zum Beispiel durch ein hohes Maß an Datenschutz, fördern die Sicherheit des Kunden und leisten somit einen erheblichen Beitrag dazu, ihre Zufriedenheit zu fördern. Durch dieses hohe Engagement für die Kunden können schnell und effektiv neue Kunden akquiriert werden. Dies wiederum führt dazu, dass neue Umsätze realisiert werden können.

Risiken

Aufgrund der erwirtschafteten Verluste bestand die Gefahr einer Insolvenz für das Unternehmen, die kurzfristig durch Kapitalzusagen und einen Kapitalschnitt abgewendet wurde. Eine drohende Insolvenz würde einen immensen Stellenabbau mit sich bringen, wodurch 6.800 Stellen gefährdet wären. Weltbild selbst sieht keine Gefahr und teilte in einer Pressemittei-

---

[638] Vgl. http://www.weltbild.com/presse/pressemitteilung/Stellungnahme-der-Verlagsgruppe-Weltbild/558/, 2013.

lung mit, dass die Weiterführung des Unternehmens nicht zur Debatte steht.[639]

Die Spannungen zwischen den Gesellschaftern und die damit verbundene Uneinigkeit über das Leitbild und die Ausrichtung der Verlagsgruppe Weltbild bergen die Gefahr, dass das Image von Weltbild darunter leidet. Das Unternehmen läuft der Gefahr entgegen, unglaubwürdig gegenüber Kunden zu wirken. Das Wachstum des Unternehmens kann hierdurch erheblich gefährdet werden. Internetbetrug ist ein Dauerthema in Verbindung mit dem Internetversandhandel. Kunden fühlen sich tendenziell unsicher im Internet zu bestellen. Um dem entgegenzuwirken, sind Präventionen zu treffen, zum Beispiel in Form von Zertifikaten, die dem Kunden die Sicherheit des Online-Shops bestätigen.

SWOT-Matrix

		INTERNE ANALYSE	
	SWOT-ANALYSE	STÄRKEN	SCHWÄCHEN
EXTERNE ANALYSE	CHANCEN	- Produktvielfalt - Markenbewusstsein - Multi-Channeling - Innovationskraft - Nachhaltigkeit - aktive Kundenbindungsmaßnahmen - aktiver Datenschutz mit zertifiziertem Online-Shop - Vertrauen durch Zertifikat „Ehrlicher Händler" - Schaffung von Sicherheit im Internet	- Konzentration auf Internetversandhandel - Erweiterung der Digitalisierung

---

[639] Vgl. http://www.weltbild.com/presse/pressemitteilung/Stellungnahme-der-Verlagsgruppe-Weltbild/558/, 2013.

	RISIKEN	- Internetpiraterie erfordert aktiven Datenschutz und Sicherheit im Internet - Kundenerwartungen steigen	- Leitbild wird nicht geschützt - Unstimmigkeiten zwischen Gesellschaftern - Gefahr von Insolvenz aufgrund von Verlusten

Abbildung 99: SWOT-Matrix Weltbild Quelle: Eigene Abbildung

Abbildung 99 zeigt die Stärken-Schwächen-Analyse zusammengefasst in einer sogenannten SWOT-Matrix. Die Spalte oben links beschreibt Marktchancen, die sich mit den Stärken des Unternehmens vereinbaren lassen. Die Spalte rechts daneben geht darauf ein, welche Risiken in Chancen umgewandelt werden können. Die darunter liegende Spalte zeigt Schwächen, die aber nicht in Risiken umgewandelt werden, sondern vorher vermieden werden sollen. Die letzte Spalte soll mögliche Stärken aufzeigen, um Risiken abzuwenden.[640]

Analyse der Konkurrenz

Als Modul der Zukunft kommt dem Internet immer mehr Bedeutung zu. Dementsprechend herrscht im Bereich des Onlineversandhandels ein starker Konkurrenzkampf. Marktführer im Onlinehandel ist mit großem Abstand Amazon (siehe *Abbildung 100*). Hinsichtlich seines breiten Sortimentsangebots und seines hohen Marktanteils ist diese Marktführerschaft auch nicht verwunderlich. Der Erfolg von Amazon basiert mittlerweile längst nicht mehr nur auf dem Vertrieb von Medien. Jochen Hiemeyer, Partner und Konsumexperte der Unternehmensberatung Accenture, ist der Meinung, dass die Geschäftsidee von Amazon nicht nur mit Büchern oder CDs funktioniert, sondern auch bei Kosmetik-Artikeln und anderen täglichen Gebrauchsgegenständen im Sinne eines Vollsortimenters erfolgreich und konkurrenzfähig sein kann.[641] Mit einem Umsatz von rund 9 Milliarden Euro hat Amazon innerhalb von zwei Jahren ein Plus von 60% erreicht[642], was auch durch ein breiteres Sortiment mit mehr Warengruppen als beispielsweise Weltbild begründet ist. Dies erschwert einen direkten Vergleich mit Weltbild auf allen Ebenen. Die Kernprodukte von Weltbild sind vorwiegend Medien wie Bücher, CDs, eBooks und Hörbücher. So ist

---

[640] Vgl. http://wirtschaftslexikon.gabler.de/Definition/swot-analyse.html, 2013.
[641] Vgl. http://www.welt.de/wirtschaft/webwelt/article113404439/Riesige-Amazon-Umsaetze-ueberraschen-Analysten.html, 2013.
[642] Vgl. http://www.welt.de/wirtschaft/webwelt/article113404439/Riesige-Amazon-Umsaetze-ueberraschen-Analysten.html, 2013.

es sinnvoll einen Internetversandhandel als größten Konkurrenten zu definieren, der sowohl ein ähnliches Sortiment vertreibt als auch stationären Einzelhandel neben dem Internetauftreten betreibt. Hinsichtlich diverser Merkmale stellt die Thalia Holding GmbH als Teil des Handelskonzerns Douglas den größten Konkurrenten von Weltbild dar.

Stärken

Die Thalia Holding GmbH hat auch das Potential des Multi-Channel-Konzepts erkannt und bietet seinen Kunden verschiedene Absatzkanäle an. Sowohl im Internet als auch in der Filiale können Kunden das Sortiment von Thalia erwerben. Das Sortiment setzt sich zusammen aus Büchern, Hörbüchern, CDs, DVDs, Spielen und Spielwaren, Geschenkartikeln, Schreibwaren, eBooks und eReadern.[643] Thalia setzt hier besonders auf die Vielfalt des Angebots, um viele Kundensegmente zu erreichen. Neben diesem quantitativen Motiv spielt aber auch Qualität bei den Produkten und im Service verbunden mit einer entspannten Einkaufsatmosphäre eine entscheidende Rolle und wird als Leitbild im Unternehmen gelebt.[644]

Ähnlich wie Weltbild hat Thalia erfolgreich in das deutschsprachige Ausland expandiert. So zeigt Thalia mit rund 300 Filialen Präsenz in Deutschland, Österreich und in der Schweiz.[645] Diese Expansion macht sich im Umsatz des Unternehmens bemerkbar (siehe *Abbildung 100*).

Zeitraum	Nettoumsatz in Mio. €		Buchhandlungen		Mitarbeiter	
	GJ* 11/12	GJ* 10/11	30.09.2012	30.09.2011	30.09.2012	30.09.2011
Deutschland	683	704	236	236	3706	3920
Österreich und Schweiz	232	231	60	59	1286	1354
Gesamt	915	935	296	294	4492	5274

*GJ: Abkürzung für Geschäftsjahr; umfasst jeweils den Zeitraum vom 01.Oktober - 30. September

Abbildung 100: Geschäftsjahr der Thalia Holding GmbH 2011/2012 in Zahlen[646]

---

[643] Vgl. http://unternehmen.thalia.de/unternehmen/leitbild/, 2013.
[644] Vgl. http://unternehmen.thalia.de/unternehmen/leitbild/, 2013.
[645] Vgl. http://unternehmen.thalia.de/unternehmen/, 2013.
[646] http://unternehmen.thalia.de/unternehmen/datenfakten/, 2013

Abbildung 100 zeigt den Nettoumsatz, die Anzahl der Buchhandlungen sowie der Mitarbeiter im Geschäftsjahr 2011/2012. Im Bereich des Umsatzes liegt Thalia mit 915 Millionen Euro hinter Weltbild mit 1,6 Milliarden Euro. Die Anzahl der stationären Buchhandlungen entspricht etwa der Anzahl der Filialen von Weltbild. Im direkten Vergleich generiert Weltbild einen deutlich größeren Umsatz als Thalia.

Schwächen

Der große Wandel in der Gesellschaft hin zur Digitalisierung hat zur Folge, dass viele Filialen aufgegeben werden müssen. Die Bedeutung des Internets hat im vergangenen Jahrzehnt stark zugenommen. Großflächige Filialen verlieren dadurch immer mehr an Bedeutung, so dass Thalia dieses Jahr mehr Filialen schließen musste als erwartet.[647]

Chancen

Um dem Filialrückgang entgegenzuwirken, wird das Sortiment stetig erweitert, dennoch sind Bücher weiterhin der Kern des Geschäfts und sollen es auch in Zukunft bleiben.[648] Zudem engagiert sich Thalia sehr für soziale Projekte und setzt sich aktiv für die kulturelle Förderung sowie für Leseförderung ein.[649] So engagierte sich das Unternehmen beispielsweise am UNESCO-Welttag des Buches und veranstaltet Vorlesetage in seinen Filialen.[650] Durch die Fixierung auf das Buchhandelsgeschäft und das spezielle Engagement in sozialen Bereichen besteht für Thalia die Chance sich im Konkurrenzkampf zu profilieren und Kunden zu binden.

Risiken

Die Schließung von Filialen birgt die Gefahr in sich, dass der Umsatz, der in diesen Standorten erwirtschaftet wurde, nicht kompensiert wird. Wenn die Erweiterung des E-Commerce-Geschäfts die ausbleibenden Umsätze nicht relativiert, wird folglich auch der Gewinn verringert. Das bedeutet

---

[647] Vgl. http://www.noz.de/deutschland-welt/wirtschaft/artikel/415968/thalia-schliesst-mehr-filialen-als-ursprunglich-geplant, 2013.
[648] Vgl. http://unternehmen.thalia.de/unternehmen/leitbild/, 2013.
[649] Vgl. http://unternehmen.thalia.de/unternehmen/historie/, 2013.
[650] Vgl. http://unternehmen.thalia.de/engagement/soziales/, 2013.

eine neue Gewinn- und Kostenstruktur für Thalia. Dies macht es notwendig, dass sich die getätigten Investitionen zeitnah im Erfolg widerspiegeln.

SWOT-Matrix Thalia

	INTERNE ANALYSE		
SWOT-ANALYSE		**STÄRKEN**	**SCHWÄCHEN**
EXTERNE ANALYSE	CHANCEN	- Leitbild wird geschützt und steht im Vordergrund - Ausbau des Multi-Channel-Konzepts - Erweiterung des Sortiments, dennoch stehen Bücher im Mittelpunkt der Aktivitäten	- Schließung von stationären Buchhandlungen muss durch Umsatzsteigerungen im E-Commerce kompensiert werden
	RISIKEN	- Konzentration auf den Online-Handel durch Abbau von stationärem Handel - Erweiterung des Sortiments im Bereich Online-Handel	- Rückgang von Umsatz und Gewinn durch Schließung von Filialen

Abbildung 101: SWOT-Matrix Thalia[651]

Zusammenfassung

Sowohl Weltbild als auch Thalia haben mit dem Wandel der Zeit hin zur Digitalisierung zu kämpfen. Multi-Channeling ist das Instrument der Gegenwart und Zukunft. So ist der stationäre Handel gefährdet und der dadurch sinkende Umsatz muss durch den Internethandel kompensiert werden. Hierfür waren zum Teil großen Investitionen in IT und Infrastruktur notwendig, die beide Unternehmen in die Verlustzone brachten.

Weltbild und Thalia stehen zwar in direkter Konkurrenz zueinander, dennoch haben sie sich im Hinblick auf die Schwierigkeiten durch den Rückgang im stationären Handel und dem daraus resultierenden Umsatzrückgang entschieden, einen Schritt gemeinsam Richtung Zukunft zu gehen.

Das Konsortium aus Weltbild, Hugendubel, Club Bertelsmann, Thalia und der Deutschen Telekom ist auch deshalb die beschriebene Allianz eingegangen, um dem US-amerikanischen Online-Versandhändler Amazon mit

---

[651] Eigene Abbildung

dessen eBook Kindle auf dem umkämpften eBook-Markt Konkurrenz bieten zu können.

5. Fazit

Auch das Verlagshaus Weltbild steht in einem ständigen Spannungsfeld zwischen Umsatz und Gewinn, das sich angesichts des Wandels hin zu einem digital agierenden Konzern noch verschärfen wird. Die Verluste der vergangenen Jahre und der prognostizierte Verlust für das diesjährige Geschäftsjahr in Kombination mit der gerade noch abgewendeten Insolvenz machen es zunächst zwingend notwendig, den Konzern mit seinen zahlreichen Beteiligungen auf eine solide finanzielle Basis zu bringen. Durch den vollzogenen Kapitalschnitt und die Kapitalzusagen (siehe „Zukünftige Ausrichtung") sowie die geplante Umstrukturierung der Anteilsverhältnisse scheinen hierfür die Voraussetzungen geschaffen. Die Analyse von Stärken, Schwächen, Chancen und Risiken (siehe „SWOT-Analyse") hat zudem aufgezeigt, in welchen Bereichen sich Weltbild noch verbessern muss und wo unter Umständen Gefahren für das Unternehmen drohen. Demnach steht Weltbild vor der großen Aufgabe den angestrebten Ausbau der Digitalisierung mit den Interessen der kirchlichen Gesellschafter in Einklang zu bringen, um hierdurch negative Auswirkungen auf Umsatz, Gewinn und Image zu vermeiden. Dass Weltbild Potenzial hat, um im hart umkämpften Online-Geschäft bestehen zu können, zeigt nicht zuletzt das eBook Tolino, das mit einem Marktanteil von 33% als ernsthafter Konkurrent von Amazons Kindle angesehen werden kann (siehe „Zukünftige Ausrichtung"). Der aktuelle Bestand von etwa einer Million eBooks, die für das Tolino erhältlich sind, weisen stetig steigende Wachstumszahlen auf[652], wodurch sich für Weltbild auch in Zukunft die Möglichkeit bietet durch innovative Geräte in diesem Segment zu wachsen und den Marktanteil zu steigern. Gelingt es Weltbild die verschiedenen Interessen bezüglich Digitalisierung und christlicher Ausrichtung in Verbindung mit den geplanten Sanierungsmaßnahmen in eine gemeinsame Richtung zu lenken, eröffnen sich für Weltbild Chancen im hart umkämpften Online-Handel zu bestehen. Auch die Unternehmensberatung KPMG macht Weltbild Hoffnung durch die Fokussie-

---

[652]Vgl. http://www.faz.net/aktuell/wirtschaft/unternehmen/ein-deutsches-tablet-der-tolino-ist-amazon-dicht-auf-den-fersen-12610846.html, 2013.

rung auf das eBook-Geschäft und den weiteren Ausbau des Internethandels auch in Zukunft wettbewerbsfähig zu sein.[653]

6. Arbeitsfragen

1. Nennen Sie je drei wesentliche Stärken und Schwächen von Weltbild und begründen Sie Ihre Wahl!

2. In welcher Weise beeinflusst die zunehmende Digitalisierung die Entwicklung von Weltbild? Nennen Sie zwei Faktoren und begründen Sie diese!

3. Welche Marktchancen bieten die Instrumente des Multi-Channels für Weltbild? Gehen Sie dabei konkret auf drei Chancen ein und erläutern Sie Ihre Wahl!

Quellenverzeichnis

Buchquellen:
Schneider. Willy: Marketing und Käuferverhalten, 3. Auflage, München: Oldenbourg, 2009
Internetquellen:
Deckers, Daniel: Katholische Kirche: Insolvenz von Weltbild-Verlag vorerst abgewendet:
http://www.faz.net/aktuell/politik/inland/katholische-kirche-insolvenz-von-weltbild-verlag-vorerst-abgewendet-12646418.html (Abruf am 06.11.2013), 2013
Deckers, Daniel: Verlagsgruppe Weltbild akut bedroht:
http://www.faz.net/aktuell/politik/inland/katholische-kirche-verlagsgruppe-weltbild-akut-bedroht-12566012.html (Abruf am 01.11.2013), 2013
Fuest, Benedikt / Resing, Volker / Röhn, Tim: "Organisierte Sinnentleerung" des Weltbild-Verlags:
http://www.welt.de/wirtschaft/article121495718/Organisierte-Sinnentleerung-des-Weltbild-Verlags.html (Abruf am 07.11.2013), 2013

---

[653] Vgl. http://www.faz.net/aktuell/politik/inland/katholische-kirche-insolvenz-von-weltbild-verlag-vorerst-abgewendet-12646418.html, 2013.

Giersberg, Georg: Ein deutsches Tablet: Der Tolino ist Amazon dicht auf den Fersen: http://www.faz.net/aktuell/wirtschaft/unternehmen/ein-deutsches-tablet-der-tolino-ist-amazon-dicht-auf-den-fersen-12610846.html (Abruf am 07.11.2013), 2013

Großkinsky, Eva: Stellungnahme der Verlagsgruppe Weltbild: Zum FAZ-Beitrag vom 09.09.2013, Pressemitteilung vom 9. September 2013: http://www.weltbild.com/presse/pressemitteilung/Stellungnahme-der-Verlagsgruppe-Weltbild/558/ (Abruf am 07.11.2013), 2013

Matschke, Alexander: Verlagsgruppe Weltbild: http://www.mediadb.eu/datenbanken/deutsche-medienkonzerne/verlagsgruppe-weltbild.html (Abruf am 08.11.2013), 2013

o.V.: Diskussion über Pornografie bei Weltbild zieht weite Kreise: Rüge durch den Papst: http://www.buchreport.de/nachrichten/nachrichten_detail/datum/2011/11/08/ruege-durch-den-papst.htm?no_cache=1&cHash=cb0d1658363eea6b3e2a13150b36759e (Abruf am 30.10 2013), 2011

o.V.: Erotische Bücher bei Weltbild.de: Unter der Bettdecke: http://www.buchreport.de/nachrichten/nachrichten_detail/datum/2011/10/14/unter-der-bettdecke.htm?no_cache=1&cHash=5eee50c9af7c6a7249e1c8d117a0c5e9, (Abruf am 30.10.2013), 2011

o.V.: SWOT-Analyse: http://wirtschaftslexikon.gabler.de/Definition/swot-analyse.html (Abruf am 06.11.2013), 2013

o.V.: Thalia schließt mehr Filialen als ursprünglich geplant: http://www.noz.de/deutschland-welt/wirtschaft/artikel/415968/thalia-schliesst-mehr-filialen-als-ursprunglich-geplant (Abruf am 05.11.2013), 2013

o.V.: Weltbild-Aus in Polen: Verluste zwingen zum Handeln: http://www.boersenblatt.net/581643 (Abruf am 06.11.2013), 2012

o.V.: Wirtschaftszahlen: http://www.boersenverein.de/de/158286 (Abruf am 06.11.2013), 2013

Seidel, Hagen: Kunden halten die meisten Händler für ehrlich: http://www.welt.de/wirtschaft/article108788672/Kunden-halten-die-meisten-Haendler-fuer-ehrlich.html (Abruf am 08.11.2013), 2012

Seidel, Hagen: Riesige Amazon-Umsätze überraschen Analysten: http://www.welt.de/wirtschaft/webwelt/article113404439/Riesige-Amazon-Umsaetze-ueberraschen-Analysten.html (Abruf am 05.11.2013), 2013

Statista: Umsatz der 10 größten Online-Shops in Deutschland 2012 (in Millionen Euro): http://de.statista.com.ezproxy.dhbw-mannheim.de/statistik/daten/studie/170530/umfrage/umsatz-der-groessten-online-shops-in-deutschland/, (Abruf am 08.11.2013), 2013

Thalia: Die Thalia Holding GmbH auf einen Blick: http://unternehmen.thalia.de/unternehmen/ (Abruf am 05.11.2013), 2013

Thalia: Historie: http://unternehmen.thalia.de/unternehmen/historie (Abruf am 08.11.2013), 2013

Thalia: Leseförderung wird bei Thalia groß geschrieben: http://unternehmen.thalia.de/engagement/soziales/ (Abruf am 07.11.2013), 2013

Thalia: Unser Leitbild: http://unternehmen.thalia.de/unternehmen/leitbild (Abruf am 06.11.2013), 2013

Weltbild: Bilanz Geschäftsjahr 2011/12: http://www.weltbild.com/presse/pressemitteilung/Bilanz-Geschaeftsjahr-201112/520 (Abruf am 07.11.2013), 2012

Weltbild: Die 1940er und 1950er Jahre: Verlagsgründung und Aufbaujahre: http://www.weltbild.com/unternehmen/ueber-uns/chronik/40er/ (Abruf am 06.11.2013), 2013

Weltbild: Chronik: Die 1960er Jahre: Die Marke "Weltbild" ist geboren: http://www.weltbild.com/unternehmen/ueber-uns/chronik/60er/ (Abruf am 06.11.2013), 2013

Weltbild: Chronik: Die 1970er Jahre: Start des Buch-Versandhandels: http://www.weltbild.com/unternehmen/ueber-uns/chronik/70er/ (Abruf am 06.11.2013), 2013

Weltbild: Chronik: Die 1980er Jahre: Publizistisches Engagement und erste Schritte ins Ausland: http://www.weltbild.com/unternehmen/ueber-uns/chronik/80er/ (Abruf am 07.11.2013), 2013

Weltbild: Chronik: http://www.weltbild.com/unternehmen/ueber-uns/organe/gesellschafter/ (Abruf am 06.11.2013), 2013

Weltbild: Chronik: seit 2000: Internationalisierung und Multichannel: http://www.weltbild.com/unternehmen/ueber-uns/chronik/seit-2000/ (Abruf am 06.11.2013), 2013

Weltbild: DBH Buch Handels GmbH & Co. KG: http://www.boersenblatt.net/143822/ (Abruf am 02.11.2013), 2010

Weltbild: Geschäftsführer: http://www.weltbild.com/unternehmen/ueber-uns/organe/geschaeftsfuehrer/ (Abruf am 06.11.2013), 2013

Weltbild: Hugendubel:
http://www.weltbild.com/unternehmen/buchhandel/hugendubel/ (Abruf am 08.11.2013), 2013

Weltbild: Marken Weltbild:
http://www.weltbild.com/unternehmen/marken/weltbild (Abruf am 07.11.2013), 2013

Weltbild: Sicheres und geprüftes Online-Shopping bei Weltbild:
http://www.weltbild.de/ (Abruf am 04.11.2013), 2013

Weltbild: Stellenangebote der DBH Buch:
http://www.weltbild.com/karriere/stellenangebote/dbh-buch/ (Abruf am 07.11.2013), 2013

Weltbild: Über uns: http://www.weltbild.com/unternehmen/ueber-uns/ (Abruf am 06.11.2013), 2013

Weltbild: Über uns: http://www.weltbild.com/unternehmen/ueber-uns/#abschnitt2 (Abruf am 06.11.2013), 2013

Weltbild: Weltbild will Mehrheit an Buecher.de übernehmen:
http://www.welt.de/wirtschaft/article121624091/Weltbild-will-Mehrheit-an-Buecher-de-uebernehmen.html (Abruf am 08.11.2013), 2013

Weltbild: Weltbild-Österreich:
http://www.weltbild.com/unternehmen/international/weltbild-oesterreich/ (Abruf am 06.11.2013), 2013

12 Heinrich Heine GmbH

(Schäfer, A.)

1 Vorstellung des Unternehmens „Heinrich Heine GmbH"

Die „Heinrich Heine GmbH" ist ein führender Anbieter von Mode und Einrichtungen. Das Unternehmen wurde 1951 von Karl Heinrich Heine als eigenständiges Unternehmen gegründet, ist jedoch seit 1976 100-%ige Tochter der Otto-Group[654]. Die Otto-Group ist ein weltweit agierender Handels- und Dienstleistungskonzern mit ca. 53.800 Mitarbeitern, einem Jahresumsatz von ca. 11,8 Mrd. € (2012) und ist in 123 Gesellschaften aufgeteilt.[655] Der Hauptsitz der „Heinrich Heine GmbH" ist in Karlsruhe, das Unternehmen betreibt jedoch auch Büros in Österreich, Schweiz, Frankreich und den Niederlanden. Zurzeit beschäftigt die Firma Heine ca. 640 Mitarbeiter. Das Unternehmen beschreibt sich auf der eigenen Internetseite als ein führender Multi-Channel-Versender, der das Sortiment von ca. 22.000 Artikeln per Katalog, e-commerce[656], m-commerce[657] und per E-Mail-Newsletter vertreibt (*s. Abb.* 102).

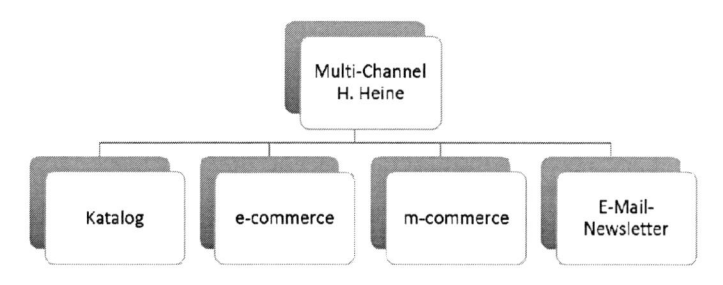

Abbildung 102: Multi-Channel bei Heinrich Heine GmbH[658]

---

[654] Vgl. www.heine.info.de, 2013
[655] Vgl. Otto-Group, 2013
[656] Handel und Werbung über das World Wide Web ohne direkten Kontakt zu den Produkten vor dem Kauf
   Quelle: http://www.gruenderszene.de/lexikon/begriffe/e-commerce
[657] Weiterentwicklung des e-commerce, für die Anwendung auf Tablets und Smartphones
[658] Eigene Abbildung

Die Zielgruppe die durch den Multi-Channel-Vertrieb erreicht werden soll, sind anspruchsvolle und selbstbewusste Damen zwischen 35 und 55 Jahren. Die Marketingmaßnahmen, der Vertrieb sowie Auswahl der Hersteller durch den Einkauf sind daran angepasst.

Entwicklung der Heinrich Heine GmbH

Die Mitarbeiterzahlen der „Heinrich Heine GmbH" sind von der Gründung 1951 bis heute stetig gewachsen. Was mit einem Ein-Mann-Vertrieb durch Herrn Karl Heinrich Heine begann entwickelt sich bis heute zu einem Unternehmen mit ca. 640 Mitarbeitern in mehreren Ländern.
Auch das Sortiment veränderte und entwickelte sich stetig. Die Idee für das Unternehmen kam durch den Wunsch, eine Spielidee zu vertreiben, in den darauf folgenden Jahren wurden hauptsächlich ausgefallene Kunstgegenstände und Geschenkideen vertrieben. Erst Ende der 60er Jahre wurden erstmals Textilien in das Sortiment aufgenommen. Dies war auch das Fundament für die spätere Aufnahme in die Otto-Group. Das Unternehmen versuchte sich immer wieder durch ausgefallene Angebote von den Wettbewerbern abzuheben, besonders gelang es, als es möglich wurde per Katalog einen Rolls Royce zu bestellen.

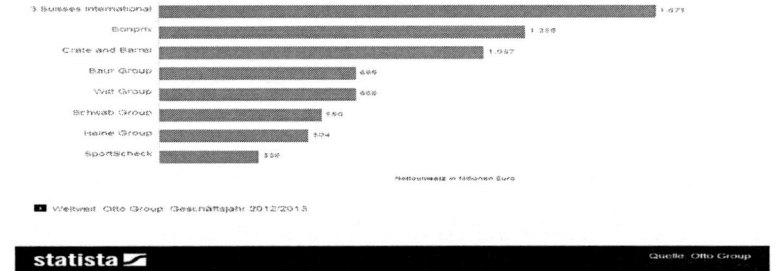

Abbildung 103: Nettoumsatz einzelner Unternehmensgruppen der Otto-Group[659]
Im Jahr 1992 war Heine das erste Versandhandelsunternehmen, dass einen Kundenclub einführte bei dem zugehörigen Kunden Sonderrabatte gewährt wurden und man so versuchte die Kunden zusätzlich zu binden. Die Ausweitung des Handels auf das europäische Ausland sowie die Anpassung an geänderte Konsum- und Einkaufsverhalten der Kunden, sorgte dafür, dass

---

[659] http://de.statista.com.ezproxy.dhbw-annheim.de/statistik/daten/studie/184633/umfrage/otto-group---umsatz-einzelner-unternehmensgruppen-2010-2011/

die Anzahl der Vertriebskanäle und Umsätze bei der „Heinrich Heine GmbH" in den letzten Jahren gewachsen ist. Heute beschränkt sich das Sortiment auf Damenmode sowie Einrichtungsgegenstände. Die Heinrich Heine GmbH versucht zeitnah, sich neu entwickelnde Vertriebskanäle, auch für den Vertrieb ihres Sortiments zu nutzen. 2012 erwirtschaftet die Heinrich Heine GmbH einen Umsatz 504 Mio. €[660](*s. Abb.* 103).

2 Derzeitiger Stand auf den Märkten und gegenüber des Wettbewerbs

Marktformen unter theoretischer Betrachtung

Bei der Betrachtung der Marktformen und der damit verbundenen Unterscheidung werden zwei Dimensionen betrachtet. Zum einen wird die Anzahl der Anbieter zum anderen die Anzahl der Nachfrager ermittelt (*s. Abb.* 104).

Anbieter / Nachfrager	ein Anbieter	wenige Anbieter	viele Anbieter
ein Nachfrager	*Bilaterales Monopol*	*Beschränktes Monopol*	*Nachfragemonopol*
wenige Nachfrager	*Angebots-Monopol*	*Bilaterales Oligopol*	*Nachfrageoligopol*
viele Nachfrager	*Angebotsmonopol*	*Angebotsoligopol*	*Polypol*

Abbildung 104: Marktformenschema[661]

Je mehr Anbieter auf einem Markt sind, umso schwieriger ist es für ein Unternehmen, sich von den Wettbewerbern abzuheben. Dies findet bei den meisten Unternehmen in der Anwendung des Marketingmix (4 P′s)[662] statt. Bei einem Monopol und ausreichenden Nachfrager finden die 4 P′s nur bedingt Anwendung. Je geringer die Anzahl der Wettbewerber umso mehr kann der Anbieter den Preis regulieren. Je geringer die Anzahl der Nachfrager, umso mehr können diese die Preise beeinflussen, weil die Anbieter abhängig von den einzelnen Nachfrager sind. Ein Ausfall eines einzelnen Nachfragers wäre für die Anbieter ein spürbarer Verlust. Bei einer großen Anzahl von Nachfragern gibt es häufigere Wechsel der Anbieter[663].

---

[660] Vgl. Otto-Group, 2013
[661] Eigene Abbildung in Anlehnung an Gabler Wirtschaftslexikon
[662] Vgl. Schneider, Willy, 2009, S. 15. 4 P′s: price (Preispolitik), place (Distributionspolitik), product (Produktpolitik), promotion (Kommunikationspolitik)
[663] Vgl. Wöhe, Günter, 2010, S. 419

Marktsituation der Heinrich Heine GmbH

Die Marktsituation der Heinrich Heine GmbH kann differenziert betrachtet werden. Werden ausschließlich die Wettbewerber berücksichtigt, die dasselbe Sortiment (hochwertige Damenmode, Einrichtungsgegenstände) anbieten und per e-commerce, m-commerce oder per Katalog vertreiben beschränkt sich die Anzahl auf wenige Wettbewerber. Unter der Berücksichtigung, dass diese Wettbewerber zum Teil Schwester-Unternehmen sind, da sie vollständig oder teilweise zur Otto-Group gehören, ist die Marktform ein Oligopol (*s. Abb.* 105).

Heine	Otto	bonprix	Schwab	Baur	Neckarmann
•Damenmoden •Wohnaccessoires •Bademode	•Mode •Sportbekleidung •Wohnaccessoires •Spielzeuge •Werkzeuge	•Mode •Wohnaccessoires •Bade- und Sportmode	•Mode •Sportbekleidung •Wohnaccessoires •Spielzeuge •Werkzeuge	•Mode •Wohnaccessoires •Bade- und Sportmode	•Mode •Sportbekleidung •Wohnaccessoires •Spielzeuge •Werkzeuge •Elektrogeräte •Unterhaltungselektronik

Otto-Group

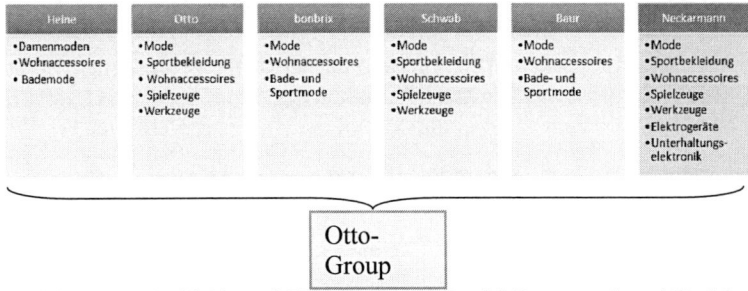

Abbildung 105: Multi-Channel-Einzelhändler im Bereich Damenmode und Einrichtungs-gegenstände[664]

Bei den Hauptwettbewerbern der Heinrich Heine GmbH handelt es sich bis auf ein Unternehmen um Gesellschaften der Otto-Group. Die Multi-Channel-Einzelhändler unterscheiden sich zum einen im Umfang des Sortiments als auch in der Zielgruppe sowie der Preislage. Die Heinrich Heine GmbH hat hierbei das kleinste Sortiment, achtet dabei auf das Angebot exklusiver Marken. Als einziges Unternehmen der genannten Einzelhändler hat sich Heine ausschließlich auf die Ansprache weiblicher Kunden spezialisiert. Bei der Betrachtung des Marktes auf dem die Heinrich Heine GmbH agiert, muss zu den Multi-Channel-Einzelhändlern auch noch eine große Anzahl Onlinehändler in den Bereichen Mode und Möbel hinzugezogen werden. Da im Hauptabsatzkanal, dem Online-Handel, weltweit eine Vielzahl von Händlern hinzukommt, kann man die Marktform auf der Heine handelt, als Polypol bezeichnen.

---

[664] Eigene Abbildung

3 SWOT-Analyse

SWOT-Analyse unter theoretischer Betrachtung

Die SWOT-Analyse stellt ein Instrument zur Situationsanalyse und zur Strategiefindung dar. In ihr werden die Stärken-Schwächen-Analyse und die Chancen-Risiken-Analyse vereint. Strenghts, Weaknesses, Opportunities und Threats bilden in Paaren vier Strategien.[665] Die SWOT-Analyse wird häufig beim Change-Management [666] eines gesamten Unternehmens sowie der Neuausrichtung einzelner Abteilungen angewendet.[667]

Strengths
- Was wird gut gemacht?
- Was sind die Stärken?
- Worauf kann man stolz sein?
- Was gibt uns Energie?
- Wo stehen wir momentan?

Weaknesses
- Was ist schwierig?
- Welche Störungen behindern uns?
- Was fehlt uns?
- Was sind die Fallen/Barrieren?

SWOT-Analyse

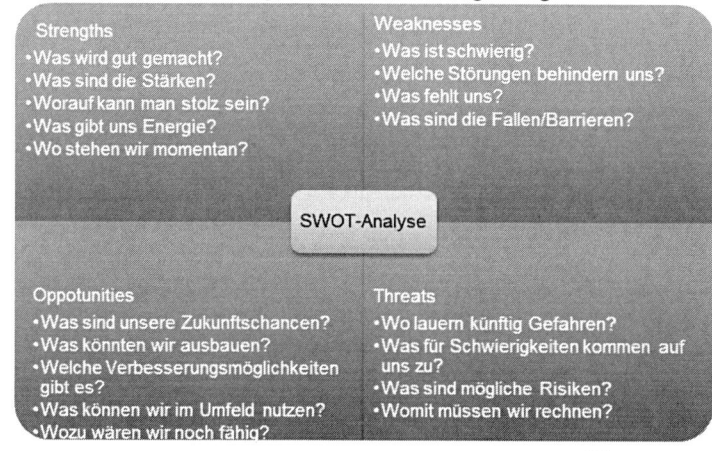

Oppotunities
- Was sind unsere Zukunftschancen?
- Was könnten wir ausbauen?
- Welche Verbesserungsmöglichkeiten gibt es?
- Was können wir im Umfeld nutzen?
- Wozu wären wir noch fähig?

Threats
- Wo lauern künftig Gefahren?
- Was für Schwierigkeiten kommen auf uns zu?
- Was sind mögliche Risiken?
- Womit müssen wir rechnen?

Abbildung 106: Allgemeine Fragestellungen der SWOT-Analyse[668]

Die Eintragung entsprechender Punkte erfolgt brainstormt-artig, später werden Fragestellungen und Antworten zusammengefasst und nach Wichtigkeit in eine Reihenfolge gebracht (*s. Abb.* 106). Die Auflistung gibt danach klare Hilfestellung zur Entwicklung einer Strategie und zeigt systematisch auf, an was dabei alles gedacht werden muss. Zusätzlich zeigt die SWOT-Analyse bisherige Defizite auf, die gemeinschaftlich interpretiert

---

[665] Vgl. http://www.controllingportal.de/Fachinfo/Grundlagen/SWOT-Analyse.html
[666] laufende Anpassung von Unternehmensstrategien und -strukturen an veränderte Rahmenbedingungen.
Vgl. http://wirtschaftslexikon.gabler.de/Archiv/2478/change-management-v9.html
[667] http://www.tcw.de/management-consulting/qualitaet/swot-analyse-118
[668] Eigene Abbildung in Anlehnung an http://www.tcw.de/management-consulting/qualitaet/swot-analyse-118

werden müssen. Hierbei empfiehlt sich die Bildung von Arbeitsgruppen mit Mitarbeitern aus verschiedenen Abteilungen und hierarchischer Ebenen um Fehlinterpretationen zu vermeiden. Durch die Einbeziehung mehrere Abteilungen und Ebenen findet ein umfassender Austausch statt und es kommt eher zu unterschiedlichen Verbesserungsansätzen.

SWOT-Analyse der Heinrich Heine GmbH

Die Heinrich Heine GmbH ist mit ca. 640 Mitarbeitern und einem Netto-Umsatz von 504 Mio. € im Jahr 2012 im Bereich der mittelständigen Unternehmen anzusiedeln. Die Zielgruppe des Multi-Channel-Einzelhändlers sind anspruchsvolle Frauen zwischen 35 und 55 Jahren[669] mit gehobenem Einkommen.

Die Stärken gegenüber anderer Multi-Channel-Einzelhändler bestehen in einem exklusiveren Internetauftritt, qualitativ hochwertiger Marken sowie der gezielten Ansprache einer relativ kleinen Kundengruppe. Im Vergleich zu anderen Web-Shops ist der Internetauftritt nicht mit Werbung überladen, es wird mit wenig Text und vielen exklusiveren Bildern geworben. Heinrich Heine hat sich auf die Ansprache von Kundinnen mittleren Alters mit gehobenen Ansprüchen spezialisiert. Diese Spezialisierung ermöglicht ein immer wachsende Qualitätssteigerung und Wissenszunahme. Eine weitere Stärke gegenüber einer großen Anzahl von Einzelhändlern, die ausschließlich per e-commerce ihr Sortiment vertreiben, ist die Ansprache der Kunden über zusätzliche Kanäle wie eines Printkatalogs oder m-commerce.

Der Umsatzanteil der durch e-commerce erwirtschaftet wird, wächst stetig. Somit wird der Onlinehandel immer bedeutender und löst den Katalog bei der Wichtigkeit der Absatzkanäle ab.

Die Stärke der Heinrich Heine GmbH, sich auf eine relative kleine Kundengruppe zu beschränken, kann auch eine Schwäche sein. So gelingt es nur schwierig, jüngeren Kunden zu vermitteln, dass das Sortiment auch für sie etwas bietet. Kommt es zu einem radikalen Umdenken dieser Kundengruppe, muss Heine mit einem rapiden Einbruch des Umsatzes rechnen, da das Sortiment keine Möglichkeiten bietet, dass andere Kundengruppen den Umsatz „auffangen".

Die Mitarbeiter der Heinrich Heine GmbH nennen das soziale Verhalten gegenüber den Mitarbeitern als weitere Stärke und sind stolz darauf einen Teil mit beitragen zu können, den Kunden besonderen Service zu bieten.[670]

---

[669] Vgl. http://www.heine.info/ueber-uns/unternehmen/unternehmensprofil/
[670] Vgl. Interview mit Sandra Kahnert, DHBW-Studentin und Mitarbeiterin der Heinrich Heine GmbH

Dabei spielt auch die Social Responsibility für die Mitarbeiter eine Rolle (s. Abb. 107).
Das im Vergleich zu anderen Multi-Channel-Versandhändlern hat die Heinrich Heine GmbH eine schmaleres Sortiment, das sich auf die zwei Bereiche Damenmode und Einrichtungsgegenstände beschränkt. Kommt es zu unvorhersehbaren Störungen des Absatzes, durch z.B. negative Presseberichte (Kleidung aus Kinderarbeit, Möbel aus Tropenholz, schlechte Arbeitsbedingungen in den Produktionsstätten) gibt es wenige andere Produktgruppen die vertrieben werden können.

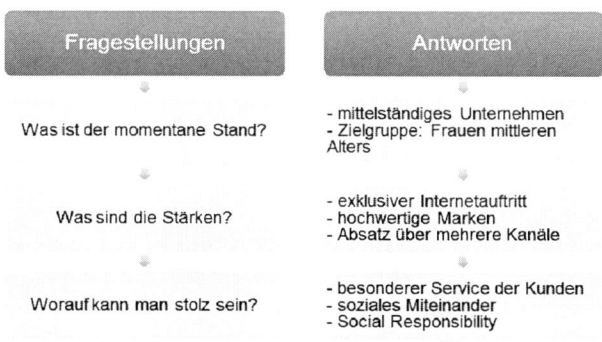

Fragestellungen	Antworten
Was ist der momentane Stand?	- mittelständiges Unternehmen - Zielgruppe: Frauen mittleren Alters
Was sind die Stärken?	- exklusiver Internetauftritt - hochwertige Marken - Absatz über mehrere Kanäle
Worauf kann man stolz sein?	- besonderer Service der Kunden - soziales Miteinander - Social Responsibility

Abbildung 107: Stärken (Strenghts) der Heinrich Heine GmbH[671]

Auch die Auswahl der Absatzkanäle ist im Vergleich zu anderen Multi-Channel-Einzelhändler nicht so vielfältig und beschränkt sich auf den Versandhandel. Die bonprix GmbH, auch eine Gesellschaft der Otto-Group, hat als zusätzlichen Absatzkanal Ladengeschäfte in denen die Produkte an weniger bestell-orientierte Kunden vertrieben werden können. Eine weitere Schwäche ist die unmittelbare Nähe zu anderen Wettbewerbern durch die Otto-Group, beim Vergleich der Web-Shops ist auffällig, dass alle Konzernzugehörigen identische Serviceleistungen aufweisen. So kann die Heinrich Heine GmbH entwickelte Alleinstellungsmerkmale im Servicebereich nur bedingt alleine verwenden (s. Abb. 108).

---

[671] Eigene Abbildung

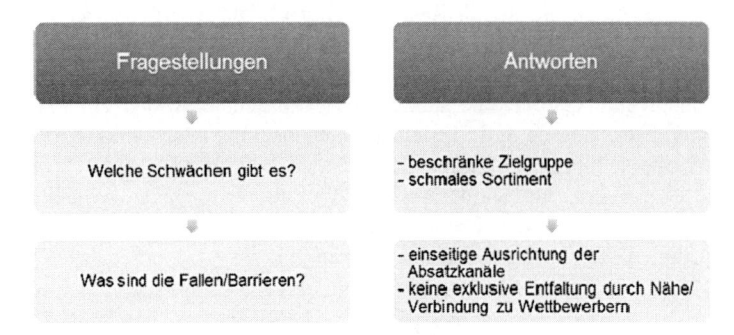

Fragestellungen	Antworten
Welche Schwächen gibt es?	- beschränke Zielgruppe - schmales Sortiment
Was sind die Fallen/Barrieren?	- einseitige Ausrichtung der Absatzkanäle - keine exklusive Entfaltung durch Nähe/ Verbindung zu Wettbewerbern

Abbildung 108: Schwächen (Weakness) der Heinrich Heine GmbH[672]

Die größte Chance den Umsatz deutlich zu steigern, hat die Heinrich Heine GmbH mit dem Ausbau des e-commerce und m-commerce. Hierfür müsste Heine die Systeme grundlegend erneuern[673] um den steigenden Anforderungen an die Logistik (mehr Sendungen, mehr Rücksendungen) gerecht zu werden und flexibler auf Kundenwünsche reagieren zu können.
Die Heinrich Heine GmbH kann auch die exklusivere Stellung gegenüber den anderen Multi-Channel-Versandhändlern nutzen und weitere exklusivere Marken hinzunehmen sowie noch mehr Serviceleistungen wie z.B. die virtuelle Anprobe der Kleidung, anbieten. Die exklusivere Ausrichtung wird von den Kunden eher angenommen, wie wenn es ein Versandhandel aus dem mittleren Preisniveau versucht umzusetzen. Desweitern sollte Heine die Nachhaltigkeit während der Produktion in den Fokus stellen, gerade Kundengruppen mit gehobenen Ansprüchen achten vermehrt auf sozialere und gesündere Herstellung von Produkten.

Durch die Hinzunahme von eleganter Mode für jüngere sowie ältere Frauen kann, Heine versuchen die Altersspanne der Zielgruppe (35-55) in beide Richtungen auszubauen. Dieses Model kann auch auf die Produktgruppe der Einrichtungsgegenstände angewandt werden. Eine weitere Chance besteht in der Weiterentwicklung bestehender und Aufnahme neuer Absatzkanäle. Hier kann Heine mit anderen Versandhändlern der Otto-Group kooperieren (*s. Abb.* 109).

---

[672] Eigene Abbildung
[673] Vgl. Interview mit Sandra Kahnert, DHBW-Studentin und Mitarbeiterin der Heinrich Heine GmbH

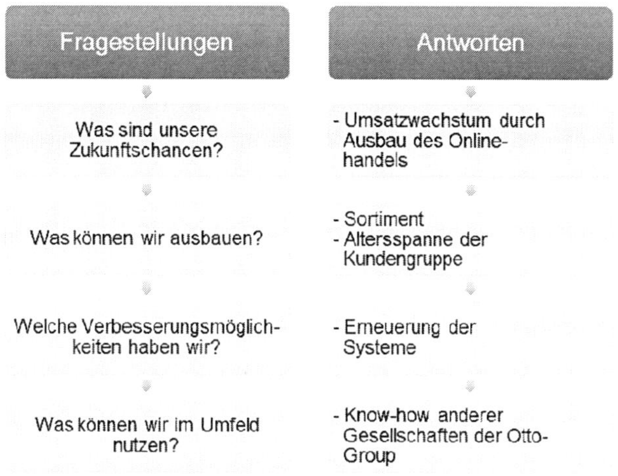

Fragestellungen	Antworten
Was sind unsere Zukunftschancen?	- Umsatzwachstum durch Ausbau des Onlinehandels
Was können wir ausbauen?	- Sortiment - Altersspanne der Kundengruppe
Welche Verbesserungsmöglichkeiten haben wir?	- Erneuerung der Systeme
Was können wir im Umfeld nutzen?	- Know-how anderer Gesellschaften der Otto-Group

Abbildung 109: Chancen (Opportunities) der Heinrich Heine GmbH[674]

Bei dem Nutzen der Chancen, dem Versuch den Umsatz zu steigern oder Bereiche auszubauen, gibt es unterschiedliche Risiken. So besteht die Gefahr, dass der Ausbau der Altersspanne nicht klappt und die immer älter werdende Kundengruppe wegbricht ohne, dass genug Kunden nachrücken. Zudem muss die Heinrich Heine GmbH darauf achten, dass die heranwachsenden Kunden rechtzeitig angesprochen werden, dass sie schon zu Beginn des Zielgruppenalters Kunden werden. Hierbei muss auch darauf geachtet werden, dass das Sortiment zielgruppengerecht angepasst wird.
Eine weitere Schwierigkeit ist ein immer transparenterer Markt an dem innovative Lösungen schnell kopiert werden können. Auch die immer homogener werdenden Sortimente erschweren ein Absetzen vom Wettbewerb. Hier muss die Heinrich Heine GmbH den Mittelweg zwischen der Suche nach innovativen Lösungen und dem kopieren des Wettbewerbers finden. Eine zu einseitige Ausrichtung verschlingt entweder viel Geld und birgt die Gefahr einer Fehlinvestition oder man verpasst sich bietende Umsatzsprünge durch zu zögerliche Einführung von Neuerungen. Heine muss klare strategische Ziele festlegen und damit rechnen, dass auf dem Markt der Versandhändler, dass des Wachstum des Umsatz nur durch Investition vorangetrieben werden kann. Die festgelegten strategischen Ziele, dürfen auch

---

[674] Eigene Abbildung

bei kurzfristigem Misserfolg nur nach ausführlicher Kontrolle, abgeändert werden (s. Abb. 110).

Fragestellungen	Antworten
Wo lauern künftig Gefahren?	- Verpassen der Zielgruppe - Sortiment wird nicht ausreichend an die Kundengruppe angepasst
Was kommt an Schwierigkeiten auf uns zu?	- immer transparentere und homogenere Sortimente - Mittelweg zwischen Innovationen und Nachahmung
Womit müssen wir rechnen?	- kurzfristiger Misserfolg - höhere Kosten für die Umstrukturierung

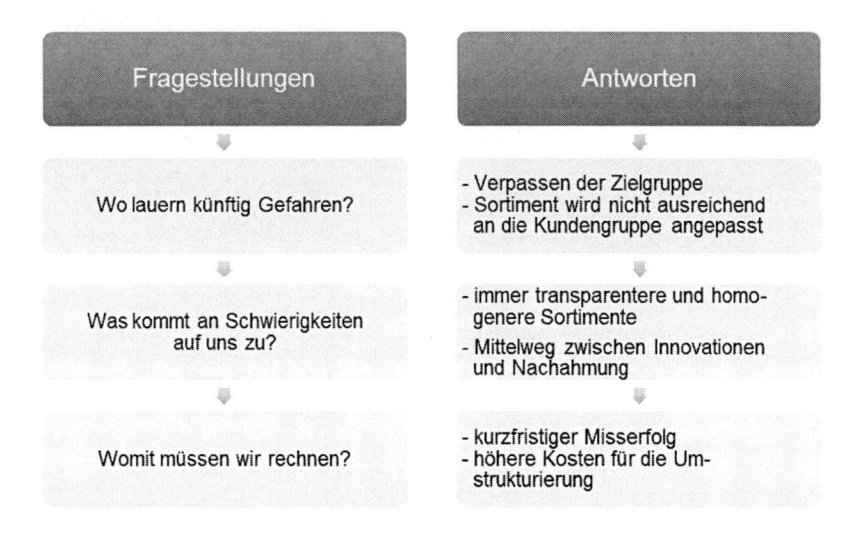

Abbildung 110: Risiken (Threats) der Heinrich Heine GmbH[675]

SWOT-Analyse der bonprix GmbH

Die bonprix GmbH ist eine Gesellschaft der Otto-Group, beschäftigt weltweit ca. 2.400 Mitarbeiter und erwirtschaftete 2012 einen Umsatz von 1.236 Mio. €.[676] Die Bonprix GmbH ist ein Multi-Channel-Einzelhändler. Im Gegensatz zur Heinrich Heine GmbH vertreibt Bonprix seine Produkte zusätzlich zum Onlinehandel und Katalog auch in Ladengeschäften. Das Sortiment besteht aus Mode für Damen und Herren sowie Einrichtungsgegenständen. Die Preise befinden sich im unteren und mittleren Preissegment.

Eine Stärke gegenüber anderen Versandhändlern ist der zusätzliche Vertrieb in Ladengeschäften. Bonprix gelingt es so, eine größere Anzahl von Kunden zu erreichen und berücksichtig dabei unterschiedlichere Einkaufsgewohnheiten der Kunden. Auch die Positionierung im unteren und mittleren Preissegment hebt Bonprix von anderen Multi-Channel-Einzelhändlern ab. Gegenüber der Heinrich Heine GmbH hat Bonprix den Vorteil, eine

---

[675] Eigene Abbildung
[676] Vgl. Otto-Group, 2013

breitere Kundengruppe anzusprechen. Sowohl das Angebot von Herrenmode sowie Angebote für alle Altersgruppen stellen ein breiteres Sortiment dar. Im Vergleich mit anderen Multi-Channel-Einzelhändlern ist das Sortiment jedoch schmal. Das birgt die Gefahr, dass es zu erheblichen Umsatzeinbußen kommen kann, wenn die Nachfrage in einer der Produktgruppen einbricht. Auch die klare Positionierung im unteren Preissegment vermittelt den Kunden ein Image, dass bestimmte Kundengruppen vom Kauf bei Bonprix abhalten. Wie für die Heinrich Heine GmbH gilt auch für Bonprix, dass die Nähe zu anderen Versandhändlern im Konzern die Alleinstellung durch Innovationen schwierig umzusetzen ist (s. Abb. 111).

Stärken/Strenghts	Schwächen/Weakness
- zusätzlicher Vertrieb in Ladengeschäften	-schmales Sortiment
- Absatz über mehrere Kanäle	-ausschließliche Ausrichtung an Niedrig-
- Ansprache mehrerer Kundengruppen	Preis-Segment
- wenige Wettbewerber im Bereich niedriger Preise im Versandhandel	- Nähe zu anderen Wettbewerbern

Abbildung 111: Stärken (Strenghts) und Schwächen (Weakness) der Bonprix GmbH[677]

Durch die Hinzunahmen höherpreisigerer Mode hat die Bonprix GmbH die Möglichkeit den Umsatz zu steigern. Der Absatz über mehrere Kanäle würde dies verstärken. Bei dieser strategischen Neuausrichtung muss darauf geachtet werden, dass auch im Bereich des Marketings eine Anpassung erfolgt und diese an potenzielle Kunden kommuniziert wird. Eine weitere Chance, den Umsatz zu steigern, liegt im Ausbau des Filialnetzes um mehr Kunden anzusprechen und den Umsatz zu steigern. Auch die Vergrößerung es Sortiments durch Aufnahme anderer Produktgruppen bieten die Chance auf Umsatzwachstum. Hierbei könnte die Orientierung am Niedrig-Preis-Segment neue Märkte erschließen (günstige Elektrogeräte oder Werkzeuge).

Die Risiken hierbei sind, dass Kunden die Bonbrix GmbH nicht mehr als Modehandel wahrnehmen. Auch die relativ geringen Kosten für den Aufbau eines Web-Shops bergen das Risiko, dass Einzelhändler mit Ladengeschäften in den e-commerce mit einsteigen (KIK, NKD, Adler Mode)und die Marktsituation schwieriger wird. Genau wie die Heinrich Heine GmbH hat auch Bonprix da Problem, dass die Märkte transparenter und homogener werden, was bedeutet, dass es schwieriger wird, Alleinstellungsmerkmal zu finden (s. Abb. 112).

---

[677] Eigene Abbildung

Chancen (Opportunities)	Risiken (Threats)
- Aufnahmen hochpreisigerer Mode - Ausbau des Filialnetzes - Aufnahme weiterer Produktgruppen - Ausweitung der Tätigkeiten auf das Ausland - Ausbau des Online-Shops	-homogener und transparentere Märkte -andere Wettbewerber steigen in den Online handel mit ein -eigentliche Kunden können sich nicht mehr mit dem Unternehmen identifizieren -anspruchsvollere Kunden akzeptieren das Unternehmen sowie das Angebot nicht

Abbildung 112: Chancen (Opportunities) und Risiken (Threats) der Bonprix GmbH[678]

Nachhaltigkeit bei der Heinrich Heine GmbH

Seit 1993 versucht die Heinrich Heine GmbH in allen Bereichen nachhaltig zu handeln. Dies beginnt bei der Auswahl der Lieferanten, der Erstellung des Katalogs, der Verpackung der Waren und geht bis zum Transport in der kompletten Lieferkette.[679] Zusätzlich zu den ökologischen Gesichtspunkten wird darauf geachtet, dass die Produktion unter Einhaltung gesetzlicher, qualitativer, gesellschaftlicher und wirtschaftlicher Vorgaben in den jeweiligen Ländern erfolgt. Wie alle Unternehmen der Otto-Group verpflichtet sich Heine dazu, in allen Bereichen der Wertschöpfungs- und Transportkette dazu beizutragen, Emmissionen zu senken

Nachdem 2007 durch Recherchen des Magazins Stern rausgekommen ist, dass eine Produktionsstätte durch Kinderarbeit betrieben wird[680], verstärkte die Heinrich Heine GmbH die Kontrollen der Lieferanten vor Ort. Zudem werden ausschließlich mit Lieferanten Verträge abgeschlossen, die sich verpflichten aller gesetzlichen Regelungen einzuhalten. Zusätzlich startete das Unternehmen auch bei den Unterauftragnehmern der eigenen Lieferanten ein Projekt zur besseren Kontrolle der Arbeitsbedingungen in der Lieferkette (chain of custody). Die Otto Group arbeitet in allen genannten Prozessen und Projekten eng mit Nichtregierungsorganisationen *Non-Governmental Organisations – NGOs* zusammen[681]. Für die Sicherung sozialer Standards kommen nur Lieferanten in Frage, die gesetzlichen Mindestlöhne zahlen und zulassen, dass sich Mitarbeiter in Gewerkschaften organisieren um gegenüber der Geschäftsleitung Interessen vertreten zu können.

---

[678] Eigene Abbildung
[679] Vgl. www.heine.info.de, 2013
[680] Vgl. McDougall, Dan, 2007
[681] Vgl. Otto-Group, 2013

4 Handlungsempfehlung und Fragestellungen

Handlungsempfehlung

Die Heinrich Heine GmbH muss versuchen Alleinstellungsmerkmale zu entwickeln, um sich von der Vielzahl der Wettbewerber abzuheben. Gerade die exklusivere Ausrichtung bietet die Chance dies zu realisieren. Auch die Beschränkung auf ein relativ schmales Sortiment vermittelt den Kunden, dass sich Heine spezialisiert. Um die richtigen Kunden anzusprechen muss auch das Marketing angepasst werden. Das bedeutet, dass Heine verstärkt bei z.B. Events wirbt, oder Abendveranstaltungen sponsert. Des Weiteren muss versucht werden, den Service auszubauen. Möglichkeiten hierbei ist die virtuelle Anprobe von Kleidung, komplette Stilberatungen oder feste Ansprechpartner für die Kunden, die widerkehrenden Kundenkontakt haben.

Gelingt Heinrich Heine GmbH diese Abgrenzung vom Wettbewerb, sollte versucht werden, die Altersspanne der Zielgruppe auszubauen. Hierfür ist eine Aufnahme von neuen Marken notwendig. Hierbei sollte Heine probieren exklusive Vertriebsrechte zu bekommen.

Heine muss ständig versuchen rechtzeitig sich entwickelnde Absatzkanäle zu nutzen. Dabei muss darauf geachtet werden, dass die Kosten für Neuentwicklungen nicht zu sehr steigen, es jedoch nicht verpasst wird rechtzeitig auf in einen Markt einzutreten.

In der Zukunft sollte Heine auch darüber nachdenken, wieder Männer-Mode ins Sortiment mit aufzunehmen.

5 Arbeitsfragen

1. Welche Möglichkeiten hat die Heinrich Heine GmbH sich von den Wettbewerbern abzuheben?

2. Welche weiteren Vertriebskanäle bieten sich einem Versandhändler, um das Multi-Channeling voranzutreiben?

3. Entwickeln Sie ein Marketing-Konzept um den Kunden der Heinrich Heine GmbH die exklusive Ausrichtung des Sortiments zu vermitteln.

6 Fazit

Bei der Betrachtung der Heinrich Heine GmbH konnte ich mehr über die Schwierigkeiten erfahren, mit denen ein Multi-Channel-Händler ständig konfrontiert ist. Die Tatsache, dass die Märkte transparent und homogen sind, rückt den Preis in den Mittelpunkt. Unternehmen wie die Heinrich Heine GmbH müssen durch zusätzliche Leistungen versuchen, sich von den Wettbewerbern abzuheben, um höhere Preise verlangen zu können. Weiter habe ich bei der SWOT-Analyse festgestellt, dass je nach dem mit welchen Wettbewerbern man ein Unternehmen vergleicht, ein Merkmal eine Stärke aber auch eine Schwäche sein kann. Deshalb ist es wichtig, dass ein Unternehmen vor der Erstellung einer solchen Analyse genau definiert, mit wem man sich vergleicht und welcher Markt betrachtet werden soll. Desweitern habe ich festgestellt, dass es gerade im Einzelhandel von großer Bedeutung ist, dass ein Unternehmen über möglichst viele Kanäle die Produkte vertreibt. Dies bietet einem Multi-Channel-Händler Sicherheit, und schmälert das Risiko von Umsatzeinbußen.

Quellenverzeichnis

Schneider, Willy: Marketing und Käuferverhalten, 3. Aufl., München: Oldenbourg, 2009

Wöhe, Günter: Einführung in die Allgemeine Betriebswirtschaftslehre, 24. Aufl., München: Vahlen, 2010

Bonprix GmbH, 2013: http://www.bonprix.de/company/ueber-uns/ (Abruf am 10.11.2013)

Heinrich Heine GmbH, 2013: http://www.heine.info/ueber-uns/unternehmen/unternehmensprofil/ (Abruf am 10.11.2013)

McDougall, Dan: Kinderarbeit für den Heine Versand :http://www.stern.de/wirtschaft/news/unternehmen/otto-konzern-kinderarbeit-fuer-den-heine-versand-581923.html (Abruf am 10.11.2013)

Otto-Group, 2013: http://www.ottogroup.com/de/die-otto-group/geschaeftsbericht.php (Abruf am 08.11.2013)

Statista: Nettoumsatz einzelner Unternehmensgruppen der Otto-Group: http://de.statista.com.ezproxy.dhbw-annheim.de/statistik/daten/studie/184633/umfrage/otto-group---umsatz-einzelner-unternehmensgruppen-2010-2011/ (Abruf am 08.11.2013)

13 Galeria Kaufhof GmbH

(Armani, I./Bär, J.)

1 Geschichte und Entwicklung

Stationärer Handel

Die Galeria Kaufhof GmbH mit Sitz in Köln ist ein Teil der Metro Group und einer der führenden europäischen Warenhausunternehmen. Galeria Kaufhof verfügt vorwiegend über Standorte im Zentrum der Innenstädte und in den 1A-Lagen der Städte. Auch steht Galeria Kaufhof für ein hochwertiges Sortiment, internationale Marken, adäquate Warenpräsentationen sowie servicebegeisterte Mitarbeiter.[682]

Die Geschichte des Unternehmens geht bis in das Jahr 1879 zurück.[683] Der damals 30-jährige Kaufmann Leonhard Tietz eröffnete in Stralsund ein kleines Textilgeschäft mit einer Verkaufsfläche von 25 Quadratmetern. Die Grundidee des jungen Unternehmers war es, Qualität zu festen Preisen nur gegen Bargeld anzubieten. Für ein europäisches Erfolgsunternehmen legte er damals mit einem Startkapital von 3.000 Talern den Grundstein. Mit einer Neustrukturierung im Jahr 1905 wandelte Leonhard Tietz als erster deutscher Warenhaus-unternehmer seine Firma in eine Aktiengesellschaft um. Es wurden die Verkaufstechniken, der Standard des Angebots, die Warenpräsentation und die Organisation verändert. Seine AG galt von nun an als Großunternehmen des Einzelhandels. Außerdem engagierte sich die Leonhard Tietz AG im Ausland, ein für diese Zeit sehr unübliches unternehmerisches Handeln. 1914 wurde in Amsterdam das Kaufhaus De Bijenkorf errichtet, an dem sich Tietz beteiligte und als Aufsichtsratsmitglied tätig war. Nachdem Leonhard Tietz am 15. November 1914 im Alter von 65 Jahren starb, übernahm sein ältester Sohn, Alfred Leonhard, seine Nachfolge. 50 Jahre nach der Eröffnung des ersten Textilgeschäfts, im Jahr 1929, existierten 43 Waren- und Kaufhäuser sowie eigene Einkaufs- und Fabrikationsbetriebe der Leonhard Tietz AG. Im Juli 1933 wurde die Leonhard Tietz AG in die Westdeutsche Kaufhof AG umgewandelt. Von 40 Warenhäusern wurden am Ende des Zweiten Weltkriegs 35 Geschäfte durch Bomben zerstört. Nach der Währungsreform expandierte das Unternehmen in der ganzen Bundesrepublik und im Jahr 1953 wurde es zur Kaufhof AG

---
[682] Vgl. Metro AG, 2013(a).
[683] Vgl. Galeria Kaufhof GmbH, 2013(a).

umbenannt. Kaufhof setzte bereits in frühen Jahren auf den technischen Fortschritt und schaffte sich 1966 den ersten Großrechner an. Seit dem Jahr 1970 reagierte Kaufhof auf den Strukturwandel und man konzertierte sich auch auf Standorte außerhalb der Innenstadt/am Rand der Großstädte. Auch wurden neue Tätigkeitsfelder, wie beispielsweise der Versandhandel, erschlossen. Im Jahr 1980 erwarb die Metro AG erstmals Anteile in Höhe von 24,9% an der Kaufhof AG. Um neue Ertragsquellen zu erschließen, stieg Kaufhof im Jahr 1984 auch in mittelständische Filialunternehmen ein, die sich bereits am Markt etabliert haben. Zu nennen sei hier beispielsweise die Übernahme eines Kölner Unternehmens für technischen Freizeit- und Haushaltsbedarf. Nachdem das Bundeskartellamt das Zukaufsverbot von Aktien durch die Metro aufgehoben hatte, erwarb diese 1986 ein weiteres Aktienpaket und übernahm mit 51% der Anteile die Mehrheit an der Kaufhof AG. 1988 war für Kaufhof ein besonders erfolgreiches Jahr, bei dem ein Plus von 37% erreicht wurde. Dieses Ergebnis war dreimal höher als die komplette Branche vorzuweisen hatte. Im Jahr 1989 wurde die Kaufhof Holding AG als übergeordnete Holding gebildet. Das klassische Warenhausgeschäft betrieb die Kaufhof Warenhaus AG als maßgebliche Tochtergesellschaft der neuen Holding. Nach der Wiedervereinigung der beiden deutschen Staaten übernahm Kaufhof zwischen 1990 und 1992 fünf ehemalige Centrum-Warenhäuser. In der Zeit von 1994 bis 1996 erwarb Kaufhof die Mehrheit an der Horten AG. Das von Horten realisierte Galeria-Konzept wurde überarbeitet und optimiert. Das Warenhausgeschäft von Horten wurde mit Kaufhof Warenhaus AG verschmolzen und das Konzept der Galeria Kaufhof entwickelte sich zum Träger der Firmenkonjunktur. Am 31. Dezember 1995 wurde die Kaufhof Holding AG in die gleichzeitig gegründete Metro AG umgewandelt. Die Kompetenz im Sportbereich wurde durch eine Übernahme der Sportarena GmbH als Tochtergesellschaft ab dem 1. Januar 2000 erweitert. Aktuell existieren 17 Filialen mit einem großen Sport- und Wanderangebot. Im Jahr 2001 expandierte Kaufhof ins europäische Ausland und erwarb das belgische Warenhaus-Unternehmen INNO S.A.. Die Filialen in Belgien wurden zwischen 2002 und 2003 sukzessiv auf Galeria INNO umgestellt. 2005 wurde in Aachen die 100. Galeria-Filiale eröffnet und Galeria Kaufhof präsentierte sich von nun an zur strategischen Neupositionierung des Unternehmens als moderner Lifestyle-Anbieter mit einem neuen aufmerksamkeitsstarken Werbe- und Kommunikationsauftritt. Unter dem Slogan *World Class Shopping* eröffnete die Kaufhof Warenhaus AG im Jahr 2006 am Berliner Alexanderplatz auf 35.000 Quadratmetern ihr völlig neugestaltetes Flaggschiff. Im Oktober 2008 wurde das Unternehmen in Galeria Kaufhof GmbH umbenannt. Al-

leiniger Anteilseigner der Galeria Kaufhof GmbH war nach wie vor die Metro AG, sodass es durch den Formwechsel die gleiche Gesellschaftsform wie alle anderen Vertriebsmarken der Metro Group erhielt.
Die Metro Group zählt heute zu einer der einflussreichsten internationalen Handelsunternehmen mit einem Gesamtumsatz im Jahr 2012 von 66,7 Milliarden Euro.[684] Im Jahr 2012 ist die Metro Group in 32 Ländern präsent und beschäftigt 282.989 Mitarbeiterinnen und Mitarbeiter an 2.243 Standorten. Zu dem Portfolio der Metro Group gehört neben Kaufhof auch die Metro Cash & Carry, die Real SB-Warenhäuser, Media Markt und Saturn (s. *Abbildung 113*).

Abbildung 113: Konzernstruktur Metro Group[685]

Die Metro Properties, die ebenso zum Portfolio der Metro Group zählt, leitet als Proficenter zentral das gesamte Immobilieneigentum der Metro Group. Mit der Optimierung, langfristiger Sicherung und systematischer Steigerung des Immobilienvermögens leistet sie einen eigenständigen Wertbeitrag zum Unternehmenserfolg. Die Metro AG steht als strategische Management-Holding an der Spitze. Die Geschäftsfelder verteilen sich auf den Großhandel, Lebensmitteleinzelhandel, Nonfood-Fachmärkte und Warenhäuser. Die Vertriebsmarken der Metro Group sind in diesen Bereichen selbstständig am Markt aktiv.
Als neuer Kreativpartner stieg im Jahr 2010 der Stardesigner Wolfgang Joop mit seinen inspirierenden Ideen und Entwürfen für Schaufenster, Geschenkkarten oder auch Schmuck in das Unternehmen ein.[686] Galeria Kaufhof wurde 2009 und 2010 als nachhaltiges Unternehmen ausgezeichnet und bis 2010 wurden über 30 Filialen das Qualitätszeichen *Generationen-*

---

[684] Vgl. Metro AG, 2013(b).
[685] Metro AG, 2013(c)
[686] Vgl. Galeria Kaufhof GmbH, 2013(a).

freundliches Einkaufen verliehen. Das Engagement des Unternehmens, innovative Lösungen zu finden, um Menschen mit Behinderung erfolgreich in den Ersten Arbeitsmarkt zu integrieren, wurde 2012 mit dem Inklusionspreis des UnternehmensForums e.V. gewürdigt.
Das aktuelle Geschäftskonzept der Galeria Kaufhof GmbH präsentiert sich unter dem Slogan *Ich freu mich drauf!* als moderner Lifestyle-Anbieter mit einem hochwertigen, international ausgerichteten Warensortiment, das in klar gegliederten Waren-Welten mit zahlreichen Markenshops angeboten wird.[687] Im Zentrum stehen dabei sortimentsübergreifende und trendige Mode- und Lifestyle-Empfehlungen, die durch eine erlebnisorientierte und inspirierende Warenpräsentation betont werden. Marken, Qualität, Attraktivität, Aktualität und ein überdurchschnittlicher Service sind für Galeria Kaufhof entscheidende Elemente, um sich erfolgreich am Markt zu etablieren.

Online Handel

Erstmals startete Galeria Kaufhof im September 2000 mit einem eigenständigen Portal im Internet, welche die Möglichkeit zur Online-Bestellung beinhaltet.[688] Unter *www.zebralino.de* wurde das Sortiment für Kinder bis zwölf Jahren ergänzend zu den stationären Warenhausgeschäften unabhängig von Ladenöffnungszeiten online angeboten. Über das Markensortiment hinaus lieferte Zebralino ein umfassendes Service- und Informationsangebot mit nützlichen Tipps. Durch den Aufbau einer Community wurde der Web-Auftritt von Zebralino zusätzlich abgerundet. Das breite Marken-Angebot des Zebralino-Online-Shops knüpfte an das hochwertige Markenkonzept der Galeria Kaufhof an und wurde in die Bereiche Spielzeug, Kindermode und Medien eingeteilt. Unter dem Reiter *Geschenke und mehr* konnte der Kunde zusätzliche kinderrelevante Artikel wie Kinderuhren, Kinderbettwäsche oder Schulbedarf erwerben. Als besonderer Service wurde zum Start von Zebralino die Ware versandkostenfrei und innerhalb von 48 Stunden an die gewünschte Adresse geliefert. Im Jahr 2001 wurde der Online-Shop unter www.Galeria-Kaufhof.de eröffnet und es wurden ausschließlich Hartwaren, wie beispielsweise Schmuck, Uhren, Haushaltswaren, Heimtextilien, Schreibwaren, Bücher, Sport- und Fitnessgeräte angeboten.[689] Der Online-Shop wurde im Oktober 2011 komplett überarbei-

---

[687] Vgl. Metro AG, 2013(c).
[688] Vgl. o.V., 2000.
[689] Vgl. Pohlmann, Dirk, 2013.

tet.[690] Durch das Multichannel-Retailing wurden das virtuelle und das reale Warenangebot miteinander verzahnt, was für die Kunden einen absoluten Mehrwert darstellte. Mit Launch des neuen Onlineshops können Kunden ihre Bestellung nun auch in eine Filiale ihrer Wahl liefern lassen oder dort retournieren. Produkte, die in einer Filiale nicht mehr erhältlich sind, können zudem von dort aus online für den Kunden bestellt und zugesandt werden. Mit dem neuen Online-Auftritt wurden die Produkte in den Vordergrund gerückt und der Kunde durch eine klare Navigation im Online-Shop geleitet. Des Weiteren wurden zahlreiche Features eingebaut, die dem Kunden ein besonderes Einkaufserlebnis bieten, wie beispielsweise eine Lupenfunktion für das Öffnen von Detailansichten oder auch eine Ansicht der Ware in bewegten Bildern. Zusätzlich gibt es Catwalk-Videos, Outfitempfehlungen sowie einen Blog zu aktuellen Themen und Trends. Seit Anfang 2012 gibt es darüber hinaus die Möglichkeit von Kundenrezensionen und -empfehlungen zu den einzelnen Artikeln. Kern-Sortiment des neuen Webauftritts waren erstmalig nun analog zum stationären Angebot Fashion (Damen-, Herren- und Kindermode), Schuhe, Accessoires, Beauty- und Genussartikel.[691] Im Zuge des Relaunchs des Online-Shops hat sich Galeria Kaufhof auch mit Social-Media-Marketing auseinandergesetzt und Facebook für sich entdeckt.[692] Das Ziel, welches Galeria Kaufhof durch das soziale Netzwerk erreichen will, ist die Kundenbindung der Kern-Eigenmarke Manguun, die Young Fahion Mode für Damen und Herren präsentiert. Außerdem sollen Erkenntnisse über die Zielgruppen gewonnen werden, wie etwa das Profil der Markenkäufer und die Themen, an denen diese Kunden im Markenkontext interessiert sind. Zum 10. Geburtstag der Eigenmarke Manguun wurde ein Modell-Casting veranstaltet, bei dem innerhalb von 3 Wochen 1300 junge Frauen teilnahmen. Die Siegerin wurde durch ein Online Voting gekürt und das Gesicht der Geburtstagskampagne. Die zu Galeria Kaufhof gehörende Tochtergesellschaft Sportarena GmbH bietet unter *www.sportarena-shop.de* zum Start des Online-Shops im Oktober 2013 ca. 1300 Artikel aus den Bereichen Bekleidung, Equipment und Accessoires.[693] Bis zum Jahresende soll das Online-Sportangebot auf 2000 Artikel erweitert werden. Zudem wurden bereits der Online-Shop und die Homepage für mobile Kommunikationsmittel optimiert. Über die Verlinkung mit Facebook können Kunden die gekauften Artikel ihren Freunden präsentieren. Zur Steigerung der Präsenz sollen alle Werbemaßnahmen und

---

[690] Vgl. Metro AG, 2013(d).
[691] Vgl. Erlinger, Matthias, 2011.
[692] Vgl. Vanderhuck, Rudolf W., 2012, S. 38.
[693] Vgl. Müller, Annika, 2013, S.35.

Kampagnen kanalübergreifend laufen. Es wird angestrebt den Online-Shop in den nächsten zwei bis drei Jahren zur Sportarena-Filiale mit dem größten Sortiment zu entwickeln.[694]

2 Derzeitiger Stand im Markt/Wettbewerb

Galeria Kaufhof GmbH

Aktuell ist Galeria Kaufhof in Deutschland und Belgien an insgesamt 137 Standorten vertreten, beschäftigt ca. 18.500 Mitarbeiter und erzielte 2012 einen Jahresumsatz von 3,1 Milliarden Euro.[695] Der Umsatz im Online-Shop steigt stetig an und hat sich zum vergangenen Jahr mit 50 Millionen Euro verdoppelt, allerdings gibt es im Vergleich zu anderen Marktführern im Onlinehandel noch erhebliches Steigerungspotential (s. *Abbildung 114*).[696]

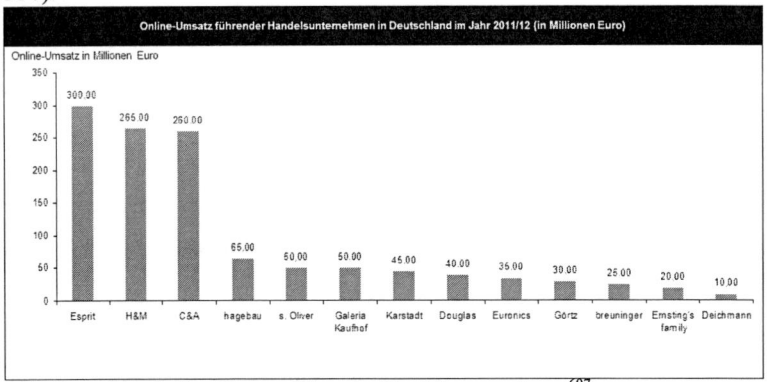

Abbildung 114: Online-Umsatz führender Handelsunternehmen[697]

Der Erfolg des Online-Shops steht auch im Zusammenhang mit der Besetzung des Multichannel-Teams. Dafür wurden nicht nur externe Fachleute involviert, sondern auch Mitarbeiter aus anderen Abteilungen, die neben ihrer jeweiligen Kompetenz die genaue Kenntnis von Konzernstruktur und Filialen sowie der Konsumenten an den entscheidenden Stellen mitbringen. Zum Tagesgeschäft gehören daher die Abstimmung und ein ständiger Austausch mit fast allen Abteilungen des Unternehmens. Um die Priorität des

---

[694] Vgl. Mader, Thomas, 2013.
[695] Vgl. Metro AG, 2013(a).
[696] Vgl. Ehrenberg, Nina, 2013, S.64.
[697] OC&C Strategy Consultants GmbH, 2013, S.4

Online-Shops deutlich zu machen, wird dieser im Unternehmen als Filiale 001 geführt und soll zur umsatzstärksten Filiale werden.[698] Derzeit werden im Online-Shop rund 50.000 Artikel angeboten. Das Warenangebot soll jedoch kontinuierlich erhöht werden, da in vergleichbar großen Warenhäusern über 500.000 Produkte erworben werden können.

Als ein gutes Beispiel des Multichannel-Retailing, der Vernetzung des stationären Handels mit dem Online-Handel, und um neue Kundengruppen zu erschließen, bietet Galeria Kaufhof unter der Homepage *www.galeriahochzeit.de* einen Hochzeitsservice an.[699] Hier können Brautpaare die im Warenhaus ausgewählten Wunschartikel des traditionellen Hochzeitstischs auf einer von Galeria Kaufhof bereitgestellter und persönlich gestalteter Internetseite präsentieren. Familienmitglieder, Freunde und Bekannte suchen die Geschenke online vom Hochzeitstisch aus und können sie wahlweise im Warenhaus abholen, zu ihrer Privatadresse liefern oder direkt zur Hochzeitsfeier zuschicken lassen.[700] Als weiteren Service haben das Brautpaar und die Hochzeitsgäste die Möglichkeit, die Internetseite mit persönlichen Bildern, einem Hochzeitstagebuch sowie mit individuellen Texten und Videos zu erweitern.

Karstadt Warenhaus GmbH

Stärkster Konkurrent von Galeria Kaufhof bei den Warenhausunternehmen ist aktuell die Karstadt GmbH mit Sitz in Essen (s. *Abbildung 115*).

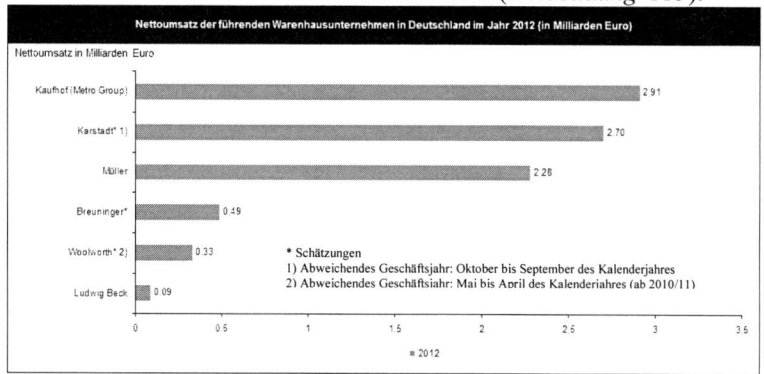

Abbildung 115: Nettoumsatz der führenden Warenhausunternehmen[701]

---

[698] Vgl. Mandac, Lovro, 2012, S.5.
[699] Vgl. Galeria Kaufhof GmbH, 2010.
[700] Vgl. Metro AG, 2010(a).
[701] EHI Retail Institute, 2013

Karstadt betreibt derzeit 86 Warenhäuser, 28 Sporthäuser, 3 Premiumhäuser sowie die Online-Shops unter *www.karstadt.de* und *www.kardtadtsports.de*.[702] Im Jahr 2012 erzielte Karstadt einen geschätzten Gesamtnettoumsatz von 2,7 Milliarden Euro, wovon durch den Online-Shop 45 Millionen Euro erwirtschaftet wurden. Das Sortiment von Karstadt fokussiert sich auf die Warengruppen Fashion, Sports, Home und Personality (Uhren, Schmuck und Beauty). Um den Übergang von einem überholten Geschäftsmodell zu einem modernen, kundenorientierten Warenhaus zu bewältigen, hat Karstadt die Strategie Karstadt 2015 entwickelt.[703] Diese baut auf die vier Schlüsselkomponenten Modernisierung, Differenzierung, Schärfung des Profils und Vereinfachung des Konzepts auf. Seit 2011 wurden bereits in allen 86 Warenhäusern eine Renovierung sowie eine Neuausrichtung des Sortiments durchgeführt.[704] Des Weiteren spielt der Ausbau des Online-Geschäfts eine entscheidende Rolle. Wie auch Galeria Kaufhof verfolgt Karstadt die Multi-Channel-Strategie. Mit Click & Collect, womit sich Kunden alle Produkte von karstadt.de und karstadtsports.de versandkostenfrei in ihre Wunschfiliale liefern lassen können, will Karstadt den Weg in Richtung Multichannel-Anbieter gehen, da der neue Service für eine noch stärkere Verzahnung von Online-Shop und Filiale sorgt.[705] Hierfür soll zukünftig ein komplett neuer Online-Shop an den Start gehen, mit dem Ziel, in den nächsten Jahren durch den Online-Handel einen Umsatzanteil zwischen acht und zehn% zu erreichen.[706] Bereits heute besitzt Karstadt einen zügigen Online-Auftritt. Der Softwarehersteller Compuware hat im Auftrag des Wirtschaftsmagazins *Der Handel* prüfen lassen, wie schnell und zuverlässig sich ausgewählte Webshops im Netz aufrufen lassen.[707] Gemessen wurden die Ladezeit, die Verfügbarkeit, die in% angibt, wie erfolgreich die Seitenaufrufe während des Beobachtungszeitraums waren sowie die Varianz, die die Stabilität der Ladezeiten angibt, also die Standardabweichung der Antwortzeit von erfolgreichen Seitenaufrufen. Klare Gewinner des Tests, was die reine Ladezeit angeht, waren Karstadt und Bonprix.[708]

---

[702] Vgl. Karstadt Warenhaus GmbH, 2013(a).
[703] Vgl. Jennings, Andrew 2013.
[704] Vgl. Karstadt Warenhaus GmbH, 2013(b).
[705] Vgl. Melzer Michael, 2012.
[706] Vgl. Jennings,Andrew, 2013.
[707] Vgl. Wilhelm, Sybille, 2013.
[708] Vgl. Brutscher, Günther, 2013.

3 Zukünftige Ausrichtung

Multichannel-Handel

Ein Ziel von Galeria Kaufhof ist es, zukünftig ein Warenhaus mit Mehrkanalangebot zu sein, welches europaweit führend ist. Dabei soll auch in Zukunft weiter stark auf den Onlinehandel gesetzt werden. Grund dafür ist, dass die Umsätze des Versand- und Internethandels in diesem Jahr weiter stiegen, während die des stationären Geschäfts stagnierten. Insgesamt stiegen die der E-Commerce von 2011 zu 2012 um 5,9 Mrd. Euro auf 27,6 Mrd. Für 2013 wird ein Wachstum von über einem Fünftel prognostiziert. Bis 2020 soll der Online-Anteil bei Non-Food Produkten mindestens 30 bis 40% des Umsatzes betragen.[709] Der Trend zum Multichannel-Handel ist für den Non-Food Bereich generell identifizierbar (s. *Abbildung 116*). Hier spielt jedoch nicht nur der Preis eine zentrale Rolle. Weitere Aspekte sind unter anderem die höhere Transparenz und Vergleichbarkeit, die Möglichkeit der Heimlieferung, die große Auswahl und die umfangreichen Informationen und Bewertungen der Produkte. Dennoch schätzen die Kunden nach wie vor das Vor-Ort-Einkaufserlebnis.

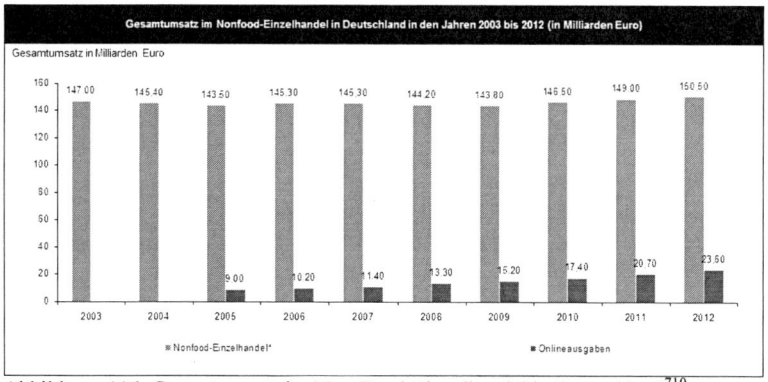

Abbildung 116: Gesamtumsatz im Non-Food-Einzelhandel in Deutschland[710]

Im Jahr 2009 wurden 8,5 Mrd. Euro des stationären Umsatzes online beeinflusst (s. *Abbildung 117*). Der ‚Umsatzverlust' des filialisierten Handels an den Onlinehandel betrug dagegen nur 5,4 Mrd. Euro. Die Konsequenz dar-

---

[709] Vgl. Metro AG, 2013(e). Vgl. Groh - Kontio, Carina, 2013.
[710] statista, 2013, S. 6 (nach GfK, 2013, S.13)

aus ist, dass sich das größte Umsatzpotential ausschöpfen lässt, wenn beide Vertriebskanäle genutzt werden. So ist es einem Unternehmen möglich, die Vorteile beider Kanäle für den Kunden zu kombinieren. Außerdem führt ein Kanalwechsel des Käufers dann nicht automatisch auch zu einem Wechsel des Unternehmens. Um dadurch die Kundenbindung tatsächlich zu erhöhen, ist eine möglichst nahtlose Kombination der Kanäle notwendig. Hier können beispielsweise die Faktoren Beratung, Zahlung, Lieferung/Abholung und Retourenmanagement verknüpft werden.[711] Galeria Kaufhof hat dies erkannt und bietet den Kunden bereits heute die Möglichkeit, nicht vorrätige Artikel zu bestellen, welche dann geliefert werden. Somit wird ein Einkaufserlebnis geschaffen, das räumlich und zeitlich flexibel ist. Außerdem wird seit September 2013 auch eine Mobile-Version des Onlineshops angeboten, um den Einkauf über das Smartphone/Tablet komfortabler zu gestalten. Darüber hinaus wurden sowohl bei den Artikeln im Schaufenster, als auch bei denen in Prospekten QR-Codes hinterlegt.[712] Es ist jedoch festzuhalten, dass der Online-Handel auch negative Seiten hat. So werden gerade dann, wenn die Retouren kostenfrei sind, gerne Artikel in mehreren Größen, Farben oder Ausführungen geordert. Diese werden dann ausgepackt und anprobiert. Teilweise besteht von vornherein nicht die Absicht zum Kauf aller bestellten Artikel.

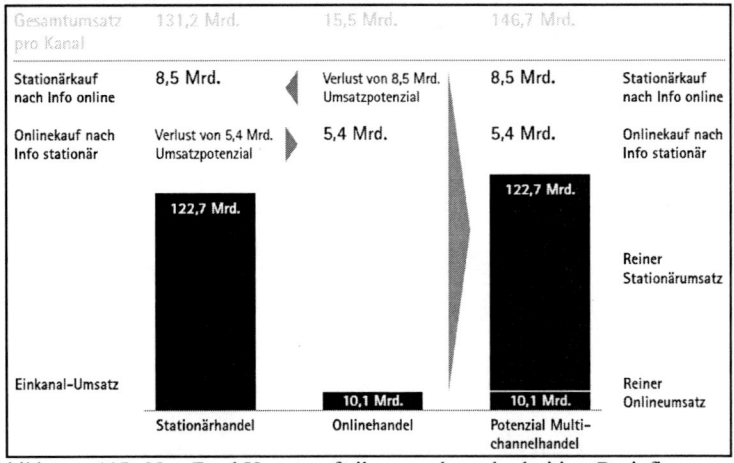

Abbildung 117: Non-Food-Umsatzaufteilung und wechselseitige Beeinflussung (in Euro)[713]

---

[711] Vgl. Auccenture Multichanel Consulting / GfK, 2010, S. 4.
[712] Vgl. Galeria Kaufhof GmbH, 2013(b).
[713] Auccenture Multichanel Consulting / GfK, 2010, S. 4

Dadurch entstehen dem Unternehmen Kosten für die Retouren, deren Inspektion und Neuverpackung. Gegebenenfalls muss der Artikel gereinigt oder repariert werden. Bei Galeria Kaufhof ist die Lieferung ab einem Bestellwert von 19,95 Euro versandkostenfrei. Durch die Option, Artikel online zu bestellen und diese dann in der Filiale abzuholen oder zurückzugeben, bieten sich Einsparungsmöglichkeiten im Retourenmanagement.[714]

Mehrwert schaffen

Ein weiteres Ziel, das Galeria Kaufhof verfolgt, ist ein besserer Zuschnitt des Sortiments, die Verbesserung der Beratung und eine Optimierung der Werbemaßnahmen.

Nachdem zu diesem Zweck 2012 das Einkaufsverhalten und die individuelle Lebenssituation der Kunden analysiert wurden, fand im Textilbereich (Bekleidung und Heimtextilien) eine neue Einteilung der Kundensegmente statt. Die internen Strukturen im Einkauf werden derzeit neu ausgerichtet. Dies zielt darauf ab, die so genannte Outfit-Kompetenz (Zusammenstellung von Bekleidung) zu stärken. Außerdem wurden Textileigenmarken der Damen- und Herrenmode in einem Einkaufsressort zusammengeführt, um diese möglichst optimal am Markt positionieren zu können.

Kooperationen mit dem Modedesigner Wolfgang Joop oder der Firma Steiff sollen die emotionale Bindung des Kunden zur Galeria Kaufhof stärken.

Des Weiteren ist eine ständige Anpassung an das Einkaufsverhalten der Kunden, die Wettbewerbssituation und die Marktveränderungen unerlässlich. Aus diesem Grund wurden 2012 weitere 18 Filialen modernisiert und vier Standorte aufgegeben.[715] Im Jahr 2013 wurde die Schließung von drei weiteren Filialen beschlossen, welche bis 2015 umgesetzt wird. Die Begründung ist das Fehlen einer wirtschaftlichen Perspektive dieser Standorte.[716] Dennoch hat das Unternehmen Expansionspläne. Im Jahr 2015 soll in Luxemburg die erste Filiale eröffnet werden.[717]

---

[714] Vgl. Groh – Kontio, Carina, 2013.
[715] Vgl. Metro AG, 2013(e).
[716] Vgl. o.V., 2013.
[717] Vgl. Hielscher, Henryk, 2013.

Soziale Verantwortung

Die demografische Entwicklung stellt für den gesamten Handel eine Herausforderung dar. Während der Anteil der über 65-Jährigen steigt, sinkt der Anteil von Kindern, Jugendlichen und Erwerbstätigen. Ältere Kunden unterscheiden sich in ihrem Kaufverhalten von den Jüngeren. Die soziale Funktion des Einkaufs rückt beispielsweise immer mehr in den Fokus. Außerdem ist die Markentreue ebenso wie die Kaufbereitschaft für Luxusartikel bei der älteren Generation höher. Die Kenntnis über die Produkte ist jedoch, ebenso wie das Interesse für neue Trends, geringer.[718]

Das sind jedoch nicht die einzigen Herausforderungen. Deshalb wird mit dem *Konzept Galeria für Generationen* eine Anpassung an die demografische Entwicklung angestrebt. Ziel ist es, die Filialen barrierefrei zu gestalten, so dass diese sowohl mit Rollstuhl, als auch mit Rollator oder Kinderwagen zugänglich sind. Darüber hinaus werden beispielsweise Markierungen an den Rolltreppenübergängen angebracht und Sitzgelegenheiten geschaffen. In fast drei Viertel der Filialen wird bereits eine kostenlose Einkaufsbegleitung für Menschen mit Behinderung angeboten.

Über 70 der deutschen Warenhäuser von Galeria Kaufhof haben bereits das Qualitätszeichen *Generationsfreundliches Einkaufen*, welches neben Barrierefreiheit unter anderem auch breite Hauptgänge und gut lesbare Beschilderungen und Auszeichnungen voraussetzt.[719]

Prognose der Bevölkerungsentwicklung in Deutschland nach Altersgruppen im Zeitraum der Jahre von 2007 bis 2050

	Bevölkerung im Jahr 2007 in Millionen	Bevölkerung im Jahr 2050 in Millionen	Veränderung in Millionen	Veränderung in Prozent
Bevölkerung insgesamt	82,2	68,8	-13,4	-16
Unter 20 Jahre	15,9	10,4	-5,5	-35
20 bis 64 Jahre	49,8	35,5	-14,3	-29
65 Jahre und älter	16,5	22,8	6,3	38
80 Jahre und älter	3,9	10	6,1	156

Abbildung 118: Prognose der Bevölkerungsentwicklung in Deutschland nach Altersgruppen[720]

---

[718] Vgl. Frangen, Maren / Achenbach, Frank, 2011, S.1f.
[719] Vgl. BMFSFJ, 2013.
[720] statista, 2013 (nach: kon.med GmbH / Spectaris, 2012, S. 50)

Zukunft aus Sicht der Metro Group

Bereits im März 2008 wurde Kaufhof von der Metro Group zum Verkauf angeboten. Der Grund dafür ist die Internationalisierung des Metro-Konzerns, welche sich in diesem Geschäftsfeld nur schwer umsetzen lässt. Bis Januar 2012 gab es Verhandlungen mit unterschiedlichen Interessenten, bis diese auf Eis gelegt wurden. Dennoch hat sich an der strategischen Entscheidung, die Warenhauskette zu verkaufen, trotz deren positiver Entwicklung, nichts geändert.[721] [722]

Galeria Kaufhof selbst hat die Vision auch in Zukunft Qualität und Exklusivität miteinander zu verknüpfen. Den Kunden sollen nicht nur aktuelle Trends, sondern auch Freundlichkeit, Zuverlässigkeit und Kompetenz binden. Die große Markenvielfalt soll ein Einkaufserlebnis für alle Generationen schaffen.[723]

4 SWOT-Analyse

Die SWOT-Analyse (Analysis of strengths, weakness, opportunities and threats) kombiniert eine interne Betrachtung von Stärken und Schwächen, mit einer Beurteilung von externen Chancen und Risiken (s. *Abbildung 119*).

Unternehmen \ Umfeld	Chancen	Risiken
Stärken	Ausbauen	Absichern
Schwächen	Aufholen	Meiden

Abbildung 119: SWOT - Matrix[724]

---

[721] Vgl. Metro AG, 2013(e).
[722] Vgl. Hielscher, Henryk / Heise, Stephanie, 2013.
[723] Vgl. Galeria Kaufhof GmbH, 2013(c).
[724] Gabler Wirtschaftslexikon, 2013

Galeria Kaufhof GmbH

Stärken:	Chancen:
Beliebtheit bei Kunden als Warenhaus Konzept „Galeria für Generationen" Konzeptreife im Multichannel-Handel	Demografische Entwicklung Einkaufserlebnis weiter ausbauen Multichannel-Handel Showrooming
Schwächen:	**Risiken:**
Store Erosion Kein klares Profil	Konkurrenz durch Fachmärkte, Kaufhäuser und Supermärkte Store Erosion Showrooming

Stärken: In den Jahren 2010 bis 2012 lag die Galeria Kaufhof bei der Umfrage nach den beliebtesten Waren- und Kaufhäusern vor seinen Mitbewerbern (s. *Abbildung 120*).

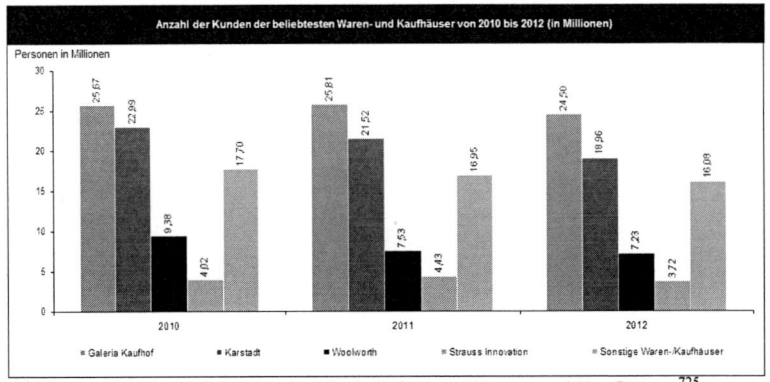

Abbildung 120: Anzahl der Kunden der beliebtesten Waren- und Kaufhäuser[725]

Auch das Konzept „Galeria für Generationen" kann als Stärke gezählt werden.[726]
Des Weiteren liegt Galeria Kaufhof im *Ranking von Multichannel-Händlern in Deutschland nach Konzeptreife* in den Top 10 und verfügt damit über eines der bestintegriertesten Online- und Offlineangebote in Deutschland. Dies kann aufgrund der Bedeutung des Multichannel-Handels und der Vielzahl an Unternehmen, die inzwischen zusätzlich zum stationären Handel den Onlinevertriebsweg nutzen, positiv gewertet werden.[727]

---

[725] statista, 2013 (nach: VuMa, 2012)
[726] siehe Kap. 3.3.
[727] siehe Kap. 3.1.

Darüber hinaus ist Galeria Kaufhof einer von über 50 Payback Partnern und somit Teilnehmer des größten Bonusprogrammes in Deutschland. Die Teilnahme ist für den Kunden kostenlos. Punkte können sowohl im stationären Handel, als auch im Onlineshop gesammelt werden. Für jeden ausgegebenen Euro wird ein Punkt gutgeschrieben, welcher dann einem Cent entspricht. Die Rückvergütung findet in Form von Prämien oder Gutscheinen statt. Daneben ist es möglich, den Wert der gesammelten Punkte zu spenden.

Chancen: Galeria Kaufhof hat die Problematik des demografischen Wandels frühzeitig erkannt und entsprechende Maßnahmen eingeleitet.[728] In diesem Bereich bieten sich auch in Zukunft Chancen, Kunden zu gewinnen und zu binden. Auch offeriert sich eine Möglichkeit, um sich von Mitbewerbern zu differenzieren. Warenhäuser bieten ihren Kunden bereits heute ein Einkaufserlebnis und eine kompetente Beratung. Diese starke Orientierung am Kunden und dessen Nachfrage ist von zentraler Bedeutung und kann noch ausgebaut werden. Es ist beispielsweise eine Erlebnisgastronomie denkbar. Dieser Ansatz wird mit der DINEA-Gastronomie, welche inzwischen in 60 Filialen angeboten wird, bereits verfolgt. Außerdem könnten Friseure, Massagen oder Maniküren im Zusammenhang mit Körperpflegeprodukten angeboten werden. Reisebüros könnten an das Sportartikel- und Großlederwarensortiment gekoppelt werden. Dies könnte zu einer stärkeren Individualisierung des Geschäftsmodells führen und somit Wettbewerbsvorteile ermöglichen.[729]
Als Showrooming wird der Kauf bezeichnet, der stationär vorbereitet, aber online ausgeführt wird. Hier kann Galeria Kaufhof durch das Multichannel-Konzept Vorteile realisieren. Auch in der Filiale selbst kann man diesem Käufertyp entgegenkommen. Dies kann beispielsweise durch Terminals oder Tablets im Verkaufsraum umgesetzt werden, welche durch das On- und Offlineangebot der Marke führen.

Schwächen: Die Galeria Kaufhof ist dem Betriebstyp Warenhaus zuzuordnen. Charakteristisch ist, dass es sich um mehrgeschossige Einzelhandelsgroßbetriebe handelt, die in zentraler Lage Waren aus verschiedenen Branchen anbieten. Das Bedienungs- und Selbstbedienungsprinzip wird kombiniert.[730] [731]

---

[728] siehe Kap. 3.3.
[729] siehe Kap. 3.1.
[730] Vgl. Schneider, Willy, 2009, S. 404.

Store Erosion bezeichnet das Veralten von Betriebstypen, deren Innenausstattung oder Art von Warenpräsentation. Gründe dafür können unter anderem die Veränderung der Verbrauchereinstellungen oder eine neue Standortkonkurrenz sein. Indizien für das Vorliegen von Store Erosion bei Warenhäusern sind die sinkenden Anteile am gesamten Einzelhandelsumsatz, die sinkende Anzahl an Filialen und die sinkende Besuchshäufigkeit der Kunden.[732][733][734][735]

Es lässt sich folgern, dass die negative Umsatzentwicklung des stationären Handels der Galeria Kaufhof mit der Entwicklung des Betriebstypen Warenhaus zusammenhängt (s. *Abbildung 121*).

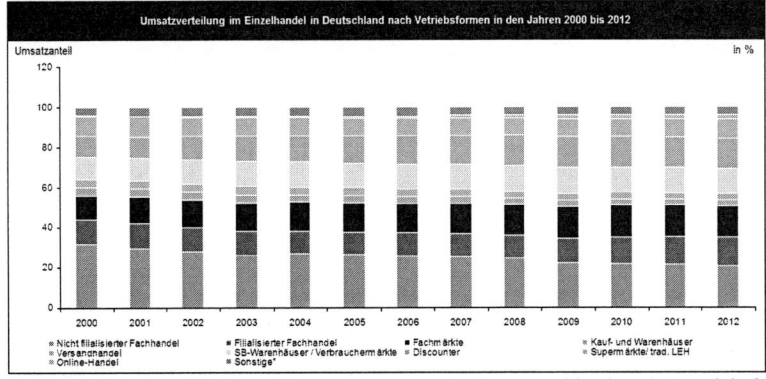

Abbildung 121: Umsatzverteilung im Einzelhandel in Deutschland nach Vertriebsformen in den Jahren 2000 bis 2012[736]

---

[731] In der Distributionskette kann ein Handelsbetrieb verschiedene Positionen einnehmen. In diesem Zusammenhang lassen sich beispielsweise Groß- und Einzelhandel unterscheiden, welche als Betriebsformen bezeichnet werden. Die auf einer Wirtschaftsstufe auftretenden Varianten einer Betriebsform werden Betriebstypen genannt. Eine Kategorisierung kann anhand differenzierbarer Leistungspolitiken und Faktorkombinationen erfolgen. Darüber hinaus weisen die einzelnen Typen entsprechende Strukturmerkmale auf. (Vgl. umfassend dazu: Schneider, Willy, 2009, S.409ff.)

[732] Während in den 70er Jahren 14% der Konsumenten Warenhäuser besuchten, sind es heute 2,3% (Vgl. statista, 2013 [nach: Hahn Gruppe, 2013, S. 19.] und Andresen, Tino, 2013.).

[733] Vgl. Andresen, Tino, 2013.

[734] Vgl. statista, 2013 (nach: VuMa, 2012).

[735] Vgl. Metro AG, 2012, S.84.

[736] statista, 2013 (nach: HDE, 2013, S. 23)

Besonders in wirtschaftlich schwächeren Zeiten spielt das Geschäftsmodell eine wichtige Rolle. Während Unternehmen mit starkem Konzept in dieser Zeit ihr Filialnetz ausbauen und ihren Marktauftritt stärken, machen andere entscheidende Fehler. Das kann konkret bedeuten, dass diese nicht dynamisch genug am Markt agieren, nicht flexibel genug auf den Wettbewerb reagieren oder sich bei Preissenkungen übernehmen. So gingen Unternehmen wie Aldi, H&M oder Rossmann als Gewinner und Kaufhof, Vögele, Schlecker oder Praktiker als Verlierer aus der letzten Rezession hervor.[737] Des Weiteren ist kein klares Profil erkennbar. Es lässt sich keine Warengruppe identifizieren, für die Galeria Kaufhof als besonders kompetent gilt. Das gestaltet das Bestehen neben Fachmärkten und Kaufhäusern schwierig. In Warenhäusern wird versucht, möglichst viele Kunden durch ein sehr breites Sortiment zu bedienen. Stattdessen wäre zu überlegen, die Zielgruppen-, Sortiments- oder Preislagenkompetenz zu fokussieren.
Es lassen sich generell vier Optionen unterscheiden, um ein Produkt nach Leistung und Preis sinnvoll zu positionieren. Es gibt die Übervorteilungsstrategie, die Präferenz-Strategie, die Preis/Mengen-Strategie und die Vorteilsstrategie. Da der Kunde bei der Übervorteilungsstrategie einen hohen Preis für niedrige Qualität bezahlt, ist diese in der Regel nicht dauerhaft zielführend, denn es ist davon auszugehen, dass der Kunde dies realisiert. Bei der Vorteilsstrategie zahlt der Kunde einen geringen Preis für hohe Qualität. Auch diese Strategie ist wenig nachhaltig, da die Kosten oftmals nicht langfristig gedeckt werden können. Zeichnen sich Produkte weder durch hohe Leistung, noch durch einen günstigen Preis aus, sind diese kaum wettbewerbsfähig und werden als *Stuck in the Middle* bezeichnet (s. *Abbildung 122*). Um langfristig am Markt bestehen zu können, lassen sich also lediglich zwei Marktstimulierungsstrategien identifizieren. Das sind die Präferenz- und die Preis/Mengenstrategie.[738]

Überträgt man dieses Modell auf Kaufhof, so sollte in Zukunft eine Entscheidung getroffen werden, ob in Zukunft große Mengen zu günstigen Preisen, oder exklusive und hochpreisige Marken in geringerer Stückzahl verkauft werden sollen. Die erste Strategie sollte konsequenterweise mit einem Ausbau der Handelsmarken einhergehen.

---

[737] Vgl. OC&C Strategy Consultants, 2008, S. 10.
[738] Vgl. Schneider, Willy, 2009, S.210ff.

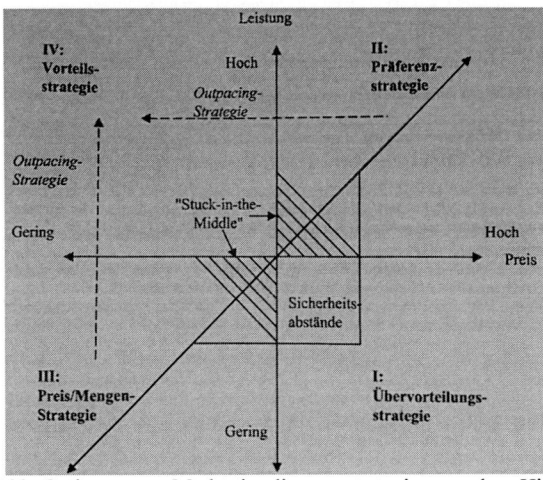

Abbildung 122: Optionen von Marktstimulierungsstrategien vor dem Hintergrund des „Stuck-in-the-Middle"-Phänomens[739]

Risiken: Wie bereits bei den Schwächen erläutert, lässt sich bei Galeria Kaufhof kein klares Kerngeschäft identifizieren. Dies ist ein Problem, welches sich Fachmärkten wie dm, Kaufhäusern wie H&M oder Supermärkten wie Edeka weniger stellt. Dadurch können die Mitbewerber Wettbewerbsvorteile realisieren.Die Store Erosion birgt weitere Risiken für die Zukunft, da sich der negative Trend fortsetzen soll. Für 2014 wird den Warenhäusern nur noch ein Anteil von 2,2% am gesamten Einzelhandelsumsatz prognostiziert.

Auch das Showrooming bietet nicht nur Chancen. Es besteht die Gefahr, dass Kunden nicht nur den Vetriebskanal, sondern auch den Anbieter wechseln.

Die folgende Grafik zeigt den Anteil der Befragten, die bereits mindestens einmal ein Produkt, trotz fester Kaufabsicht in einem dieser stationären Geschäfte, online bei einem anderen Anbieter bestellt haben (s. *Abbildung 123*).

---

[739] Schneider, Willy, 2009, S. 211

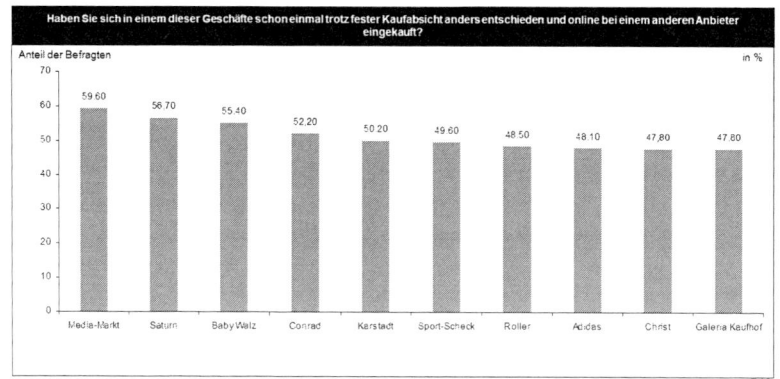

Abbildung 123: Umfrage zum Showrooming im Einzelhandel in Deutschland 2013[740]

Karstadt Warenhaus GmbH

Wie bereits in Kapitel 2.2 dargelegt ist Karstadt ein deutsches Einzelhandelsunternehmen, das 86 Warenhäuser, 28 Sporthäuser und 3 Premiumhäuser sowie die Online-Shops unter www.karstadt.de und www.kardtadtsports.de mit dazugehöriger App betreibt.[741]

Stärken:	Chancen:
„Strategie 2015"	Demografische Entwicklung
Kundenevents, -magazin	Einkaufserlebnis weiter ausbauen
Finanzierungsangebot	Multichannel-Handel
Kundenkarte	Showrooming
Schwächen:	Risiken:
Store Erosion	Konkurrenz durch Fachmärkte, Kaufhäuser und Supermärkte
Kein klares Profil	Store Erosion
	Showrooming

Karstadt ist mit dem ehemaligen Mutterkonzern Arcandor im Jahr 2009 in die Insolvenz gegangen. Nicolas Berggruen stieg 2010 als Investor ein und noch im September des Jahres wurde der Insolvenzplan vom Amtsgericht bestätigt.[742] Um die Warenhauskette neu auszurichten und dabei sowohl Filialschließungen, als auch Personalabbau zu vermeiden, wurde 2011 die Strategie *Karstadt 2015* vorgestellt.[743]

---

[740] statista, 2013 (nach: Handelsblatt, 2013)
[741] Vgl. Karstadt Warenhaus GmbH, 2013(a). Vgl. Karstadt Warenhaus GmbH, 2013(c).
[742] Vgl. Prokasky Anke, 2013.
[743] Vgl. o.V., 2011.

Stärken: Karstadt hat damit ein Konzept entwickelt, durch Differenzierung, Modernisierung, Schärfung des Profils und Vereinfachung der Prozesse ein modernes, kundenorientiertes Einzelhandelsunternehmen zu schaffen.
Differenzierung bedeutet dabei, das Sortiment und die Qualifikation der Mitarbeiter auf die Ansprüche der jeweiligen Zielgruppe zuzuschneiden. Dabei werden Waren-, Sport- und Premiumhäuser unterschieden. Die Modernisierung bezieht sich zum einen auf die Filialen an sich und zum anderen auf das Sortiment. Es wird angestrebt Marken anzubieten, die sonst im deutschen Einzelhandel nicht zu erwerben sind. Auch die Handelsmarken sollen weiterentwickelt werden. Im Rahmen der Schärfung des Profils soll die Kundenansprache präzisiert werden. Die Prozessvereinfachung bezieht sich nicht nur auf die Strukturen und Prozesse, sondern auf das gesamte Geschäftsmodell. So wurde beispielsweise zugunsten der Servicequalität der Administrationsaufwand in den Filialen reduziert.[744]
Im Rahmen der *Karstadt Fashion Weeks* werden die neusten Trends aus den Bereichen Fashion und Lifestyle in ausgewählten Karstadt-Filialen Deutschlands präsentiert. Top Model Lena Gercke wirkt bei der Kampagne mit, welche die Modernisierung der Filialen und die Erweiterung des Markenangebots begleitet. Den Kunden werden hier exklusive Events angeboten. Darüber hinaus erscheint drei Mal pro Jahr ein Kundenmagazin, welches Kundenkartenbesitzern attraktive Coupons bietet und auch als App verfügbar ist.[745]
Außerdem bietet Karstadt den Kunden ab einem Betrag von 249,00 Euro eine Finanzierungsmöglichkeit in Kooperation mit der Valovis Bank an.[746] Karstadt bietet eine eigene Kunden- und Visakarte an. Bis zu 5% des gesamten jährlichen Einkaufsvolumens können dabei in Form eines Gutscheins rückvergütet werden. Ansonsten offeriert die Karte dem Kunden unterschiedliche Rabattaktionen und Vorteile bei sieben Partnerunternehmen. Die Visakarte hat eine Bezahlfunktion. Dafür wird weder eine Jahresgebühr erhoben, noch ein Mindestumsatz vorausgesetzt.[747]
Chancen: Der demografische Wandel bietet Karstadt die gleichen Differenzierungsmöglichkeiten, wie der Galeria Kaufhof. Ein klares Konzept, um sich auf diese einzustellen, ist bisher nicht erkennbar.

---

[744] Vgl. Schlatmann, Rainer, 2011.
[745] Vgl. Karstadt Warenhaus GmbH, 2012.
[746] Vgl. Karstadt Warenhaus GmbH, 2013(d).
[747] Vgl. Karstadt Warenhaus GmbH, 2013(e).

Auch den Bereich des Einkaufserlebnisses kann Karstadt noch ausbauen. Restaurants und Reisebüros wurden bereits integriert. Außerdem wurden exklusive Marken in das Sortiment aufgenommen.[748] [749]
Karstadt gehört auch zu dem Multichannel-Händlern, die das Onlinegeschäft weiter ausbauen wollen und die Potentiale in diesem Bereich bereits erkannt haben. Es besteht die Möglichkeit die Artikel, die lediglich online erhältlich sind, zu bestellen und in der Filiale abzuholen. In diesem Fall werden keine Versandkosten erhoben. Darüber hinaus hat der Kunde die Möglichkeit den Artikel direkt vor Ort anzuprobieren und eine Kaufentscheidung zu treffen. Dadurch können Kosten für Retouren gespart werden.[750]
Im Bereich des Showrooming bieten sich die gleichen Möglichkeiten wie für Galeria Kaufhof.
Schwächen/Risiken: Da diese Faktoren stark an den Betriebstyp gekoppelt sind, lassen sich hier keine wesentlichen Unterschiede feststellen.

5 Zukünftige Umsetzungspotentiale

Im Rahmen des Marketing-Mixes lassen sich vier absatzpolitische Instrumente identifizieren. Das sind die Preis- und Kommunikationspolitik (taktische Instrument) sowie die Produkt- und Distributionspolitik (strategische Instrumente). Es ist von zentraler Bedeutung die Maßnahmen in den einzelnen Bereichen aufeinander abzustimmen, da diese oftmals erst in Kombination ihre volle Wirkung entfalten können.[751]
Im Distributionsmanagement gibt es verschiedene Aktionsparameter. Dies sind die Standortwahl, die Absatzwegewahl, das Kundenmanagement und die Distributionslogistik.[752]
Das Standortmanagement wird bei Galeria Kaufhof aktiv betrieben. Unrentable Standorte werden geschlossen und darüber hinaus wird versucht, durch die Expansion nach Luxemburg einen neuen Markt zu erschließen. Eine Fortführung dieser Politik ist unter Berücksichtigung wirtschaftlicher Interessen zu empfehlen.
Da der Einzelhandel bereits überwiegend an den Endverbraucher verkauft, stellt sich die Frage nach der Absatzwegewahl nur bedingt.

---

[748] Vgl. Karstadt Warenhaus GmbH, 2013(d).
[749] Vgl. Schlatmann, Rainer, 2011.
[750] Vgl. Crescenti, Marcelo, 2011.
[751] Vgl. Wöhe, Günther / Döring, Ulrich, 2008, S. 512f.
[752] Vgl. Schneider, Willy, 2009, S. 387f.

Das Kundenmanagement hat eine Informations- und Kontrahierungsfunktion. Galeria Kaufhof stellt den Kunden auf seiner Homepage Informationen zum Sortiment, dem Unternehmen, den Filialstandorten, den Serviceleistungen sowie zu aktuellen Aktionen und Angeboten bereit. Mit der mobilen Version kann der Kunde diese Informationen auch über sein Smartphone übersichtlich abrufen. Des Weiteren ist eine Registrierung für einen Newsletter möglich.

Im Rahmen der Distributionslogistik liegt der Fokus des Handels auf einer korrekten und zuverlässigen Auftragsabwicklung. Dies gilt auch für das Onlinegeschäft.

Das Produkt- oder Sortimentsmanagement soll ein marktgerechtes Leistungsangebot sicherstellen und steht im Fokus der Unternehmensaktivität. Galeria Kaufhof vertreibt überwiegend Sachgüter. Im Rahmen der DINEA-Gastronomie und des Mobilfunkangebots *Galeria mobil* werden aber auch Dienstleistungen vertrieben. Es handelt sich um Massenprodukte, die einen sehr unterschiedlichen Beschaffungsaufwand aufweisen. Eine Handlungsoption ist das Sortiment zu straffen. Darüber hinaus kann es durch exklusive Marken für den Kunden attraktiver gestaltet werden. Auch eine stärkere Individualisierung ist denkbar. So könnte beispielsweise die Anfertigung von Maßanzügen integriert werden. Einen ersten Schritt in diese Richtung stellt die Möglichkeit dar, Geschenkkarten individuell zu gestalten.[753] Darüber hinaus können weitere Dienstleister wie ein Friseur, ein Reisebüro oder eine Änderungsschneiderei einen Mehrwert für die Kunden darstellen und das Einkaufserlebnis steigern. Die Entscheidungen im Bereich der Handelsmarken werden stark mit der zukünftigen Positionierung am Markt zusammenhängen.

Das Kommunikationsmanagement bezeichnet die bewusste Informationsweitergabe an die Mitarbeiter und die Umwelt des Unternehmens. Es wird eine einheitliche Kommunikation im Rahmen der Corporate Identity angestrebt.[754] Aus diesem Grund sind bei Galeria Kaufhof die Angebote aus den Prospekten und der Fernsehwerbung auch online im gleichen Design ersichtlich.[755] Kennzeichnend hierfür ist das Galeria-Logo und der Slogan *Ich freu mich drauf!* Im Mittelpunkt der Werbung steht die Mode und als Zielgruppe wurde die Altersgruppe ab 35 Jahren definiert.[756] Ein weiteres Kommunikationstool, welches Galeria Kaufhof nutzt, ist ein Corporate

---

[753] Vgl. Galeria Kaufhof GmbH, 2013(d).
[754] Vgl. Schneider, Willy, 2009, S. 423.
[755] Vgl. o.V., 2001.
[756] Vgl. o.V., 2005.

Blog. Hier werden Beauty- und Fashiontipps sowie Gewinnspiele veröffentlicht. Der Blog ist über die Homepage zugänglich.[757] Zudem bietet die Seite einen Presseservice, mit dem Kunden und Mitarbeiter regelmäßig über Neuigkeiten, die das Unternehmen betreffen, informiert werden.[758]
Im Rahmen des Kontrahierungsmanagements können zwei Instrumente unterschieden werden. Dies sind das Preismanagement und das Konditionenmanagement.
Zum Konditionenmanagement zählen vertragliche Vereinbarungen, die neben dem Preis getroffen werden. Dies sind beispielsweise Liefer- und Zahlungsbedingungen sowie Rabatte. Da es sich hier um interne Daten handelt, kann auf diesen Teilaspekt nicht weiter eingegangen werden.

Das Preismanagement konsolidiert alle Maßnahmen, die der Beeinflussung und Durchsetzung von Preisen am Markt dienen.[759]
Das durch das IBM im Jahr 2013 durchgeführte Ranking der ausgereiftesten Multichannelkonzepte in Deutschland zeigt, dass das Online-Geschäft mit dem stationären Handel bei Galeria Kaufhof bereits gut verzahnt ist (s. *Abbildung 124*).

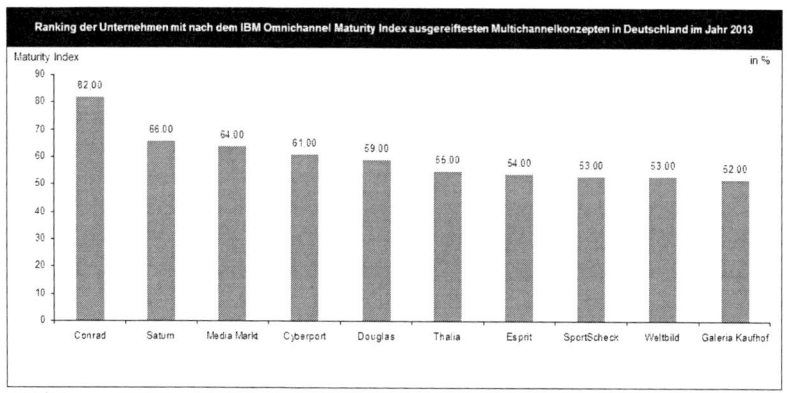

Abbildung 124: Ranking der Unternehmen nach ausgereiftesten Multichannelkonzepten in Deutschland[760]

---

[757] Vgl. Dietz, Julia, 2012.
[758] Vgl. Galeria Kaufhof GmbH, 2013(c).
[759] Vgl. Schneider, Willy, 2009, S. 345.
[760] IBM Deutschland GmbH, 2013

Der Kriterienkatalog umfasst dabei 75 Punkte, wie beispielsweise kanalübergreifendes Marketing, Pricing und Artikelpräsentation, Online-Bestellung in die Filiale oder den Rückgabeprozess, Integration mobiler Apps, Soziale Medien, Kundenprogramme zur Kanalintegration, Präsentationsformate zur Produkt Abbildung sowie Angebote zu Beratungsgesprächen und Service-Chats.[761] Jedoch zeigt das Ergebnis von 52%, das Galeria Kaufhof erreicht hat, im Vergleich zum Elektronikhändler Conrad mit 82%, noch Potentiale auf. Der stationäre Handel und das Online Geschäft müssen sich ergänzen und beflügeln, da immer weniger Verbraucher zwischen Online-Shop und Filiale differenzieren.[762] Kunden versuchen oft das Risiko des Fehlkaufs zu vermeiden, indem sie sich beispielsweise vorab online über die Produktbeschreibung informieren oder sich den Artikel anhand der ProduktAbbildung ansehen und anschließend im stationären Handel die Artikel anprobieren, vergleichen, sich inspirieren lassen und dadurch ein Einkaufserlebnis erreichen.[763] Galeria Kaufhof bietet zwar heute schon seinen Kunden viele Services an, wie zum Beispiel die im Online-Shop gekauften Artikel können in der Filiale abgeholt oder zurückgegeben werden, allerdings können noch weitere Kundendienste für den Konsumenten einen zusätzlichen Mehrwert schaffen.[764] Eine gute Möglichkeit um die Verzahnung zwischen dem Online-Geschäft und stationären Handel bei Galeria Kaufhof noch weiter zu optimieren, wäre eine Online-Überprüfung zur Warenverfügbarkeit in der gewünschten Filiale (s. *Abbildung 125*).

Zusätzlich könnte man dem Konsumenten die Möglichkeit bieten eine Online-Reservierung durchzuführen, um sicherzustellen, dass bei seinem Besuch in der Filiale die gewünschte Ware noch vorhanden ist und einen extra Abholpunkt in der Filiale einzurichten. Um diesen Service zu nutzen, würde sich für Galeria Kaufhof ebenfalls eine mobile App eignen. Neben der Warenreservierung könnten weitere Features eingesetzt werden, wie beispielsweise aktuelle News rund um Galeria Kaufhof, Adressen in der Nähe, gezielte Produktsuche und -information, aktuelle Kataloge und Prospekte, Event-Shoppings sowie exklusive Kundenvorteile.

---

[761] Vgl. IBM Deutschland GmbH, 2013.
[762] Vgl. Scheffler, Roland, 2013.
[763] Vgl. Accenture Multichannel Consulting / Gfk, 2010, S.8.
[764] Siehe Kap. 1.2 und 3.1.

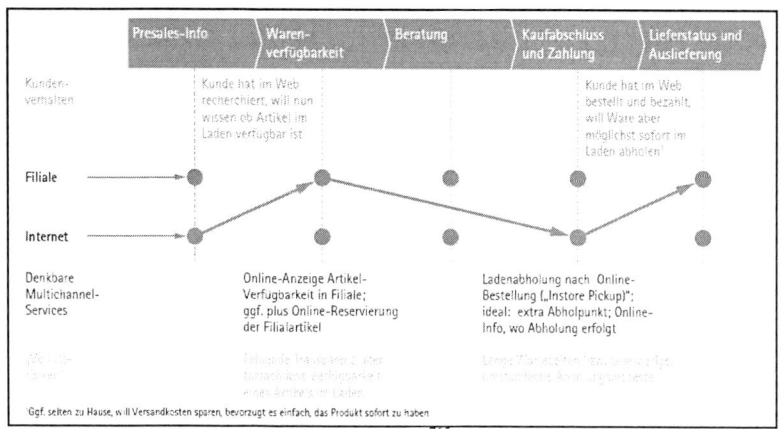

Abbildung 125: Kanalintegration Multichannel[765]

Wie wichtig es ist, auch in Zukunft bei Galeria Kaufhof die Multichannel-Strategie zu verfolgen, wird beim quantitativen Prognosemodell, das durch Accenture und GFK erstellt wurde, sichtbar (s. *Abbildung 126*).

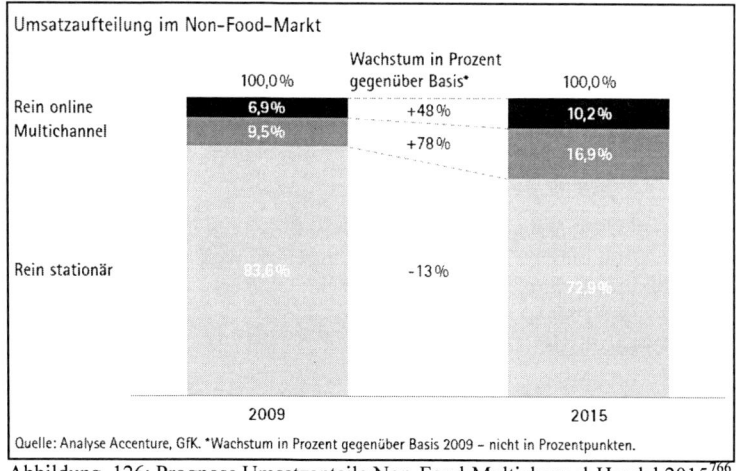

Abbildung 126: Prognose Umsatzanteile Non-Food-Multichannel-Handel 2015[766]

---

[765] Accenture Multichannel Consulting / GfK, 2010, S. 18
[766] Accenture Multichannel Consulting / GfK, 2010, S. 12

Accenture und GFK gehen davon aus, dass der reine Online-Umsatz bis 2015 um 48% steigt und sich der Anteil am Gesamtmarkt auf ca. 10% erhöht. Noch deutlicher ist die Prognose zum Multichannel, deren Umsatzsteigerung um ca. 78% geschätzt wird und sich damit der Anteil am Gesamtmarkt auf ca. 17% beläuft. Für Galeria Kaufhof ist es daher wichtig durch die Multichannel-Strategie den stationären Handel mit dem Online-Geschäft noch enger zu verzahnen, damit dem Kunden ein nahtloses Einkaufserlebnis geboten wird und um die Umsätze im Unternehmen zu halten, zu steigern und dadurch auch die Marktanteile zu erhöhen.

Insgesamt lassen sich folgende Handlungsempfehlungen formulieren:

- Klares Profil definieren
- Geschäftsmodell überarbeiten/aktualisieren
- Einkaufserlebnis ausbauen
- Sortiment straffen und klar positionieren
- Preis- und Kommunikationspolitik an Sortiment/Zielgruppe ausrichten
- Multichannel-Handel vorantreiben

6 Arbeitsfragen

1.) Stellen Sie die bedeutsamsten Meilensteine der Entwicklung des stationären sowie online Handels bei Galeria Kaufhof dar?

2.) Beschreiben Sie zusammenfassend die Stärken und Schwächen bzw. die Chancen und Risiken von Galeria Kaufhof, die sich durch die SWOT-Analyse ergeben.

3.) Welche Maßnahmen hat Galeria Kaufhof bereits bei der Vernetzung des stationären mit dem online Handel erfolgreich umgesetzt und welche zukünftigen Potentiale ergeben sich daraus?

Quellenverzeichnis

Literaturverzeichnis

Accenture Multichannel Consulting, Gfk: Non-Food Multichannel-Handel 2015 – Vom Krieg der Kanäle zur Multichannel-Synergie, 2010

Arbeitsgemeinschaft Verbrauchs- und Medienanalyse: Verbrauchs- und Medienanalyse 2013, 11/2012

Bundesministerium für Familie, Senioren, Frauen und Jugend: Interview mit Andrea Ferger-Heiter, Demografie Beauftragte der Galeria Kaufhof, 2013

Dietz, Julia: Block around the clock, in: Textilwirtschaft (51) vom 20.12.2012, S. 28

Ehrenberg, Nina: Wachstum auf allen Kanälen – Nina Ehrenberg ist neue Leiterin E-Commerce und Multichannel bei Galeria Kaufhof, in: Textilwirtschaft, Nr. 15, 04/2013, S. 64

Frangen, Maren / Achenbach, Frank: Weniger, älter, bunter... Wie der Einzelhandel von der demografischen Entwicklung profitieren kann, IHK Darmstadt Rhein Main Neckar / IHK Offenbach am Main (Hrsg.), Darmstadt, Offenbach am Main, 02/2011

Handelsverband Deutschland: Der Einzelhandel-Zahlenspiegel, 07/2013

Mader, Thomas: Sportarena startet mit E-Commerce, in: TextilWirtschaft, Nr. 40, 10/2013, S. 35

Mandac, Lovro: Berlin bleibt Magnet bei Warenhauskunden, in Berliner Morgenpost, Nr. 356, 30.12.2012, S. 5

Müller, Anika: Sportarena startet mit E-Commerce, in: TextilWirtschaft, Nr. 40, 10/2013, S. 35

Schneider, Willy: Marketing und Käuferverhalten, 3. Aufl., Oldenbourg: München, 2009.

Vanderhuck, Rudolf, W.: Auf Du und Du mit der Community, in: Lebensmittelzeitung, Nr. 21, 05/2012, S. 38

Wöhe, Günter / Döring, Ulrich: Einführung in die Allgemeine Betriebswirtschaftslehre, 23. Aufl., Vahlen: München, 2008

Internetquellen

Brutscher, Günther: Karstadt mit kurzer Leitung, Webseite Der Handel: http://www.derhandel.de/news/technik/pages/E-Commerce-Karstadt-mit-kurzer-Leitung-10104.html (Abruf vom 20.10.2013), 2013

Crescenti, Marcelo: Karstadt setzt auf Multichannel, Webseite Der Handel: http://www.derhandel.de/news/unternehmen/pages/Warenhaeuser-Karstadt-setzt-auf-Multichannel-7932.html (Abruf vom 14.10.2013), 2011

EHI Retail Institute: Top 6 Warenhausbetreiber Deutschland 2013, Webseite Statista: http://de.statista.com/statistik/daten/studie/70333/umfrage/Umsatz-der-führenden-Warenhausunternehmen-in-Deutschland (Abruf vom 16.10.2013), 2013

Erlinger, Matthias: Galeria Kaufhof: Online Start mit Mode, Webseite Textilwirtschaft: http://www.textilwirtschaft.de/business/Galeria-Kaufhof-Online-Start-mit-Mode_72083.html (Abruf vom 15.10.2013), 2011

Galeria Kaufhof GmbH: Hochzeitsgeschenke per Mausklick - Galeria Kaufhof-Hochzeitstisch: neuer Service ist einfach, bequem und macht Spaß, Webseite News aktuell GmbH: http://www.presseportal.de/pm/55027/1590858/hochzeitsgeschenke-per-mausklick-galeria-kaufhof-hochzeitstisch-neuer-service-ist-einfach-bequem (Abruf vom 16.10.2013), 2010

Galeria Kaufhof GmbH: Unternehmen – Historie, Webseite Galeria Kaufhof GmbH: http://www.galeria-kaufhof.de/ueber-uns/unternehmen/historie.html (Abruf vom 14.10.2013), 2013(a)

Galeria Kaufhof GmbH: Galeria Kaufhof startet den Mobile-Shop - Warenhausunternehmen forciert Multi-Channel-Retailing, Pressemitteilung, Webseite Galeria Kaufhof GmbH: http://www.galeria-kaufhof.de/ueber-uns/presse/pressemitteilungen/pressemitteilung-130924.html (Abruf vom 18.10.2013), 2013(b)

Galeria Kaufhof GmbH: Neuer Service bei galeria.de: Geschenkkarten jetzt auch individuell gestaltbar, Pressemitteilung, Webseite Galeria Kaufhof GmbH: http://www.galeria-kaufhof.de/ueber-uns/presse/pressemitteilungen/pressemitteilung-130805.html (Abruf vom 18.10.2013), 2013(d)

Galeria Kaufhof GmbH: Über uns, Webseite Galeria Kaufhof GmbH: http://www.galeria-kaufhof.de/ueber-uns/presse/presse.html (Abruf vom 14.10.2013), 2013(c)

Groh – Kontio: Die Schattenseiten des Online – Handels, in: Handelsblatt.de: http://www.handelsblatt.com/unternehmen/handel-dienstleister/e-commerce-boom-die-schattenseiten-des-online-handels/8186932.html (Abruf vom 18.10.2013), 2013

Hahn Gruppe: Retail Real Estate Report - Germany 2013/2014: http://www.hahnag.de/uploads/tx_sbdownloader/Hahn_Retail_Real_Estate_Report_2013_2014.pdf (Abruf vom 13.10.2013), 2013

Hielscher, Henryk: Expansionspläne: Kaufhof will nach Luxemburg, in: Wirtschaftswoche: http://www.wiwo.de/unternehmen/handel/expansionsplaene-kaufhof-will-nach-luxemburg/8920716.html (Abruf vom 18.10.2013), 2013

Hieschler, Henryk / Heise, Stephanie: Olaf Koch warnt Verdi im Tarifstreit, in: Wirtschaftswoche: http://www.wiwo.de/unternehmen/handel/metro-chef-olaf-koch-warnt-verdi-im-tarifstreit/8856156.html (Abruf vom 18.10.2013), 2013

IBM Deutschland GmbH: Hohe Dynamik im On- und Offline-Handel, Webseite IBM Deutschland GmbH: http://www-03.ibm.com/press/de/de/pressrelease/41432.wss (Abruf vom 20.10.2013), 2013

Jennings, Andrew: Unsere Strategie ist ganz einfach: Die Erwartungen der Kunden übertreffen, Webseite B+B Media Company GmbH: http://www.tm-digital.de/handel/interviews/karstadt-ceo-andrew-jennings/ (Abruf vom 13.10.2013), 2013

Karstadt Warenhaus GmbH: "Karstadt 2015": Ein Drittel der Strategie-Implementierung erreicht, Pressemitteilung Karstadt Warenhaus GmbH: http://www.presseportal.de/pm/16971/2311314/-karstadt-2015-ein-drittel-der-strategie-implementierung-erreicht (Abruf vom 09.10.2013), 2012

Karstadt Warenhaus GmbH: Unternehmen, Webseite Karstadt Warenhaus GmbH: http://www.karstadt.de/redmedia/unternehmen/de/profil/6.htm (Abruf vom 16.10.2013), 2013(a)

Karstadt Warenhaus GmbH: Karstadt setzt Modernisierungsprogramm fort, Webseite Karstadt Warenhaus GmbH: http://karstadtnachrichten.de/2013/09/karstadt-setzt-modernisierungsprogramm-fort (Abruf vom 16.10.2013), 2013(b)

Karstadt Warenhaus GmbH: Karstadt-App, Webseite Karstadt Warenhaus GmbH: http://www.karstadt.de/Karstadt-App/k/?kid=890377 (Abruf vom 14.10.2013), 2013(c)

Karstadt Warenhaus GmbH: Filialen, Webseite Karstadt Warenhaus GmbH: http://www.karstadt.de/jsp/filialen/viernheim-service.jsp (Abruf vom 14.10.2013) 2013(d)

Karstadt Warenhaus GmbH: Kundenkarten-Programm, Webseite Karstadt Warenhaus GmbH: http://www.karstadt.de/Kundenkarten-Programm/k/?kid=635913&pfad=421605p (Abruf vom 14.10.2013) 2013(e)

kon.med GmbH / Spectaris: Bedarf medizinischer Hilfsmittel 2050 – eine Prognose: http://www.spectaris.de/uploads/tx_ewsartikel/konmed_studie_Bedarf_Medizinischer_Hilfsmittel.pdf (Abruf vom 12.10.2013), 2012

Lebensmittelzeitung.net: Wenn zwei sich streiten... ... entscheidet der Kunde: Trends und strategische Herausforderungen im Multichannel-Handel: http://www.lebensmittelzeitung.net/studien/pdfs/545_.pdf (Abruf vom 19.09.2013), 2013

Melzer, Michael: Karstadt baut Multichannel-Geschäft aus. Webseite der Handel: http://www.derhandel.de/news/technik/pages/Warenhaeuser-Karstadt-baut-Multichannel-Geschaeft-aus-9194.html (Abruf vom 20.10.2013), 2012

Metro AG: Vertriebsmarken – Galeria Kaufhof, Webseite Metro AG: http://www.metrogroup.de/internet/site/metrogroup/node/11191/Lde/index.html#anker236469 (Abruf vom 14.10.2013), 2013(a)

Metro AG: Unternehmen – In Zahlen, Webseite Metro AG: http://www.metrogroup.de/internet/site/metrogroup/node/10986/Lde/index.html (Abruf vom 14.10.2013), 2013(b)

Metro AG: Unternehmen – Inhaltsübersicht, Webseite Metro AG: http://www.metrogroup.de/internet/site/metrogroup/node/9280/Lde/index.html (Abruf vom 13.10.2013), 2013(c)

Metro AG: Unternehmen – Inside Metro, Webseite Metro AG: http://www.metrogroup.de/internet/site/metrogroup/node/250275/Lde/index.htm (Abruf vom 14.10.2013), 2013(d)

Metro AG: Geschäftsbericht 2012: http://berichte.metrogroup.de/2012/gb/diestrategie/galeriakaufhof.html (Aufruf vom 18.10.2013), 2013(e)

OC&C Strategy Consultants GmbH: Stürmische Zeiten für den Handel: http://www.derhandel.de/news/finanzen/pages/pdfs/66_org.pdf (Abruf vom 10.10.2013), 2008

OC&C Strategy Consultants GmbH: Trends und strategische Herausforderungen im Multichannel-Handel: http://de.statista.com/statistik/daten/studie/255651/umfrage/Online-Umsatz-führender-Handelsunternehmen-in-Deutschland/ (Abruf vom 13.10.2013), 2013

o.V.: Zebralina: Die Welt der Kinder per Mausklick, Webseite Der Handel: http://www.derhandel.de/news/technik/pages/show.php?id=2662 (Abruf vom 14.10.2013), 2000

o.V.: Kaufhof: Neuer Werbeauftritt online gegangen, Webseite mediabiz: http://www.mediabiz.de/games/news/kaufhof-neuer-werbeauftritt-online-gegangen/102824 (Abruf vom 14.10.2013), 2001

o.V.: Kaufhof modernisiert den Markenauftritt, Webseite Horizont: http://www.horizont.net/aktuell/marketing/pages/protected/Kaufhof-modernisiert-den-Markenauftritt_55389.html (Abruf vom 14.10.2013), 2005

o.V.: Strategie 2015: Karstadt Mitarbeiter können aufatmen: Webseite Handelsblatt: http://www.handelsblatt.com/unternehmen/handel-dienstleister/strategie-2015-karstadt-mitarbeiter-koennen-aufatmen/4374768.html (Abruf vom 18.10.2013), 2011

o.V.: Galeria Kaufhof schließt drei Filialen, Webseite Focus: http://www.focus.de/finanzen/news/handel-galeria-kaufhof-schliesst-drei-filialen_aid_1016478.html (Abruf vom 14.10.2013), 2013

Pohlmann, Dirk: Online Shop Galeria Kaufhof GmbH, Webseite Dirk Pohlmann: http://www.lasswas.com/www-galeria-kaufhof-de-online-shop/ (Abruf vom 13.10.2013), 2013

Prokasky Anke: Die Karstadt-Chronik, Webseite Textilwirtschaft: http://www.textilwirtschaft.de/business/Die-Karstadt-Chronik_63334.html (Abruf vom 09.10.2013), 2013

Scheffler, Roland: Dynamik im On- und Offline-Handel, Webseite IBM Deutschland GmbH: http://www-03.ibm.com/press/de/de/pressrelease/41432.wss (Abruf vom 20.10.2013), 2013

Schlatmann, Rainer: Unsere Strategie ist ganz einfach: Die Erwartungen der Kunden übertreffen; Interview mit Karstadt Warenhaus-CEO Andrew Jennings, Webseite TM digital: http://www.tm-digital.de/handel/interviews/karstadt-ceo-andrew-jennings/ (Abruf vom 18.10.2013), 2011

Springer Gabler Verlag (Hrsg.), Gabler Wirtschaftslexikon, Stichwort: SWOT-Analyse, Version 3: http://wirtschaftslexikon.gabler.de/Archiv/326727/swot-analyse-v3.html (Abruf vom 13.10.2013), 2013

Statista: Statista Dossier : Kauf- und Warenhäuser in Deutschland – Statista Dossier 2013: http://de.statista.com/download/MTM4MzI5NzE5MyMjNDQzMDIj IzE2OTYzIyMxIyNzdHVkeQ==/ (Abruf am 31.10.2013), 2013

Wilhelm, Sybille: Karstadt mit kurzer Leitung, Webseite Der Handel: http://www.derhandel.de/news/technik/pages/E-Commerce-Karstadt-mit-kurzer-Leitung-10104.html (Abruf vom 20.10.2013), 2013

14 Tschibo

(Etmann, M.)

1 Historie und Entwicklung von Tchibo

Die Geschäftsidee Tchibo[767] wird Ende der Vierziger Jahre des 19. Jahrhunderts von Max Herz und Carl Tchilling entwickelt. Zunächst starten sie mit dem Konzept, Kaffee deutschlandweit zu versenden – wegweisend ist dabei, dass Kunden die Wahl haben, den Röstkaffee in Schmuckdosen zu bestellen; schon damals ein Erfolgsrezept.

Drei Jahre später (1952) erscheint zum ersten Mal das Tchibo-Magazin. Dieses bietet Lifestyle-Tipps für das Leben der Frau, von Modetrends über Rezepte bis hin zu Horoskopen. Auch damit hat Tchibo etwas geschaffen, das zu dieser Zeit als einzigartig gilt.

1955 eröffnete in Hamburg die erste Tchibo-Verkaufsstelle, in welcher man nun auch, wie auch heute noch in Tchibo-Filialen üblich, nicht nur abgepackten Kaffee kaufen, sondern sich diesen auch frisch aufgebrüht bestellen und direkt in der Filiale trinken kann.[768]

Die weiteren Filialeröffnungen erfolgen rasant: Im Jahre 1958 gibt es bereits 77 Tchibo-Verkaufsstellen, im Jahr 1965 sind es schon weit über 400. Ebenfalls werden so genannte „Frische Depots" in Bäckereien und Konditoreien eingeführt: 1971 gibt es annähernd 2900 solcher Depots in ganz Deutschland.

Nach dem Tod von Max Herz übernehmen dessen Söhne das Unternehmen. Unter ihrer Führung entscheidet sich Tchibo im Jahr 1973 schließlich dazu, neben Kaffee auch Zusatzartikel zum Verkauf in ihren Filialen anzubieten. Dies hat vor allem mit dem Umstand zu tun, dass die Zugabeverordnung und das Rabattgesetz geändert wurden und die kostenlose Dreingabe von Produkten (z.B. Kochbücher, Schmuckdosen etc.) zum gekauften Kaffee nun verboten wurde.

Im Jahr 1984 stellt Tchibo erstmals seine eigene Kaffeemaschine „picco" vor, die im ersten Jahr über 200.000 Mal verkauft wurde. Ende der 80er

---

[767] Der Firmenname ist eine Zusammensetzung aus dem Gründernamen Tschilling und der (Kaffee)Bohne.
[768] Eine Tasse Mocca Gold mit Zucker und Sahne kostete damals 20 Pfennige.

erobert Tchibo den Lebensmittelhandel: Wie auch heute noch werden nun in Supermarktketten Tchibo-Kaffee sowie Tchibo-Artikel angeboten.

Anfang der 90er entscheidet sich das Unternehmen nach Zentral- und Osteuropa zu expandieren – in der Folge werden Filialen in Polen, Russland, Ungarn usw. eröffnet. Im Jahr 1996 ist es nun auch möglich, in Folge der Gründung der Tchibo direct GmbH, Artikel per Katalog zu bestellen. Tchibo betreibt neben seinem stationären Handel nun auch andere Kanäle mittels seiner Katalogbestellung. Diese Erweiterung wird im Folgejahr erneut ausgebaut – das Angebot erscheint im Internet und kann dort ebenfalls bestellt werden. Tchibo ist zu einem Multichannel-Unternehmen geworden.

Im selben Jahr wird die Eduscho Firmengruppe von Tchibo aufgekauft sowie das Angebot um den Verkauf von Reisen erweitert.[769] 2002 erobert das Unternehmen in Zusammenarbeit mit mehreren Versicherungen den Finanzdienstleistungssektor und bietet im stationären sowie im Online-Handel erstmals Versicherungen an. Im selben Jahr steigt Tchibo zum größten Schmuckhändler in der Republik auf. Auch in den Folgejahren reißt der Erfolg nicht ab: 2003 wird das Unternehmen größter Coffeeshop-Betreiber Deutschlands und bietet erstmals Konzertkarten und ein Automodel zum Verkauf an. Durch eine Kooperation mit blume 2000 ist es ab diesem Zeitpunkt möglich, Blumen online zu bestellen.

2004 steigt das Unternehmen in den Mobilfunkmarkt ein, indem es ein Joint Venture mit o2 bildet. In den Folgejahren etabliert es sich weiter auf dem Dienstleistungssektor, indem es Handwerkertätigkeiten oder sogar Vergünstigungen auf ein Fernstudium anbietet. U.a. 2010 erweiterte Tchibo seine Angebotspalette ein weiteres Mal und vertreibt von nun an ökologischen Strom / ökologisches Gas.[770] Neueste Bemühungen, sich immer neue Märkte zu erschließen, fanden z.B. Anfang des Jahres 2013 statt, als Tchibo ins „Mass Customizing"-Geschäft eintrat und dem Kunden von nun an die Möglichkeit gibt, seinen Kaffee online selbst zusammenzustellen.[771]

1.1 Der Online-Händler Tchibo

Tchibo ist im Jahr 1997 in den Online-Handel eingestiegen. Heute ist das Unternehmen unter zahlreichen Domains für den Kunden erreichbar und

---

[769] 10 Jahre später buchen rund 225.000 Personen ihre Reise über Tchibo.
[770] Vgl. Stiftung Warentest, 2011. Vgl. Tchibo, 2013d.
[771] Vgl. Tchibo, 2013e.

stellt diesem aktuelle Non-Food-Angebote der letzten drei, der laufenden sowie (für PrivatCard-Besitzern) der kommenden Woche für Onlinebestellungen zur Verfügung. Diese Angebote lassen sich ebenfalls in den Filialen vorfinden. Einige Artikel werden jedoch exklusiv im Online-Shop angeboten und sind nur über diesen zu beziehen:

Abbildung 127: Exklusiv auf tchibo.de[772]

Das ganze Jahr über kann der Kunde das Kaffeesortiment und die passenden Kaffeemaschinen (Cafissimo) über die Website erwerben. Auch stehen ständig Reise- und Blumenangebote zur Verfügung. Zusätzlich bietet das Unternehmen Mobilfunkangebote, Ökostrom und Gas an, sowie einen %e-Shop, bei welchem die Kunden auf Ware aus früheren Angeboten günstig zugreifen können. Seit Anfang des Jahres hat man zudem die Möglichkeit, seinen Kaffee unter „Mein Privat Kaffee" selbst zusammenzustellen, den Mahlgrad zu bestimmen und sein eigenes Etikett zu gestalten.

Ab einem Mindestbestellwert von 80€ liefert das Unternehmen kostenfrei an die gewünschte Lieferadresse, für PrivatCard-Besitzer bereits ab 20€, davor müssen Versandkosten von 4,95€ pro Bestellung geleistet werden. Neuerdings ist es möglich, sich Bestellungen direkt in eine Wunschfiliale liefern zu lassen. Bei dieser Art der Bestellung entfallen die Versandkosten, bezahlt wird bei Abholung der Ware in der Filiale.

Für Tchibo innovative, neue Produkte bzw. Dienstleistungen werden oft exklusiv online angeboten. So wird auf der Internetseite dauerhaft mit einer Vergünstigung auf ein Fernstudium geworben. Im Jahr 2013 bot Tchibo zudem eine Rabattkarte für Zahnersatz an; hergestellt wird dieser auf den Philippinen – und löste damit massive Kritik in den Medien aus.[773] Diese wurde zuerst exklusiv auf der Internetseite des Unternehmens verkauft, bevor sie auch in den stationären Geschäften vertrieben wurde.

---

[772] Tchibo, 2013b
773 Vgl. Der Spiegel, 2013.

Kundenbindung über die verschiedenen Kanäle hinweg gewinnt für Unternehmen immer mehr an Bedeutung. Um eine Bindung des Kunden an das Unternehmen herzustellen und zu erhalten, hat Tchibo das PrivatCard-System eingeführt. Diese kann über den Online-Shop oder in den Filialen vor Ort beantragt werden und kostet den Verbraucher einmalig 8€.

Abbildung 128: Fernstudium auf tchibo.de[774] Abbildung 129: Zahnersatz auf tchibo.de[775]

Der Erwerb dieser Bonuskarte verspricht dem Kunden bei jedem Kauf pro angefangene 10€ Bestellwert eine Gutschrift von je einer so genannten „Treuebohne", welche wiederum gesammelt und schließlich im Prämienshop auf tchibo.de eingelöst werden können. Zudem macht es die PrivatCard den Verbrauchern möglich, anders als der Kunde ohne dieses Bonusprogramm, ab 20€ versandkostenfrei zu bestellen (ausgenommen hiervon werden das Blumen-, Energie-, Mein Privat Kaffee- und Reiseprogramm sowie Partneraktionen). Durch die PrivatCard hat der Besitzer zudem die Möglichkeit, Waren vorab zu bestellen. Während Nichtbesitzer erst auf die Einführung der Waren in den stationären Geschäften und die Freischaltung auf der Onlineseite warten müssen, können diese Kunden bereits eine Woche vorher bestellen. Dies ist insofern attraktiv, da einige begehrte Artikel bereits kurz nach ihrer Freischaltung oder schon vorher ausverkauft sind.

Man kann sich als PrivatCard-Besitzer zudem die PrivatCard-Kreditkarte bestellen, die ebenfalls auf der hauseigenen Website mit den jeweiligen Konditionen beworben wird. Als PrivatCard-Kunde erhält man zudem per Newsletter immer wieder exklusive Angebote auf das Sortiment, die sowohl online als auch stationär eingelöst werden können. Man kann an dem Beispiel *PrivatCard* erkennen, welche Vernetzung der unterschiedlichen Kanäle bei Tchibo stattfindet, welche die Loyalität des Kunden dem Unternehmen gegenüber erhöhen soll, indem ihm der Wechsel zwischen den Channels leicht gemacht wird.

---

[774] Tchibo, 2013c
[775] Der Spiegel, 2013

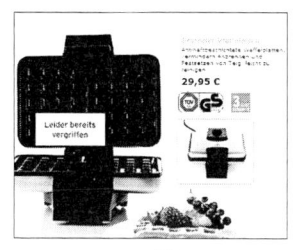

Abbildung 130: Verfügbarkeit auf tchibo.de[776]

Eine andere Form der Kundenbindung entsteht dadurch, dass Tchibo mittlerweile in etliche Lebensbereiche als Anbieter vorgedrungen ist. Die Wichtigkeit des Online-Handels für Tchibo lässt sich nicht nur an den vielfältigen Angeboten erkennen, welche teilweise exklusiv im Internet beworben werden, sondern auch in dem Erfolg ihres Online-Shops: Die Website des Unternehmens ist unter den Top 5 der am häufigsten besuchten Online-Shops Deutschlands zu finden.777

1.2 Die Wichtigkeit des Online-Handels für Tchibo

Die Wichtigkeit eines erfolgreichen und ertragreichen Online-Shops für Tchibo liegt vor allem in dem Kaufverhalten der jetzigen Generation und der Entwicklung der Altersstruktur in der Zukunft. Dies wird zum einen deutlich, wenn man unterschiedlichen Umsatzaufteilungen pro Lebenswelt in % betrachtet:

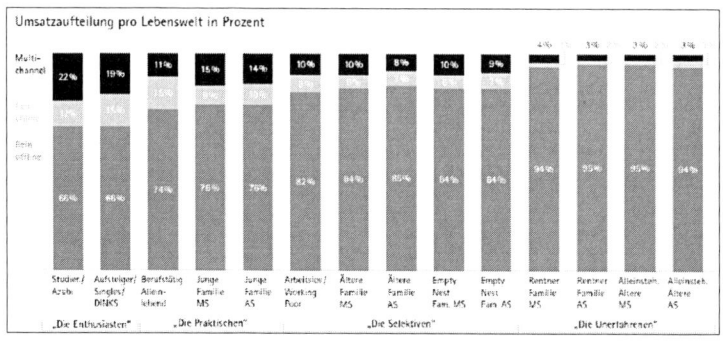

Abbildung 131: Umsatzaufteilung pro Lebenswelt in %[778]

---

[776] Tchibo, 2013a
777 Vgl. maxingvest ag, 2013, S. 31.
[778] Accenture / GfK, 2010

Hier kann man deutlich erkennen, dass gerade die Jungen, Singles, Berufstätigen sowie jungen Familien im Online- und Multichannel-Handel sehr aktiv sind, während die älteren Familien, deren Kinder aus dem Haus sind, die Rentner und Verwitweten eher nicht im Internet bestellen. Dies deckt sich mit den bisherigen Erkenntnissen aus Internetnutzungs-Befragungen. 76% der deutschen Bevölkerung nutzten mittlerweile das Internet als Medium. Nach Altersgruppen aufgefächert, surften im Jahre 2012 60% der 60- bis 69-Jährigen und lediglich 28% der über 70-Jährigen.779

Es bedeutet aber gleichzeitig auch, dass vermutlich diejenigen, die schon heute das Internet zum Kauf von Waren aktiv nutzen, dies in Zukunft nicht ablegen werden. Diese Kunden schon heute zu binden, ist also immens wichtig für Online-Händler.780 Auch die zu erwartende Entwicklung der Altersstruktur der Zukunft legt dies nahe:

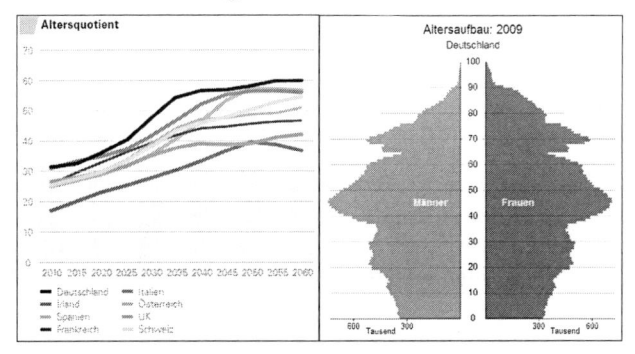

Abbildung 134: Altersquotient[781]   Abbildung 135: Bevölkerungspyramide[782]

Zu sehen ist in der Abbildung 131 der prognostizierte Anteil +65-Jähriger in Relation zur Bevölkerungsdichte des jeweiligen Staates zur jeweiligen Zeit. Man kann erkennen, dass eine Entwicklung zur allgemeinen Alterung der Bevölkerung vorhergesagt wird. Verfolgt man die Demographie-Debatte in Deutschland, ist dies keine Überraschung. Die Alterspyramide verschiebt sich immer weiter hin zu den Älteren, neue Generationen wachsen nicht mehr in gleichem Maße nach (vgl. Abbildung 136). Da die nachfolgenden Generationen nicht mehr so stark ausgeprägt sein werden wie die zu erwartende ältere Generation, gilt es umso mehr, diese jüngere als Händ-

---

779 Vgl. GDI / KPMG, 2013, S. 19.
780 Vgl. GDI / KPMG, 2013, S. 19.
[781] GDI / KPMG, 2013
[782] DESTATIS, 2009

ler an sich zu binden. Dazu kommt, dass ein Ende des Online-Handel-Booms nicht in Sicht ist, dies sagen Prognosen voraus; eher wird sich dieser bis zum Jahre 2020 sogar verdoppeln. Dieser Umstand lässt sich anhand folgender Gesichtspunkte beschreiben:

1. Zum einen wird die Netzinfrastruktur immer weiter ausgebaut. Mit der noch zu erwartenden, weiterentwickelten Technik, wird der Zugang zu Online-Shops immer leichter werden und schneller vonstatten gehen.
2. Große Filialketten sind immer noch nicht online bzw. befinden sich erst im Aufbau eines großen Online-Handel-Netzes (Bsp. Media Markt ging erst 2012 mit einem Shop online). Es ist zu erwarten, dass diese nach und nach auf den Markt drängen werden.
3. Ein guter Anteil der Menschen ist allein aufgrund ihres Alters online nicht sehr aktiv. Diese werden nach und nach von den „Digital Natives" verdrängt werden, die bereits mit dem Kauf von Online-Ware vertraut sind und auch erwartungsgemäß dieses Verhalten später nicht ablegen werden.
4. Der Aufstieg der Smartphones ist noch nicht vorbei, daher werden immer mehr Personen in allen erdenklichen Situationen online sein können und so die Möglichkeit auf direkten Zugriff auf Online-Shops haben.[783]

Auch das Unternehmen Tchibo hat erkannt, dass das Internet und der Kauf online ein weiterhin wachsender Markt für sie ist, dies zeigt sich auch in ihrem Geschäftsbericht von 2012.[784]

2 Derzeitiger Stand am Markt

Die maxingvest ag, die einen hundertprozentigen Anteil an der Tchibo GmbH hält, gibt jedes Jahr ihren Geschäftsbericht für das Unternehmen aus.

Im Jahre 2012 generierte das Tochterunternehmen mit ungefähr 12.300 Mitarbeitern ca. 3,6 Milliarden Euro Umsatzerlöse, eingeschlossen in das Ergebnis sind sowohl stationäre als auch Internet-Erlöse. Insgesamt lag der Umsatz 1% vor dem des Vorjahres.[785] Die Internet- und Versandhandelse-

---

[783] Vgl. Heinemann, Gerrit, 2012, S. 6.
[784] Vgl. maxingvest ag, 2013, S. 49.
[785] Vgl. maxingvest ag, 2013, S. 28.

rlöse werden von der maxingvest ag nicht einzeln aufgeführt, es ist lediglich von einer leichten Steigerung für das Geschäftsjahr 2012 gegenüber dem vorangegangenen Jahr die Rede.786

Für sich hat das Unternehmen erkannt, dass der Wettbewerb im Internet immer intensiver wird – trotz Steigerung der Umsatzerlöse durch den hauseigenen Online-Handel reagiert man verhalten auf diese Entwicklung. Vor allem eine starke Multichannel-Position des Unternehmens wird herausgestellt:

[E]s herrscht zunehmend Verdrängungswettbewerb. Die vertriebskanalübergreifende Vermarktung gewinnt an Bedeutung. Im Internet ist es besonders wichtig, einzigartige Produkte und Angebote anzubieten.787

Tchibo selbst hat also einen harten Wettbewerb mit der Konkurrenz im Internet erkannt. Zunächst ist es allerdings für den Betrachter von außen schwer zu erfassen, wer sich denn genau als ein direkter Konkurrent zu Tchibos Online-Shop positioniert.

3 Direkte Wettbewerber des Online-Händlers Tchibo

Seit dem Aufkauf der Eduscho-Firmengruppe, deren Filialnetz in Aufbau und Konzept sehr den Tchibo-Filialen ähnelte und von welcher man den Sprung ins Online-Geschäft parallel zum Tchibo Online-Shop hätte erwarten können, ist es nicht ganz einfach, einen direkten, komplett gleich ausgerichteten Online-Händler wie Tchibo auf dem deutschen Markt auszumachen. Am ehesten kommen für einen Wettbewerbs-Vergleich die Discounter mit ihrem Internet-Angebot in Frage:
Betrachtet man das Internetangebot der beiden erfolgreichsten Discounter Deutschlands, Aldi788 und Lidl, genauer, stellt man fest, dass diese entgegen der Erwartung einem Lebensmittel-Discounter gegenüber, ebendiese Lebensmittel nicht in ihrem Online-Angebot zum Verkauf anbieten. Anders sieht dies bei den Non-Food-Angeboten der Discounter aus.
Sowohl Lidl als auch Aldi bieten dort die Produkte an, die sie in ihren stationären Filialen in Printform bewerben. Zusätzlich ist neben den Angeboten, die man sowohl online als auch stationär beziehen kann, bei Lidl ein großer Teil aufgeführt, der lediglich online gekauft werden kann. Dies er-

---

786 Vgl. maxingvest ag, 2013, S. 31.
787 maxingvest ag, 2013, S. 26.
788 Für den Vergleich wurde der erfolgreichere Discounter Aldi Süd herangezogen.

höht, ähnlich wie bei Tchibo, die Exklusivität bestimmter Waren und hebt die Alleinstellung bzw. Unabhängigkeit und Wichtigkeit des Kanals „Online" für das Unternehmen hervor. Durch die alleinige Möglichkeit, bestimmte Waren nur über das Internet beziehen zu können, kann der Online-Shop als wichtiger Angebotskanal in den Köpfen der Kunden verankert werden.

Hinzu kommt, dass die exklusiven Online-Angebote sich oftmals preislich in einer ähnlich mittleren Lage wie Tchibo-Angebote befinden, während das Filialangebot der Discounter häufig niedrigpreisiger ist.

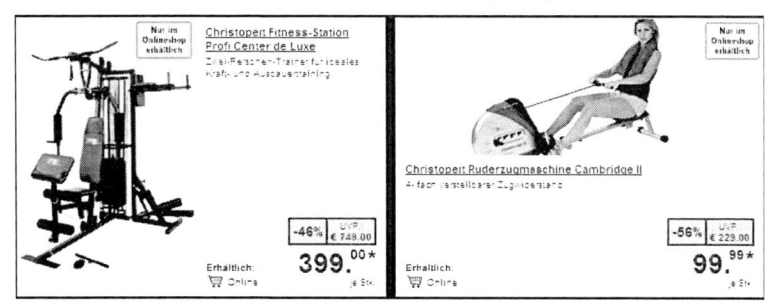

Abbildung 136: Exklusiv auf lidl.de[789]

Beide großen Discounter haben zudem ein Reiseangebot in ihrem Portfolio. Reiseziele und preisliche Lage ähneln sich sowohl bei Tchibo als auch bei den Discountern. Ebenfalls werden sowohl bei Aldi als auch bei Lidl Blumenbestellungen aufgenommen, auch im Mobilfunkmarkt sind beide aktiv. Im Gegensatz zu Tchibo bieten beide Discounter einen Fotoservice an, über den man online seine digital geschossenen Fotos als Printprodukt bestellen kann. Lidl erweitert sein Online-Portfolio zudem durch einen Druckservice sowie durch die Zusammenarbeit mit einer Discounter-Apotheke. Auch ein Ökostrom-Angebot gab es bereits bei Lidl.[790] Einführung war wie bei Tchibo das Jahr 2010.

Einen eins-zu-eins Wettbewerber gibt es im Falle von Tchibo nicht, wenn man stationäres Filialnetz und Online-Shop gemeinsam betrachtet, da Tchibo kein Lebensmittelhändler ist. Angegriffen wird das Unternehmen losgelöst vom Stationärgeschäft allerdings durch die Onlineangebote der Discounter (besonders von Lidl), die sich preislich und oftmals auch in der

---

[789] Lidl, 2013
790 Vgl. Der Spiegel, 2010.

Art der Angebote791 nicht besonders von denen der Tchibo Firmengruppe unterscheiden.

4 Zukünftige Ausrichtung, Ziele und Visionen sowie Risiken

Tchibo selbst hat die Wichtigkeit des Mediums Internet und des Multichannel-Handels für sich erkannt, sieht aber auch, wie stark der Verdrängungswettbewerb im Online-Handel vonstatten geht und konkurriert z.B. mit dem Online-Shop des Discounters Lidl. Auch in Zukunft will das Unternehmen seine E-Commerce und Cross-Channel-Aktivitäten daher ausbauen und stärken.792 Dies wird dadurch untermauert, dass der Handelsverband Deutschland (HDE) für das kommende Jahr ein Wachstum von 12% für den Online-Handel vorhersagt.793

Eine Maßnahme, dieser Entwicklung entsprechend zu begegnen, wäre daher eine erfolgreiche Implementierung der Online-Aktivitäten auf Smartphones und Tablets. Im Jahr 2011 wurden erstmals mehr Smartphones als Personal Computer erworben, der Markt für E-Commerce auf diesem Medium ist also riesig.

Tchibo hat mit seiner App einen Weg gefunden, die Kunden auch auf ihren Smartphones und Tablets zu erreichen. Diese ist ähnlich zum Online-Shop aufgebaut; der Kunde hat also die Möglichkeit, sich schnell zu Recht zu finden. Bei der prognostizierten Entwicklung des Onlinemarktes und des Mobile-Handel-Marktes, wird Tchibo sicherlich auch in Zukunft weiter in diese Kanäle investieren.

Kundenbindung findet bei Tchibo allerdings nicht nur über die Verknüpfung der verschiedenen Kanäle statt, sondern auch über seine Angebotspalette. Der Kunde kann sich durch sein Kommunikationsverhalten (Mobilfunkangebote), seine berufliche Zukunfts- (Fernstudium) und Freizeitgestaltung (Reisen, Ticketangebote), seinen gewählten Strom- und Gasanbieter und sogar seine Gesundheit betreffend (Zahnersatz) an den Konzern binden. Eine Gefahr, die allerdings bei all den Angeboten von Tchibo bestehen, ist eine nach und nach auftretende Verwässerung des Portfolios.

---

791 z.B. Saisonware wie Weihnachtsverpackungen, Wolle und Strickzeug, saisonale Kleidung wie Badeanzüge, Kleider, Wintermäntel etc.
792 Vgl. maxingvest ag, 2013, S. 44.
793 Vgl. maxingvest ag, 2013, S. 49.

Worldwide smart phone and client PC shipments Shipments and growth rates by category, Q4 2011 and full year 2011				
	Q4 2011		Full year 2011	
Category	shipments (millions)	Growth Q4'11/Q4'10	shipments (millions)	Growth 2011/2010
Smart phones	158.5	56.6%	487.7	62.7%
Total client PCs	120.2	16.3%	414.6	14.8%
- Pads	26.5	186.2%	63.2	274.2%
- Netbooks	6.7	-32.4%	29.4	-25.3%
- Notebooks	57.9	7.3%	209.6	7.5%
- Desktops	29.1	-3.6%	112.4	2.3%

Abbildung 137: Verkauf von Smartphones im Vergleich zu PCs im Jahr 2011[794]

Es besteht das Risiko, dass der Kunde durch die Breite des Angebots das Vertrauen in das Fachwissen und die Reliabilität des Angebots verliert, da er zu zweifeln beginnt, ob es EINEM Anbieter gelingen kann, Expertenwissen in all diesen Fachgebieten zu haben und ihm damit auch kompetente und individuelle Beratung bieten kann.[795] Da aber Vertrauen in das Unternehmensangebot einer der wichtigsten Faktoren für Kundenbindung ist, muss es Tchibo gelingen, diese Kompetenz und damit Glaubwürdigkeit an den Kunden zu vermitteln. Um diese Risiken zu vermeiden betreibt das Unternehmen ein umfassendes Risikomanagement.[796]

Tchibo ist sich ihrer Marke und dessen, was Kunden mit ihr verbinden, bewusst, daher soll sie unter allen Umständen geschützt werden. Als wirkungsvolle Instrumente nennt das Unternehmen hierfür ihre Kommunikationsstärke, die stetige Sicherung der Qualitätsstandards sowie ihr soziales und ökologisches Bewusstsein. Durch innovative Ideen, die dennoch auf die Zielgruppe ausgerichtet sind, und kontinuierliche Weiterbildung ihrer Mitarbeiter, versucht das Unternehmen zu bewerkstelligen, dass sein Expertenwissen nicht in Frage gestellt werden kann.[797]

Eine Möglichkeit, die Tchibo gefunden hat, um die Wünsche und Bedürfnisse seiner Kunden zu erkennen und umzusetzen, sowie um Fehler aufzudecken, ist mit der Internetseite www.tchibo-ideas.de umgesetzt worden. Hier werden Kunden zu Workshops eingeladen, Produkte werden zum Testen an Verbraucher verschickt, Umfragen unter Usern gestartet und danach

---

[794] Canalys.com, 2012
795 Als Beispiel kann hier der von Tchibo angebotene Zahnersatz „fungieren". Dieser wird in Asien hergestellt. Fraglich ist, ob Verbraucher so einem medizinischen Produkt genug vertrauen.
796 Vgl. maxingvest ag, 2013, S. 43.
797 Vgl. maxingvest ag, 2013, S. 44.

ausgewertet. Ebenfalls hat man die Möglichkeit, sich als junger Designer mit innovativen Ideen über die Website zu melden. Im besten Falle setzen sich ein Kompetenzteam aus dem Unternehmen mit dem Ideengeber zusammen und bringen ein Produkt zur Marktreife.798

Durch eine SWOT-Analyse799 soll noch einmal hervorgehoben werden, welche Stärken / Schwächen bei dem Online-Händler Tchibo bestehen bzw. welche Chancen und Risiken sich für das Unternehmen in Zukunft ergeben. Bereits im Kapitel 3 wurde der Discounter Lidl beispielhaft als ein Konkurrent zu Tchibo mit vielen Überschneidungen im Programm ausgemacht. Im Rahmen der SWOT-Analyse für den Online-Handel des Unternehmens Lidl sollen die Merkmale und der Stand von Tchibo im Markt dargestellt und unterstrichen werden.

4.1 SWOT-Analyse des Wettbewerbers Lidl

Die SWOT-Analyse für den Wettbewerber Lidl stellt sich in Bezug auf den Online-Handel wie folgt dar:

Stärken:		Schwächen	
1.	Discounterpreise	3.	Unübersichtlichkeit des Angebots
2.	Große Kundenzielgruppe	4.	Website nicht hochwertig aufgearbeitet
Chancen:		Risiken	
1.	Ansprache sehr vieler Kunden → großes Potential für Online-Shop	1.	Zweifel der Kunden an Wertigkeit der Angebote
		2.	Teilweise zu „teuer" für einen Discounter

Lidl hat den Vorteil, dass der Discounter stationär auf einen großen Kundenstamm zugreifen kann. Unabhängig von Status und Einkommen, kauft eine Mehrheit der Deutschen in den großen Discountern ein. Wenn es dem Lebensmittelhändler gelingt, einige seiner Kunden zusätzlich an seinen Online-Shop zu binden, hat er über dieses Medium ebenfalls die Möglichkeit, weitere Umsätze zu generieren. Lidl bietet eine große Bandbreite an eigenständigen Online-Angeboten, losgelöst von seinem stationären Programm (Reisen, Fotoservice, Apothekenpartner). Lidl versucht, seine stationären

---

798 Vgl. Tchibo, 2013f.
799 SWOT = Strenghts, Weaknesses, Opportunities, Threats; Analyse dient der strategischen Unternehmensplanung.

Kunden durch extra angefertigte Online-Prospekte auf seine Internetaktivitäten aufmerksam zu machen, welche am Eingang und / oder am Ausgang einer Filiale ausliegen. Kaufen daraufhin nur ein Bruchteil der Kunden, die täglich das Geschäft aufsuchen, auch auf der Website ein, kann das Unternehmen hierdurch seinen Umsatz augenfällig steigern.

Während viele Produkte gleichermaßen im Stationärgeschäft wie Online-Shop angeboten werden, haben andere Waren Online-Exklusivcharakter. Diese Produkte sind oft in einem ähnlichen preislichen Segment wie Tchibo. Die Gefahr bei diesen Angeboten besteht allerdings, dass Kunden diese für zu teuer für einen Discounter halten können. Zudem kann ein Risiko sein, dass die Verbraucher an der Wertigkeit der Produkte zweifeln. Ein Fitnessgerät beim Discounter für 399,99€ kann beim Kunden die Sorge wecken, dass das Produkt qualitativ nicht den Standards entspricht und billig verarbeitet ist.

Die Gefahr der Unübersichtlichkeit des Angebots bei Lidl ist zudem gegeben. Betrachtet man den Online-Shop genauer, erkennt man, dass sehr viel mit Farben und Unterkategorien gearbeitet wird. Außerdem werden Produkte angeboten, die thematisch nicht zusammenpassen (z.B. Heizdecken, Pantoffeln und Medikament zusammen mit Fitnessgeräten). Das Ganze wirkt dadurch sehr unruhig und lässt sich schwer überblicken. Die einzelnen Angebotsseiten sind sehr überladen. Auch die abgebildeten Angebote wirken sehr lieblos in den Shop implementiert, die Fotografien der Produkte sind nicht sonderlich ansprechend. Es ist fraglich, ob sich ein Kunde die Zeit nehmen will, durch die Angebote zu stöbern. Dies kann natürlich auch im Sinne des Händlers sein, der seinen Discount-Charakter hiermit zu unterstreichen versucht.

4.2 SWOT-Analyse des Online-Händlers Tchibo

Tchibos Stärke liegt zum einen, wie bereits ausgeführt, in seiner starken Vernetzung von stationärem Handel und Internetangebot. Kunden nutzen bereits beide Kanäle, um bei Tchibo einzukaufen. Eine Chance, die sich durch den weiter wachsenden Mobile-Markt ergibt, wurde bereits durch das Einführen einer Tchibo-App ergriffen – diesen Markt und seine Entwicklungen gilt es zu beobachten, um nicht andere Unternehmen an sich vorbeiziehen zu lassen.

Dass Tchibo innovativ denkt und sich häufig als großes Unternehmen mit einer Idee zuerst in den Markt traut (als so genannter „First Mover"), hat es schon häufig bewiesen (z.B. Zahnersatz, Mein Privat Kaffee etc.). Ein Risiko, das dabei immer besteht, ist das des Überangebots. Tchibo hat mittlerweile Angebote aus allen Bereichen des Lebens in seinem Portfolio, so könnte irgendwann bei einer ständigen Erweiterung des Warenangebots die Übersichtlichkeit für den Kunden verloren gehen. Ebenso besteht die Gefahr, dass Tchibo das Expertenwissen, welches das Unternehmen für sich selbst beansprucht, mit der Zunahme an Produkt- und Dienstleistungsangebot nicht mehr umzusetzen kann. Dies kann zu einem Verlust der Unternehmensglaubwürdigkeit führen, da Kunden nicht mehr davon überzeugt werden können, dass es ein Unternehmen schafft, in allen Bereichen Experte zu sein.

Die SWOT-Analyse von Tchibo stellt sich wie folgt dar:

Stärken:	Schwächen
1. Starke Vernetzung stationäre + online	1. Negativpresse
2. Visionäres Denken	2. Verfügbarkeit bestimmter Artikel
3. First Mover	
Chancen:	**Risiken**
1. Stärkung der Rolle des Internets (z.B. durch Smartphones)	3. Verwässerung des Angebots durch Überangebote
2. Qualität und Nachhaltigkeit rückt immer weiter in den Vordergrund → Vertrauensgewinn, positives Image	4. Verlust von Glaubwürdigkeit

Eine Schwäche, die vor allem beim Online-Shop besteht, ist die der Verfügbarkeit des Warenangebots. Teilweise sind die Produkte ausverkauft, bevor sie in den regulären Online-Shop kommt. Diese Ware ist eine Woche exklusiv den PrivatCard-Besitzern vorbehalten. „Normale" Kunden können so zwar dazu animiert werden, ebenfalls die PrivatCard zu erwerben, sie können aber ebenso verärgert und verprellt werden, weil sie wütend über die ausverkauften Angebote sind oder sich zum Kauf einer PrivatCard manipuliert fühlen.

Ein weiteres Problem, mit dem Tchibo zu kämpfen hat, ist die Negativpresse über den Konzern. Vor einiger Zeit war Tchibo eines der Unternehmen, welche als Kaffeekartell enttarnt wurden. Diese hatten Kaffeepreise untereinander abgesprochen und so die Preise künstlich in die Höhe getrieben, woraufhin eine Strafe in Höhe von 159,5 Mio. € für Tchibo, Dallmayr und

Melitta verhängt wurde.800 Auch die Presse in Zusammenhang mit dem von Tchibo angebotenen asiatischen Zahnersatz war eher negativ geprägt. Solche Vorkommnisse können das Risiko in sich bergen, dass das Unternehmen seine Glaubwürdigkeit und damit das Vertrauen der Kunden verliert.

Um sein Image stetig zu verbessern und das Vertrauen der Kunden (zurück) zu gewinnen, setzt Tchibo auf die Themen Qualität und Nachhaltigkeit. Diese sollen auch in der Zukunft durch entsprechende Produkte, fair gehandelten Kaffee und gut ausgebildete Mitarbeiter erlangt werden.801 Der Nachhaltigkeits- und Qualitätsanspruch spiegelt sich auch dem Online-Auftritt wider. Dies geschieht zum einen durch die Art der Produkte und Dienstleistungen: Die genaue Herkunft des Kaffees wird aufgezeigt sowie ökologischer Strom angeboten. Zum anderen zeigt sich dies auch in der Art der Warenpräsentation:

Die wechselnde Aktionsware ist übersichtlich und schlüssig zusammengestellt und durch hochwertige Fotografien schön in Szene gesetzt, darin unterscheidet sich der Shop sehr von dem Lidl-Online-Shop. Allerdings gibt es eine Ausnahme: Mit ihrem%e-Shop, der ebenfalls auf der Seite implementiert ist, fährt das Unternehmen eine ähnliche Strategie wie der Konkurrent. In erster Linie soll diese leicht „ramschige" Art der Produktpräsentation auf die Günstigkeit der Ware hinweisen. Ansonsten sind auch die dauerhaft angebotene Ware und Dienstleistungen (Blumengeschäft, Cafissimo, Ökostrom etc.) durch übersichtliche Reiter auf der Website gut und übersichtlich in Szene gesetzt worden. Tchibos Internetseite soll das Credo der Qualität und Nachhaltigkeit einmal mehr widerspiegeln und das gelingt ihr auch.

5 Fazit und Ausblick

Hinter Tchibo steht die Unternehmensphilosophie der maxingvest ag „Geschaffene Werte bewahren". Für die Tochtergesellschaft bedeutet dies, ökologische sowie soziale Verantwortung zu übernehmen auch und gerade in ihrem Angebotsportfolio. Dies hat das Unternehmen bereits beispielsweise durch das Angebot von Fair-Trade-Kaffee sowie durch den Einstieg in den Ökostrommarkt umgesetzt. Auch in Zukunft sollen diese Werte bewahrt und auf Qualität und Nachhaltigkeit geachtet werden.802

---

800 Vgl. Die Welt, 2009.
801 Vgl. maxingvest ag, 2013, S. 44.
802 maxingvest ag, 2013, S. 10.

Tchibo hat erkannt, dass es sich bei seinen Kernmärkten um schrumpfende Märkte handelt. Dies bedeutet, dass im Einzelhandel nach und nach mit rückläufigen Umsatzerlösen zu rechnen ist. Um dieser Entwicklung entgegenzuwirken, muss Tchibo weiterhin in den weiter wachsenden Markt des Online-Handels investieren, um auch in Zukunft erfolgreich zu sein. Dies ist nur möglich, wenn das Unternehmen weiter erfolgreich den Mobile-Handel als festen Kanal in ihr Multichannel-Unternehmen implementiert.

Betrachtet man die Historie Tchibos, stellt man fest, dass das Unternehmen seine Verkaufskanäle und sein Angebots-Portfolio nach und nach ausgeweitet hat. Es hat keine Scheu auch in Märkte vorzudringen, die in erster Linie keine Berührungspunkte mit ihrem Unternehmen haben (z.B. Einstieg in den Finanzdienstleistungssektor, medizinischen Markt, Strommarkt). Diesen Schritt geht Tchibo häufig auch als so genannter „First Mover". Es ist zu erwarten, dass dies auch in Zukunft so bleibt. Welche Märkte sich das Unternehmen dabei noch erschließen wird, ist nicht wirklich abzusehen, zunächst ist von einem Weiterlaufen der bisher angestoßenen Prozesse die Rede.[803] Was weiterhin geschieht und in welche Richtung sich Tchibo noch weiterentwickeln wird, bleibt also abzuwarten.

6 Arbeitsfragen:

1. Wie müsste ein direkter Wettbewerber zu Tchibo aussehen?

2. Welche Chancen aber auch Gefahren bestehen für das Unternehmen bei einer ständigen Erweiterung des Angebotsportfolios und wie geht das Unternehmen dagegen vor?

3. Warum ist es dem Unternehmen Tchibo so wichtig auch weiterhin im Online-Handel aktiv zu sein, wenn sich der Umsatz zum Vorjahr jedoch nur leicht gesteigert hat?

---

[803] Vgl. maxingvest ag, 2013, S. 50.

Quellenverzeichnis

accenture / GfK: Non-Food Multichannel-Handel 2015. Vom Krieg der Kanäle zur Multichannel-Synergie: http://www.gfk.com/imperia/md/content/presse/pressemeldungen2010/accenture_gfk_mc_studie.pdf (Abruf am 11.11.2013), 2010

Canalys.com: Smart phones overtake client PCs in 2011 vom 03.02.2012: http://www.canalys.com/newsroom/smart-phones-overtake-client-pcs-2011 (Abruf am 07.11.2013), 2012

Der Spiegel: Lebensmitteldiscounter: Lidl verkauft Ökostrom:

http://www.spiegel.de/wirtschaft/unternehmen/lebensmitteldiscounter-lidl-verkauft-oekostrom-a-682854.html (Abruf am 09.11.2013), 2010

Der Spiegel: Zahnersatz von Tchibo: Ärzte warnen vor Billig-Dritten vom 17.07.2013: http://www.spiegel.de/gesundheit/diagnose/tchibo-verkauft-zahnersatz-aerzte-warnen-vor-risiken-und-problemen-a-911613.html (Abruf am 09.11.2013), 2013

DESTATIS. Das statistische Bundesamt: 12. koordinierte Bevölkerungsausrechnung: https://www.destatis.de/bevoelkerungspyramide/ (Abruf am 08.11.2013), 2009

Die Welt: Hohe Geldbußen gegen deutsche Kaffeeröster vom 21.12.2009: http://www.welt.de/wirtschaft/article5600616/Hohe-Geldbussen-gegen-deutsche-Kaffeeroester.html (Abruf am 09.11.2013), 2009

GDI / KPMG: Consumer Markets. Die Zukunft des Einkaufens. Perspektiven für den Lebensmitteleinzelhandel in Deutschland und der Schweiz. Eine Studie von GDI Gottlieb Duttweiler Institute und KPMG: http://www.kpmg.at/uploads/media/Studie_Die_Zukunft_des_Einkaufens_01.pdf (Abruf am 10.11.2013), 2013

Heinemann, Gerrit: Der neue Online-Handel. Erfolgsfaktoren und Best Practices, 4. Aufl., Wiesbaden: Gabler Verlag / Springer Fachmedien, 2012

Lidl.de: Angebot vom 11.11.2013: http://www.lidl.de/de/Waerme-auf-Knopfdruck-ab-11-11 (Abruf am 11.11.2013), 2013

maxingvest ag: Geschäftsbericht 12: http://www.maxingvest.de/upload/dokumente/128_maxingvest12_Konzern_de.pdf (Abruf am 09.11.2013), 2013

Stiftung Warentest: Grüner Strom von Tchibo: Öko- zum Preis von Atomstrom (Stand: 17.02.2011): http://www.test.de/Gruener-Strom-von-Tchibo-Oeko-zum-Preis-von-Atomstrom-4154499-0/ (Abruf vom 09.11.2013), 2011

Tchibo: Advent – am liebsten selbst gemacht: http://www.tchibo.de/selbstgemachtes-advent-t400021246.html (Abruf am 09.11.2013), 2013a

Tchibo: Dekotrends für Weihnachtsfans: http://www.tchibo.de/dekoideen-weihnachten-t400028028.html (Abruf am 09.11.2013), 2013b

Tchibo. Erfolgreich dank Fernstudium: http://www.tchibo.de/studium-c400034185.html (Abruf am 09.11.2013), 2013c

Tchibo. Historie: http://www.tchibo.com/content/309018/-/de/ueber-tchibo/historie.html (Abruf am 09.11.2013), 2013d

Tchibo: Mein Privat Kaffee: http://meinprivatkaffee.tchibo.de/index-a/ (Abruf vom 09.11.2013), 2013e

Tchibo: Tchibo-ideas: Das Konzept: http://www.tchibo-ideas.de/das-konzept/ (Abruf am 09.11.2013), 2013f

15 Hans Thomann

(Rupp, D./Schreiner, W.)

1 Historische Entwicklung von Hans Thomann

Werdegang von der Gründung bis heute

Hans Thomann Senior, der Gründer der Firma, war bis 1954 als Wandermusiker tätig. Anschließend entschloss er sich für die Gründung eines Musikgeschäfts in Treppendorf, einer kleinen Ortschaft 20 km westlich von Bamberg. In den Anfangszeiten des Unternehmens wurden mit anderen Musikern und Blaskapellen vorwiegend auf Reisen Geschäfte geschlossen. Im Folgejahrzehnt wurde das Musikhaus um weitere Ausstellungsflächen ergänzt. Dort bot Thomann Orgeln, Gitarren und Synthesizer zusätzlich zum bisherigen Sortiment an Blasinstrumenten an.

In den 80ern weitete sich die Erweiterung des Geschäftes zunehmend auf das Wohnhaus der Thomanns aus. Zusätzlich zu Musikinstrumenten wurde Lichtanlangen in das Sortiment aufgenommen. Darüber hinaus richtete das Musikhaus bis 1989 bereits 24 Tonstudios in Süddeutschland ein.

Ein Wechsel in der Geschäftsleitung ergab sich 1990 als Hans Thomann Junior diese Position von seinem Vater übernahm. Im Jahre 1992 fertigte Thomann einen ersten Prospekt an. Diese „Hot Deals" genannten Flugblätter wurden zunächst an ca. 10.000 Haushalte, größtenteils aus der Region, verschickt. Jedoch war das Prospekt nicht mit Bildern ausgestattet. Erst in der Folgezeit wurden die Thomannflugblätter um Bilder der Instrumente, welche aus Herstellerprospekten entnommen wurden, erweitert.

Seit 1995, als erstes Unternehmen der Musikbranche, bot Thomann eine Geld-Zurück-Garantie an. Eine gesetzliche Regelung durch das Fernabsatzgesetz in Deutschland trat erst im Juni 2000 in Kraft.[804] Thomann bediente mittlerweile über 2 Millionen Kunden in ganz Europa und eröffnete daraufhin 1996 als erster Musikhändler Deutschlands einen Internetauftritt. Dieser sogenannte Cyberstore erwirtschaftete im ersten Jahr bereits 800.000 DM Umsatz. Als wichtigen Schritt zur Marktführerschaft gelang es der Firma 1997 den damaligen größten deutschen Versender für Musikinstrumente zu übernehmen und damit ihre Kundenanzahl zu verdoppeln. 1998 folgte eine Erweiterung des Ladengeschäfts um Räumlichkeiten für eine Studio- und Schlagzeugabteilung. Im Folgejahr entstand das erste Call

---

[804] Vgl. http://www.thomann.de/de/helpdesk_moneyback.html.

Center im Firmensitz Treppendorf. 2001 wurde eine Abteilung zur Bearbeitung von Projekten und Installationen gegründet, welche mit den Aufträgen von Unternehmen und Städten zur Einrichtung von u.a. Theatern, Stadthallen oder Discos betraut wurden. Aufgrund der wachsenden Anzahl an Aufträgen wurde 2003 ein Logistikcenter auf 4800 qm² errichtet, um den steigenden Anforderungen auch weiterhin gerecht werden zu können. Nur zwei Jahre nach dem Neubau des Logistikcenters fanden weitere, die bisher größten Baumaßnahmen statt. Im Zuge dieser entstand ein Containerlager auf 7700 qm² Fläche, sowie ein vierstöckiges Bürogebäude und neue Ausstellungsräume für die Gitarren-, Brass- und Streicherabteilungen.[805] 2004 verstarb der Firmengründer Hans Thomann Senior.

2 Aktueller Stand des Unternehmens

Musikhaus Thomann ist trotz seiner Größe ein Familienbetrieb. Die Räumlichkeiten des Unternehmens entstanden aus den Bauernhofgebäuden der Familie Thomann und 4 der 5 Kinder des Gründers Hans Thomann arbeiten in der bzw. führen die Firma weiterhin.[806] Das Unternehmen wird durch den eingetragenen Kaufmann Hans Thomann geführt. Er ist damit der alleinige Hafter des gesamten Vermögens der Firma.[807]
Aktuell beschäftigt das Unternehmen 1020 Mitarbeiter und beliefert 5,2 Millionen Kunden.[808] Im Jahre 2011 erwirtschaftete das Musikhaus Thomann einen Umsatz von 450 Millionen Euro, wovon 250 Millionen mit E-Commerce erzielt werden. Damit lag das Unternehmen auf dem 13. Platz der Unternehmen mit dem umsatzstärksten Onlineauftritt.[809]
Derzeit wird das mittlerweile 700 Artikel umfassende Werbeprospekt nicht mehr monatlich, sondern wöchentlich in einer Auflage von über 4,95 Millionen gedruckt und an Kunden verschickt.[810] Sie ist damit die auflagenstärkste Musiklektüre in Europa.
Im hauseigenen Call Center stehen aktuell 40 Mitarbeiter für Kundenanfragen zur Verfügung. Dieses Call Center teilt sich in zwei Abteilungen, eines für Deutschland und eines für Europa, auf.[811] Im Gegensatz zu üblichen Hotlines erhalten Kunden bei einem Kauf eines Produkts von Thomann

---

[805] Vgl. http://www.thomann.de/de/compinfo_history.html.
[806] Vgl. http://www.amazona.de/report-50-jahre-musikhaus-thomann/.
[807] Vgl. http://www.thomann.de/de/helpdesk_moneyback.html.
[808] Vgl. http://www.thomann.de/de/compinfo.html.
[809] Vgl. http://www.ibusiness.de/aktuell/db/768101SUR.html.
[810] Vgl. http://www.thomann.de/de/hotdeals.html.
[811] Vgl. http://www.thomann.de/de/compinfo_history.html.

eine Durchwahlnummer zu einem Call Center Mitarbeiter. Dadurch gibt es für die Kunden immer einen festen Ansprechpartner und keine Warteschlangen, wenn sie versuchen diesen zu erreichen.[812]
Im Jahre 2011 wurde dem Musikhaus Thomann der European E-Commerce Award in Barcelona verliehen, welcher das Unternehmen als besten Onlineshop Europas auszeichnete.[813]
Im mehr als 65.000 Artikel fassendem Sortiment des Musikhauses befinden sich derzeit 20 Eigenmarken. Zu den Verkaufssortimenten des Unternehmens zählen Gitarre und Bass, Schlagzeug, Tasteninstrumente, Aufnahmegeräte, Computeraudiogeräte, PA- und DJ-Equipment, Licht- und Bühnenausstattung, Blasinstrumente und Noten.[814] Bis zu 2.500 Kunden besuchen täglich das Ladengeschäft des Unternehmens in Treppendorf.[815]

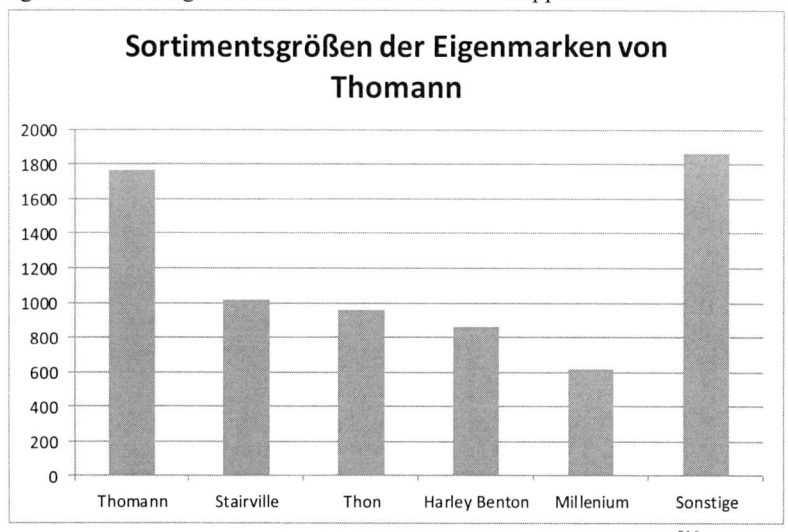

Sortimentsgrößen der Eigenmarken von Thomann

Abbildung 138: Sortimentsgröße (Eigenmarken) des Musikhauses Thomann[816]

---

[812] Vgl. http://www.zeit.de/2011/49/Portraet-Thomann/seite-2.
[813] Vgl. http://backstagepro.regioactive.de/thema/thomann-gewinnt-e-commerce-award-2011-WFzskGh4Cs.
[814] Vgl. http://www.thomann.de/.
[815] Vgl. http://www.pressebox.de/pressemitteilung/tgw-logistics-group-gmbh/Auf-die-Besten-hoeren-Musikhaus-Thomann/boxid/492991.
[816] Vgl. http://www.thomann.de/de/thomannexclusive.html.

Laut Hans Thomann dauert es 28 Minuten, bis eine von einem Kunden online platzierte Bestellung auf die Ladefläche des Lieferlastwagens gebracht wird.[817]

Ein Branchentest wies 2012 die vier beliebtesten Musikversandhäuser Deutschlands aus. Zusätzlich zum Thomann Cyberstore wurden das Musikhaus Korn, der Rock Shop und der Music Store Professional genannt. Die Bewertung erfolgte durch Analyse von Bewertungsplattformen und Social Media Portalen.

Beliebtheit deutscher Musikversandhäuser

Musikhaus Korn	Thomann Cyberstore	Rock Shop	Music Store
4,74	4,59	4,46	3,89

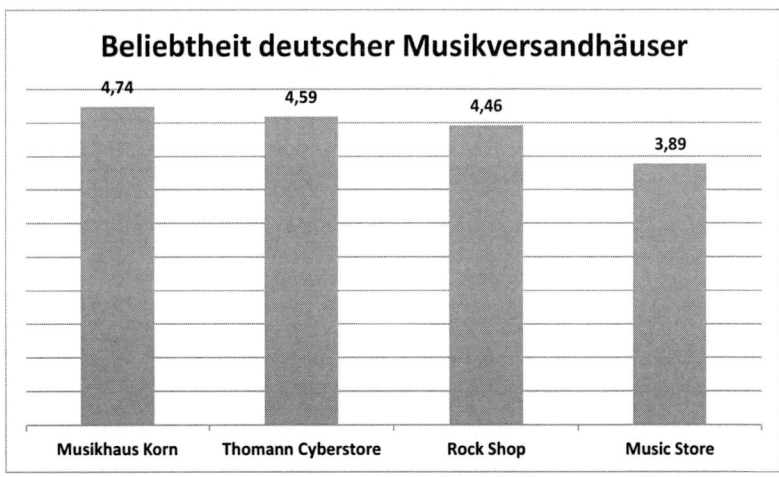

Abbildung 139: Beliebtheit ausgewählter deutscher Musikversandhäuser[818]

3 SWOT Analyse

Theoretischer Hintergrund

Die SWOT Analyse wurde in den 1960er Jahren von der Harvard Business School erarbeitet. Sie stellt einfaches aber effektives Planungsinstrument dar. Der Grundgedanke besteht darin, eine Strategieentwicklung abhängig von der Analyse der im Markt vorherrschenden Risiken (Threats) und Chancen (Opportunities) sowie den eigenen Stärken (Strenghts) und Schwächen (Weaknesses) zu machen.[819]

---

[817] Vgl. http://www.pressebox.de/pressemitteilung/tgw-logistics-group-gmbh/Auf-die-Besten-hoeren-Musikhaus-Thomann/boxid/492991.
[818] Vgl. http://branchentest.ausgezeichnet.org/branche/kultur-events/musikversandhaeuser-bewertung-und-erfahrungen.html.
[819] Vgl. www.fuer-gruender.de/wissen/existenzgruendung-planen/swot-analyse/.

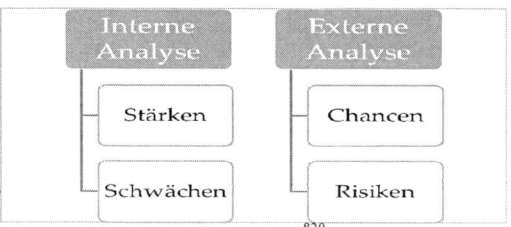

Abbildung 140: Bestandteile der SWOT-Analyse[820]

Als mögliche Stärken eines Unternehmens sind etwa qualifizierte Mitarbeiter, ein guter Standort oder innovative Produkte anzusehen. Schwächen dagegen können Abhängigkeit von Zulieferern, mangelnde Qualität oder geringe Kapitalausstattung sein. Chancen für Unternehmen können gesellschaftliche Trends, die Erschließung ausländischer Märkte, Übernahmen von Mitbewerbern oder die Umgestaltung des Umfelds sein, während Risiken in Vorschriften oder Regulierungen, verändertem Konsumentenverhalten, neuen Wettbewerbern oder dem nicht rechtzeitigen Erkennen von Trends und Entwicklungen liegen können.[821]

Im nächsten Schritt werden die interne und externe Analyse mittels einer Matrix gegenübergestellt. Dadurch zeigen sich dem Unternehmen vier grobe Bereiche:

- Ausbauen: Hier treffen sich Chancen auf dem Markt und vorhandene Stärken im Unternehmen. Dieses Feld sollte ausgebaut werden, da vorhandene Kompetenzen im Betrieb existieren und sich der Markt in diesem Bereich positiv für das Unternehmen entwickeln kann.
- Aufholen: Hier treffen sich die Schwächen des Unternehmens und Chancen auf dem Markt. Dieser Bereich sollte aufgebaut werden, da man in diesem Bereich Trends oder Nachfragen des Marktes bedienen kann.
- Absichern: Hier treffen sich die Stärken des Unternehmens mit Risiken. Das Unternehmen muss versuchen, die eigene Position in diesen Bereichen zu festigen und zu sichern um die Risiken zu minimieren und die vorhandenen Stärken voll ausnutzen zu können.
- Meiden: Hier treffen sich Risiken und Schwächen des Unternehmens. Dieses Feld sollte das Unternehmen meiden, da es noch keine Stärke

---

[820] Vgl. www.fuer-gruender.de/wissen/existenzgruendung-planen/swot-analyse/.
[821] Vgl. www.fuer-gruender.de/wissen/existenzgruendung-planen/swot-analyse/.

des Unternehmens ist und der Markt selbst bei Generierung von Stärken Risiken birgt.

Die Beachtung dieser SWOT-Matrix dient zur Positionsbestimmung des Unternehmens im Markt und hilft bei der Entwicklung von Unternehmensstrategien.[822]
Der erste Schritt einer beispielhaften Vorgehensweise ist die Durchführung einer internen und externen Analyse anhand eines Gruppenbrainstormings. Die gewonnen Ergebnisse werden mit der Matrix aus Abbildung in die Felder eingeteilt, die ausgebaut, aufgeholt, abgesichert oder vermieden werden sollen. Daraus lassen sich konkrete Maßnahmen, Zuständigkeiten und Prioritäten schließen und Strategien festlegen. Die SWOT Analyse dieser Arbeit betrachtet sowohl den Cyberstore des Musikhauses Thomann, als auch den Onlineauftritt des Music Store Professional, da dieser den umsatzstärksten Konkurrenten des Musikhauses Thomann darstellt.[823] Dadurch lassen sich direkte Vergleiche dieser Konkurrenten ziehen.

SWOT-Matrix

Unternehmen \ Umfeld	Chancen	Risiken
Stärken	Ausbauen	Absichern
Schwächen	Aufholen	Meiden

Abbildung 141: SWOT-Matrix[824]

Interne Analyse des Musikhaus Thomann

Stärken des Musikhaus Thomann

Die Stärken des Musikhaus Thomann sowie des Cyberstore liegen insbesondere in der Kundenbetreuung. Durch die Call-Center können Kunden Europaweit qualifiziert beraten werden. Insgesamt 13 Sprachen werden von den Mitarbeitern abgedeckt, um so möglichst vielen Kunden diesen Service

---
[822] Vgl. http://wirtschaftslexikon.gabler.de/Archiv/326727/swot-analyse-v3.html.
[823] Vgl. http://www.mundt-direkt.de/fileadmin/img/Bilder/pdf/Top_100_-_2011.pdf.
[824] Vgl. http://wirtschaftslexikon.gabler.de/media/324/297104.jpeg.

zu ermöglichen. Auch die Zuweisung eines bestimmten Ansprechpartners bei Bestellung eines Produktes trägt dazu bei, dass sich ein Käufer als ernst genommen und wertgeschätzt sieht.[825]

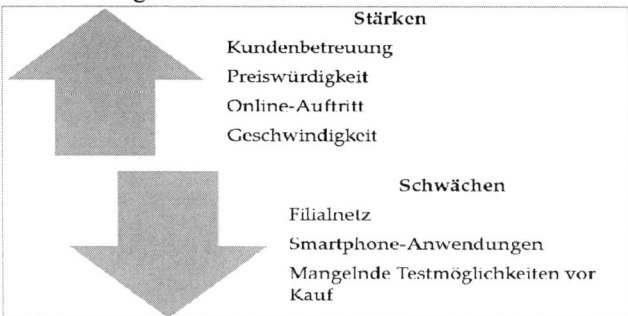

Stärken
Kundenbetreuung
Preiswürdigkeit
Online-Auftritt
Geschwindigkeit

Schwächen
Filialnetz
Smartphone-Anwendungen
Mangelnde Testmöglichkeiten vor Kauf

Abbildung 142: Stärken und Schwächen des Musikhauses Thomann

Die Preiswürdigkeit war schon zu Beginn der Unternehmung ein großer Fokus von Thomann. So wurde etwa beworben welche Ersparnisse der Kunde nutzen kann im Vergleich zur unverbindlichen Preisempfehlung des Herstellers. Thomann wurde zum Preisführer und zur Referenz in der Branche. Diese aggressive Strategie hatte zur Folge, dass in der Konkurrenz auch vom „T-Preis" gesprochen wird. Wenn ein anderes Musikhaus oder ein anderer Versandhändler nicht die „T-Preise" von Thomann halten kann verliert dieser Kunden an Thomann, folglich ist es für den Wettbewerber nicht sinnvoll, diese Produkte im Sortiment zu haben.[826]

Der Online-Auftritt über den Thomann Cyberstore stellt für viele Kunden die erste Anlaufstelle dar. Um dem breiten Kundenkreis gerecht zu werden, stellt das Unternehmen hier zahlreiche Beratungen und Informationen bereit:

Erweiterte Suchfunktion: zusätzlich zu einer mit automatischen Vervollständigung arbeitenden einfachen Suche, bietet sich den Besuchern der Webseite auch die Möglichkeit ihre Suche in verschiedenen Aspekten einzugrenzen, z.B. nach Verfügbarkeit, Hersteller, Produktkategorie oder dem Preisbereich in dem Ergebnisse angezeigt werden sollen.

Online Ratgeber: Um Kunden auch abseits des Filialgeschäfts eine umfassende Beratung zukommen zu lassen bietet Thomann in mehr als 100 ausführlichen Ratgebern zu unterschiedlichen Themen nützliche Hilfestellungen.

---

[825] Vgl. http://www.zeit.de/2011/49/Portraet-Thomann.
[826] Vgl. http://www.zeit.de/2011/49/Portraet-Thomann.

Produktvideos und Soundbeispiele: Zusätzliche Mittel um dem Kunden einen umfassenden Eindruck über die Beschaffenheit ausgewählter Produkte zu bieten stellt Thomann zu einer großen Auswahl an Instrumenten Soundbeispiele in verschiedenen Stilrichtungen sowie Produktvideos zur Verfügung.

Des Weiteren bietet die Seiten-Navigation die direkte Auflistung von den meistverkauften Artikeln der jeweiligen Sortimentsbereiche sowie aktuelle Schnäppchen.[827]

Auf der Internetpräsenz des Musikhauses finden sich außerdem Informationen über den Werdegang des Unternehmens, zusammen mit aktuellen Bildern aus den Geschäftsräumen. Es bietet einen online 360° Rundgang durch die Betriebsgebäude an, welcher die Kunden neugierig macht. Thomann schafft es so, dass der Standort in Treppendorf zu einem Erlebnisbesuch wird. Kunden werden wegen der Größe des Musikhauses, des erwarteten Services und der hervorragenden Onlinepräsenz aus ganz Europa angezogen.[828]

Eine weitere Stärke in Thomann liegt in der hohen Geschwindigkeit, mit der eingehende Bestellungen bearbeitet und abgeschlossen werden können. 94% der Artikel im Sortiment des Musikhauses sind permanent auf Vorrat. Das bedeutet, Kunden können diese sofort vor Ort ausprobieren, kaufen und mitnehmen bzw. beim Eingehen einer Onlinebestellung kann diese sofort bearbeitet werden.[829] Das automatisierte und computergesteuerte Lager ermöglicht es, online geordnete Ware innerhalb von 28 bis 32 Minuten auf die Ladefläche des Lastwagens zu bringen.[830]

Weitere Stärken des Musikhauses finden sich in den Eigenmarken des Unternehmens. Diese Instrumente sind für weit weniger Geld zu erlangen als es bei Markenprodukten der Fall ist. Dies macht Thomann vor allem für Einsteiger interessant, welche nicht bereit sind, viel für ein Instrument auszugeben. Durch den hervorragenden Service und Geschwindigkeit schafft es Thomann, diese Kunden vom Unternehmen zu überzeugen, wodurch diese auch ihre folgenden Einkäufe von höherwertigeren Instrumenten beim Musikhändler durchführen. Handelsmarken erwirtschaften einen höheren Deckungsbeitrag, sie erhöhen die Kundenbindung falls diese der Marke treu bleiben und benötigen durch die niedrigen Preise nur wenig Marketingaufwand.

---

[827] Vgl. http://www.thomann.de/de/index.html.
[828] Vgl. http://www.thomann.de/de/tho_pano.html.
[829] Vgl. http://www.logisticsmgmt.com/view/the_beat_goes_on_at_musikhaus _thomann/ warehouse.
[830] Vgl. http://www.zeit.de/2011/49/Portraet-Thomann/seite-2.

Thomann bietet ein riesiges Sortiment an. Es reicht von Instrumenten, über Beschallungs- und Lichttechnik bis zu Computer und Recordinghardware und ist somit sehr breit aufgestellt. Jedoch kann Thomann durch die Marktführerschaft und den Absatz in ganz Europa erreichen, neben einem breiten Sortiment auch ein sehr tiefes Sortiment anzubieten. So finden sich neben den Eigenmarken wie Harley Benton, auch günstige Herstellermarken, wie Squier oder Epiphone und Premiuminstrumente von Pearl, Fender oder Gibson.[831]

Auf Facebook hat das Musikhaus Thomann über 88.000 Fans (Stand 07.11.2013). Sie bewerben mit dem Facebookportal Veranstaltungen im eigenen Haus. Dies umfasst Einsteigerkurse, Workshops und Produktvorstellungen mit prominenten Gästen. Auch Gewinnspiele werden mit den Facebookfans durchgeführt. Der Verzicht auf Werbung in der Facebookpräsenz des Unternehmens ermöglicht eine freundliche Kommunikation mit den Fans des Unternehmens. Thomann nutzt diesen Weg um sich Meinungen über Produkte oder Marken direkt von den Kunden einzuholen.[832]

Schwächen des Musikhaus Thomann

Eine Schwäche des Musikhauses Thomanns könnte im Verpassen von neuen Medien liegen. Der Cyberstore wurde nicht auf mobile Endgeräte optimiert. Auf Smartphones ist der Onlineauftritt des Musikhauses folglich sehr unübersichtlich und umständlich. Thomann hat auch noch keine entsprechende Applikation für Tablet PCs oder Smartphones erstellt, um auch unterwegs einen Zugriff auf den Onlineshop oder die Ratgeber zu ermöglichen.

Auch das fehlende Filialnetz könnte sich als problematisch für die Zukunft von Thomann herausstellen. Zwar bestehen bei niedrigpreisigen Artikeln weniger Kaufbarrieren im Onlineshop, jedoch haben Kunden, je höherwertiger ein Instrument wird, das Bedürfnis die Geräte, für die sie sich interessieren, vor dem Kauf auszuprobieren. Dadurch, dass Thomann nur einen Standort in Treppendorf besitzt, bekommen Kunden aufgrund der Entfernung nicht die Möglichkeit, für einen Instrumentenkauf extra dort anzureisen. Thomann versucht mithilfe einer 30 Tage Money Back Garantie den Kunden auch über die Entfernung zu ermöglichen, die Instrumente ihrer Wahl ausgiebig zu testen.[833] Jedoch besteht die Gefahr, dass dieser Service von den Kunden nicht genutzt wird. Gründe hierfür können die Angst vor

---

[831] Vgl. http://www.thomann.de/de/gitarren_baesse.html.
[832] Vgl. https://www.facebook.com/musikhausthomann?fref=ts.
[833] Vgl. http://www.thomann.de/de/helpdesk_moneyback.html.

Problemen bei der Rücksendung der Ware, Wartezeiten bis zur Lieferung und die nötige Vorstreckung des Kaufbetrages um die Ware überhaupt zu erhalten sein.
Eine weitere Schwäche kann im Fehlen des direkten Kundenkontakts bestehen. Zwar kann Thomann über Facebook und das Call Center Feedback von Kunden einholen, jedoch hat es über diese Medien nicht dieselben Möglichkeiten, die Erwartungen von Kunden zu übertreffen, die sich bieten wenn ein Kunde in das Geschäft vor Ort kommt.
Thomann bietet nicht die Möglichkeit zur Ratenzahlung.

Interne Analyse des Music Store Professional

Stärken
Filiale
Online-Services
"Rock School"
Sortiment
Social Media

Schwächen
Filialnetz
Bekanntheit

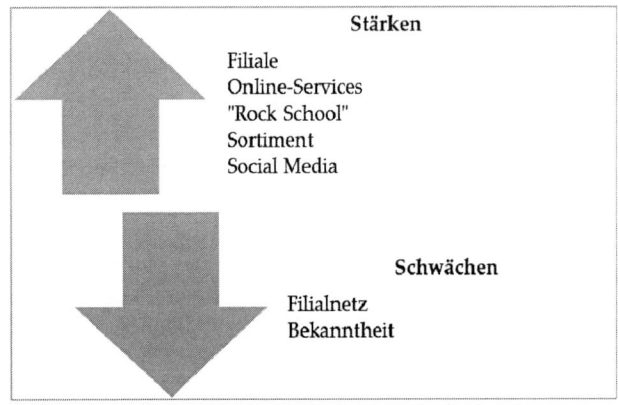

Abbildung 142: SWOT (Interne Analyse) Music Store Professional

Stärken des Music Store Professional

Music Store Professional betreibt eine Ende 2011 erbaute Anlage mit Filiale, Paletten-Hochlager und Betriebsgebäude auf 30.000 m² Fläche im Kölner Stadtteil Kalk[834]. Diese ist über die nahegelegene Autobahn problemlos zu erreichen. Auch ein Parkhaus steht den Kunden des Music Store Professional zur Verfügung. Die Filiale bietet große Showflächen gepaart mit Ausstellungsstücken von Musikinstrumenten bis hin zu Oldtimerwagen um eine einladende Atmosphäre zu schaffen und ein Interesse an einem Besuch des Ladengeschäfts zu steigern. Der Music Store bietet hier auch Raum für

---

[834] Vgl. http://www.koeln.de/branchen/eintrag/4799/musikinstrumente-und-zubehoer/music-store-professional/.

Shows wie Produktneuvorstellungen oder Besuchen von Musikern. Rund 400 Experten stehen bei Unklarheiten oder zur Beratung bereit[835].

Neben dem Betrieb als Musikversand führt der Music Store auch eine eigene Musikschule, die „Music Store Rock School", in welcher bereits seit 1992 Bandunterricht gegeben wird[836]. Momentan befinden sich zwei dieser Einrichtungen in Köln[837]. Die Kombination der Filiale mit der Rock-School bietet dem Music Store die Möglichkeit bestimmte Kundengruppe gleich doppelt anzusprechen. Neueinsteiger, welche sich im Ladengeschäft ihr erstes Instrument kaufen, können so auch gleich auf die Möglichkeit des qualifizierten Erlernens hingewiesen werden. Und auch die Schüler der Musikschule können bei einem Kauf ihres eigenen Instruments die Leistungen des Music Store in Anspruch nehmen.

Um jeglichen Interessen und Ansprüchen im Bereich der Musik gerecht zu werden, bietet der Music Store Professional ein tiefes Sortiment in verschiedenen Warengruppen. Unter anderem befinden sich ca. 16.000 Gitarren durchgängig auf Lager[838]. Von qualitativ hochwertigen Marken wie Gibson, Fender bis hin zu preisgünstigen Eigenmarken für preisbewusste Käufer.

Eine weitere Stärke des Music Store Professional liegt im Onlineauftritt, der Nutzung verschiedener Social Media Portale wie Facebook oder YouTube sowie der Bereitstellung von Apps für die stetig wachsende Anzahl an Smartphonenutzern. Auf der Internetpräsenz finden interessierte Kunden zahlreiche Hilfestellungen, die sie nützlich und beratend auf der Suche nach dem passenden Artikel unterstützen sollen:

Online Katalog: Der 480 Seiten fassende Katalog des Versandhauses steht in einer Onlineversion bereit und kann auch auf diesem Wege betrachtet werden[839]. Zusätzlich bietet sich die Möglichkeit für Kunden, den Katalog bequem per Post zuschicken zu lassen[840].

Test-Berichte: Durch einen Fundus von mehr als 8.500 archivierten Testberichten zu verschiedenen Produkten aus Fachzeitschriften bietet sich den

---

[835] Vgl. http://www.ksta.de/koeln-uebersicht/neueroeffnung-kalk-lockt-nun-die-musiker,16341264,12534376.html.
[836] Vgl. http://www.musicstore.de/is-bin/INTERSHOP.enfinity/WFS/MusicStore-MusicStoreShop-Site/de_DE/-/EUR/ViewStandardCatalog-Browse?CatalogCategoryID=hF3DDuSIFxMAAAEa454nuwbC.
[837] Vgl. http://www.musicstorerockschool.com/.
[838] Vgl. http://www.ksta.de/koeln-uebersicht/neueroeffnung-kalk-lockt-nun-die-musiker,16341264,12534376.html.
[839] Vgl. http://blaetterkatalog.musicstore.de/de/index.html.
[840] Vgl. http://katalog.musicstore.de/modules/popup/katalog/index.php?lang=de.

Besuchern der Internetseite eine gute Möglichkeit um zusätzliche Informationen und Qualitätsurteile zu erfahren[841].

Videos: Um den Internetnutzern auch visuelle Zusatzinformationen geben zu können, stellt Music Store Professional über 3000 Produktvideos zur Verfügung. Hier finden sich ausführliche Ratgeber, Produktvorführungen und auch Extras wie Berichte von Musikmessen oder anderen Veranstaltungen, die für Musikfans von Interesse sein können[842].

Doch nicht nur über die eigenen Internetseiten sollen Informationen an Internetnutzer verteilt werden. So betreibt der Music Store eine Facebook Seite (über 19.483 Mitglieder – Stand 7.11.2013[843]) welche sich als Plattform für den Austausch unter den Kunden des Unternehmens anbietet, einen YouTube Kanal (10.830 Abonnenten – Stand 7.11.2013[844]) sowie über Smartphone Apps für Nutzer von Android[845] oder Apple Endgeräten[846].

Music Store Professional bietet seinen Kunden umfassende Versand- und Zahlungsmöglichkeiten[847]. Beliefert werden Kunden auf der ganzen Welt, wobei sich außerhalb von Deutschland teilweise Einschränkungen ergeben in Bezug auf die akzeptierten Zahlungsmittel oder den gewählten Lieferanten. Deutsche Kunden haben hier die Wahl zwischen dem Versand durch DHL, UPS oder eine Spedition. Bei den Zahlungsmitteln bietet sich deutschen Kunden die Wahl zwischen PayPal, Kreditkarte, Vorkasse, Nachnahme oder Sofortüberweisung. Mit Ausnahme der Zahlung per Nachnahme bietet Music Store Professional seinen Kunden ab 25€ eine versandkostenfreie Lieferung wohingegen bei niedrigeren Rechnungsbeträgen ein 5€ Zuschlag zu zahlen ist. Als weiter Zusatzleistung bietet der Music Store seinen Kunden verschiedene Finanzierungsmöglichkeiten an. Sowohl Hausintern (bis 400€) oder über Banken. Bei Finanzierung zwischen 250€ und 3.000€ über eine Laufzeit von 6 Monaten wird auch eine 0%-Finanzierung geboten[848]. Auch eine Tiefpreisgarantie bietet der Music

---

[841] Vgl. http://www.musicstore.de/is-bin/INTERSHOP.enfinity/WFS/MusicStore-MusicStoreShop-Site/de_DE/-/EUR/ViewGeneralPages-Testberichte.
[842] Vgl. http://news.musicstore.de/gitarren-videos.
[843] Vgl. https://www.facebook.com/MusicStoreKoeln?filter=1.
[844] Vgl. http://www.youtube.com/user/MusicStoreTV/videos.
[845] Vgl. https://play.google.com/store/apps/details?id=de.cominto.blaetterkatalog. customer.musicstore&hl=de.
[846] Vgl. https://itunes.apple.com/de/app/music-store-katalog/id386402959?mt=8.
[847] Vgl. http://www.musicstore.de/de_DE/EUR/Versandinfo/cat-Versandinfo?showRightPanel=true.
[848] Vgl. http://www.musicstore.de/de_DE/EUR/Finanzierung/cat-Finanzierung?showRightPanel=true.

Store Professional und zieht somit nach, wenn ein Vergleichspreis bei einem anderen deutschen Händler niedriger liegt[849].

Schwächen des Music Store Professional

Eine Schwäche des Unternehmens liegt in der nur regionalen Präsenz des eigenen Geschäfts. Interessenten an beratungsintensiven Artikeln wie hochpreisigen Markeninstrumenten müssen so teils große Entfernungen auf sich nehmen, um direkt an dem jeweiligen Objekt einen Eindruck zu gewinnen. Eine Alternative stellt nur die Zusendung durch das Versandhaus dar, welche aber auch Nachteile mit sich bringt wie die Wartezeit bis zum Eintreffen oder den Zusatzaufwand bei eventuellen Rücksendungen der Ware. Eine weitere Schwäche zeigt sich in dem Design der Webseite. Diese wirkt mit einer hohen Anzahl an Grafiken und Bildern bereits auf der Startseite überladen. Nutzern wird dadurch der erste Kontakt erschwert und eine klare Navigation muss erst gesucht werden.

4 Chancen für Musikhäuser

Eine Chance für Unternehmen in der Branche der Tontechnik besteht in Kundenservice. Bei Produkten, für die sich ein Käufer stark identifiziert, welche hochpreisig sind oder für einen langen Zeitraum angeschafft werden ist das innere Engagement der Käufer besonders hoch (High Involvement Products).[850] Dieses höhere Engagement, welches Käufer für Artikel aufbringen, äußert sich in mehreren Faktoren: Käufer wollen die Möglichkeit, High Involvement Produkte vor dem Kauf zu sehen, anzufassen und auszuprobieren. Bei Instrumenten, welche stark von den persönlichen Präferenzen zu Klang und Bespielbarkeit abhängen, kann es Essentiell für ein Unternehmen sein, entsprechende Möglichkeiten zu Produkttests zu bieten. Auch muss ein Unternehmen kompetente Mitarbeiter als Ansprechpartner für Kunden zur Verfügung stellen, da die Tontechnik ein Thema mit reichlich Erklärungsbedarf ist. Hier kann ein Unternehmen durch herausragenden Service einen bleibenden Eindruck bei Kunden hinterlassen. Ein Musikhaus kann so erreichen, Kunden durch Beratung an sein Unternehmen zu binden, dass diese selbst ihre Einkäufe trotz höherer Preise im Musikhaus statt bei einem Konkurrenten durchführen.

---

[849] Vgl. http://www.musicstore.de/is-bin/INTERSHOP.enfinity/WFS/MusicStore-MusicStoreShop-Site/de_DE/-/EUR/ViewTiefpreis-View.
[850] Vgl. http://www.wiwi-treff.de/home/mlexikon.php?mpage=beg/involvement.htm.

Zu weiteren essentiellen Kundenservice der Musikhäuser zählt die Geschwindigkeit bei der Bearbeitung und Fertigstellung von Bestellungen. Unternehmen erreichen durch eine hohe Warenverfügbarkeit eine möglichst schnelle Auslieferung bzw. Übergabe der von Kunden bestellten Ware. Diese Geschwindigkeit kann durch den Einsatz moderner computergesteuerter Lagersysteme noch weiter erhöht werden. Der schnelle Erhalt von bestellter Ware erhöht ebenfalls die Kundenbindung und Kundenzufriedenheit.

Eine weitere Chance für Unternehmen der Musikbranche bietet der Onlineauftritt. Kunden haben die Möglichkeit, über Smartphones und öffentliche Hot Spots jederzeit online zu gehen. Dadurch könnten sie auch ständig Käufe im Internet tätigen. Hierfür muss ein Onlinehändler jedoch einen auf mobile Endgeräte abgestimmten Internetauftritt bereitstellen. Dies kann in Form einer Applikation oder durch Anpassung der Unternehmenswebsite geschehen. Mit diesen Maßnahmen können Firmen die Möglichkeit erhalten, spontane Konsumwünsche von Kunden zu befriedigen.

Eigenmarken können für Musikhäuser eine Möglichkeit bilden, ihre Gewinne weiter zu erhöhen. Kunden, welche von Produkten einer Eigenmarke überzeugt sind, werden diese auch weiterhin kaufen und haben folglich nicht die Möglichkeit, zu einem Konkurrenzunternehmen abzuwandern. Darüber hinaus lassen sich durch geringere Margen der Hersteller und geringeren Werbeaufwand bei Eigenmarken höhere Gewinne für die Händler erzielen. Eine weitere Chance für Musikhäuser zeigt sich in den sozialen Medien. Onlineauftritte auf dem Social Media Portal Facebook ermöglichen es Unternehmen, eine breite Masse an potentiellen Kunden anzusprechen. Darüber hinaus verbreiten sich positive Meldungen, welche das Interesse der Nutzer von solchen Portalen wecken, schnell unter den Freunden und Bekannten einer angesprochenen Person. Unternehmen können dies Nutzen um Botschaften oder Aktionen kostengünstig zu verbreiten oder zu bewerben. Darüber hinaus zeigt es dem Unternehmen die Hauptzielgruppen, die es anspricht und bietet eine Möglichkeit, günstig Feedback aus der eigenen Zielgruppe zu erhalten.

Ein weiterer wichtiger Aspekt für Onlinehändler ist die Ermöglichung von kundenfreundlichen Bezahlmethoden. Verschiedene Kunden bevorzugen verschiedene Zahlungsmöglichkeiten, z. B. durch Kreditkarten oder Bankeinzug, und möchten verschiedene Zahlungsbedingungen, wie den Kauf auf Raten oder Bezahlung zu einem späteren Zeitpunkt, nutzen. Erkennt ein Unternehmen rechtzeitig neue Trends im Bereich der Bezahlung kann es einen Vorsprung zu seinen Konkurrenten finden und dadurch an Kunden gewinnen.

Risiken für Musikhäuser

Ein Musikhaus kann hinter seine Mitbewerber zurückfallen, wenn es Trends im Kundenservice verpasst. Die High Involvement Produktgruppe von Instrumenten benötigen umfangreichen Erklärungsbeitrag vom Unternehmen, da eine Vielzahl an verschiedenen Geräten mit unterschiedlichsten Technischen Daten und Kennzahlen zum Kauf angeboten werden. Kunden nutzen Fachzeitschriften, Internetforen und –Ratgeber, Messen und Fachgeschäftsbesuche zum Sammeln von Informationen über Artikel in ihrem Interesse. Unternehmen können durch besondere neue Methoden diese Bedürfnisse der Kunden besser zufriedenstellen und so der Konkurrenz Umsatz abnehmen.

Durch den von Musikhaus Thomann an die Konkurrenten und Lieferanten ausgeübten Preisdruck mussten diese mit ziehen. Dadurch ist es in dieser Branche schwer möglich, einen Preisvorteil gegenüber seinen Mitbewerbern aufzubauen. Alle Händler versuchen den besten Preis zu halten und die Handelsmarken der Unternehmen unterscheiden sich kaum in den Anschaffungskosten für Kunden. Wenn ein Unternehmen es durch neue Produktions- oder Operationsverfahren schafft, die Kosten zu senken und die Preisführerschaft zu übernehmen, kann es Konkurrenten durch abwandernde Kunden in Bedrängnis bringen.

Risiken birgt es für die Branche ebenfalls, wenn ein Mitbewerber den Anschluss auf neue Medien verpasst. Durch Smartphones können sich neue Vertriebs-, Marketing- und Kommunikationswege für die Unternehmen öffnen, welche bei der entsprechenden Erschließung der Wege dem Betrieb einen Vorteil gegenüber der Konkurrenz verschaffen können.

SWOT – Matrix von Musikhaus Thomann

	Chancen	Risiken
Stärken	Kundenbetreuung Onlineauftritt Geschwindigkeit Eigenmarken	Preisführerschaft Sortimentsgröße
Schwächen	Neue Endgeräte	Filialnetz Fehlender direkter Kundenkontakt Finanzierungs-möglichkeiten

Abbildung 143: SWOT – Matrix von Musikhaus Thomann

Erklärung der vier Felder von Musikhaus Thomann

Besondere Stärken des Musikhaus Thomann, welche ebenfalls auf dem Markt gefragt sind liegen in der Kundenbetreuung, dem Onlineauftritt, der Reaktions- und Bearbeitungsgeschwindigkeit von Bestellungen und den Eigenmarken des Unternehmens. In diesem Feld sollte Thomann Aufbau oder Investition betreiben.

Segmente in denen Thomann stark auftritt, welche jedoch durch den Wettbewerb Risiken bergen sind die Preisführerschaft und die Sortimentsgröße. In diesem Feld sollte sich das Unternehmen absichern und seine Position festigen.

Eine Chance für Thomann bietet sich durch das Ansprechen von neuen von Kunden genutzten Endgeräten wie Smartphones. Hier sollte das Musikhaus Möglichkeiten finden, um die Chance die sich durch das mobile Internet bietet, zu nutzen.

Risiken in denen Thomann Schwächen aufweist sind das Filialnetz des Unternehmens, fehlender direkter Kundenkontakt im Onlinehandel und das Nichtbereitstellen von Finanzierungsmöglichkeiten beim Kauf von Waren. Hier sollte das Unternehmen Möglichkeiten finden, um die vorhandenen Schwächen entweder abzubauen oder die Möglichkeiten finden, diese Schwächen und Risiken zu umgehen, so dass diese keine Gefahr für den Unternehmenserfolg darstellen können.

Im Bereich des Aufbauens könnte Musikhaus Thomann die Kundenbetreuung weiter ausbauen, um auch bei steigendem Umsatz keine Warteschleifen aufkommen zu lassen, und so bestmöglichen Service zu garantieren. Der Onlineauftritt bietet durch eine Reihe von Ratgebern und Produktvideos, bzw. Klangbeispielen bereits eine große Menge an Informationen für Kunden, hier kann das Unternehmen noch weitere Ratgeber zu noch unerklärten Themengebieten erarbeiten. Die Geschwindigkeit bei der Bearbeitung von Bestellungen kann durch höhere Bestände im Lager noch weiter verbessert werden.

Im Bereich des Absicherns kann das Unternehmen die Vorteile der Marktführerschaft und folglich des größten Umsatzes nutzen, um die Kostenführerschaft weiter auszubauen und im Falle eines Preiskampfes mit der Konkurrenz ausreichend Reserven in den Margen zu haben. Das tiefe und breite Sortiment macht Thomann zum Händler für alle Belange aus den Bereichen Tontechnik, Instrumente, Noten und Lichttechnik. Das Sortiment wird dadurch jedoch sehr unübersichtlich und viele Produkte benötigen Erklärungsbedarf. Durch die große Anzahl an verschiedenen Artikeln können

auch Ladenhüter entstehen.[851] Thomann kann hier um eine Sortimentsverkleinerung über nicht nach gefragte Produkt entscheiden um Kapazitäten für relevantere Produktgruppen zu schaffen. Allerdings muss das Unternehmen beachten, dass viele Kunden auch die Verfügbarkeit aller möglichen Artikel am Musikhaus Thomann schätzen.
Im Bereich des Aufholens sollte Thomann Möglichkeiten entwickeln, um Kunden auch auf mobilen Geräten besser anzusprechen. Hier kann die Unternehmenswebsite auf mobile Geräte optimiert werden, eine App für Handys und Tablets erstellt werden oder die Onlineratgeber in einem Blog für mobile Geräte gesammelt werden.

SWOT – Matrix des Music Store Professional

	Chancen	Risiken
Stärken	Filiale Online-Services Social Media	Sortiment
Schwächen	Bekanntheit Online-Auftritt	Filialnetz

Abbildung 144: SWOT – Matrix des Music Store Professional

Erklärung der vier Felder von Music Store Professional

Im Bereich des Meidens sollte das Unternehmen Möglichkeiten finden, um die Probleme, die durch das fehlende Filialnetz und den fehlenden direkten Kundenkontakt entstehen können, zu umgehen. Hierfür können neue Wege, z.B. über Handelsreisende, eingeschlagen werden. Auch Verkaufsevents können eine Möglichkeit darstellen um Kundenkontakt herzustellen. Durch die große Fangemeinde auf Facebook könnten diese im Vorfeld beworben werden. Auf diesen Verkaufsevents könnten Instrumente von Kunden angespielt und getestet und anschließend über den Onlineshop in Treppendorf versandt werden. Des Weiteren könnte Thomann die Möglichkeit zum Ratenkauf für Produkte einführen, um Kunden mit diesem Anliegen anzusprechen.
In dem Unternehmen Music Store Professional zeigen Stärken in den Bereichen Filiale, Online-Services sowie Social Media. Diese Bereiche können ausgehend von den Marktgegebenheiten und dessen Chancen weiter ausgebaut werden. Etwa durch vermehrte Veranstaltungen. Dadurch erzeugt die Filiale eine größere Sogwirkung. Die Online Services wie Ratgeber oder Testarchive sollten ebenso weiterhin ausgebaut und gepflegt wer-

---

[851] Vgl. http://www.youtube.com/watch?v=Bfeh9X48K2Q.

den. Interessierte Kunden finden hier schnell und komfortabel die Informationen, die sie suchen. Auch der Kontakt mit Kunden über Portale wie Facebook oder YouTube sowie die Ansprache von Smartphone-Nutzern mittels App folgen dem Trend der Fokussierung speziell der jungen Generation auf mobiles Internet und Social Media.

Als weitere Stärke ist das große und zu großen Teilen sofort verfügbare Sortiment zu nennen. Ein großes Sortiment hat jedoch auch Nachteile, etwa in Form von Ladenhütern welche sich nicht oder nur schwer verkaufen lassen. Diese Stärke sollte jedoch mit Rücksicht auf diese Risiken nicht ausgebaut sondern lediglich abgesichert werden um profitabel arbeiten zu können.

Als Schwächen des Unternehmens wurden in der internen Analyse die Bekanntheit des Unternehmens und die ausbaufähige Gestaltung der unternehmenseigenen Webseite genannt. Auf beiden Gebieten sollte der Music Store Professional investieren um diese vorhandenen Schwächen in Stärken umzuwandeln. Eine Steigerung der Bekanntheit ließe sich durch verstärkte Werbung oder durch Flugzettel erreichen. Die Webseite sollte für die Besucher einladender wirken und sie effektiver führen. Sie zeichnet sich bereits durch ein großes Angebot an kundenorientierten Serviceleistungen aus, diese sind jedoch teilweise erst nach einer genaueren Suche aufzufinden.

Als zusätzliche Schwäche kann das Filialnetz gesehen werden. Music Store Professional bietet seinen Besuchern einen modernen durchdachten Verkaufsladen, welcher aber nur in Köln zu finden ist. Das macht es für viele Interessierte nur schwer möglich diese Filiale auch zu besuchen. Jedoch ist auch eine Erweiterung des Filialnetzes mit großen Risiken verbunden, weshalb dies vermieden werden sollte. Denkbar wären allerdings Showrooms in Ballungszentren der Republik in denen potentielle Kunden einen Eindruck von Music Store Professional und den angebotenen Produkten gewinnen können ohne an dem Standort ein Lager betreiben zu müssen.

5 Fazit

Das Musikhaus Thomann ist in Europa der klare Marktführer im Bereich des Onlineversandhandels mit Instrumenten. Dieser Erfolg begründet sich in einem stetigen Wachstum seit der Firmengründung und der Pionierrolle im Onlineversandhandel von tontechnischen Gegenständen. Jedoch konnte die anfängliche Umsatzsteigerung von 25% pro Jahr nicht mehr erreicht werden. Dies lässt sich auf stärker werdende Konkurrenz und die Sättigung des Marktes zurückführen. Trotz weitgehend gleichen Preisen bei der Konkurrenz ist das Musikhaus Thomann durch sinnvolle Serviceleistungen wie Onlineratgeber, Klangbeispielen und Produktvideos der unangefochtene Marktführer in seiner Branche. Auch der überragende Onlineauftritt, welcher Kunden sinnvoll und koordiniert durch die Website und das Angebot führt, die bereitgestellten Ratgeber einfach auffindbar präsentiert und sämtliche Details zu den Produkten übersichtlich darstellt, konnte von der Konkurrenz noch nicht übertroffen werden. Die Erwartungshaltung der Kunden orientiert sich in dieser Branche am Marktführer Thomann, wodurch die von Music Store Professional ebenfalls angebotenen Ratgeber und Produktvideos als selbstverständlich von Käufern angesehen werden. Jedoch kann der Music Store Professional durch neue, noch nicht von Thomann erschlossene Kommunikationswege, wie Smartphones und Tablet-PCs sowie Bezahlmöglichkeiten mittels Ratenfinanzierung, Marktanteile gewinnen und sich von Thomann zu differenzieren. Hier sollte der Thomann Cyberstore möglichst schnell nachziehen um die Spitzenposition im Markt nicht an einen Konkurrenten zu verlieren.

6 Arbeitsfragen

1. Aus welchen Gründen kann ein kleines regionales Musikhaus trotz der starken Onlineversandhändler noch wirtschaftlich sein?

2. Welche Möglichkeiten hat das Musikhaus Thomann, um den Kundenkontakt zu erhöhen?

3. Welche Vor- und Nachteile kann für Musikhaus Thomann und Music Store Professional ein Aufbau eines Filialnetzes haben?

Quellenverzeichnis

- Ausgezeichnet.org; Deutschlands beliebteste Musikversandhäuser http://branchentest.ausgezeichnet.org/branche/kultur-events/musikversand haeuser-bewertung-und-erfahrungen.html ;erschienen am 16.07.2012; abgerufen am 06.11.2013.
- Backstage pro; Thomann gewinnt E-Commerce Award 2011; http://backstage pro.regioactive.de/thema/thomann-gewinnt-e-commerce-award-2011-WFzskGh4Cs ;erschienen am 31.05.2011; abgerufen am 06.11.2013.
- Facebook; https://www.facebook.com/musikhausthomann?fref=ts ;abgerufen am 06.11.2013.
- Facebook; https://www.facebook.com/MusicStoreKoeln?filter=1; abgerufen am 07.11.2013.
- FÜR-GRÜNDER.DE; SWOT Analyse: Stärken, Schwächen, Chancen und Risiken; www.fuer-gruender.de/wissen/existenzgruendung-planen/swot-analyse/; abgerufen am 06.11.2013.
- Gabler Wirtslexikon; SWOT-Analyse http://wirtschaftslexikon.gabler.de/Archiv /326727/swot-analyse-v3.html ; abgerufen am 06.11.2013.
- Grandl, Peter, Amazona Musiker Magazin; Report: 50 Jahre Thomann; http://www.amazona.de/report-50-jahre-musikhaus-thomann/ ; erschienen am 22.06.2004; abgerufen am 7.11.2013.
- Hollenstein, Oliver; Die Zeit; der Kümmerer; http://www.zeit.de/2011/49/ Portraet-Thomann/seite-2 ; erschienen am 08.12.2011, am 6.11.2013.
- Koeln.de; Music Store Professional; http://www.koeln.de/branchen/eintrag /4799/musikinstrumente-und-zubehoer/music-store-professional/; abgerufen am 07.11.2013.
- Kölner Stadtanzeiger; Kalk lockt nun die Musiker; http://www.ksta.de/koeln-uebersicht/neueroeffnung-kalk-lockt-nun-die-musiker,16341264,12534376. html; erschienen am 09.05.2011, abgerufen am 07.11.2013.
- Kutscher, Bodo; Music Store Rock School; www.musicstorerockschool.com; abgerufen am 07.11.2013.
- Mundt-direkt.de; Hrsg.: Verzeichnis des Versandhandels, Top 100 des Deutschen Versandhandels 2011; http://www.mundt-direkt.de/fileadmin/img/Bilder/ pdf/Top_100_-_2011.pdf; erschienen am 08.09.2011; abgerufen am 06.11.2013.

- Music Store A. Sauer GmbH; Apple ITunes; MUSIC STORE Katalog; https://itunes.apple.com/de/app/music-store-katalog/id386402959?mt=8 ; erschienen am 17.09.2013, abgerufen am 07.11.2013.
- Music Store Professional GmbH, MUSIC STORE Katalog; https://play.google.com/store/apps/details?id=de.cominto.blaetterkatalog.customer.musicstore&hl=de ; erschienen am 18.10.2013; abgerufen am 07.11.2013.
- Music Store Professional Homepage; www.musicstore.de; abgerufen am 07.11.2013.
- MusicStoreTV, YouTube; http://www.youtube.com/user/MusicStoreTV/videos ; abgerufen am 07.11.2013.
- Musiker Board; YouTube; Musiker-Board Interview mit Hans Thomann; http://www.youtube.com/watch?v=Bfeh9X48K2Q; erschienen am 03.07.2013; abgerufen am 07.11.2013
- Rönisch, Susan; iBusiness; Ranking: Das sind die 1000 umsatzstärksten Onlineshops Deutschlands; http://www.ibusiness.de/aktuell/db/768101SUR.html ; erschienen am 09.10.2012; abgerufen am 06.11.2013.
- Tgw Logistics Group GmbH; Auf die Besten hören – Musikhaus Thomann. http://www.pressebox.de/pressemitteilung/tgw-logistics-group-gmbh/Auf-die-Besten-hoeren-Musikhaus-Thomann/boxid/492991 ; erschienen am 19.03.2012; abgerufen am 06.11.2013
- Thomann Homepage; www.Thomann.de; abgerufen am 7.11.2013
- Trebilcock, Bob; Logistics Management, The beat goes on at Musikhaus
- Thomann; http://www.logisticsmgmt.com/view/the_beat_goes_on_at_musikhaus_thomann/warehouse ; erschienen am 01.05.2012, abgerufen am 06.11.2013.
  - wiwi-Treff; Marketing Lexikon; Involvement; http://www.wiwi-treff.de/home/mlexikon.php?mpage=beg/involvement.htm; abgerufen am 07.11.2013.

16 Hennes & Mauritz

(Beickler, S./Hillenbrand, N.)

1 Historie/Entwicklung

Gründung der Firma „Hennes" in Schweden	Eröffnung der ersten deutschen H&M Filiale in Hamburg	Inbetriebnahme des deutschen H&M Onlineshops
1947	1980	2006

Abbildung 145: Historie H&M in Deutschland[852]

Der erste „Hennes" Frauenbekleidungsladen wird 1947 in Västerås/ Schweden eröffnet. In den Folgejahren entstehen weitere Läden im Großraum Schweden und Norwegen. Der Gründer Erling Persson kauft 1968 Mauritz Widforss auf, ein Jagd- und Fischereiausrüstungsgeschäft. So entsteht das Unternehmen Hennes und Mauritz (H&M), das sich fortan, neben Frauenbekleidung, dem Verkauf von Männer- und Kinderbekleidung widmet. 1977 eröffnet H&M die ersten Läden für die Zielgruppe Teenager und beginnt mit dem Verkauf von Kosmetika. In den 1980er Jahren wird die erste deutsche H&M Filiale eröffnet.[853]
1982 zieht sich der Firmengründer Erling Persson aus dem Tagesgeschäft zurück und überlässt seinem Sohn Stefan Persson die Führung des Unternehmens.[854] Die Expansion setzt sich in den 1990er Jahren in Europa fort und 1998 startet der erste H&M Onlineshop in Nordeuropa. 2000 betritt H&M den US-amerikanischen Markt. Zwei Jahre später verstirbt Erling Persson.[855] Im Jahr 2004 ermöglicht H&M der breiten Masse den Zugang zu Designerkleidung durch Kooperationen mit bekannten Designern wie zum Beispiel Karl Lagerfeld, Jimmy Choo oder Stella McCartney. Diese sind die „erste Etappe einer Veränderung, die einer Revolution gleich [kommt]", so Jennifer Wiebking.[856] Im Jahr 2005 steigen Karl-Johan Persson, der Enkel Erling Perssons und der Sohn Stefan Perssons, in das Unter-

---

[852] eigene Abbildung
[853] Vgl. für den in diesem Absatz aufgeführten Gedankengang H&M Homepage, History, 2013.
[854] Vgl. Spiegel Online, 2002.
[855] Vgl. Spiegel Online, 2002.
[856] Wiebking, Jennifer, 2013.

nehmen ein.[857] H&M weitet seinen Onlinehandel 2006 innerhalb von Europa aus, darunter auch in Deutschland und startet zusätzlich mit einem weitflächigen Katalogverkauf. Im selben Jahr betritt H&M, größtenteils via Franchise, den asiatischen Markt. Um die weltweite Expansion schneller voranzutreiben, wird im Jahr 2006 im Zuge der Mehrmarkenstrategie, das Tochterunternehmen COS eröffnet. Im Folgenden werden die Marken Monki, Weekday, & Other Stories und Cheap Monday eingeführt.[858] 2010 wird H&M der größte Absatznehmer von Bio-Baumwolle. Bis zum Jahr 2013 hat sich H&M auf den Märkten Russland, China, Japan, Rumänien, Kroatien, Singapur, Mexiko, Thailand, Lettland, Bulgarien, Malaysia, Chile, Litauen, Serbien und Indonesien etabliert. 2013 startet der Onlinehandel auch in den USA. Im selben Jahr beginnt H&M eine weltweite Kleidersammlungs- und Recyclings-Initiative, um Verschwendung entgegenzuwirken.

In Kapitel 2 beleuchtet diese Ausarbeitung den derzeitigen Stand des Unternehmens am Markt und betrachtet den Wettbewerb.

2 Derzeitiger Stand im Markt/ Wettbewerb

H&M ist seit 1974[859] als Limited Company im NASDAQ OMX Stockholm gelistet.[860] In den letzten Jahren hat das Unternehmen stark expandiert und betreibt heute 3000 Läden auf 52 Märkten weltweit.[861] H&M ist mit 16,3 Milliarden Nettoumsatz im Jahr 2012 das umsatzstärkste Textilunternehmen in Europa.[862]

Im Jahr 2006 eröffnet der deutsche H&M Online Shop, mit dem die schwedische Modekette neue Wege einschlägt. Mit diesem können neue Zielgruppen erreicht werden, denen der Einkauf im herkömmlichen Geschäft nicht möglich ist, erklärt Margareta van den Bosch, Chefdesignerin von H&M. Ebenso wird die räumliche Begrenzung der Läden überwunden, da im Internet die komplette Kollektion präsentiert werden kann. Ausverkaufte Stücke oder im Laden nicht mehr vorhandene Kleidergrößen können im Online Shop bestellt werden.[863]

---

[857] Vgl. Steuer, Helmut, 2009.
[858] Vgl. für den in diesem Absatz aufgeführten Gedankengang H&M Homepage, History, 2013.
[859] Vgl. Wer-zu-wem, 2013.
[860] Vgl. H&M Homepage, About corporate governance, 2013.
[861] Vgl. H&M Homepage, Worldwide, 2013.
[862] Vgl. Schmitt, Jürgen; Sell, Katja, 2013.
[863] Vgl. für den in diesem Absatz aufgeführten Gedankengang Molin, Tina, 2013.

35,53 Millionen Deutsche nutzten 2012 das Internet zum Einkaufen, dies entspricht ungefähr 57,4% der deutschen Internetuser.[864] Dennoch ist H&M, das als Vorreiterunternehmen gilt, sehr spät in den Onlinehandel eingestiegen. Swetlana Ernst, Pressesprecherin von H&M, liefert die Begründung: „Einige Anbieter, die sehr schnell und zeitig auf diesen Vertriebskanal gesetzt haben, bieten dieses Angebot mittlerweile nicht mehr an".[865]

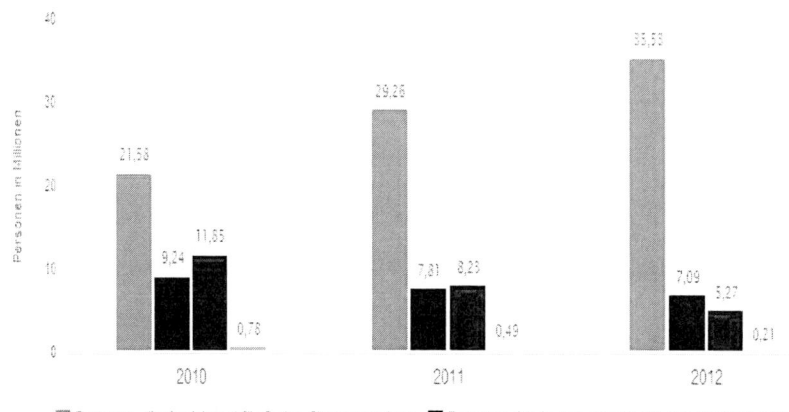

Abbildung 146: Anzahl der Personen in Deutschland, die das Internet für Online Shopping nutzen, von 2010 bis 2012 (Personen in Millionen)[866]

Sein Angebot: Mode und Qualität zum besten Preis[867] kommuniziert H&M über Social Media und Apps. Als ein führendes Modeunternehmen interagiert H&M mit allen Modebegeisterten über Social Media-Portale wie Facebook, Twitter, Instagramm, Google+ und YouTube.[868]
Die Ergebnisse der Global Climate Change Study 2010 machen deutlich, dass Nachhaltigkeit und Umweltschutz ein immer wichtiger werdendes Anliegen der Gesellschaft ist.[869] H&M liegt mit seinem Ziel „Be at the forefront of sustainability"[870] im Trend. Als größter Verbraucher von Bio-

---

[864] Vgl. TNS Infratest, Statista, 2013.
[865] Molin, Tina, 2013.
[866] Ifak Institut, Ipsos, Media Markt Analysen, Statista, 2012
[867] Vgl. H&M Homepage, An interview with Karl-Johan Persson, CEO, 2013.
[868] Vgl. H&M Homepage, Meet us online, 2013.
[869] Vgl. Haupt, Sebastian, 2010.
[870] Vgl. H&M Homepage, An interview with Karl-Johan Persson, CEO, 2013.

Baumwolle der Welt konnte H&M sein Engagement für die Umwelt zwei Jahre in Folge (2011 und 2012) beweisen.
In seinem Code of Ethics fasst H&M sowohl seinen Gemeinschaftssinn, sein Bewusstsein im Handeln und sein Vertrauen in seine Stakeholder zusammen und beschreibt außerdem das Streben nach kontinuierlicher Verbesserung.[871]
Mit Kollektionen wie „H&M Fashion against AIDS" und der „Garden Collection" zeigt H&M sein soziales und ökologisches Engagement.[872]
Die harte Wettbewerbssituation auf dem Modemarkt hat H&M 2013 ein herausforderndes erstes Quartal beschert. Gründe hierfür waren die ungünstige Wettersituation im März und die starke schwedische Krone.[873] Der geplante Abverkauf konnte nicht realisiert werden, weshalb H&M gezwungen war, durch Rabattaktionen seine Lager zu leeren. Dies belastete die Gewinnmarge, die vorläufig von 61,7% auf 61,1% sank. Im zweiten Quartal konnte das Unternehmen wieder einen steigenden Umsatz von 14% verzeichnen.[874]
Derzeit fokussiert H&M insbesondere Asien. Geplante Expansionen treffen vor allem China, aber auch die USA.[875]

3   Zukünftige Ausrichtung, Ziele, Visionen, Expansionen

H&M wächst mit Qualität, Nachhaltigkeit und hoher Rentabilität. Das Unternehmen zählt einige ethische Grundsätze zu den Unternehmensleitlinien, die es als Basis seines Erfolgs sieht. H&M behandelt Konsumenten, Kollegen und Geschäftspartnern mit Respekt, denn das Unternehmen ist davon überzeugt, dass ein respektvoller Umgang mit allen, die mit H&M geschäftlich in Verbindung stehen, fundamental für den Geschäftserfolg ist. H&M distanziert sich gegenüber jeder Form von Korruption und sieht seine Vielfältigkeit als starke Ressource.[876]
Zur Unternehmensvision und –politik gehören die effiziente Nutzung von Ressourcen und die Reduktion von Abfallprodukten, um die Umwelt zu schonen. Des Weiteren arbeitet H&M eng mit seinen Lieferanten zusammen, um soziale und ökologische Standards in den Produktionsstätten si-

---

[871] Vgl. H&M Homepage, About corporate governance, 2013.
[872] Vgl. Astrid, 2010.
[873] Vgl. Schmitt, Jürgen/ Sell, Katja, 2013.
[874] Vgl. n-tv online, 2013.
[875] Vgl. Haufe online, 2013.
[876] Vgl. H&M Homepage, Be ethical, 2013.

cher zu stellen. H&M versucht seine Geschäftstätigkeiten sozial, wirtschaftlich und ökologisch nachhaltig zu gestalten. Mit dieser Einstellung versucht H&M, als führendes Modeunternehmen in Europa, sich auch weltweit dauerhaft zu etablieren.
H&M hat sich das Expansionsziel gesetzt, die Anzahl der Läden jährlich um 10 – 15% erhöhen.[877] Dazu arbeitet das Unternehmen auf einigen Märkten mit Franchisepartnern zusammen.[878] Ansonsten werden die massiven Ausweitungen vollständig aus unternehmenseigenen Ressourcen finanziert. Im Jahr 2013 fokussiert sich H&M vor allem auf die Märkte China und USA.[879]
Um neue Märkte zu erschließen, analysiert H&M Standortfaktoren wie zum Beispiel die demographische Struktur und das Wirtschaftswachstum. Durch die starke Finanzkraft von H&M können die Filialen in besten Lagen platziert werden. Um der rasanten Entwicklung im Onlinehandel entgegen zu treten, insbesondere via Smartphones und Tablets, investiert H&M stark in den Versandhandel. Inzwischen existieren in neun europäischen Ländern und den USA Online Shops, die den Konsumenten alle aktuellen Kollektionen präsentieren. Diese sind einfach zu handhaben und seitdem sie im Januar 2013 vollständig smartphonefähig wurden, noch beliebter bei den Kunden.[880]
Wie viele Modeunternehmen nutzt H&M Social Media Portale, um seine Mode zu vermarkten. Vor allem via Facebook werden in regelmäßigen Abständen Neuigkeiten gepostet. Die Modebranche ist bestens dafür geeignet, durch multimediale Aufmachung die Leidenschaft ihrer Konsumenten für sich zu gewinnen. Fotoalben, H&M-Magazine und Werbespots, deren Link auf der Facebookseite zu finden sind, gehören zu der Vermarktungsstrategie von H&M. Das Angebot von Rabattcoupons via Smartphone App animiert die Kunden zum Onlineeinkauf.[881] Die Problematik des Onlinehandels besteht darin, dass über die Hälfte der bestellten Stücke wieder zurückgesendet werden, was für H&M mit hohen Kosten verbunden ist.[882] Gerade in einem so großen Land wie den USA kann dies die Marge zusätzlich belasten. Mit den derzeit 300 Filialen hat H&M in den USA schnell Fuß fassen können, wobei die Onlineaktivitäten bisher im Hintergrund

---

[877] Vgl. H&M Homepage, Global expansion, 2013.
[878] Vgl. H&M Homepage, Vision & policy, 2013.
[879] Vgl. H&M Homepage, Global expansion, 2013.
[880] Vgl. für den in diesem Absatz aufgeführten Gedankengang H&M Homepage, Global expansion, 2013.
[881] Vgl. Hilker, Jennifer, 2011.
[882] Vgl. Handelsblatt online, 2013.

standen. Im Jahr 2013 hat H&M seinen Online Shop im weltgrößten Onlinemarkt, den USA, etabliert.[883]
Karl-Johan Persson bekundet in einem Interview, wo er das Unternehmen in 30 Jahren sieht: Mit weltweitem Wachstum und Erfolg will er mit dem Unternehmen Menschen kreative Jobs anbieten. Außerdem denkt er, dass H&M weiterhin für Innovation, Nachhaltigkeit und natürlich für großartige Mode stehen wird. Des Weiteren wird seiner Hoffnung nach das Recyceln von alter Kleidung standardmäßig durchgeführt. Gerechte Arbeitsbedingungen, faire Löhne und Umweltschutz sind wichtige Anliegen, die H&M zukünftig mit dem Ziel, jedem die Möglichkeit seiner persönlichen Entfaltung durch Mode zu geben, in Einklang bringen soll.[884]

4 SWOT Analyse und Wettbewerbsanalyse

SWOT-Analyse

Die SWOT-Analyse setzt die Ressourcen eines Unternehmens (interne Sicht) und die Umweltentwicklung (externe Sicht) in Beziehung zueinander.[885] Dafür analysiert sie die Stärken (Strenghts), Schwächen (Weaknesses), Chancen (Opportunities) und Risiken (Threats) eines Unternehmens. Folgende Abbildung zeigt den üblichen Aufbau einer solchen Analyse und wie die vier Komponenten in Verbindung zueinander stehen.

Intern / Extern	Stärken	Schwächen
Chancen	Es werden die Stärken des Unternehmens genutzt, um die Chancen der Umwelt zu nutzen.	Das Unternehmen versucht die Chancen der Umwelt zu nutzen, um seine Schwächen zu reduzieren.
Risiken	Die Stärken des Unternehmens werden genutzt, um die Risiken der Umwelt zu minimieren.	Die Schwächen des Unternehmens werden forciert, um den Risiken der Umwelt begegnen zu können.

Abbildung 147: Aufbau einer SWOT-Analyse[886]

---

[883] Vgl. Sieper, Elke, 2013.
[884] Vgl. H&M Homepage, An interview with Karl-Johan Persson, CEO, 2013.
[885] Vgl. Schneider, Willy, 2009, S. 117.
[886] eigene Abbildung

Zur Beleuchtung der Stärken und Schwächen von H&M werden Angaben aus unternehmensinternen Quellen herangezogen; zur Bewertung der Chancen und Risiken möglichst objektive Quellen. Zu den Stärken von H&M zählen die Organisationsstruktur des Unternehmens, die kurze Lieferzeit, die Marke H&M selbst, das gut ausgebaute Vertriebsnetz, die Expansion durch eigene Ressourcen sowie gute Qualität zu günstigen Preisen.[887]

Stärken

Abbildung 148: Stärken von H&M[888]

H&M ist trotz seiner Größe noch immer ein traditionelles Familienunternehmen, geführt von dem Enkel Karl-Johan des Gründers Erling Persson. Die Familie Persson besitzt 37% der Anteile in Form von Aktien und hat rund 69% der Stimmrechte.
Das Unternehmen ist als Matrix-Organisation (Abbildung 149) strukturiert[889], die durch intensive Kommunikation aller Abteilungen gekennzeichnet ist.
Die Matrixorganisation ordnet jeder Führungskraft eine Position zwischen einer organisatorischen Einheit, wie zum Beispiel einem gewissen Produkt, und einer Unternehmensfunktion, wie beispielsweise der Beschaffung, zu. Somit erhalten die Aufgabenträger Weisungen von der Einheit und der

---

[887] Vgl. H&M Homepage, Global expansion, 2013.
[888] eigene Abbildung
[889] Vgl. H&M Homepage, Organisation, 2013.

Funktion zugleich und müssen im Gegenzug diesen beiden Rechenschaft über ihre Handlungen ablegen. Die Abteilungen können sich somit relativ schnell untereinander abstimmen, damit auf die unregelmäßig aufkommenden Modetrends reagieren und die neuen Kollektionen zügig in die Läden bringen.
Mit einer durchschnittlichen Lieferzeit von 12 Wochen benötigt H&M gerade einmal die Hälfte der durchschnittlichen Zeit seiner Mitbewerber, um seine Ware vom Ort des Designs, über die Produktion in die Filialen zu bringen.[890]

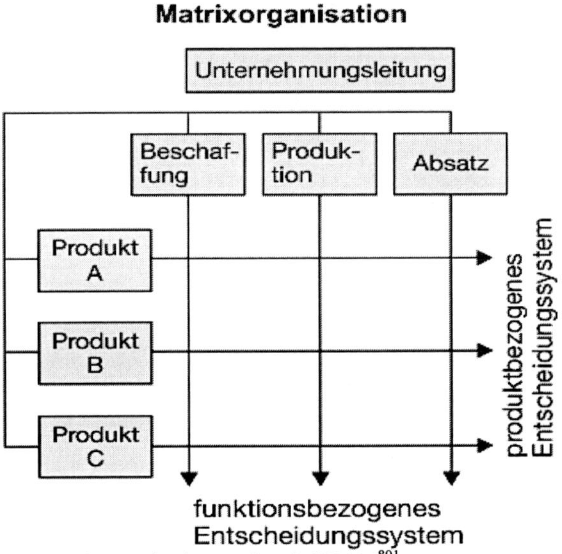

Matrixorganisation

Abbildung 149: Matrixorganisationsstruktur bei H&M[891]

Auch die Marke H&M selbst stellt in Form eines Stores Brand eine Stärke dar. Ein Store Brand spiegelt die Persönlichkeit beziehungsweise das Image einer gesamten Einkaufsstätte aus Kundensicht wieder.[892] Fühlen sich Kunden mit den Kleidungsstücken der Textilkette verbunden, können sie sich zeitgleich mit dem Unternehmen identifizieren. Laut der Firma Interbrand ist H&M 2013 auf Platz 21 der weltweit erfolgreichsten Mar-

---

[890] Vgl. Lynn, Heather/ Bennett, Shannon/ Joines, Harriet, 2009.
[891] Schewe, Gerhard, Gabler Wirtschaftslexikon:
http://wirtschaftslexikon.gabler.de/Archiv/10448/matrixorganisation-v9.html
[892] Vgl. Weitzl, Wolfgang, 2011.

ken.[893] H&M hat in Deutschland ein dicht ausgebautes Filialnetz, einen übersichtlichen Online Shop und Verkauf via Versandkatalog vorzuweisen. So ermöglicht das Unternehmen jede Art von Einkauf und spricht ein großes Kundenspektrum an.[894]
Das Textilunternehmen verkauft moderne und qualitativ hochwertige Kleidung zu günstigen Preisen.[895] Nach eigenen Angaben kann H&M diese halten durch: eigene Designer, den Verzicht auf Zwischenhändler, große Einkaufsvolumina, den Einkauf der richtigen Produkte auf richtigen Märkten, effiziente Logistik und ein strenges Kostenmanagment in allen Unternehmensbereichen.

Schwächen

Wenig Gesamtumsatzanteil der Nebenmarken	Qualitätsmängel

Abbildung 150: Schwächen von H&M[896]

Deklarierte Stärken des Unternehmens können auch zu Schwächen werden, nämlich wenn sie nicht vollumfänglich vorhanden sind. Dies ist zum Beispiel der Fall, wenn die an dezentralen Standorten wie beispielsweise in Asien produzierte H&M Ware nicht dem Qualitätsanspruch des Unternehmens gerecht wird. Trotz „umfangreicher Kontrollen und Prüfungen" kann in den Fabriken nicht immer gewährleistet werden, dass [die] Artikel den Sicherheits- und Qualitätsstandards von H&M" entsprechen.[897]
Wie in Kapitel 1 beschrieben, hat das Unternehmen im Zuge einer Mehrmarkenstrategie neben der Marke H&M vier weitere Marken geschaffen. Allerdings macht H&M 2011 nur 5% seines Gesamtumsatzes mit diesen Marken während seine gleichnamige Hauptmarke 95% seines Hauptumsatzes generiert. Der größte Konkurrent, die Firma Inditex, führt acht Marken, die im selben Jahr 35% des Gesamtumsatzes machten und die Hauptmarke Zara die restlichen 65%.[898] Um den weltweiten Textilmarkt segmentieren

---

[893] Vgl. Interbrand, 2013.
[894] Vgl. Wertpapier-Forum, 2013.
[895] Vgl. H&M Homepage, Unser Unternehmenskonzept, 2013.
[896] eigene Abbildung
[897] H&M Homepage, Career, 2013.
[898] Vgl. Hassmann, Julia, 2012.

zu können, müssen die H&M Marken in Zukunft deutlich an Umsatzanteilen hinzugewinnen.

Chancen

unausgeschöpfte Umsatzpotenziale	steigende Kaufkraft
H&M Home	Mutter- und Kindkollektion

Abbildung 151: Chancen für H&M[899]

Abbildung 151 zeigt vier Chancen des Unternehmens auf. Hierzu zählen insbesondere der asiatische und amerikanische Markt, auf denen das Unternehmen sich momentan zu etablieren versucht.[900] China bietet ein noch nicht ausgeschöpftes Umsatzpotenzial, das H&M die Möglichkeit gibt, weiteres Wachstum zu generieren. Der derzeitige Umsatz von H&M verteilt sich in China momentan auf 82 Millionen Menschen, wobei in diesem Land 1,3 Milliarden Menschen leben.[901] Dadurch kann der chinesische Markt in Zukunft eine Möglichkeit darstellen, auch den Onlinehandel auszuweiten. Die steigende Kaufkraft in den Emerging Markets wie zum Beispiel Rumänien und Bulgarien, bedingt durch steigende Löhne, trägt dazu bei, dass dort die Anzahl potenzieller Kunden wächst.[902] Ebenso führt das Unternehmen die Linie H&M Home und vertreibt Wohntextilien online und in H&M Home Geschäften.[903] Der erste H&M Home wird 2009 in Schweden eröffnet[904] und 2011 kommt, mit der Eröffnung in Frankfurt, das Konzept auch nach Deutschland.[905] Neben dieser Linie möchte H&M für Mutter und Kind eine Kollektion auf den Markt bringen, die den Twins-Look verkörpert. Dies bedeutet, dass Mutter und Kind ähnliche Kleidung tragen, die beide Parteien verbindet.[906] Der Markt birgt neben den aufgeführten Chancen einige Risiken, die das Handelsunternehmen, trotz Aus-

---

[899] eigene Abbildung
[900] Vgl. Lynn, Heather/ Bennett, Shannon/ Joines, Harriet, 2009.
[901] Vgl. Wertpapier-Forum, 2013.
[902] Vgl. Wertpapier-Forum, 2013.
[903] Vgl. Lynn, Heather/ Bennett, Shannon/ Joines, Harriet, 2009.
[904] Vgl. Stylicon, 2009.
[905] Vgl. Edelight, 2011.
[906] Vgl. Lynn, Heather/ Bennett, Shannon/ Joines, Harriet, 2009.

nutzung der Chancen, vor Probleme stellen können. In Abbildung 152 ist eine Übersicht der Risiken zu sehen, denen H&M entgegentreten muss. Das Unternehmen sollte laut SWOT-Analyse seine Stärken einsetzen, um bestehende Risiken zu minimieren. Zu den Risiken des Unternehmens zählen die Gefahr der zurückgehenden Kundenzufriedenheit und der rege Wettbewerb auf dem Modemarkt[907], beispielsweise durch den Modekonzern Inditex.[908] Ein weiteres Risiko stellt der kurze Produktlebenszyklus von Kleidung dar. Weiterhin problematisch ist Mode, die nicht gekauft wird und daher komplett oder zum Teil, durch Reduzierungen, abgeschrieben werden muss. Die falsche Bestimmung von Einkaufvolumina, Saisonverschiebungen durch das Wetter und einen konjunkturellen Abschwung schwächen das Unternehmen zusätzlich. Ebenso bedeutet das Einkaufen großer Mengen hohe Lagerhaltungskosten und zusätzlich hohe Verluste, wenn die Ware nicht gänzlich abverkauft wird.[909]

Risiken

zurückgehende Kundenzufriedenheit	Wettbewerber	kurzer Produktlebenszyklus	Mode, die nicht gekauft wird
falsche Bestimmung des Einkaufsvolumen	Saisonverschiebung durch Wetter	konjunktureller Abschwung	Kosten für Rohstoffe
Transportkosten	Lieferantenkapazitäten	Klimawandel und Naturkatastrophen	steigende Umsatzsteuer
Textilkontigente	Embargos	Wechselkurs	rückläufiger Textilmarkt

Abbildung 152: Bedrohungen für H&M[910]

---

[907] Vgl. Lynn, Heather/ Bennett, Shannon/ Joines, Harriet, 2009.
[908] Vgl. Wertpapier-Forum, 2013.
[909] Vgl. Wertpapier-Forum, 2013.
[910] eigene Abbildung

Kosten für Rohstoffe wie zum Beispiel Baumwolle, Transportkosten und Kapazitäten von Lieferanten sind Punkte, die H&M beobachten muss. Der Klimawandel und Naturkatastrophen, steigende Umsatzsteuern, Textilkontingente, Embargos und der Wechselkurs zählen zu weiteren Risiken des Unternehmens.[911] Ebenso ist der rückläufige Textilmarkt zu nennen, der seit 1993 sinkende Umsätze zu verzeichnen hat. H&M ist hiervon bisher nicht betroffen, da das Unternehmen steigende Umsatzzahlen generiert.[912]

Das Unternehmen hat seine Umwelt ständig zu beobachten, da eine große Anzahl an Risiken vorhanden ist. Nach dem Identifizieren der Stärken, Schwächen, Chancen und Risiken können Handlungsempfehlungen formuliert werden.

Auswertung

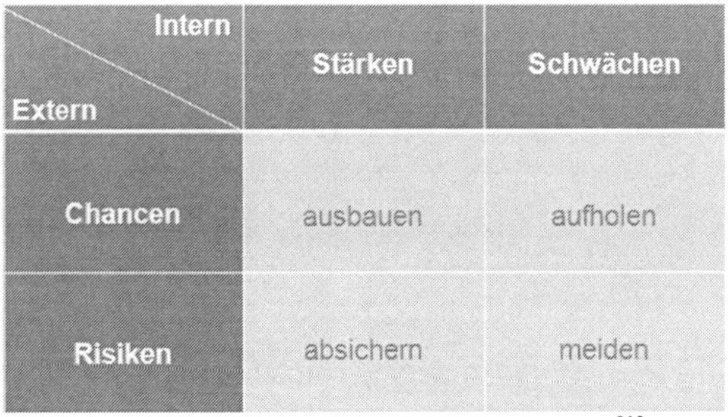

Extern \ Intern	Stärken	Schwächen
Chancen	ausbauen	aufholen
Risiken	absichern	meiden

Abbildung 153: Handlungsempfehlung nach der SWOT-Analyse[913]

Ausbauen

Durch die SWOT-Analyse können vier Chancen identifiziert werden, die mithilfe der Stärken von H&M ausgebaut werden müssen. Dies bedeutet für das Unternehmen, dass seine unausgenutzten Umsatzpotentiale, die steigende Kaufkraft der Emerging Markets, H&M Home und die Mutter- und Kind Kollektion durch das Weiterentwickeln der Stärken weiter ausgebaut werden können. Zu den Stärken zählen: eine kurze Lieferzeit, ein gut

---

[911] Vgl. H&M Homepage, Risks and uncertanties, 2013.
[912] Vgl. Wertpapier-Forum, 2013.
[913] eigene Abbildung

ausgebautes Vertriebsnetz, gute Qualität zu günstigen Preisen und ständig wechselnde neue Kollektionen. Die gute Kommunikation durch die Matrixorganisation, die Marke H&M und das traditionell geführte Familienunternehmen tragen ebenso dazu bei, die Chancen am Markt zu nutzen zu können.

Aufholen

H&M kann seine Schwächen durch den Vergleich mit den Chancen auf dem Markt aufdecken und aufholen und bestenfalls sogar seine Schwächen in Stärken umwandeln, um die bestehenden Chancen nutzen zu können. Hierbei sind insbesondere Schwächen aufzudecken, durch die Chancen nicht genutzt werden können. Qualitätsmängel, die bei dezentraler Produktion beispielsweise Asien auftreten[914], müssen aufgearbeitet werden, indem zum Beispiel Maßnahmen getroffen werden, die die Ursachen des Mangels verhindern. Maßnahmen, die im Entwicklungsstadium stattfinden, wehren spätere Fehlerkosten ab.[915] Dadurch würde das Unternehmen leichter die steigende Kaufkraft in Emerging Markets abschöpfen können. Ebenso könnte dies dazu beitragen, dass unausgeschöpfte Umsatzpotentiale generiert werden und die Kollektionen für Mutter und Kind sowie die H&M Home Kollektion am Markt akzeptiert werden. Der Umsatzanteil der Marken Cheap Monday, Monki, Weekday, Cos und & Other Stories ist sehr gering.[916] Durch den Ausbau dieser Marken mit verstärkten Marketingmaßnahmen können neue Käufergruppen und unausgeschöpfte Umsatzpotenziale genutzt werden. Das Unternehmen Inditex ist hierbei das Vorbild, das mit seinen Nebenmarken Bershka, Stradivarius und andere 35% seines Umsatzes und 65% mit seiner Hauptmarke Zara generiert.[917]

Absichern

Das Modeunternehmen hat Risiken zu bewältigen, welche es mithilfe seiner Stärken absichern kann. Finanzielle Risiken wie zum Beispiel der Preis von Rohstoffen, Transportkosten, Import- und Exportzuschüsse und der Wechselkurs können durch die eigenen Ressourcen von H&M, also durch das Eigenkapital, gesichert werden.[918] Saisonverschiebungen durch das

---

[914] H&M Homepage, Career, 2013.
[915] Vgl. Wirtschaftslexikon24, 2013.
[916] Vgl. Hassmann, Julia, 2012.
[917] Vgl. Hassmann, Julia, 2012.
[918] Vgl. H&M Homepage, Global expansion, 2013.

Wetter, konjunktureller Abschwung, steigende Umsatzsteuer, Klimawandel und Embargos sind Punkte, die das Unternehmen ständig beobachten muss, um kurzfristig darauf reagieren zu können. Die Kundenzufriedenheit kann abgesichert werden, indem die Stärken in Form von kurzen Lieferzeiten, guter Qualität zu günstigen Preisen und das gut ausgebaute Vertriebsnetz genutzt und weiterentwickelt werden. Ebenso sind die Mode, die nicht gekauft wird und ihr kurzer Produktlebenszyklus Probleme, die H&M durch ständig wechselnde Kollektionen und gute Kommunikation im Unternehmen minimieren muss. Ein zu großes Einkaufsvolumen, Lieferantenkapazitäten und Textilkontingente können das Unternehmen in Schwierigkeiten bringen. Der rückläufige Textilmarkt und die starke Konkurrenz am Markt sind Faktoren, die H&M zur ständigen Verbesserung aller Abläufe und zur Entwicklung von Innovationen antreiben.[919]

Meiden

Die Geschäftsfelder, in denen Schwächen des Unternehmens auf die Risiken des Marktes treffen, sind zu vermeiden. Da dies nicht immer möglich ist, muss dieses Feld überwacht werden. Dadurch kann das Unternehmen bei Problemen reagieren und die eigenen Schwächen kompensieren. Es muss beobachtet werden, ob Qualiätsmängel auftreten, sodass dies nicht das Sinken der Kundenzufriedenheit zur Folge hat. Die Qualitätsmängel können ebenso eine Abwanderung der Kunden zur Konkurrenz bedeuten und den Anteil der Mode, die nicht gekauft wird, noch erhöhen. Die Umsatzsteigerung der Nebenmarken Cheap Monday, Monki, Weekday, Cos und & Other Stories ist durch den rückläufigen Textilmarkt[920] ein Punkt, für den Maßnahmen erarbeitet werden müssen. Aus diesem Grund nimmt das Feld Schwächen und Risiken einen wichtigen Platz ein, welches H&M verstärkt im Blick behalten muss.

Maßnahmen

Durch die SWOT-Analyse können nun Maßnahmen entwickelt werden, die dem Unternehmen helfen, sich am Markt zu profilieren. Dabei sind zuerst die internen Faktoren zu betrachten, die dann auf das Marktgeschehen ausgerichtet werden müssen. So können sich beispielsweise folgende Maßnahmen aufstellen lassen: Erhalt und Entwicklung der Stärken des Unternehmens durch Personalentwicklungsmaßnahmen und durch das Einführen

---

[919] Vgl. H&M Homepage, Global expansion, 2013.
[920] Vgl. Wertpapier-Forum, 2013.

eines integrierten Managementsystems. Durch diese beiden Maßnahmen können ebenfalls Schwächen aufgeholt werden. In der Lehre des Wissensmanagements wird die Wissensweitergabe und –speicherung in das Unternehmen integriert[921], sodass Schwächen wie zum Beispiel Qualitätsmängel durch Experten im Unternehmen effektiver gelöst werden können. Gleichzeitig können durch die genannten Maßnahmen Risiken vermieden und Chancen des Marktes genutzt werden. Experten für zum Beispiel Einkaufsvolumina können durch ihr implizites Wissen[922] das Unternehmen unterstützen. Im Zuge der Personalentwicklung können gezielt Mitarbeiter geschult werden, die mit ihrem spezifischen Wissen die Expansion auf dem asiatischen Modemarkt schneller vorantreiben können.

Wettbewerbsanalyse

Die Wettbewerbsanalyse stellt einen Teilbereich der Markt- und Konkurrenzanalyse dar. Diese umfasst neben der Wettbewerbsanalyse, die Analyse der globalen Umwelt, zu der die natürliche, die technologische, die soziokulturelle, die makroökonomische und die politisch-rechtliche Umwelt gehören. Diese Umweltbereiche wirken auf H&M indirekt ein und stellen unveränderliche Faktoren dar.[923] Abbildung 154 zeigt auf, wie eine Markt- und Konkurrenzanalyse aufgebaut ist.

Ziel einer Wettbewerbsanalyse ist es, nach Analyse der globalen Umwelt, einen Einblick in die aktuelle Wettbewerbssituation zu gewinnen und ihre mögliche Entwicklung aufzuzeigen.[924] Sie erfasst den direkten Einfluss des Marktes und der anderen Marktteilnehmer auf das betrachtete Unternehmen.

Dabei muss zuerst der für die Analyse relevante Markt bestimmt werden. Im Fall H&M ist dies der Textileinzelhandel. Im Anschluss sollte der Markt nach Regionen abgegrenzt werden. In dieser Analyse wird der komplette deutsche Markt betrachtet. Kundenkreise, die das Unternehmen H&M verzeichnet, werden alle in die Analyse miteinbezogen.

---

[921] Vgl. Frost, Jette, 2013.
[922] Vgl. Frost, Jette, 2013.
[923] Vgl. Das Wirtschaftslexikon, 2013.
[924] Vgl. Das Wirtschaftslexikon, 2013.

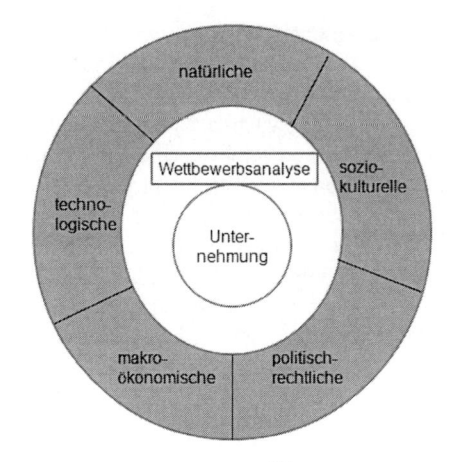

Abbildung 154: Markt- und Konkurrenzanalyse[925]

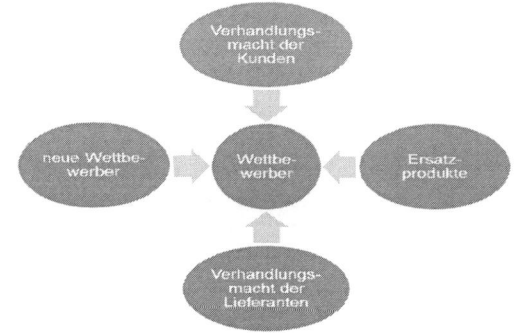

Abbildung 155: Five Forces Modell von Porter (Quelle: eigene Abbildung)

Das Five Forces Modell von Michael E. Porter zeigt auf, dass der relevante Markt immer von seinen umliegenden Märkten, dem Abnehmermarkt, dem Zulieferermarkt, dem Substitutionsmarkt und dem Komplementärmarkt, beeinflusst wird.[926] Aufgrund dessen werden diese 4 Märkte im Anschluss analysiert, um zuletzt auf den relevanten Markt eingehen zu können.

---

[925] eigene Abbildung
[926] Vgl. Marketinglexikon, 2013.

Bedrohung durch neue Wettbewerber

Für etablierte Anbieter stellen neue Wettbewerber eine Bedrohung dar, weil sie über günstige Preise die Aufmerksamkeit der Kunden auf sich lenken. Durch den Eintritt neuer Wettbewerber erhöht sich der Preisdruck im Markt. Eine größere Anzahl von Anbietern tritt auf dieselbe Anzahl von Nachfragen, weshalb sich für die etablierten Anbieter im Markt das Gewinnpotenzial schmälert und die Attraktivität des Marktes sinkt.[927] Die Höhe der Markteintrittsbarrieren im Markt bestimmt, ob weitere Wettbewerber in den Markt eintreten. Markteintrittsbarrieren sind Kräfte, die potenzielle Anbieter davon abhalten, in dem betrachteten Markt tätig zu werden.[928] Dabei wird zwischen strukturellen und strategischen Markteintrittsbarrieren unterschieden: Strukturelle Barrieren entstehen automatisch, strategische Barrieren werden von den Marktteilnehmern gezielt hergestellt. Hohe Barrieren schützen bereits vorhandene Anbieter im Markt vor dem Eintritt neuer Wettbewerber.[929] Folgende Abbildung 156 zeigt die Markteintrittsbarrieren für potenzielle neue Wettbewerber von H&M. Hierbei wird ersichtlich, dass es einige Eintrittsbarrieren gibt, welche die derzeitigen Marktteilnehmer in der Textilbranche weitestgehend schützen.

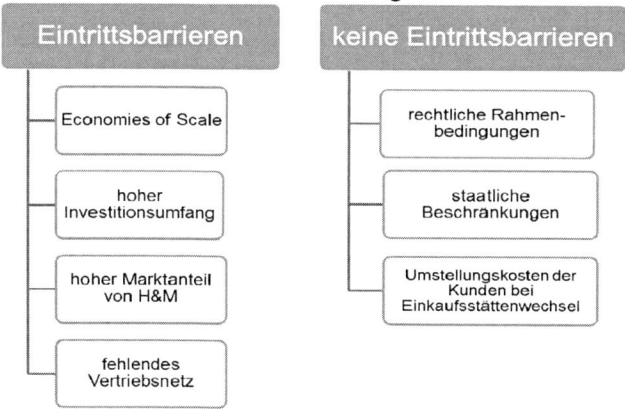

Eintrittsbarrieren	keine Eintrittsbarrieren
Economies of Scale	rechtliche Rahmenbedingungen
hoher Investitionsumfang	staatliche Beschränkungen
hoher Marktanteil von H&M	Umstellungskosten der Kunden bei Einkaufsstättenwechsel
fehlendes Vertriebsnetz	

Abbildung 156: Markteintrittsbarrieren im Textileinzelhandel[930]

---

[927] Vgl. Das Wirtschaftslexikon, 2013.
[928] Vgl. Das Wirtschaftslexikon, 2013.
[929] Vgl. Sztuka, Achim, 2013.
[930] eigene Abbildung in Anlehnung an Mein-Wirtschaftslexikon, 2005

Bedrohung durch Ersatzprodukte

Ersatzprodukte sind Substitute im weiteren Sinn: „Produkte, die zwar ähnliche Kundenbedürfnisse erfüllen, jedoch von den Kunden derzeit anders wahrgenommen werden, andere Kundengruppen ansprechen oder in anderen Regionen vertrieben werden".[931] Sie beeinflussen die Marktattraktivität negativ, da Abnehmer etablierte Produkte durch günstigere oder modernere Ersatzprodukte substituieren können.

Existieren Substitutionsprodukte in einem Markt, begrenzen sie den Preisspielraum und damit das Gewinnpotenzial eines Geschäftsfeldes umso stärker, je preiselastischer die Nachfrage ist.[932]

Indikatoren, die die Bedrohung durch Ersatzprodukte beeinflussen, bildet Abbildung 157 ab. Diese drei Indikatoren stellen Risiken für H&M in Bezug auf Ersatzprodukte dar.

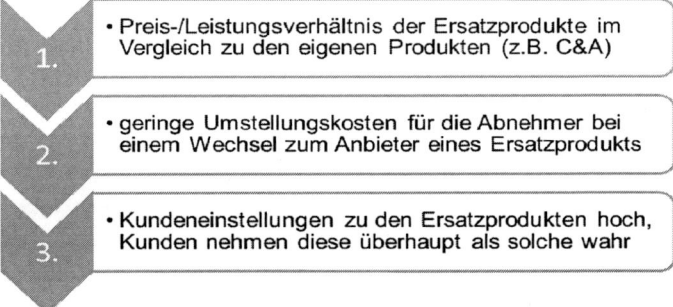

1. • Preis-/Leistungsverhältnis der Ersatzprodukte im Vergleich zu den eigenen Produkten (z.B. C&A)

2. • geringe Umstellungskosten für die Abnehmer bei einem Wechsel zum Anbieter eines Ersatzprodukts

3. • Kundeneinstellungen zu den Ersatzprodukten hoch, Kunden nehmen diese überhaupt als solche wahr

Abbildung 157: Bedrohung durch Ersatzprodukte für H&M[933]

Bedrohung durch die Verhandlungsmacht der Abnehmer

Die Verhandlungsmacht der Abnehmer bestimmt, wie stark ein Unternehmen seine Interessen am Markt durchsetzen kann. Haben die Abnehmer eine hohe Verhandlungsmacht, können sie niedrigere Preise beziehungsweise bessere Qualität zum selben Preis verlangen, was die Gewinnaussichten des betrachteten Unternehmens schmälert.

---

[931] Sztuka, Achim, 2013.
[932] Vgl. Das Wirtschaftslexikon, 2013.
[933] eigene Abbildung in Anlehnung an Sztuka, Achim, 2013

hohe Verhandlungsmacht	geringe Verhandlungsmacht
geringe Differenzierungsmöglichkeiten für H&M	kleines Einkaufsvolumen eines Kundens
geringe Umstellungskosten des Kundens bei Einkaufsstättenwechsel	Kunden von H&M sind keine Monopolisten
große Anzahl an Substituten in der Modebranche	es gibt keinen hohen Konzentrationsgrad bei Kundengruppen
	Informationsstand der Kunden ist meist gering

Abbildung 158: Verhandlungsmacht der Abnehmer von H&M[934]

Eine Branche ist umso attraktiver, je weniger Verhandlungsmacht die Abnehmer haben.[935] Die Abnehmer von H&M besitzen eine mittlere Verhandlungsstärke, da H&M Kunden in der Regel Kleinabnehmer sind, die impulsiven oder habitualisierten Kaufentscheidungen treffen und daher wenige Informationen über die Marktsituation des Unternehmens besitzen.

Bedrohung durch die Verhandlungsmacht der Lieferanten

Die Bedrohung durch die Verhandlungsmacht der Lieferanten bestimmt, wie stark ein Unternehmen seine Interessen durchsetzen kann. Haben die Lieferanten eine hohe Verhandlungsmacht, können sie höhere Preise verlangen beziehungsweise eine schlechtere Qualität zum selben Preis liefern, was die Gewinnaussichten des betrachteten Unternehmens schmälert.

---

[934] eigene Abbildung in Anlehnung an Sztuka, Achim, 2013
[935] Vgl. Recklies, Dagmar, 2001.

hohe Verhandlungsmacht	geringe Verhandlungsmacht
	großes Einkaufsvolumen hat große Bedeutung für den Lieferanten
Einkauf hat einen hohen Einfluss auf Verkaufspreis	Vorhandensein von Lieferantensubstituten
geringe Gefahr der Rückwärtsintegration	geringe Umstellungskosten bei Lieferantenwechsel

Abbildung 159: Verhandlungsmacht der Lieferanten von H&M[936]

Eine Branche ist umso attraktiver, je weniger Verhandlungsmacht die Lieferanten haben.[937] Die Lieferanten von H&M besitzen eine geringe Verhandlungsstärke, insbesondere weil H&M ein Großabnehmer mit Marktmacht ist und Lieferanten schnell und kostengünstig wechseln kann.

Bedrohung durch Wettbewerb in der Branche

Die Bedrohung durch Wettbewerbsintensität in einer Branche ist abhängig von der Zahl der Anbieter, dem Verhalten der Wettbewerber im Markt und einigen strukturellen Bestimmungsfaktoren.
Eine hohe Wettbewerbsintensität kann einen intensiven Verdrängungswettbewerb oder (geheime) Marktabsprachen, also die Bildung von Kartellen zur Folge haben. Außerdem führt eine starke Rivalität zu einem massiven Preisdruck, der Vermeidung von Preisdifferenzierung und damit zu einer Minderung des Gewinnpotenzials, was die Attraktivität der Branche senkt.[938]

---

[936] eigene Abbildung in Anlehnung an Sztuka, Achim, 2013
[937] Vgl. Recklies, Dagmar, 2001.
[938] Vgl. Das Wirtschaftslexikon, 2013.

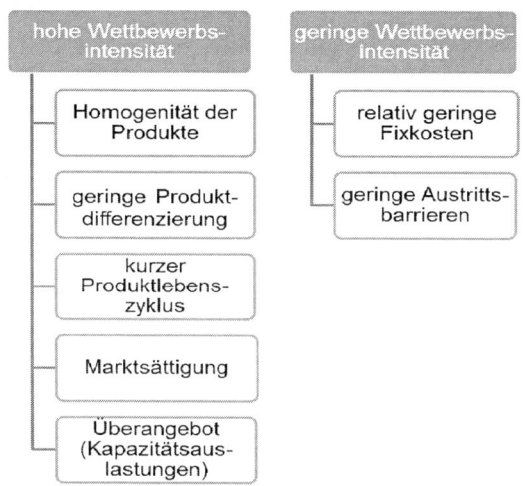

hohe Wettbewerbs-intensität	geringe Wettbewerbs-intensität
Homogenität der Produkte	relativ geringe Fixkosten
geringe Produktdifferenzierung	geringe Austrittsbarrieren
kurzer Produktlebenszyklus	
Marktsättigung	
Überangebot (Kapazitätsauslastungen)	

Abbildung 160: Bedrohungen für H&M durch Wettbewerb in der Textilbranche[939]

In der Textilbranche herrscht eine hohe Wettbewerbsintensität, in der sich H&M gut zurechtzufinden weiß, was seine Größe und sein Umsatzvolumen zeigt. Aufgrund dessen vergleicht Abbildung 161 das schwedische Unternehmen H&M mit seinem größten Mitbewerber: der Firma Zara, Tochter des spanischen Textilgiganten Inditex, um eine detailliertere Aussage zur Wettbewerbsstellung von H&M geben zu können. Hieraus wird ersichtlich, dass H&M seinem größten Konkurrenten in den drei wichtigen Bereichen Märkte, Marken und Wertschöpfung unterlegen ist.[940] Im Vergleich ist H&M, mit doppelt soviel Filialen wie Zara und einem 1,5-fach höheren Umsatz, vertreten. Die beiden Unternehmen unterscheiden sich auch in ihren Marketingstrategien: denn H&M setzt verstärkt auf Kommunikations- und Onlinemaßnahmen, Zara wirbt durch den Auftritt seiner Filialen und möchte mit 1a-Lagen in aufstrebenden Märkten punkten. H&M tritt im Jahr 2006 in den Onlinehandel ein und Zara beginnt im Jahr 2010.

---

[939] Das Wirtschaftslexikon, 2013
[940] Vgl. Hassmann, Julia, 2012.

	H&M	Zara
Marke	Hauptmarke der H&M Group	Hauptmarke von Inditex
Anzahl der Filialen	3000	1475
Kollektionen	Home Sport Men Women Kids	Home Men Women Kids
Anzahl der Märkte	52	71
Stärken	Organisationsstruktur Marke H&M kurze Lieferzeit Expansion durch eigene Ressourcen gute Qualität zu günstigen Preisen gut ausgebautes Vertriebsnetz	Zentralität zweites Distributionszentrum (in Spanien) vertikale Integration (eigene Produktion) gut ausgebautes Vertriebsnetz
Schwächen	wenig Gesamtumsatzanteile der Nebenmarken Qualitätsmängel	Zentralität kleines Werbebudget kleine Zielgruppe: jung und schlank
aktuelle Marketingstrategie	Mobile Marketingkampagne Mitgliedschaften des H&M Clubs Kooperationen mit Stars Fashion Against Aids Kampagne	Kundentreueprogramm Produktionsmenge reduzieren Fokus auf 1a-Lagen 3% des Umsatzes für Werbung Blick auf aufstrebende Märkte
Jahresumsatz 2012	15,5 Milliarden Euro	10,5 Milliarden Euro
Onlineauftritt	Online Shop seit 2007 Social Media Apps Rabattcoupons via Smartphone	Online Shop seit 2010 Social Media

Abbildung 161: H&M und Zara im Vergleich[941]

---

[941] eigene Abbildung

Durch diese Gegenüberstellung können sowohl bei Zara als auch bei H&M Wettbewerbsvorteile erkannt werden. Dennoch muss H&M zukünftig seine Nebenmarken weiter ausbauen, um den umsatzmäßigen Vorsprung zu Inditex (Gesamtumsatz 2012: 15,95 Milliarden[942]) aufrechterhalten zu können. Des Weiteren muss H&M seine weltweite Expansion weiter vorantreiben, um Inditex neue Märkte nicht allein zu überlassen.

5 Fazit/ Handlungsempfehlung

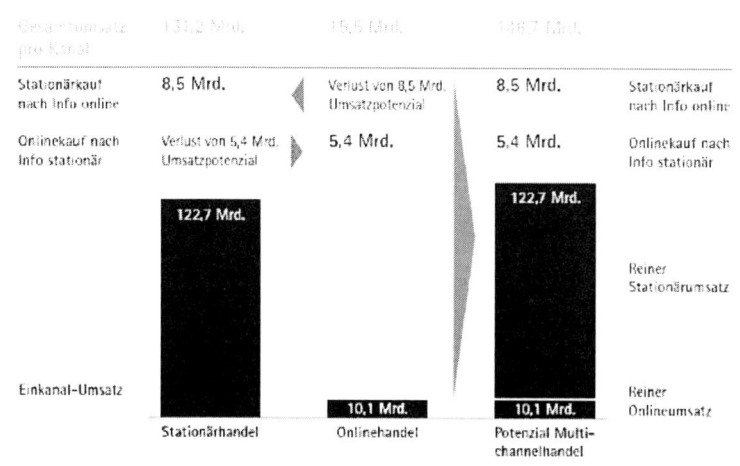

Abbildung 162: Wechselseitige Beeinflussung von stationärem Handel und Onlinehandel[943]

Abbildung 162 zeigt auf, wie sich stationärer Handel und der Onlinehandel gegenseitig beeinflussen: Kunden, die sich online informierten und stationär kauften, generierten zusätzliche Umsätze im stationären Handel und verschmälerten im Gegenzug die potenziellen Onlineumsätze. Im Jahr 2009 gingen so 8,5 Milliarden Euro Mehrumsatz dem stationären Handel zu und 5,4 Milliarden Mehrumsatz dem Onlinehandel. Im Gegenzug entgingen dem stationären Handel 5,4 Milliarden und dem Onlinehandel 8,5 Milliarden Euro. Insgesamt können durch Multichannelhandel zusätzliche Umsätze für Einzelhandelsunternehmen generiert werden. Somit scheint es für H&M sinnvoll, sowohl seinen stationären Handel als auch seinen Onlinehandel weiter auszubauen.

---

[942] Vgl. Handelsdaten, 2013.
[943] Accenture-Analyse, GfK-Universalpanel, 2009

Die Bekleidung war 2011 mit 9.680 Millionen Euro und 2012 mit 10.780 Millionen Euro die umsatzstärke Warengruppe im interaktiven Handel.[944] 36,8% der Befragten würden Textilien lieber im Onlinehandel als im klassischen Einzelhandel kaufen (Abbildung 163).

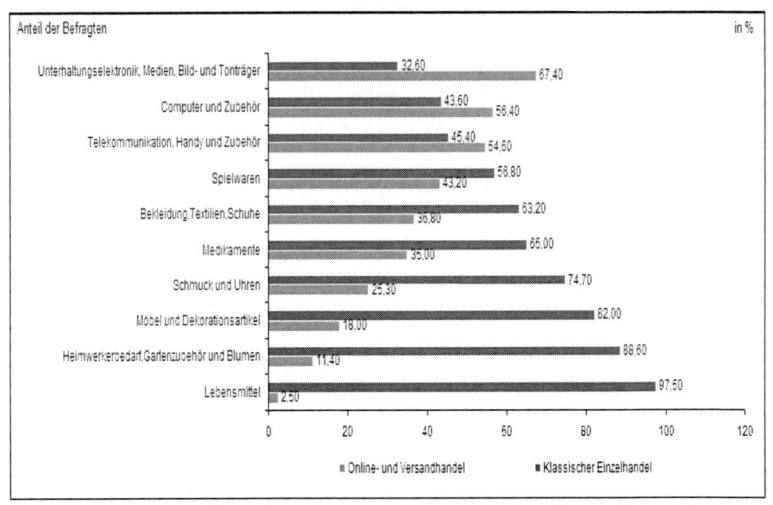

Warengruppe	Online- und Versandhandel	Klassischer Einzelhandel
Unterhaltungselektronik, Medien, Bild- und Tonträger	32,60	67,40
Computer und Zubehör	43,60	56,40
Telekommunikation, Handy und Zubehör	45,40	54,60
Spielwaren	43,20	56,80
Bekleidung,Textilien,Schuhe	36,80	63,20
Medikamente	35,00	65,00
Schmuck und Uhren	25,30	74,70
Möbel und Dekorationsartikel	18,00	82,00
Heimwerkerbedarf,Gartenzubehör und Blumen	11,40	88,60
Lebensmittel	2,50	97,50

Abbildung 163: Würden Sie die folgenden Produkte lieber im Online- und Versandhandel oder lieber im klassischen Einzelhandel kaufen?[945]

Um den Onlinehandel zukünftig weiter auszubauen, muss H&M einige Mängel korrigieren, die bei der Nutzung des Online Shops auftreten. Dazu zählt unter anderem das Fehlen realitätsnaher Funktionen bei der Präsentation der Kleidung.[946] Gerade weil diese nicht anprobiert werden kann, muss sie besser visualisiert werden, zum Beispiel in Form von 3D-Präsentationen oder animierten Präsentationen. Außerdem könnten Produkte, durch das Programmieren von Avataren, von den Kunden personalisiert anprobiert werden.

Des Weiteren fehlen beratende Funktionen im Online Shop. Dazu sollten mehr Produktinformationen durch Integration von Links zu erweiterten Produktpräsentationen geliefert werden. Eine individuelle Beratungsleis-

---

[944] Vgl. bvh, TNS infratest, 2013.
[945] Boniversum, bvh, CEG Creditreform Consumer GmbH, Statista, 2012
[946] Vgl. Mehic, Emina, 2007.

tung könnte in Form von Beratungs-Hotlines mit 24-Stunden-Verfügbarkeit eingeführt werden.[947]

Als zweitgrößtes Textilhandelsunternehmen in Europa sollte H&M seinen stationären Handel insbesondere in Asien und den USA ausbauen, um das Umsatzpotenzial auf diesen Märkten abzuschöpfen. Des Weiteren ist es wichtig, die Entwicklung des Onlinehandels im Fokus zu behalten und gegeben falls auf Trends im interaktiven Handel zu reagieren, um den Kunden weiterhin schnell und unkompliziert die neusten Modetrends anbieten zu können.

6   Arbeitsfragen

1. Inwiefern verbindet die SWOT-Analyse externe und interne Gesichtspunkte miteinander?

2. Beschreiben Sie die derzeitigen Verhältnisse auf dem Modemarkt und gehen Sie ebenso näher auf die Situation auf dem Onlinemarkt ein.

3. Formulieren Sie weitere Maßnahmen, die sich aus der SWOT-Analyse von H&M ergeben könnten.

Antworten

→ 1. Die SWOT-Analyse bildet zum einen die Stärken (strengths) und Schwächen (weaknesses) des Unternehmens ab. Hierbei wird die interne Sicht des Unternehmens betrachtet und formuliert. Ebenso werden die Chancen (opportunities) und Risiken (threats) des Unternehmens fokussiert, sodass die externe Sicht erfasst werden kann. Im Anschluss werden die vier Faktoren und somit die interne und externe Betrachtung in einer Matrix zusammengeführt. So entsteht eine Vier-Felder-Matrix aus der sich Handlungsempfehlungen ableiten lassen. In der Abbildung ist die Handlungsempfehlung in einer Matrix veranschaulicht. Die Stärken des Unternehmens, die auf die Chancen des Marktes treffen, sollen ausgebaut werden und die, die auf Risiken treffen, müssen aufgeholt werden. Für die Schwächen des Unternehmens, die auf Chancen des Marktes stoßen, ist eine Absicherung vorzunehmen und die die auf Risiken treffen, müssen vermieden werden. Durch diese Aufstellung kann das Unternehmen seine Ist-Situation einschät-

---
[947] Vgl. Mehic, Emina, 2007.

zen und dies als Grundlage für Zielplanungen im Management verwenden.

→ 2. Die harte Wettbewerbssituation auf dem Modemarkt hat H&M 2013 ein herausforderndes erstes Quartal beschert. Gründe hierfür waren die ungünstige Wettersituation im März und die starke schwedische Krone. Daher konnte der geplante Abverkauf nicht realisiert werden, weshalb H&M gezwungen war, durch Rabattaktionen seine Lager zu leeren. Dies belastete die Gewinnmarge, die vorläufig von 61,7% auf 61,1% sank. Im zweiten Quartal konnte das Unternehmen einen wieder steigenden Umsatz um 14% verzeichnen.

Um der rasanten Entwicklung im Onlinehandel entgegen zu treten, besonders via Smartphones und Tablets, investiert H&M stark in den Versandhandel. Inzwischen existieren in neun europäischen Ländern und den USA Online Shops, die den Konsumenten alle aktuellen Kollektionen präsentieren. Diese sind einfach zu handhaben und seitdem sie im Januar 2013 vollständig smartphonefähig wurden, noch beliebter bei den Kunden.

Wie viele andere Modeunternehmen nutzt H&M Social Media Portale, um seine Mode zu vermarkten. Vor allem via Facebook werden Neuigkeiten gepostet. Die Modebranche ist bestens dafür geeignet, um durch multimediale Aufmachung die Leidenschaft ihrer Konsumenten für sich zu gewinnen. Fotoalben, H&M-Magazine und Werbespots, deren Link auf der Facebookseite zu finden ist, gehören zu der Vermarktungsstrategie von H&M. Das Angebot von Rabattcoupons via Smartphone App animiert die Kunden zum Onlineeinkauf.

Die Problematik des Onlinehandels besteht darin, dass über die Hälfte der bestellten Stücke wieder zurückgesendet werden, was für H&M mit hohen Kosten verbunden ist.

→ 3. Aus dem Ergebnis der SWOT-Analyse in Kapitel 4 können weitere Maßnahmen entwickelt werden. Dazu zählt zum Beispiel das Aufholen der Umsatzanteile der Nebenmarken Cheap Monday, Monki, Weekday, Cos und & Other Stories. Durch den Einsatz gezielter Marketingmaßnahmen der 4 P's können Chancen des Marktes genutzt werden. Hierzu zählt zum Beispiel der verstärkte Einsatz von Werbemaßnahmen mithilfe klassischer Werbung oder Verkaufsförderung.

Eine weitere Maßnahme ist das Benchmarking. Hierbei kann durch den Vergleich mit den Mitbewerbern, die Produktivität, Qualität und Prozesse verbessert werden. Hierdurch kann H&M Erfolgskriterien entwickeln, die die Stärken des Unternehmens ausbauen und absichern und die Schwächen aufholen oder vermeiden.

Quellenverzeichnis

Internetquellen:

Astrid: Zara and H&M: Fast Fashion on Demand, http://blog.modelmanagement.com/2010/06/01/zara-and-hm-fast-fashion-on-demand/ (Abruf am 29.09.2013), 2010

Das Wirtschaftslexikon: Marktanalyse und Konkurrenzanalyse (Wettbewerbsanalyse), http://www.daswirtschaftslexikon.com/d/marktanalyse_und_konkurrenzanalyse_wettbewerbsanalyse/marktanalyse_und_konkurrenzanalyse_wettbewerbsanalyse.htm (Abruf am 25.10.2013), 2013

Edelight: H&M: Der erste Home Shop hat in Deutschland eröffnet, http://wohnideen.edelight.de/b/hm-der-erste-home-shop-hat-in-deutschland-eroeffnet/ (Abruf am 18.10.2013), 2011

Frost, Jette: Wissensmanagement, Gabler Wirtschaftslexikon, http://wirtschaftslexikon.gabler.de/Definition/wissensmanagement.html (Abruf am 21.10.2013), 2013

Handelsblatt online: H&M wagt sich doch in US-Online-Handel vor, http://www.handelsblatt.com/unternehmen/handel-dienstleister/billigmode-anbieter-hundm-wagt-sich-doch-in-us-online-handel-vor/8580326.html (Abruf am 24.09.2013), 2013

Handelsdaten: Aktuelle Statistiken zu Inditex, http://www.handelsdaten.de/themen/371/inditex/ (Abruf am 05.11.2013), 2013

Hassmann, Julia: Frau Weihnachtsmann trägt Zara – oder doch H&M?, http://www.focus.de/finanzen/boerse/aktien/tid-28588/textilindustrie-im-weihnachtsfieber-kampf-der-giganten-hundm-gegen-zara-mutter-inditex_aid_880205.html (Abruf am 01.10.2013), 2012

Haufe online: H&M eröffnet 350 neue Filialen in fünf Ländern, http://www.haufe.de/immobilien/entwicklung-vermarktung/projekte-deals/hm-expandiert-nach-china-und-in-die-usa_254_170880.html (Abruf am 28.09.2013), 2013

Haupt, Sebastian: Warum es schick ist, die Welt zu retten, http://www.zeit.de/wissen/umwelt/2010-06/umwelt-psychologie-status (Abruf am 30.09.2013), in: Zeit online, 2013

Hilker, Jennifer: Runway Social Media: Was machen Modelabels online, um in zu sein? http://www.netz-reputation.de/2011/02/runway-social-media-was-machen-modelabels-online-um-in-zu-sein/ (Abruf am 01.10.2013), 2011

H&M Homepage: About corporate governance, http://about.hm.com/AboutSection/en/About/Corporate-Governance/General-information/About-Corporate-Governance.html#cm-menu (Abruf am 24.09.2013), 2013

H&M Homepage: An interview with Karl-Johan Persson, CEO, http://about.hm.com/AboutSection/en/About/Sustainability/HMConscious/CEO-Message.html#cm-menu (Abruf am 24.09.2013), 2013

H&M Homepage: Be ethical, http://about.hm.com/AboutSection/en/About/Sustainability/Commitments/Be-Ethical.html#cm-menu (Abruf am 24.09.2013), 2013

H&M Homepage: Career, H&M Homepage: http://career.hm.com/content/hmcareer/de_at/workingathm/what-can-you-do-here/corporate/production.html (Abruf am 17.10.2013), 2013

H&M Homepage: Global expansion, http://about.hm.com/AboutSection/en/About/facts-about-hm/about-hm/expansion-strategy.html#cm-menu (Abruf am 24.09.2013), 2013

H&M Homepage: Organisation, http://about.hm.com/de/About/facts-about-hm/about-hm/organisation.html (Abruf am 17.10.2013), 2013

H&M Homepage: History, http://about.hm.com/AboutSection/en/About/facts-about-hm/people-and-history/history.html#cm-menu (Abruf am 30.09.2013), 2013

H&M Homepage: Key figures, http://about.hm.com/AboutSection/en/About/Investor-Relations/Key-Figures/Five-Year-Summary.html#cm-menu (Abruf am 01.10.2013), 2013

H&M Homepage: Meet us online, http://about.hm.com/AboutSection/en/About/facts-about-hm/fashion-for-all/shop-online.html#cm-menu (Abruf am 24.09.2013), 2013

H&M Homepage: Risks and uncertainities, http://about.hm.com/AboutSection/en/About/Corporate-Governance/Other/Risk-management.html (Abruf am 01.10.2013), 2013

H&M Homepage: Unser Unternehmenskonzept, http://about.hm.com/de/About/facts-about-hm/about-hm/business-concept.html#cm-menu (Abruf am 17.10.2013), 2013

H&M Homepage: Vision & policy, http://about.hm.com/AboutSection/en/About/Sustainability/HMConscious/Vision-and-Policy.html#cm-menu (Abruf am 24.09.2013), 2013

H&M Homepage: Worldwide, http://about.hm.com/AboutSection/en/About/facts-about-hm/fashion-for-all/sales-markets.html#cm-menu (Abruf 24.09.2013), 2013

Interbrand: Best Global Brands 2013, http://www.interbrand.com/en/best-global-brands/2013/HM (Abruf am 17.10.2013), 2013

Marketinglexikon: Five Forces Porter, http://www.marketinglexikon.ch/terms/132 (Abruf am 25.10.2013), 2013

Mein-Wirtschaftslexikon: Markteintrittsbarrieren, http://www.mein-wirtschaftslexikon.de/m/markteintrittsbarrieren.php (Abruf am 25.10.2013); 2005

Molin, Tina: H&M entdeckt das Internet – im Jahr 2007, http://www.welt.de/lifestyle/article1074288/H-amp-M-entdeckt-das-Internet-im-Jahr-2007.html (Abruf am 28.09.2013), in: Welt online, 2013

n-tv online: Online-Handel soll Zahlen retten, http://www.n-tv.de/ticker/H-M-Gewinne-nicht-zufriedenstellend-article10846336.html (Abruf am 24.09.2013), 2013

Recklies, Dagmar: Porters fünf Wettbewerbskräfte, http://www.themanagement.de/Ressources/P5F.htm#_Toc506359953 (Abruf am 25.10.2013), 2001

Reents, Heino: H&M gegen Zara gegen Primark, http://www.finanzen100.de/finanznachrichten/wirtschaft/h-m-gegen-zara-gegen-primark_H509822760_61483/ (Abruf am 01.10.2013), 2013

Schmitt, Jürgen/ Sell, Katja: H&M-Aktie: Gewinn in Q2 enttäuschend, http://www.investor-verlag.de/aktien-und-aktienhandel/hm-aktie-gewinn-in-q2-enttaeuschend-online-handel-solls-richten/103168331/ (Abruf am 27.09.2013), in: Insider Daily, 2013

Spiegel online: Unternehmerlegende: H&M-Gründer Persson ist tot, http://www.spiegel.de/wirtschaft/unternehmerlegende-h-m-gruender-persson-ist-tot-a-220423.html (Abruf am 30.09.2013), 2002

Steuer, Helmut: Karl-Johan Persson: Der logische Nachfolger, http://www.handelsblatt.com/unternehmen/management/koepfe/hund m-karl-johan-persson-der-logische-nachfolger/3109970.html (Abruf am 30.09.2013), in: Handelsblatt online, 2009

Stylicon: H&M Home: Fashion for your Home!, http://www.stylicon.de/487-hm-home-fashion-for-your-home/ (Abruf am 18.10.2013), 2009

Sztuka, Achim: Branchenstrukturanalyse (Five Forces) nach Porter, http://www.manager-wiki.com/externe-analyse/22-branchenstrukturanalyse-qfive-forcesq-nach-porter (Abruf am 25.10.2013), 2013

Weitzl, Wolfgang: Die Bedeutung von Store Branding für den Einzelhandel, http://www.marketmentor.at/wissensbasis/100-storebranding.html (Abruf am 17.10.2013), 2011

Wer-zu-wem: H&M Firmenprofil, http://www.wer-zu-wem.de/firma/hennes-mauritz.html (Abruf am 21.10.2013), 2013

Wiebking, Jennifer: Mode von H&M: Und weitere Geschichten, http://www.faz.net/aktuell/gesellschaft/mode/mode-von-h-m-und-weitere-geschichten-12083366.html (Abruf am: 30.09.2013), in: FAZ online, 2013

Wirtschaftslexikon24: Qualitätssicherung, http://www.wirtschaftslexikon24.com/d/qualit%C3%A4tssicherung/qualit%C3%A4tssicherung.htm (Abruf am 21.10.2013), 2013

Literaturquellen:

Schneider, Willy: Marketing und Käuferverhalten, 3. Auflage, München, Oldenbourg Verlag, 2009

Sonstige Quellen:

bhV, TNS infratest: Umsatzstarke Warengruppen im Online-Handel, Statista, 2013

Lynn, Heather/ Bennett, Shannon/ Joines, Harriet: H&M vs. Zara, Comparing Marketing Strategies, http://dianajoines.files.wordpress.com/2009/09/final-term-paper-hm-vs-zara-marketing-strategies.pdf (Abruf am 17.10.2013), 2009

Mehic, Emina: E-Commerce versus stationärer Handel am Beispiel der Textilbranche, http://michael.hahsler.net/stud/done/mehic/EHandel_Mehic.pdf (Abruf am 21.10.2013), 2007

Sieper, Elke: H&M startet Online-Shop in den USA, in: TextilWirtschaft, 32 vom 08.08.2013

TNS Infratest: Anteil der Internetnutzer in Deutschland von 2001 bis 2013, Statista, 2013

Wertpapier-Forum: Unternehmensanalyse, http://www.wertpapier-forum.de/index.php?app=core&module=attach&section=attach&attach_id=43917 (Abruf am 17.10.2013), 2013

17 OTTO

(Deffner, C.)

1 Das Unternehmen

Historie

Unter dem Namen „Werner Otto Versandhandel", nachstehend OTTO genannt, wurde das Unternehmen im August 1949 von Werner Otto (1909 - 2011) in Hamburg gegründet.[948]
Im ersten, 1950 erschienenen noch handgebundenen 14 seitigen Katalog wurden 28 Paar Schuhe präsentiert. Die Auflage betrug 300 Exemplare. Der Kauf auf Rechnung wurde von OTTO eingeführt. Bereits 1951 wurde der Katalog (inzwischen gedruckt) auf 28 Seiten vergrößert, da das Sortiment neben Schuhen auf Aktentaschen, Regenmäntel und Hosen vergrößert wurde.[949]
Der rasante wirtschaftliche Aufschwung in Deutschland nach dem Zweiten Weltkrieg ab den 1950er Jahren bescherte dem Unternehmen ein dynamisches Umsatzwachstum. Bereits 1958 zählte der Otto-Versand mit einem Jahresumsatz von 100 Mio. DM[950] zu den größten Unternehmen in Deutschland. Inzwischen war das Unternehmen bereits zu einem Universalversender mit breit angelegtem Warensortiment geworden. Der Hauptkatalog erscheint zweimal im Jahr als Frühjahr- / Sommer- und Herbst- / Winter-Katalog. Ab 1968 wird das Post-Shop-Magazin eingeführt[951], das speziell an die junge Kundschaft, der Teens und Twens gerichtet ist. Neben junger Mode, Sport- und Bademode, werden aktuelle Schallplatten oder KFZ-Zubehör zum Auto-„Aufmotzen" angeboten. Gleichzeitig beinhaltet das Magazin Werbung für die Jugendzeitschrift BRAVO sowie Preisausschreiben. Ab 1966 findet man im OTTO-Katalog erstmals Kleidung prominenter Designer wie Nina Ricci oder Christian Dior.[952]
In 1969 wurde von OTTO die Hanseatic Bank in Hamburg gegründet. Als Teilzahlungsbank ermöglicht sie den OTTO-Kunden die Finanzierung der

---

[948] Vgl. OTTO, 2013a.
[949] Vgl. Schmoock, Matthias, 2009, S. 125.
[950] Vgl. Schmoock, Matthias, 2009, S. 126.
[951] Vgl. Schmoock, Matthias, 2009, S. 128.
[952] Vgl. OTTO, 2013a.

Katalogwaren. Die Kunden konnten somit ihre Bestellungen bequem finanzieren. Bereits 1976 hat das private Bankhaus Vollbankstatus erlangt.[953]
Um die Zustellung der bestellten Waren schnellstmöglich flächendeckend sicher zu stellen, wurde 1972 ein eigener Zustelldienst, die Hermes Paket-Schnelldienst GmbH & Co. KG (HERMES) gegründet.[954]
Durch Beteiligung an der französischen Versandhandelsgruppe 3 Suisses International (jetzt: Groupe 3 SI) begann in 1974 die Entwicklung hin zum internationalen Konzern.[955]
Bereits im gleichen Jahr beteiligte sich OTTO beim Karlsruher Versandhaus Heinrich Heine, das ab 1976 zum 100 prozentigen Tochterunternehmen wurde. Der Jahresumsatz des OTTO-Konzerns steigerte sich in Deutschland in 1978 auf 3,176 Mrd. DM.[956] Man beschäftigte rund 10.000 Mitarbeiter. Durch Gründung der Otto Reisen GmbH in 1980 gelang der Einstieg des Unternehmens in die Touristik-Branche.
Der 1986 im Rahmen einer Werbekampagne eingesetzte Slogan „Otto... find' ich gut." wurde zum geflügelten Wort und zählt heute noch zu den erfolgreichsten Werbeslogans (Anhang A2).
Die deutsche Wiedervereinigung bringt die Marktwirtschaft in die neuen Bundesländer und führt zu einem raschen Anstieg in der Nachfrage. In 1990 stieg der Konzernumsatz bereits auf 500 Mio. DM. Im gleichen Jahr wurde der 24-Stunden-Eilservice über HERMES eingeführt.[957]
1994 präsentiert OTTO als erster Versender sein Sortiment auf einer interaktiven CD-ROM.[958]
Der Gang ins Internet unter *www.otto.de* folgte im Jahre 1995.[959] Zu dieser Zeit – Mitte der 1990er – war das Internet bereits größeren Teilen der Bevölkerung ein Begriff. Durch günstigere Internetzugänge und Angeboten des digitalen Telefonanschlusses über ISDN gewann das Internet immer weiter an Popularität, so dass es auch für OTTO wirtschaftlich interessanter wurde, auf Homepages seine Produkte darzustellen und zu bewerben.
Im Jahre 1997 erscheint der OTTO-Katalog vollständig im Internet. Mit ökologisch optimierten Textilien zählt der Otto-Versand zu den Pionieren für nachhaltige Produkte.

---

[953] Vgl. Hanseatic Bank, 2013.
[954] Vgl. Schmoock, Matthias, 2009, S. 129.
[955] Vgl. Schmoock, Matthias, 2009, S. 129.
[956] Vgl. Schmoock, Matthias, 2009, S. 130.
[957] Vgl. Schmoock, Matthias, 2009, S. 131.
[958] Vgl. Schmoock, Matthias, 2009, S. 132.
[959] Vgl. Schmoock, Matthias, 2009, S. 133.

1997 beteiligt sich die Otto Group mit 49% am Baur Versand. Das Firmenportfolio wurde im Jahre 2000 durch die Gründungen von discount 24 (Schnäppchen-Portal für Multimedia, Haushalt, Freizeit und Mode) sowie travelchannel.de (Internet-Reisebüro) ergänzt. Die Otto Group ist nach Amazon der zweitgrößte Online-Händler der Welt.[960]
Im Jahre 2002 firmiert der „Werner Otto Versandhandel" um in OTTO (GmbH & Co. KG). OTTO steht nur für die Einzelgesellschaft. Die Umfirmierung ist Ausdruck für die erfolgreich vollzogene Entwicklung hin zum internationalen Handels- und Dienstleistungskonzern. Otto Group steht für die Unternehmensgruppe aus 123 wesentlichen Konzerngesellschaften.[961] Im November 2009 sicherte sich OTTO die Markenrechte des insolventen Quelle-Konzerns sowie zahlreiche Handelsmarken, wie Privileg. Gleichzeitig übernahm OTTO das gesamte Russlandgeschäft von Quelle.
Ab 2009 ist OTTO auf Facebook und Twitter erreichbar. Mit *schlafwelt.de* launcht OTTO einen neuen Online-Spezialshop rund ums Thema Schlafen. Zum Start des iPads präsentiert OTTO 2010 die iPad-App „Otto-Kataloge". Webpadnutzer können ihren Wunschkatalog per Fingertipp auswählen, darin blättern und direkt bestellen. Ab 2011 können Kunden mit ihren Smartphones über *m.otto.de* nun mobil auf das gesamte OTTO-Sortiment zugreifen und direkt bestellen.[962]
2012 gründete die Otto Group mit dem brasilianischen Distanzhändler Posthaus ein Joint-Venture, um in Brasilien das E-Commerce-Geschäft zu forcieren.[963] Im November 2012 sichert sich OTTO die Markenrechte der insolventen Neckermann GmbH.[964]

Konzernstruktur

Die Otto Group ist heute eine weltweit agierende Handels- und Dienstleistungsgruppe mit rund 53.000 Mitarbeitern und einem Gruppenumsatz von 11,8 Mrd. Euro im Geschäftsjahr 2012 / 2013. In mehr als 20 Ländern Europas, Nord- und Südamerikas und Asien sind 123 wesentliche Unternehmen der Gruppe präsent.[965]

---

[960] Vgl. Schmoock, Matthias, 2009, S. 134.
[961] Vgl. OTTO, 2013a.
[962] Vgl. OTTO, 2013a.
[963] Vgl. ONEtoONE, 2012.
[964] Vgl. FAZ.net, 2012.
[965] Vgl. Otto Group, 2013a, S. 8.

Die Einzelgesellschaft OTTO ist der umsatzstärkste Universaldistanzhändler der Otto Group. OTTO ist in 8 europäischen Ländern aktiv. Bereits 80% der Umsätze wurden in 2012 im Onlinehandel realisiert.[966] Die Otto Group ist in drei Segmente gegliedert:

- Multichannel-Einzelhandel
- Finanzdienstleistungen
- Service

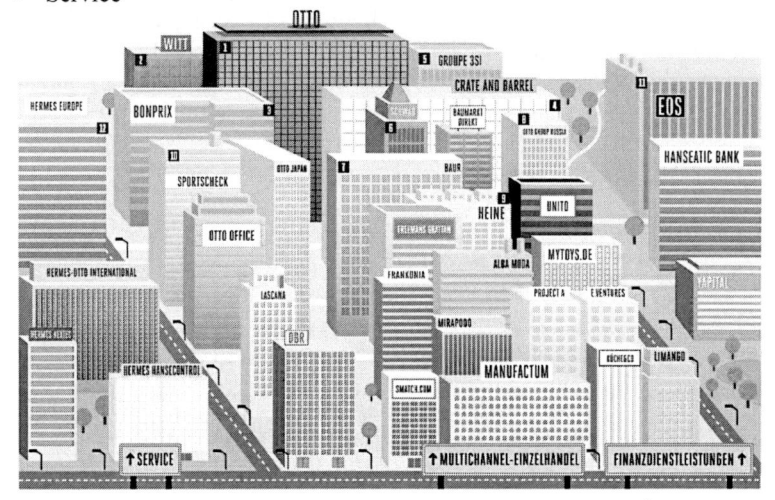

Abbildung 164: Was gehört zur Otto Group?[967]

Multichannel-Einzelhandel

Der Multichannel-Einzelhandel umfasst die in- und ausländischen Gesellschaften der Otto Group, die ihre Produkte über die 3 Vertriebswege E-Commerce, Katalog und Stationärgeschäft anbieten. Sortiment: Mode, Schuhe und Lifestyle-Artikel, Möbel und Einrichtungsaccessoires, Spielwaren, Technik-, Sport- und Freizeitartikel, Baumarktartikel.

---

[966] Vgl. Otto Group, 2013a, S. 8.
[967] Otto Group, 2013a, S. 8f.

E-Commerce

Der Internethandel ist inzwischen wichtigster Vertriebskanal. Rund 100 Online-Plattformen erzielen in der Gruppe über 50% der Einzelhandelserlöse. Einzelhandelsgeschäft OTTO oder Baur erzielen bereits zwei Drittel ihrer Umsätze im E-Commerce. Otto Group ist weltweit größter Onlinehändler für Fashion und Lifestyle mit dem Endverbraucher (B2C-Geschäft: Business to Consumer) und ist insgesamt die Nummer 2 hinter Amazon.[968] Deutschlandweit hat die Otto Group ihre Spitzenposition als größter Player im E-Commerce gefestigt.[969]

Katalog

Im Kataloggeschäft werden die Versandhandelskunden von OTTO sowie der Otto Group mit den eingeführten Hauptkatalogen sowie sortimentsspezifischen Spezialkatalogen beliefert. Vielfach nutzen die Kunden die Kataloge zur noch zur Inspiration, während die Bestellungen dann über die Online-Plattform abgewickelt werden.[970]

Stationärgeschäft

Die konzernweit über 400 Stores richten sich bezüglich Ausstattung, Sortiment, Lage und Ladenmanagement nach den jeweiligen Zielgruppen. Zu den Stores gehören u.a. SportScheck, Frankonia- oder bonprix-Filialen sowie die US-Einrichtungshäuser Crate & Barrel.[971]

Finanzdienstleistungen

Das Segment Finanzdienstleistungen umfasst das Angebot an internationalen Finanzservices der Otto Group, insbesondere Inkasso-, Debitoren-, Forderungs- und Liquiditätsmanagement. Die EOS-Gruppe mit Sitz in Hamburg, zur Otto Group gehörend, bietet weltweit individuelle Finanzdienstleistungen an. Schwerpunkt bildet neben Marketing- und Risikoinformationen das Forderungsmanagement.[972] Die Hanseatic Bank in Hamburg, ursprünglich 1969 als Teilzahlungsbank gegründet, um das Warenfinanzierungsgeschäft für Kunden des Otto Versand abzuwickeln, ist inzwischen

---

[968] Vgl. Otto Group, 2013b.
[969] Vgl. Otto Group, 2011.
[970] Vgl. Otto Group, 2013b.
[971] Vgl. Otto Group, 2013b.
[972] Vgl. Otto Group, 2013c.

umgewandelt in eine Vollbank mit den Geschäftsfeldern Einlagengeschäft, Immobilienfinanzierung, Forderungsmanagement und Kreditkartengeschäft.[973] Die Yapital Financial AG, Luxemburg, wurde 2011 als 100 prozentige Tochter der Otto Group gegründet und ist seit 2013 als europäisches bargeldloses Cross-Channel-Payment aktiv. Mit Yapital kann der Kunde nach einmaliger Anmeldung über alle Kanäle hinweg, also stationär, mobil, online oder per Rechnung, bezahlen und einkaufen.[974]

Service

Der Bereich Service umfasst die Logistik- und Einkaufsgesellschaften der Otto Group. Leistungen werden erbracht für den Multichannel-Einzelhandel der Otto Group als auch für Kunden außerhalb der Otto Group. Die HERMES-Gruppe erbringt alle relevanten handelsnahen Logistikdienstleistungen (Paketzustellung, Lagerlogistik, internationaler Einkauf, internationale Transportlogistik); daneben Entwicklung von Webshops und Shopping-Apps.[975]

2 Markt und Wettbewerb

Branchenentwicklung

Der Bundesverband des deutschen Versandhandels veröffentlichte Gesamtumsatz- und Online-Umsatzzahlen des Online- und Versandhandels in Deutschland für die Jahre 2006 - 2012:
Die Abbildung zeigt, dass der Umsatz des Versandhandels seit 2006 kontinuierlich steigt, wobei der Anteil hierbei am Onlinehandel von noch 38,02% in 2006 auf inzwischen 70,22% in 2012 gestiegen ist. Für das Geschäftsjahr 2013 werden erneut Gesamtumsatzausweitungen von circa 4 Mrd. Euro auf 43,5 Mrd. Euro prognostiziert bei nochmaliger Erhöhung des Onlinehandelsanteils auf 77%, gegenüber 70,22% im abgelaufenen Geschäftsjahr 2012. Die immer weiter steigenden Online-Umsatzzuwächse werden in den nächsten Jahren – stärker als in den Vorjahren – zu Lasten des stationären Einzelhandels gehen.[976]

---

[973] Vgl. Otto Group, 2013d.
[974] Vgl. Otto Group, 2013e.
[975] Vgl. Otto Group, 2013a, S. 7.
[976] Vgl. Otto Group, 2013a, S. 44.

Gesamtumsatz und Online-Umsatz im interaktiven Handel 2006 bis 2012 in Deutschland mit Prognose für 2013 (in Milliarden Euro)

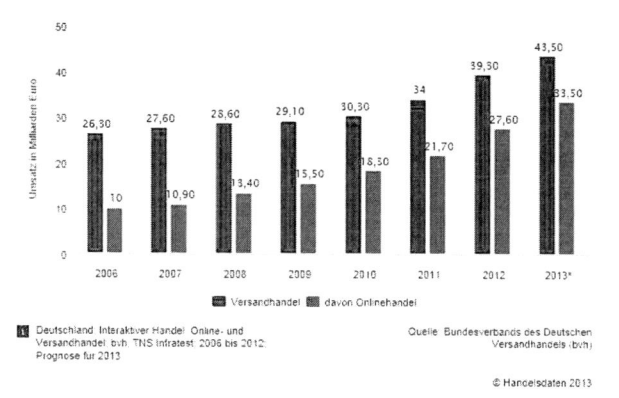

Abbildung 165: Vergleich Gesamtumsatz und Online-Umsatz im interaktiven Handel[977]

Positionierung im Markt

Für die Otto Group ist der Onlinehandel inzwischen zum wachstumsstärksten Vertriebskanal geworden. Der Anteil des E-Commerce-Umsatzes am Umsatz des Segments Multichannel-Einzelhandel betrug im Geschäftsjahr 2012 / 2013 knapp 57,1%, was ein Zuwachs von 7,5% (= 400 Mio. Euro) gegenüber des Vorjahres bedeutet.[978] Weltweit konnten die E-Commerce Umsätze auf 5,7 Mrd. Euro gesteigert werden, davon entfielen 3,7 Mrd. Euro auf den deutschen Markt. OTTO, als Teil der Otto Group, erwirtschaftet inzwischen 80% des Gesamtumsatzes über *www.otto.de* und weitere Online-Spezialshops.[979]

Im direkten Umsatz-Vergleich mit den größten Online-Shops in Deutschland für das Jahr 2012 belegt *www.otto.de* hinter dem Marktführer *www.amazon.de* Platz 2, dahinter mit großen Abstand *www.notebooksbilliger.de*, gefolgt von *www.zalando.de*.

Sowohl der Marktführer Amazon als auch OTTO sind Online-Anbieter mit Universalangebot. Ein weiterer Konkurrent mit ähnlich breit gestreutem Angebot ist auf dem deutschen Online-Markt zurzeit nicht vertreten.

---

[977] EHI Handelsdaten.de, 2013a
[978] Vgl. Otto Group, 2013a, S. 19.
[979] Vgl. OTTO, 2013f.

Neben den kompletten Katalogsortiment bietet der OTTO-Online-Shop (*www.otto.de*) rund 2,1 Mio. Artikelpositionen und etwa 400 verschiedene Marken aus den Bereichen Damen-, Herren- und Kindermode Fashion und Styles, Schuhe, Möbel, Wohn-Accessoires und Heimtextilien, Unterhaltungstechnik, Multimedia und Haushaltselektronik, Beauty, Sport und Baumarkt an.[980]

Nettoumsatz der größten Online-Shops in Deutschland im Jahr 2012 (in Millionen Euro)

Online-Shop	Nettoumsatz
www.amazon.de	4.811,10
www.otto.de	1.701
www.notebooksbilliger.de	485
www.zalando.de	411,60
www.weltbild.de	388,90
www.conrad.de	372,90
www.tchibo.de	360
www.bonprix.de	357
www.cyberport.de	343,10
www.esprit.de	327,60
www.alternate.de	302,70
www.hm.com/de	282,20
www.b-and-a.com/de	281,90
store.apple.com/de	278,10
www.thomann.de	264,70
www.baur.de	254,90
www.mytoys.de	244
itunes.apple.com/de	212,90
www.qvc.de	193
www.brands4friends.de	186,70

Quelle: EHI Retail Institute, Statista GmbH © Handelsdaten 2013

Abbildung 166: Vergleich der Nettoumsätze der deutschen Online-Shops in 2012[981]

Hierbei ist besonders der Bereich Bekleidung hervorzuheben, der die umsatzstärkste Warengruppe bildet. OTTO konnte seine Position als weltweit zweitgrößter Online-Händler und größter Online-Händler für Fashion und Lifestyle (B2C) in Deutschland bestätigen.[982]

---

[980] Vgl. OTTO, 2013b.
[981] EHI Handelsdaten.de, 2013b
[982] Vgl. OTTO, 2013f.

OTTO sowie die gesamte Otto Group konnte sich somit auch im abgelaufenen Geschäftsjahr 2012 / 2013 in einem weltweit sehr wettbewerbsintensiven Umfeld gut behaupten. Einerseits konnten die Umsatzerlöse im Multichannel-Einzelhandel moderat erhöht werden und andererseits ist es gelungen die Profitabilität deutlich zu verbessern. An dem im gesamten Konzern erwirtschafteten EBIT von 388 TEUR (Vorjahr: 259 TEUR) konnte der Bereich Multichannel - Einzelhandel im Geschäftsjahr 2012 / 2013 einen Beitrag von 209 TEUR (Vorjahr: 59 TEUR) leisten.[983]

Markenstrategie

OTTO sowie verschiedenen Firmen der Otto Group ist es gelungen, ihre Marken in der digitalen Welt gezielt und überzeugend zu präsentieren und zu positionieren, was den Geschäftserfolg wesentlich beeinflusst. Einer im September 2013 veröffentlichten Studie der Berliner Agentur für Markenstrategie „different" in Zusammenarbeit mit dem deutschen Wirtschaftsmagazin „Wirtschaftswoche" unter dem Titel „Digital Brand Champion 2013" zufolge, ist die Otto Group mit 6 Marken im Ranking für die beste Markenstrategie in den Top Ten vertreten. Neben OTTO und Bonprix sind die weiteren Konzernfirmen Baur, Quelle, Neckermann und Schwab vertreten.[984]
Die Studie basiert auf einer Digital Brand Scorecard (DBS), einem Tool für die Ermittlung der Markenführung im digitalen Zeitalter. Hierbei werden 4 Faktoren, die für den Erfolg einer Marke entscheidend sind, definiert und mit objektiv messbaren Kennziffern hinterlegt.[985]
Im Einzelnen sind dies:

Digital Brand Integrity:

- Bewertung der Präsenz von Marken auf digitalen Plattformen
- Konsistenz des Markenauftritts über alle digitalen Plattformen hinweg
- Integration und Vernetzung
- Vernetzung der genutzten Onlineplattformen[986]

---

[983] Vgl. Otto Group, 2013a, S. 19.
[984] Vgl. Otto Group, 2013f.
[985] Vgl. diffferent Strategieagentur, 2013a.
[986] Vgl. diffferent Strategieagentur, 2013b.

Digital Brand Assets:

- Hochwertigkeit des Inhalts
- Markenerlebnis des Nutzers
- Empfundene Attraktivität einer Marke
- Popularität der Markenwebsite[987]

Digital Innovation Leadership:

- Digitale Innovationskultur einer Marke
- Aktive Integration des Kunden in den Innovationsprozess einer Marke
- Performance auf mobilen Kanälen
- Analyse, ob Marke Sprung auf neue, innovative Plattformen geschafft hat[988]

Digital Relationship Value:

- Erfolgreiche Integration der User in Kommunikationsprozess der Marke
- Reaktionsfähigkeit einer Marke auf Serviceanfragen
- Identifizierung der User über Registrierung
- Digitale Community als User-Marken-Beziehung[989]

Die Studie ergab, dass sich OTTO mit 116 von 160 möglichen Punkten nur knapp hinter eBay (122) und vor Zalando (111) etablieren konnte und somit als Distanzhändler mit der erfolgreichsten Strategie zur Inszenierung seiner Marke im digitalen Umfeld gilt.[990]

Wettbewerbsvorteile

OTTO ist es gelungen, sich im hartumkämpften Wettbewerb, der durch eine hohe Preissensitivität gekennzeichnet ist, national und international zu behaupten.
Man ist inzwischen zum zweitgrößten Online-Händler weltweit hinter Amazon geworden und konnte die führende Position als größter Online-Händler für Fashion und Lifestyle ausbauen.

---

[987] Vgl. diffferent Strategieagentur, 2013c.
[988] Vgl. diffferent Strategieagentur, 2013d.
[989] Vgl. diffferent Strategieagentur, 2013e.
[990] Vgl. Otto Group, 2013f.

Als wesentliche Erfolgsgaranten haben hierzu beigetragen:

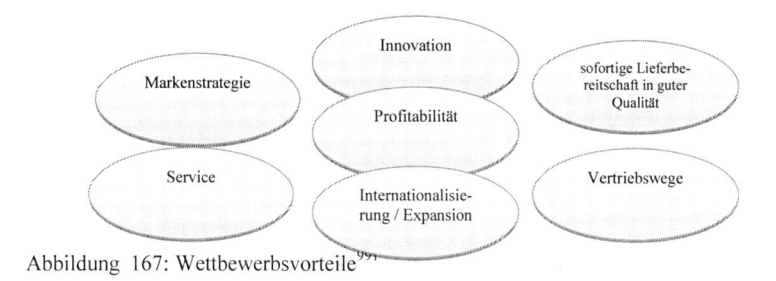

Abbildung 167: Wettbewerbsvorteile[991]

Sofortige Lieferbereitschaft in guter Qualität:

Lieferausfälle, Lieferverzögerungen und Qualitätsmängel würden sich auf das Vertrauen der Kunden in die Zuverlässigkeit der Bestellabwicklung negativ auswirken. Ein professionelles Beschaffungsmanagement legt daher besonderen Wert auf die Lieferantenauswahl sowie ständige Qualitätskontrollen.[992]

Service:

Die Logistik ist zu einem bedeutenden Faktor im Endkundengeschäft geworden. Die Otto Group legt neben Schnelligkeit, Zuverlässigkeit und Transparenz der Lieferkette besonderen Wert auf die Servicequalität am Point of Sale sowie auf dem Weg zum Endkunden. Die konzerneigenen HERMES Gesellschaften übernehmen diesen Service.[993]

Vertriebswege:

Der Multichannel-Einzelhandel ist durch die 3 Vertriebswege gekennzeichnet
- E-Commerce
- Kataloggeschäft
- Stationärgeschäft

Auch wenn sich der Vertriebskanal E-Commerce in den nächsten Jahren weiter zu Lasten des Kataloggeschäfts entwickeln wird, hält man am klas-

---
[991] eigene Abbildung , 2013
[992] Vgl. Otto Group, 2013a, S. 34.
[993] Vgl. Otto Group, 2013a, S. 30.

sischen Kataloggeschäft fest, zumal es einerseits eine große Anzahl von kaufkräftigen Endverbrauchern im Alter 65+ gibt, die weniger Kontakt und Beziehung zum Medium Internet haben und andererseits mancher Online-Besteller durch Erstsichtung des Katalogs zu einem Kauf im Internet animiert wird. Das Stationärgeschäft mit konzernweit über 400 Stores komplettiert das Angebot sowie den Service vor Ort und stellt die unmittelbare Nähe zum Kunden her. Die unterschiedlichen Vertriebswege tragen zur Risikostreuung im Konzern bei.

Internationalisierung / Expansion:

Das Wachstum des Konzerns wird maßgeblich durch Expansion ins Ausland sowie Kooperationen und Akquisitionen bestimmt. Auf dem russischen Markt konnte die Otto Group in 2012 die Marktführerschaft im B2C-Onlinehandel behaupten.

In den USA bestehen strategische Kooperationen mit der Einrichtungshauskette Crate & Barrel, die inzwischen sowohl in den USA als auch in Kanada neue Standorte eröffnet hat. Bei deren Expansion nach Dubai, Mexiko und Singapur wurde das Franchise-Modell gewählt.[994]

Innovation:

Im Bereich Finanzdienstleistungen hat die Otto Group bereits in eine Reihe von Unternehmen investiert, die innovative Finanzdienstleistungen entwickeln und anbieten (wie z.B. Yapital).[995] Hintergrund ist u.a. die zunehmende Bedeutung von digitalen Bezahlfunktionen.[996] Mit der Yapital Financial AG wird ein Crosschannel-Payment-System etabliert, welches im stationären Handel als auch mobil sowie online funktioniert. Insbesondere die Funktionalität der Bezahlfunktion über Smartphone steht hier im Fokus.[997]

Profitabilität:

Im abgelaufenen Geschäftsjahr 2012 / 2013 wurde in der konsolidierten Konzernbilanz unter Einbeziehung aller 3 Segmente (Handel, Service und Finanzdienstleistungen) ein Eigenkapital von TEUR 1.910 (Vorjahr: 2.000) ausgewiesen, was einer Quote von 25% (Vorjahr: 26,6%) an der Bilanz-

---

[994] Vgl. Otto Group, 2013a, S. 31.
[995] Vgl. Otto Group, 2013a, S. 10.
[996] Vgl. Otto Group, 2013a, S. 11.
[997] Vgl. Otto Group, 2013a, S. 32.

summe von TEUR 7.643,2 (Vorjahr: 7.506) entspricht. Der Jahresüberschuss belief sich auf TEUR 144 gegenüber TEUR 23 des Vorjahres. Der Brutto-Cash-Flow konnte auf TEUR 715 (Vorjahr: 628) erhöht werden.[998] Insgesamt wurden TEUR 372 (Vorjahr: 431) Investitionen in immaterielle Vermögenswerte und Sachanlagen getätigt; hierbei insbesondere für den Aus- und Umbau der Stationär Standorte, Investitionen in den Logistikbereich der Otto Group sowie IT-Architektur in Frankreich.[999] Die Liquidität der Gruppe ist durch ein ausgewogenes Bankenportfolio mit ausreichend freien Kreditlinien gewährleistet.[1000] Detaillierte Angaben betreffend Gewinnbeitrag des OTTO-Online-Shops *www.otto.de* am gesamten Konzernjahresüberschuss waren aus dem Konzern-Geschäftsbericht 2012 / 2013 nicht zu entnehmen.

3 Unternehmensstrategie

Vision und Mission

Der Geschäftsauftrag des unternehmerisch geführten Familienunternehmens konkretisiert, innerhalb welcher Rahmenbedingungen und Leitplanken der Vorstand, Geschäftsführer und Mitarbeiter die wesentlichen Inhalte eines nachhaltig profitablen Geschäftsmodells der Otto Group betreiben sollen. Gleichzeitig bildet der Geschäftsauftrag die Basis der Konzernstrategie und auch Vision und Mission leiten sich daraus ab. Wesentliche Parameter der Portfoliologik sowie Investitionssteuerung basieren gleichfalls auf dem Geschäftsauftrag.[1001]

Die Vision lautet: „Die Otto Group ist eine weltweit tätige Unternehmensgruppe von Einzelhändlern und handelsnahen Dienstleistern mit erfolgreichen Unternehmenskonzepten, die Verantwortung gegenüber Mensch und Natur übernimmt."[1002] Zur Erreichung der Vision wurden die Werte der Otto Group in der Mission „Die Kraft der Verantwortung" gebündelt. Dadurch wird jeder einzelne Mitarbeiter zum Engagement zu den Themen Nachhaltigkeit, Wirtschaftlichkeit, Innovation und Vielfalt aufgefordert.

---

[998] Vgl. Otto Group, 2013a, S. 2.
[999] Vgl. Otto Group, 2013a, S. 25.
[1000] Vgl. Otto Group, 2013a, S. 33.
[1001] Vgl. Otto Group, 2013a, S. 10.
[1002] Otto Group, 2013a, S. 10.

Strategische Ziele

Als wesentliches strategisches Ziel sieht man die weitere Stärkung des existierenden Portfolios sowie dessen selektiven Ausbau im nationalen und internationalen Bereich. Durch Erschließung neuer Geschäftsfelder und Geschäftsmodellen will man sich den Herausforderungen der sich wandelnden Märkte stellen, um von neuen Geschäftschancen zu profitieren.[1003] Im Distanzhandel will man in ausgewählten Märkten präsent sein und den stationären Handel weiter ausbauen. Der Bereich E-Commerce wird auch weiterhin wesentlicher Schwerpunkt bezüglich Wachstumsstrategie sein. Hierbei wird man erheblich in die Einrichtung von neuen Onlineshops investieren, um neue Geschäftsmodelle auszutesten.[1004]
Im Bereich Finanzdienstleistungen ist der weitere Ausbau der Geschäftsaktivitäten in den Kernmärkten geplant sowie das Schließen von strategischen Lücken in Europa und Asien durch entsprechendes Wachstum. Die Investition in Unternehmen, die innovative Finanzdienstleistungen entwickeln und anbieten, wird auch weiterhin forciert.[1005]
Zur langfristigen Stärkung der Marktposition sind erhebliche Investitionen in die IT geplant, wobei die einzelnen Konzerngesellschaften dort eigenverantwortliche Investitionen – ausgerichtet an den zukünftigen Wettbewerbsanforderungen – tätigen. Controlling erfolgt zentral um Zielsetzungen im Konzern sicherzustellen.
Als weiteres strategisches Ziel zur Stärkung der Marktposition sieht man einerseits gezielte Investments in zukunftsweisende Unternehmen und andererseits laufende Überprüfung der Wirtschaftlichkeit der bestehenden Unternehmen.
Um die Unternehmensziele erreichen zu können, möchte die Otto Group die besten Mitarbeiter rekrutieren und längerfristig an sich binden. Recruiting Maßnahmen werden hierfür bereits im Universitätsbereich gestartet. Als weiterer Aspekt der Konzernstrategie soll die Verantwortung für Mensch und Natur auch künftig das Handeln im Konzern bestimmen. Dafür ist die Nachhaltigkeit seit mehr als 25 Jahren im Konzern fest verankert, die als Basis für ein langfristiges, ökonomisches erfolgreiches Wirtschaften angesehen wird. Für verschiedenste Maßnahmen, wie CO_2-Reduktion oder zukunftsfähige Produktions- und Lieferketten haben Vorstandsmitglieder der Otto Group die Patenschaften übernommen.[1006]

[1003] Vgl. Otto Group, 2013a, S. 10.
[1004] Vgl. Otto Group, 2013a, S. 10.
[1005] Vgl. Otto Group, 2013a, S. 10.
[1006] Vgl. Otto Group, 2013a, S. 11.

4 SWOT-Analyse

Mit Hilfe der SWOT-Analyse wird eine Situationsanalyse von OTTO sowie des Wettbewerbers Zalando durchgeführt, um mögliche geeignete strategische Lösungsalternativen für die Erreichung der Ziele der beiden Unternehmen abzuleiten.

OTTO (GmbH & Co. KG)

Strengths (Stärken)	Weaknesses (Schwächen)
- traditionsreiches Familienunternehmen seit 1949 am Markt etabliert - Gesellschaftsanteile im Familienbesitz - Firma arbeitet profitabel - Alleinstellungsmerkmal als Multichannel-Player[1007] - Risikostreuung durch Universalangebot (breites Sortiment) -> 2. größter Onlineshop hinter Amazon - größter Onlinehändler für Fashion + Lifestyle in Deutschland[1008] - Kernsegment Bekleidung stärkster Umsatztreiber - HERMES-Gruppe konzerneigener Paketdienst - kostenlose Rückgabe innerhalb 30 Tagen - hohes Servicelevel und enger Dialog mit den Kunden - Begrenzung der Retourenquote durch gezielte Produktinformationen[1009] - hoher Qualitätsstandard der Waren - Innovationen: z.B.: digitale Bezahlfunktionen - Expansion ins Ausland / Kooperationen und Akquisitionen zur Umsatzausweitung	- Entscheidungsfindung für strategische Neuausrichtungen langwierig - Entwicklung Katalogbereich in der Zukunft? - Profilierung der Marke OTTO im Portfolio noch nicht ausreichend - Werbeauftritt und –präsenz nicht ausreichend - hohe Restrukturierungskosten im frz. Markt - Entscheidung über Trennen von verlustbringenden Investments oder Online Stores zu spät

---

[1007] Vgl. Heller, Michael, 2013.
[1008] Vgl. Otto Group, 2013g.
[1009] Vgl. OTTO, 2013c.

Opportunities (Chancen)	Threats (Risiken)
- größere Marktdurchdringung durch - Erschließung neuer Geschäftsfelder - Ausbau der IT - Einrichtung neuer Online-Shops - mit unterschiedlichen Geschäftsmodellen auf regionale Marktentwicklungen reagieren - Ausbau des stationären Handels (z.B. SportScheck)[1010] - Ausbau HERMES Paket-Shop-Netzwerk - weitere Expansion - Ausbau E-Commerce und Mobile-Konzepte - Investition in innovative Finanzdienstleistungen - Ausbau Präsenz im Social Network[1011] - gezielte Investments in zukunftsweisende Unternehmen - Erhöhung der Leistungssteigerung durch Einführung überarbeiteter OTTO-Online-Shops[1012] - breite Markenoffensive durch verstärkte Online-Werbung[1013]	- Eintritt neuer online-Anbieter auf dem Markt - evtl. zu später Start neuer Technologien, dadurch Wettbewerbsvorteil der Wettbewerber - konjunkturelle Entwicklungen - sinkende Nachfrage - hohe Investitionen, Rentabilität bleibt abzuwarten - Wirtschaftlichkeit einzelner Unternehmen - Konsumentenverhalten - Preissensitivität

Abbildung 168: SWOT-Analyse OTTO (GmbH & Co. KG)[1014]

Dem Traditionsunternehmen OTTO ist es gelungen sich im E-Commerce-Bereich erfolgreich zu etablieren. Bereits 80% der Umsätze werden im Online-Bereich erwirtschaftet. Am Geschäftsmodell des Multichannel-Handels, das neben dem florierenden und bereits mit Abstand umsatzstärksten Vertriebskanal des E-Commerce Geschäft, auch das Kataloggeschäft sowie die Stationärgeschäfte beinhaltet, will man weiter festhalten. Um auch weiterhin seine Marktposition als größter Online-Händler für

---

[1010] Vgl. Onlinehändler News, 2013.
[1011] Vgl. OTTO, 2013d.
[1012] Vgl. Gründerszene, 2013.
[1013] Vgl. OTTO, 2013e.
[1014] eigene Abbildung, 2013

Fashion- und Lifestyle in Deutschland zu halten, bedarf es einer erhöhten Profilierung der Marken im Portfolio. Der Werbeauftritt sowie die Werbepräsenz müssen deutlich erhöht werden, um sich gegen die Konkurrenz zu behaupten und keine Marktanteile zu verlieren. Durch hohe Investitionen in die IT, so auch durch verbesserten Online-Auftritt aller OTTO-Shops will man sich den veränderten Herausforderungen des Online-Handels stellen. Die weitere wirtschaftliche Entwicklung von OTTO wird jedoch weitgehend von der konjunkturellen Entwicklung und in Folge vom Konsumentenverhalten beeinflusst.

Zalando GmbH

Das junge Startup-Unternehmen Zalando GmbH konnte mit seinem Geschäftsmodell, das ausschließlich auf den E-Commerce-Bereich fokussiert ist, finanzstarke Investoren gewinnen, die sich seit dem Gründungsjahr 2008 mit mehreren Hundertmillionen Euro am Unternehmen beteiligten. Durch diese finanziellen Mittel konnten u.a. umfangreiche Werbeauftritte finanziert werden, um den Bekanntheitsgrad zu erhöhen und Marktanteile zu gewinnen.

Aufgrund der aggressiven und schrillen Werbespots konnte eine rasante Umsatzsteigerung erreicht werden. Für 2012 wird eine Verdoppelung des Umsatzes von noch TEUR 500 in 2011 auf über 1 Mrd. Euro erwartet. Es ist gelungen in 2012 bereits zum 4. größten Online-Anbieter in Deutschland zu werden. Die Produktpalette wurde von anfänglich nur Schuhen inzwischen auf Mode und Accessoires ausgeweitet. Gleichzeitig wurde die Expansion ins europäische Ausland gezielt vorangetrieben, mit dem Ziel Marktführer zu werden und letztendlich das Unternehmen an die Börse zu bringen. Seit Unternehmensgründung konnten bisher noch keine Gewinne ausgewiesen werden. Der Verlust bewegt sich im hohen zweistelligen Millionenbereich.

Das negative Geschäftsergebnis ist maßgeblich belastet durch die hohen Investitionen in Logistikzentren, Werbeausgaben sowie Rückstellungen für Retouren, denn das Unternehmen bewirbt aktiv den kostenlosen Versand sowie die kostenlose Rücknahme innerhalb von 100 Tagen.

Die weitere wirtschaftliche Entwicklung sowie das Erreichen der Gewinnzone werden maßgeblich davon abhängen, ob es Zalando gelingt, die Kosten zu senken ohne gleichzeitig Marktanteile zu verlieren. Der direkte Einfluss der Finanzinvestoren auf die strategischen Entscheidungen der Geschäftsführung, mögliches Abspringen von Investoren bei anhaltenden Verlustausweis, konjunkturelle Entwicklungen sowie der Markteintritt neuer

Online-Anbieter mit vergleichbarem Produktangebot sind die großen Herausforderungen, denen sich das junge Unternehmen in nächster Zukunft stellen muss.

Strengths (Stärken)	Weaknesses (Schwächen)
- Startup-Unternehmen (gegründet: 2008; reiner Online-Händler für Schuhe und Fashion)[1015] - finanzstarke Investoren[1016] - Erhöhung des Bekanntheitsgrades und Neukundengewinnung durch - aggressive, schrille Werbung (Anhang A3) - gezielte Marketingaktionen - Sortimentsausweitung[1017] - professionelles Managementteam - hohe Eigenkompetenz im IT-Bereich[1018] - Expansion, um Marktführer zu werden[1019] - rasante Umsatzausweitung seit Gründung[1020] - in 2012 bereits 4. größter Online-Anbieter in Deutschland - kostenloser Versand und Rücknahme[1021] - Rückgabemöglichkeit bis 100 Tage[1022] - Einführung von Eigenmarken (höhere Gewinnspanne)	- hohe Investitionskosten[1023] - wechselnde Gesellschafterstruktur - hohe Ausgaben für Werbung belastet Geschäftsergebnis - Produktpolitik in den nächsten Jahren? -> wo will man hin? - zusätzliche Ausgaben für aggressive Werbekampagnen - hohe Verlustausweise seit Gründung[1024] - hohe Retourenquote[1025] - hohe Logistikkosten[1026] - hohe Lagerhaltung erforderlich[1027] - hohe Rückstellungen für Retouren erforderlich[1028] - teilweise Qualitätsmängel -> Verkauf der retournierten Ware in eigenem Outlet in Berlin mit hohen Rabatten bis 70%

[1015] Vgl. Bundesanzeiger, 2013.
[1016] Vgl. Wirtschaftswoche, 2013.
[1017] Vgl. Zalando, 2013a.
[1018] Vgl. Zalando, 2013b.
[1019] Vgl. Bundesanzeiger, 2013.
[1020] Vgl. Bundesanzeiger, 2013.
[1021] Vgl. Zalando, 2013c.
[1022] Vgl. Zalando, 2013c.
[1023] Vgl. Bundesanzeiger, 2013.
[1024] Vgl. Bundesanzeiger, 2013.
[1025] Vgl. Der Handel, 2013.
[1026] Vgl. Zalando, 2012.
[1027] Vgl. Bundesanzeiger, 2013.
[1028] Vgl. Bundesanzeiger, 2013.

Opportunities (Chancen)	Threats (Risiken)
- Erreichung Gewinnzone durch Verbesserung der Profitabilität - Ziel: Börsengang - weitere Expansion - Marktführer werden durch Expansion (geographisch sowie durch Sortimentsvergrößerung) - Verbesserung der Qualität der Waren	- Abspringen von Finanzinvestoren bei anhaltendem Verlustausweis - wesentlicher Einfluss der Gesellschafter (Investoren) auf Geschäftsstrategie - Eintritt neuer online Anbieter auf dem Markt -> Verdrängungswettbewerb - konjunkturelle Entwicklung - Konsumentenverhalten (Preissensitivität) - Zahlungsverhalten der Kunden - Reklamationen und Negativpresse bei anhaltend geringer Qualität einzelner Artikel

Abbildung 169: SWOT-Analyse Zalando GmbH[1029]

5 Fazit und Ausblick

OTTO gehörte Mitte der 90er Jahre mit zu den ersten deutschen Versandhändlern, der seine Warensortimente im Internet präsentierte. Damit waren die Weichen für den Eintritt ins digitale Zeitalter gestellt. Das Internet, das in den Folgejahren eine unvergleichliche Erfolgsgeschichte schrieb, veränderte aufgrund der gebotenen Informations- und Angebotsfülle, auch das Käuferverhalten. Der Anteil der online verkauften Waren ist seither kontinuierlich gestiegen und wird in den folgenden Jahren weiter steigen, letztendlich zu Lasten des stationären Einzelhandels.

OTTO ist stets bemüht, den sich ändernden Rahmenbedingungen im Online-Handel zu stellen und durch innovative Lösungen sowohl im Social Network als auch Webpad sowie m-commerce die führende Marktposition als Universalversender zu behaupten.

Durch das breit aufgestellte Sortiment, das neben Mode, Schuhe und Lifestyle-Artikeln auch Möbel und Einrichtungsaccessoires, Spielwaren, Technik-, Sport- und Freizeitartikel sowie Baumarktartikel beinhaltet, werden unterschiedliche Käufergruppen angesprochen und gleichzeitig wird durch diese Diversifikation bewusst eine Risikostreuung vorgenommen. Das Geschäftsergebnis im Online-Handel ist dadurch nicht unmittelbar vom Ver-

---

[1029] eigene Abbildung, 2013

kaufserfolg eines einzelnen Sortiments abhängig. Gleichwohl hat sich das Kernsegment Bekleidung inzwischen zum größten Umsatztreiber entwickelt. Gerade in diesem Bereich traten in den vergangenen Jahren vermehrt Mitbewerber in den Online-Markt ein.

Am Beispiel des Startup-Unternehmens Zalando GmbH musste man feststellen, wie durch gezielte, aggressive Werbemaßnahmen innerhalb von 4 Jahren ein großer Marktanteil im Bereich Schuhe und Mode für junge Leute erschlossen werden konnte. Um sich gegen diese Konkurrenz sowie auch gegen den Markteintritt weiterer Online-Anbieter dauerhaft behaupten zu können, muss OTTO auch in den nächsten Jahren weitere hohe Investitionen in die IT und Marketing tätigen, um die Leistungsfähigkeit und Attraktivität der OTTO-Online-Shops zu erhöhen. Gleichzeitig bedarf es einer breit angelegten Markenoffensive durch verstärkte Online-Werbung.

Unter Berücksichtigung vorstehender Handlungsempfehlungen sollte es OTTO gelingen, weiterhin erfolgreich und profitabel im Online-Handel bestehen zu können, denn die Stärke der Marke OTTO steht seit Jahrzehnten auch für gute Qualität und ein hohes Servicelevel.

6   Arbeitsfragen

1. Welche wirtschaftlichen Risiken können sich bei anhaltender Expansion des Unternehmens ins europäische und außereuropäische Ausland ergeben?

2. Ist das Geschäftsmodell als Universalversender im Multichannel-Einzelhandel noch zeitgemäß?

3. Ist ein langfristiges Überleben im globalen Markt ohne Beteiligung von fremden Investoren möglich?

Quellenverzeichnis

Literaturquellen

Schmoock, Matthias: Werner Otto – Der Jahrhundert-Mann, 2. Auflage, Frankfurt: Societäts-Verlag, 2009

Internetquellen

Bundesanzeiger: Jahresabschluss zum Geschäftsjahr vom 01.01.2011 bis zum 31.12.2011: https://www.bundesanzeiger.de/ebanzwww/ wexsservlet?session.sessionid=ed1cf7cf17ea2adef6edd8310281 cde2&global_data.designmode=eb&genericsearch_param.fulltext=zal ando&genericsearch_param.part_id=&%28page.navid%3Dto _quicksearchlist%29=Suchen (Abruf am 23.10.2013), 2013

Der Handel: Otto und Zalando – ungleiche Rivalen im Online-Modehandel: http://www.derhandel.de/news/technik/pages/E-Commerce-Otto-und-Zalando---ungleiche-Rivalen-im-Online-Modehandel-9329.html (Abruf am 23.10.2013), 2013

different Strategieagentur: different und WirtschaftsWoche küren 2013 erneut den „Digital Brand Champion": http://www.diffferent.de/digital brand scorecard/ (Abruf am 21.10.2013), 2013a

different Strategieagentur: Digital Brand Champion 2013 Faktorenzoom - Heute: Digital Brand Assets: http://www.diffferent.de/digital-brand-champion-2013-faktorenzoom-heute-digital-brand-assets/#main (Abruf am 21.10.2013), 2013c

different Strategieagentur: Digital Brand Champion 2013 Faktorenzoom - Heute: Digital Brand Integrity: http://www.diffferent.de/digital-brand-champion-2013-faktorenzoom-heute-digital-brand-integrity/#main (Abruf am 21.10.2013), 2013b

different Strategieagentur: Digital Brand Champion 2013 Faktorenzoom - Heute: Digital Innovation Leadership: http://www.diffferent.de /digital-brand-champion-2013-faktorenzoom-heute-digital-innovation-leadership/#main (Abruf am 21.10.2013), 2013d

different Strategieagentur: Digital Brand Champion 2013 Faktorenzoom - Heute: Digital Relationship Value: http://www.diffferent.de/digital-brand-champion-2013-faktorenzoom-heute-digital-relationship-value/#main (Abruf am 21.10.2013), 2013e

EHI Handelsdaten.de: Gesamtumsatz und Online-Umsatz im deutschen Versandhandel (2006 – 2013): http://www.handelsdaten.de/statistik/daten/studie/76745/umfrage/umsatz-versandhandel-und-onlinehandel/ (Abruf am 20.10.2013), 2013a

EHI Handelsdaten.de: TOP 20 der Online-Shops in Deutschland nach Umsatz (2012): http://www.handelsdaten.de/statistik/daten/studie/271921/umfrage/umsatz-der-groessten-online-shops-in-deutschland/ (Abruf am 20.10.2013), 2013b

FAZ.net: Versandhändler Otto kauft Neckermann-Markenrechte: http://www.faz.net/aktuell/wirtschaft/versandhaendler-otto-kauft-neckermann-markenrechte-11968422.html (Abruf am 19.10.2013), 2012

Gründerszene: Media-Saturn wächst mit Redcoon, Otto mit TV-Werbung: http://www.gruenderszene.de/allgemein/media-saturn-otto-online (Abruf am 22.10.2013), 2013

Hanseatic Bank: Wir über uns: https://www.hanseaticbank.de/wir-ueber-uns.html (Abruf am 19.10.2013), 2013

Heller, Michael: Vier für OTTO: http://www.otto.com/de/unternehmen/management.php (Abruf am 22.10.2013), 2013

ONEtoONE: Otto Group gründet Joint Venture in Brasilien: http://www.onetoone.de/Otto-Group-gruendet-Joint-Venture-in-Brasilien-21827.html (Abruf am 19.10.2013), 2012

Onlinehändler News: Gegen den Trend: Otto will stationäres Geschäft ausbauen: http://www.onlinehaendler-news.de/handel/1599-gegen-den-trend-otto-will-stationaeres-geschaeft-ausbauen.html (Abruf am 23.10.2013), 2013

OTTO: Distanzhandel ganz nah: Basisinformation aus August 2013: http://www.otto.com/media-oc/docs/newsroom/basismaterial/BM_Unternehmensprofil.pdf (Abruf am 23.10.2013), 2013f

OTTO: Einmal hin, einmal her – retournieren ist nicht schwer. Wie OTTO das Thema Retouren begreift, Basisinformation aus Juli 2013: http://www.otto.com/media-oc/docs/newsroom/basismaterial/ Basismaterial_Retouren.pdf (Abruf am 23.10.2013), 2013c

OTTO: Halbjahresbilanz: Breite Markt- und Markenoffensive sichert Deutschlands größtem Online-Modehändler OTTO rentables Wachstum, Pressemitteilung vom 17. Oktober 2013: http://www.otto.com/de/news room/news/2013/halbjahresergebnis-2013.php (Abruf am 22.10.2013), 2013e

OTTO: OTTO – Die Chronik: http://www.otto.com/de/unternehmen/chronik.php (Abruf am 19.10.2013), 2013a

OTTO: Shop der tausend Marken: http://www.otto.com/de/e-commerce/one-stop-shopping.php (Abruf am 20.10.2013), 2013b

OTTO: Unverzichtbarer Dialog: http://www.otto.com/de/e-commerce/social-media.php (Abruf am 22.10.2013), 2013d

Otto Group: Die Otto Group – weltweit die Nummer zwei im Onlinehandel: http://www.ottogroup.com/estarter/2011/05/die-otto-group-weltweit-die-nummer-zwei-im-onlinehandel/ (Abruf am 20.10.2013), 2011

Otto Group: „Digital Brand Champion" – Otto Group-Marken belegen sechs Plätze in den Top Ten, Pressemitteilung vom 10. September 2013: http://www.ottogroup.com/media/docs/de/download/ meldungen/2013/20130910_Otto-Group-ueberzeugt-bei-Studie-Digital-Brand-Champion.pdf (Abruf am 21.10.2013), 2013f

Otto Group: EOS Gruppe: http://www.ottogroup.com/de/die-otto-group/konzernfirmen/eos.php (Abruf am 20.10.2013), 2013c

Otto Group: Geschäftsbericht 2012 / 2013: http://www.ottogroup.com/media/docs/de/geschaeftsbericht/DE_OTTO_GB_2012_13_Finanzteil.pdf (Abruf am 20.10.2013), 2013a

Otto Group: Hanseatic Bank: http://www.ottogroup.com/de/die-otto-group/konzernfirmen/hanseatic-bank.php (Abruf am 20.10.2013), 2013d

Otto Group: Multichannel-Einzelhandel: http://www.ottogroup.com/de/die-otto-group/daten-und-fakten/segmente/multichannel-einzelhandel.php (Abruf am 20.10.2013), 2013b

Otto Group: OTTO: http://www.ottogroup.com/de/die-otto-group/konzernfirmen/otto.php (Abruf am 22.10.2013), 2013g

Otto Group: Yapital: http://www.ottogroup.com/de/die-otto-group/konzernfirmen/yapital.php (Abruf am 20.10.2013), 2013e

Wirtschaftswoche: Zalando hastet Richtung Gewinnzone: http://www.wiwo.de/unternehmen/it/digitale-revolution-der-wirtschaft/schwarze-null-zalando-hastet-richtung-gewinnzone/7790064.html (Abruf am 24.10.2013), 2013

Zalando: Die Entwicklung von Zalando: http://www.zalando.de/presse_geschichte/ (Abruf am 24.10.2013), 2013a

Zalando: Startseite: http://www.zalando.de/ (Abruf am 24.10.2013), 2013c

Zalando: Zalando erhält langfristige Fremdkapitalfinanzierung in Höhe von 40,7 Millionen EUR: Presseinformation vom 01. Oktober 2012: http://media.ztat.net/media/presse/pressemeldungen/PM_Zalando_Finanz_ERF_011012.pdf (Abruf am 24.10.2013), 2012

Zalando: Zalando Mobile Shopping: 1 Million Mal von Kunden APProved: Presseinformation vom 26. Juli 2013: http://media.ztat.net/media/presse/pressemeldungen/Zalando_PM_1_Mio_App_Downloads_260713.pdf (Abruf am 24.10.2013), 2013b

18 IKEA

(Döring, S./Eiche, C.)

1 Das Unternehmen

Im Jahr 1926 wurde der schwedische Gründer Ingvar Kamprad in der schwedischen Gemeinde Älmhult geboren, bereits mit 17 Jahren gründete er das Unternehmen in Schweden. Der Name des Unternehmens *IKEA* setzt sich aus den Anfangsbuchstaben von **I**ngvar **K**amprad, des elterlichen Bauernhofs **E**lmtaryd und des Dorfes **A**gunnaryd zusammen, in dem der Hof lag. Zunächst verkaufte Ingvar diverse Sachgüter wie Streichhölzer, Blumensamen oder auch Dekorationsartikel. Er fand heraus, dass er diese in großen Mengen günstig einkaufen kann und sie zu einem relativ günstigen Preis an andere verkaufen kann und dennoch Gewinn erwirtschaftet. Sein Unternehmergeist nimmt in den 1940 er Jahren immer größere Dimensionen an. So nimmt er 1948 erstmals Möbelstücke in das Sortiment auf. Sie werden von regionalen Herstellern produziert, die in der Nähe von Kamprads Wohnort ansässig sind.1947 werden erstmals Möbel per Versand verkauft, dadurch wurde die Nachfrage zusätzlich vergrößert und die Möbelsparte fing an zu expandieren. 1951 kommt der erste eigene Katalog von Ikea heraus, bald darauf folgen die ersten eigenen Möbeldesigns und ein eigenes Möbelhaus. Das Zentrum des Geschehens ist Stockholm, dort entsteht der erste „Flag-shipstore" mit Selbstbedienungsladen. Zeitgleich etablierte sich das Ikea Restaurant, welches leeren Möbelhäusern zur Mittagszeit entgegenwirken sollte. Dort werden schwedische Speisen zu günstigen Preisen angeboten. 1959 besitzt Ikea ca. 100 Mitarbeiter. Durch den zunehmenden Erfolg expandierte das Unternehmen in alle Länder der Welt, zunächst in skandinavische Länder und bald darauf in alle Teile der Welt wie Australien oder Europa. Das erste Möbelhaus in Deutschland wird 1974 in München eingerichtet. In den 1990' er Jahren wächst Ikea weiter, so wird 1997 die erste Website unter www.ikea.com eingeführt und auch die Märkte in Asien und Amerika erreicht. 2000 geht erstmals der Online-Shop in Moskau an den Start und ermöglicht so die Erreichung eines neuen Marktes. Im Zuge der Entwicklung engagiert sich das Unternehmen in diversen Umweltstiftungen, um so dem Thema Nachhaltigkeit Verantwortung gerecht zu werden. Der Weltkonzern und besitzt 2012 über 131000 Mitarbeiter in 41 Ländern.[1030]

[1030] Vgl. Ikea Deutschland GmbH & Co. KG Unternehmensinformationen, 2013.

Die Geburt eines Giganten
Ikeas Aufstieg zum größten Möbelkonzern der Welt

1943
Ingvar Kamprad gründet Ikea. Der Name steht für Ingvar Kamprad Elmtaryd (Hof der Eltern) Agunnaryd (Heimatdort). Er verkauft zunächst Stifte, Portemonnaies, Bilderrahmen, Tischläufer, Uhren, Schmuck und Nylonstrumpfhosen.

1948
Möbel werden in das Sortiment aufgenommen. Sie werden von lokalen Herstellern in der Nähe von Kamprads Wohnort produziert. Die Nachfrage ist groß, die Sparte expandiert.

1952
Der Umsatz des Unternehmens beträgt 1 Mio. Schwedische Kronen (SEK).

1953
Kamprad eröffnet im südschwedischen Dorf Älmhult einen Ausstellungsraum für Möbel. Hier steht bis heute die Verwaltungszentrale des Konzerns.

1959
Ikea hat jetzt **100** Mitarbeiter.

1963
Ikea geht ins Ausland: Filiale in Oslo.

1965
Flagship-Store in Stockholm mit Selbstbedienungsladen.

1972
Umsatz steigt auf 300 Mio. SEK.

1974
Erster deutscher Ikea in München.

1975
Ikea in Hongkong

1976
Sessel „Poem" (Vorläufer des Klassikers „Poäng")

1978
3 Mrd. SEK Umsatz an 21 Standorten

1979
Bücherregal „Billy" und Sofa „Klippan" im Sortiment

80 Millionen Hotdogs lassen sich die Kunden jährlich schmecken.

50 Millionen Inbusschlüssel helfen jährlich beim Aufbau der Möbel.

1984
Der Kundenclub „Ikea Family" entsteht. Heute hat er etwa 15 Mio. Mitglieder.

1983
6000 Mitarbeiter und Ladenöffnung in Saudi-Arabien

1982
Gefängnisinsassen in der DDR mussten, mit Wissen des Konzerns, Möbel produzieren.

1982
Der Ikea-Konzern entsteht. Eigentümerin ist die „Stichting Ingka Foundation" mit Sitz in den Niederlanden.

2012
Mitarbeiter in Frankreich sollen bespitzelt worden sein.

2006
Über **100 000** Mitarbeiter

2004
200. Möbelhaus in New Haven (USA)

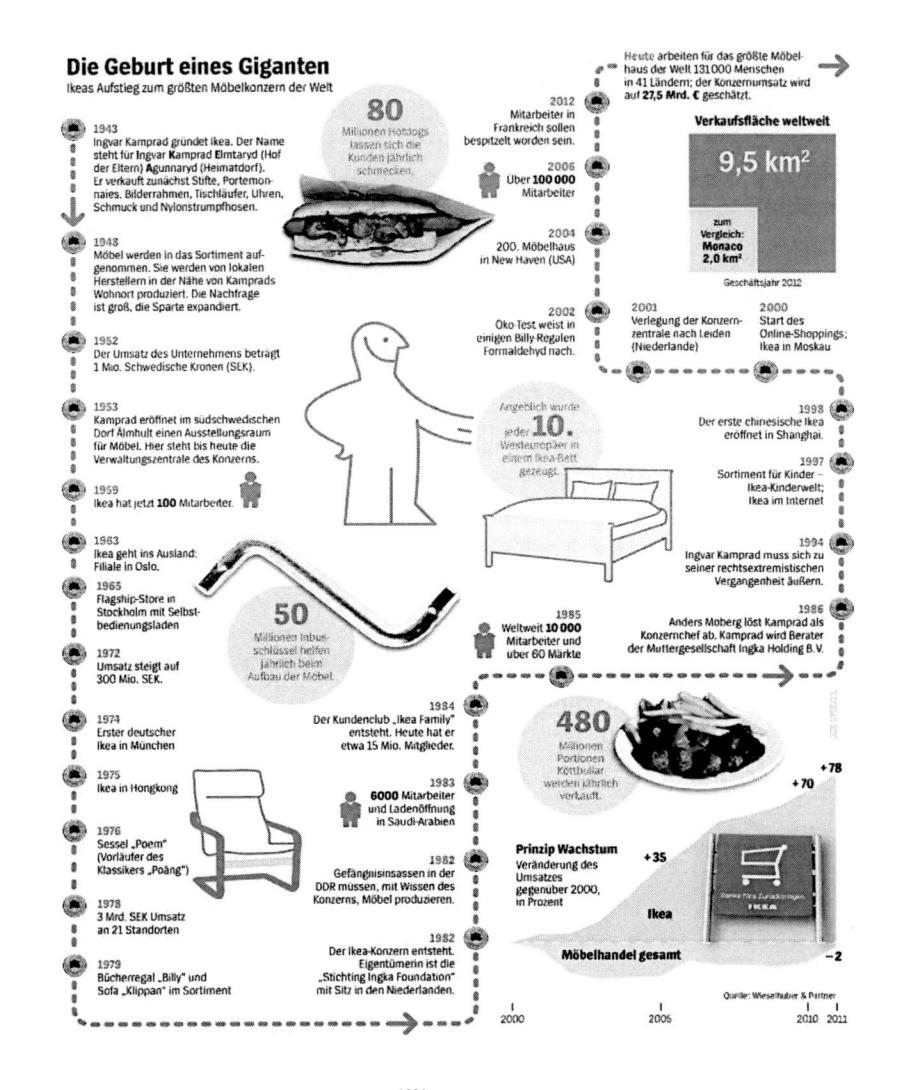

2002
Öko-Test weist in einigen Billy-Regalen Formaldehyd nach.

2001
Verlegung der Konzernzentrale nach Leiden (Niederlande)

2000
Start des Online-Shoppings; Ikea in Moskau

Angeblich wurde jeder **10.** Westeuropäer in einem Ikea-Bett gezeugt.

1998
Der erste chinesische Ikea eröffnet in Shanghai.

1997
Sortiment für Kinder – Ikea-Kinderwelt; Ikea im Internet

1994
Ingvar Kamprad muss sich zu seiner rechtsextremistischen Vergangenheit äußern.

1986
Anders Moberg löst Kamprad als Konzernchef ab. Kamprad wird Berater der Muttergesellschaft Ingka Holding B.V.

1985
Weltweit **10 000** Mitarbeiter und über 60 Märkte

Heute arbeiten für das größte Möbelhaus der Welt 131 000 Menschen in 41 Ländern; der Konzernumsatz wird auf **27,5 Mrd. €** geschätzt.

Verkaufsfläche weltweit
9,5 km²
zum Vergleich: Monaco 2,0 km²
Geschäftsjahr 2012

480 Millionen Portionen Köttbullar werden jährlich verkauft.

Prinzip Wachstum
Veränderung des Umsatzes gegenüber 2000, in Prozent

Ikea +78 / +70 / +35
Möbelhandel gesamt −2

2000 | 2005 | 2010 2011

Quelle: Wieselhuber & Partner

Abbildung 170: Die Geburt des Giganten[1031]

[1031] Amann, Susanne / Brauck, Markus / Tietz, Janko, 2012.

1.1 Schwedische Wurzeln

Die Firmenfarben blau und gelb schließen schnell darauf, dass das Unternehmen seinen Ursprung in Schweden hat. Der Lebensstil in Schweden spiegelt wiederum das Sortiment und das Auftreten des Unternehmens wieder. Der Lebensstil ist durch eine frische, bodenständige und gesunde Lebensart gekennzeichnet. Das zeigt sich bei Ikea vor allem durch helle Hölzer, naturfarbenen Textilien und der unbehandelten Oberfläche vieler Möbel. Das Ikea Sortiment ist dennoch modern gestaltet, vor allem soll es aber funktional, kindgerecht und attraktiv sein. Das Ikea Konzept stammt aus Smaland, ein Landteil in Schweden in dem Menschen hart arbeiten mussten, so spiegelt das die niedrigen Preise, die für jeden erschwinglich sein sollen. Kunden stehen bei Ikea, zumindest nach außen, als Partner gegenüber. Dies zeigt sich bei der Selbstmontage der Möbel. Auch schwedische Traditionen wie Mittsommer oder Ostern werden in Werbeaktionen nach außen getragen und tragen so zur schwedischen Identität des Unternehmens bei. Des Weiteren tragen die schwedischen Namen vieler Möbel wie „Klippan" und das schwedische Angebot an Speisen und Getränken dazu bei.

1.2 Konzernstruktur

Seit dem Jahr 1982 ist der Ikea Konzern im Besitz einer Stiftung, die *Stichting INGKA Foundation* mit Sitz in den Niederlanden. Der Gründer von Ikea, Ingvar Kamprad, wollte Eigentumsverhältnisse und eine Organisation für das Unternehmen schaffen, die eine langfristige Unabhängigkeit sicherstellen. Gewinne des Konzerns können nur reinvestiert, für Spenden über die Ikea Foundation genutzt oder als Finanzreserve für zukünftige Investitionen in das Geschäft zurückbehalten werden. In der Öffentlichkeit geht indessen vermehrt die Meinung um, dass das Unternehmen vor allem Steuern durch diese Struktur sparen will. Als Stiftung ist das Unternehmen außerdem zu keiner Publizität von finanziellen Verhältnissen und Umsätzen verpflichtet.

Die Muttergesellschaft aller Unternehmen des Konzerns ist die Holding INGKA Holding B. V. Dabei ist die Aufgabe der Holding den Ikea Konzern zu unterstützen und zu verwalten. Der Aufsichtsrat besteht aus: Göran Grosskopf (Vorsitzender), Luisa Delgado, Lars-Johan Jarnheimer, Jonas Kamprad, Göran Lindahl, Peter Lund und Carl Wilhelm Ros. Der Gründer

Ingvar Kamprad dient dem Aufsichtsrat in seiner Funktion als Senior Advisor.[1032]

Ikea ohne Schweden Unternehmensstruktur

Familie Kamprad und Vertraute kontrollieren

Blaue Gruppe
Möbelhandel

↓
Stiftung   Zahlungen
Ingka Foundation
Niederlande

↓
Dachgesellschaft
Ingka Holding
Niederlande
Muttergesellschaft

↓
operatives Geschäft
Ikea Group
betreibt
Möbelhäuser

Steuersparmodell
Durch die Struktur aus Stiftungen und Auslandstöchtern spart Ikea Steuern.

Stiftung/Charity
Stichting Ikea Foundation
Niederlande

Rote Gruppe
Administration und Investments

↓
Stiftung
Interogo Foundation
Liechtenstein

↓
Dachgesellschaft
Inter Ikea Holding
Luxemburg

Grüne Gruppe
Investments, Finanz- und Handelsgeschäfte

↓
Eigentümer
Kamprad-Söhne
Niederländische Antillen

↓
Dachgesellschaft
Ikano
Luxemburg

⤳ Finanzen
⤳ Immobilien
⤳ Versicherung
⤳ Handel
⤳ Vermögensverwaltung

Jede Ikea-Filiale zahlt 3% ihres Umsatzes als Lizenzgebühr

Einzelhandel
Inter Ikea Centre Group
Dänemark

Franchising
Inter Ikea Systems
Delft, Niederlande
Markenrechte

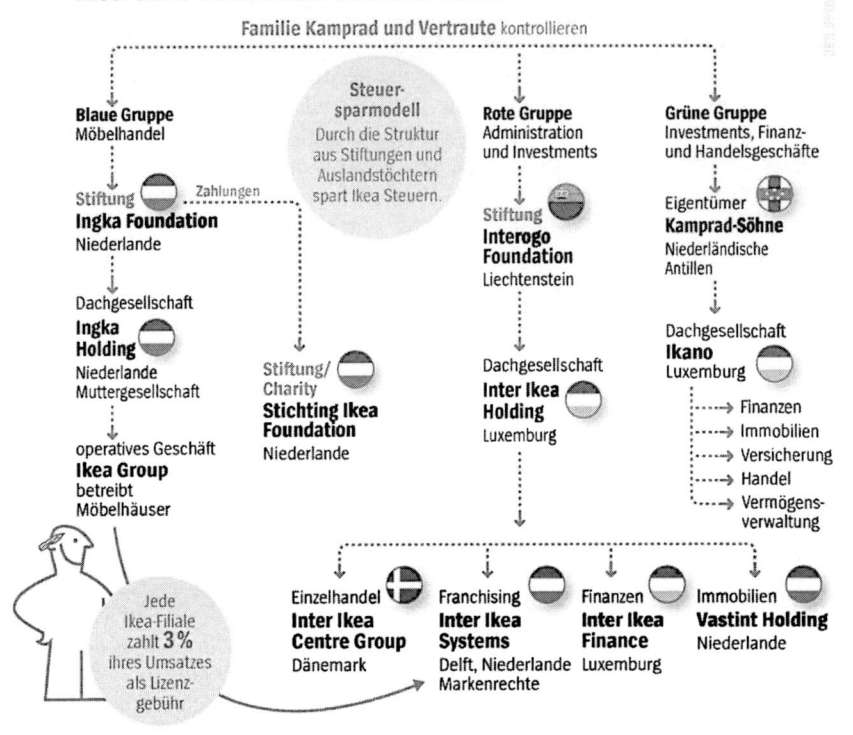

Finanzen
Inter Ikea Finance
Luxemburg

Immobilien
Vastint Holding
Niederlande

Abbildung 171: Konzernstruktur[1033]

Eine weitere Firma des Unternehmens ist „*Inter Ikea Systems B. V.*" im niederländischen Delft. Diese ist Besitzerin der Markenrechte und des Ikea-Konzepts. Außerdem vergibt sie alle Franchiselizenzen für Ikea-Einrichtungshäuser und den Konzern selbst. Dabei zahlt jede Ikea Filiale drei Prozent ihres Umsatzes als Lizenzgebühr (siehe Abbildung). Eigentümerin der Inter Ikea ist die *Stiftung Interogo* mit Sitz in Vaduz die von Ingvar Kamprad und seiner Familie kontrolliert wird.

[1032] Vgl. IKEA Deutschland GmbH & Co.KG Unternehmensinformationen, 2013.
[1033] Amann, Susanne / Brauck, Markus / Tietz, Janko, 2012.

Ein weiterer Bereich der Ikea Struktur ist die Stichting INGKA Foundation. Diese ist Eigentümerin der INKGKA Holding B.V. Sie dient dazu Anteile zu halten und mithilfe der Stichting Ikea Foundation karitative Zwecke zu finanzieren. Des Weiteren gehören der Struktur noch die Stichting IMAS Foundation an, die für die Verwaltung des Vermögens der Stichting INGKA verantwortlich ist.

2 Derzeitiger Stand auf dem Markt

2.1 Ikea weltweit

Die folgenden Daten dieses Kapitels 2.1 beziehen sich auf das Geschäftsjahr 2012, in welchem der Zeitraum vom 01.09.2011 bis zum 31.08.2012 berücksichtigt wird. Insgesamt eröffnete der Ikea Konzern in neun Ländern elf neue Einrichtungshäuser, sodass der Konzern am Ende dieses Geschäftsjahres mit insgesamt 298 Einrichtungshäusern in 26 Ländern und in 4 Kontinenten vertreten war:

- Australien: 5 Einrichtungshäuser
- Asien: 17 Einrichtungshäuser
- Nordamerika: 49 Einrichtungshäuser
- Europa: 227 Einrichtungshäuser

Ebenso wurde der Bereich E-Commerce weiterentwickelt und ca. 8000 neue Mitarbeiter eingestellt. Sowohl in China, Russland, Polen, der USA als auch in Deutschland konnte ein deutliches Wachstum verzeichnet werden, wodurch der Konzern insgesamt einen neuen Rekord-Gesamt-Umsatz von Euro 27,6 Milliarden bei einer Mitarbeiteranzahl von ca. 139.000 erzielen konnte.

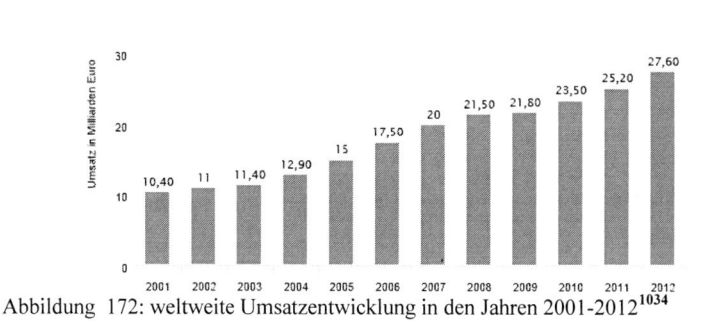

Abbildung 172: weltweite Umsatzentwicklung in den Jahren 2001-2012[1034]

[1034] Statista GmbH, 2013.

Der Jahresüberschuss erhöhte sich im Vergleich zum Vorjahr um 8% auf 3,2 Milliarden Euro. Zum Bau neuer, Erhaltung bestehender sowie an neuen Standorten wiedereröffnete Einrichtungshäuser wurden Investitionen in Höhe von Euro 1,3 Milliarden getätigt. Weitere Euro 0,6 Milliarden wurden in erneuerbare Energien, Einkaufszentren oder in die eigene Industriegruppe investiert. Die gesamten im Geschäftsjahr 2012 getätigten Investitionen konnten aus dem eigenen Cash-Flow finanziert werden; das Gesamtvermögen konnte um 2,9 Milliarden Euro erhöht werden, so dass dieses am Ende des Geschäftsjahres 2012 bei Euro 44,8 Milliarden lag. Für den Ikea Konzern stellt Deutschland das wichtigste Verkaufsland dar, gefolgt durch die USA und Frankreich. Zu den bedeutendsten Einkaufsländern zählen neben China auch Polen und Italien. Der größte Umsatz wird mit 70% in Europa erzielt, gefolgt von Nordamerika, Asien und Australien. Der größte Anteil des Einkaufs wird zu 61% in Europa und zu 32% in Asien und Australien getätigt (siehe Abbildung 173).

DIE 5 WICHTIGSTEN VERKAUFSLÄNDE		DIE 5 WICHTIGSTEN EINKAUFSLÄNDER		UMSATZ NACH REGION		EINKAUF NACH REGION	
Germany	14%	China	22%	Europa	70%	Europa	61%
USA	12%	Poland	18%	Nordamerika	16%	Asien & Australien	32%
France	9%	Italy	8%	Asien & Australien	8%	Nordamerika	4%
Italy	6%	Sweden	5%	Russland	6%	Russland	3%
Russland	6%	Lithuania	4%				

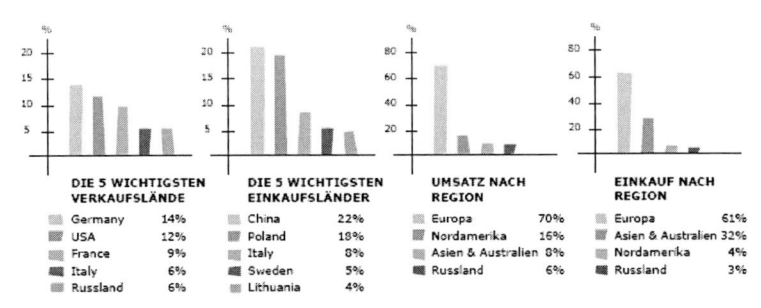

Abbildung 173: Die wichtigsten Einkaufs-/Verkaufsländer und Umsatz/Einkauf nach Region[1035]

Insgesamt besuchten im Geschäftsjahr 2012 690 Millionen Besucher die Ikea Einrichtungshäuser und auf der Ikea Website konnte mehr als 1 Milliarde Besucher registriert werden, was gegenüber dem Vorjahr einer Steigerung von 21,8% entspricht. Der Katalog wurde insgesamt 187 Millionen in 22 Sprachen gedruckt. Das Sortiment von Ikea umfasst ca. 9500 Produkte, von denen knapp 2/3 in Europa produziert werden.

[1035] Ikea Deutschland GmbH & Co. KG Ikea Yearly Summary GJ12, 2012.

2.2 Ikea Deutschland

Das erste Ikea-Möbelhaus in Deutschland wurde im Jahr 1974 in der Nähe von München, in Eching, eröffnet. Seitdem wurden insgesamt 45 weitere Filialen in ganz Deutschland eröffnet, sodass Ikea aktuell (Stand November 2013) mit 46 Möbelhauserin auf dem deutschen Markt vertreten ist. Im Herbst 2013 ist eine weitere Eröffnung in Lübeck geplant, im Sommer 2014 wird in Hamburg-Altona die erste innerstädtische Filiale von Ikea eröffnet werden. Für die Errichtung eines Einrichtungshauses wird eine Grundstücksfläche von 50.000 m² bis 80.000 m² benötigt. Die Grundstücksfläche der ersten innerstädtischen Filiale in Hamburg-Altona wird eine Grundstücksfläche von 10.000 m² in Anspruch nehmen, wobei die Bruttogeschossfläche 40.000 m² (ohne Parkdecks) umfassen wird.

Abbildung 174: Filialen in Deutschland[1036]

Der Umsatz von Ikea Deutschland konnte in den Jahren 2010 bis 2013 kontinuierlich gesteigert werden, so dass im Geschäftsjahr 2013 (01.09.2012 – 31.08.2013) ein Rekord-Umsatz von Euro 3,99 Milliarden erzielt werden konnte.

Ebenso wie beim Umsatz kann ein deutlicher Zuwachs der Mitarbeiteranzahl in Deutschland von 10.812 Mitarbeitern im Jahr 2004 auf 15.294 Mitarbeiter im Jahr 2012 festgestellt werden (siehe Abbildung 175). Mit 61%

[1036] Ikea Deutschland GmbH & Co. KG Unternehmensinformationen, 2013.

sind derzeit bei Ikea mehr Frauen als Männer (39%) beschäftigt, die Führungspositionen sind hingegen zu 55% mit Männern und zu 45% mit Frauen besetzt.

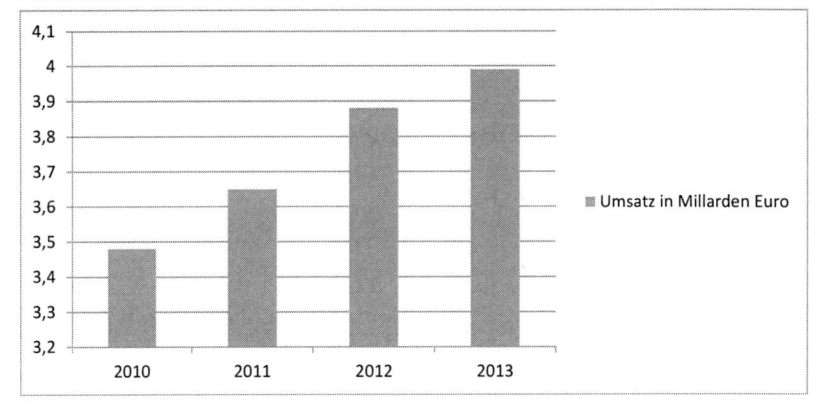

Abbildung 175: Umsatzentwicklung Ikea Deutschland in den Jahren 2010 - 2013[1037]

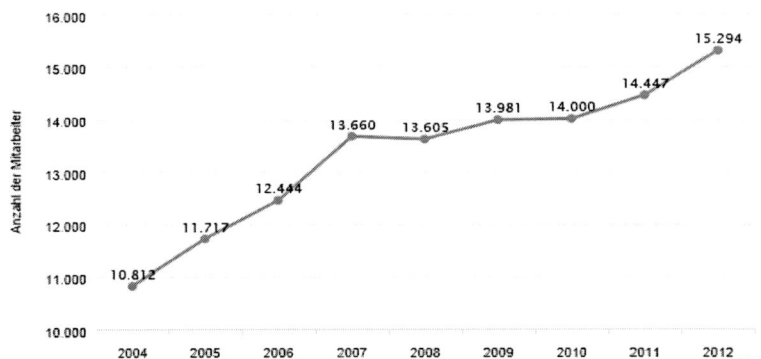

Abbildung 176: Anzahl der Mitarbeiter Ikea Deutschland in den Jahren 2004 - 2012[1038]

[1037] Eigene Abbildung auf Datenbasis von Ikea Deutschland GmbH & Co. KG Unternehmensinformationen, 2013.
[1038] Statista GmbH, 2013.

3 Vision und Geschäftsidee

Die Vision von Ikea ist es, „Einen besseren Alltag für die vielen Menschen schaffen."[1039] Diese Vision wird durch die Geschäftsidee unterstützt: „Ein breites Sortiment formschöner und funktionsgerechter Einrichtungsgegenstände zu Preisen anzubieten, die so günstig sind, dass möglichst viele Menschen sie sich leisten können."[1040] Um den Kunden einen besseren Alltag durch gute Qualität zu erschwinglichen Preisen bieten zu können, wird die gesamte Wertschöpfungskette von Ikea ständig optimiert und die Beziehungen zu den Lieferanten gepflegt, um langfristige Beziehungen sicherzustellen zu können. Ebenso wird in die Verbesserung der Produktion sowie die Herstellung großer Volumen investiert.

Damit durch die Entwicklung neuer Ikea-Produkte Wohnprobleme gelöst werden können, besuchen Ikea-Mitarbeiter die Kunden zu Hause, um sich dort ein Bild von aktuellen Problemwohnungen machen zu können. Vereinzelt mieten sich die Mitarbeiter sogar in Häusern der Kunden ein, um dort Ihre Meetings zu halten. Nur so können Produkte entwickelt werden, die erschwinglich, schön und gleichzeitig vor allem funktionell sind.

3.1 Verkaufsstrategie

„Ikea weiß so viel über seine Kunden, dass selbst Facebook und Google neidisch werden könnten."[1041] Als einer der größten Möbelkonzerne der Welt ist bei Ikea jeder Quadratzentimeter der insgesamt etwa 9,5 Quadratkilometer großen Verkaufsfläche aller Filialen mit Zahlen belegt und wird dazu genutzt, die Kunden zum Kauf zu verführen. Über Jahrzehnte hinweg konnte Ikea seine Kunden analysieren und auf die erzielten Daten mit entsprechenden verkaufsfördernden Maßnahmen reagieren, so dass nichts dem Zufall überlassen bleibt. Der große Unternehmenserfolg basiert demzufolge nicht ausschließlich auf einer menschenfreundlichen Unternehmensphilosophie, sondern überwiegend auf der Strategie, möglichst große Absatzmengen bei geringen Preisen zu erzielen. Durch diese Strategie gelang es Ikea im Jahr 2011, etwa 20% der Ausgaben eines Bürgers in Deutschland für Möbel für sich zu gewinnen (durchschnittliche Ausgaben für Möbel pro Kopf im Jahr 2011: Euro 373).

[1039] Ikea Deutschland GmbH & Co. KG Unternehmensinformationen, 2013.
[1040] Ikea Deutschland GmbH & Co. KG Unternehmensinformationen, 2013.
[1041] Amann, Susanne / Brauck, Markus / Tietz, Janko, 2012, S. 77.

Durch sehr viele kleine Tricks gelingt es dem Möbelkonzern, Wünsche bei seinen Kunden zu erwecken, die sie bis zum Betreten des Ladens noch nicht hatten, sodass kaum ein Besucher das Möbelhaus verlässt, ohne etwas gekauft zu haben.[1042] Jede neue Idee, die für einen erhöhten Umsatz sorgen könnte, wird vor Umsetzung in den einzelnen Läden ausführlich im „Concept-Center" in der niederländischen Stadt Delft überprüft – erst nach einem erfolgsversprechenden Testergebnis darf die Idee weltweit umgesetzt werden.

Der „Angebots-Trick"
Schon direkt am Eingang stößt ein Ikea-Kunde häufig auf eine große Palette mit Kerzen, Vasen oder ähnlichen Deko-Artikeln (siehe Abbildung 177). Diese Angebote – den sogenannten „breath-taking-items" – die sich nicht nur am Eingang der Möbelausstellung befinden, sollen die Kunden in Einkaufslaune versetzen und sie dazu ermutigen, hier und heute ihr Geld auszugeben. Desto früher ein Kunde auf ein solches, für ihn passendes Angebot stößt und dadurch in Einkaufsstimmung versetzt wird, desto mehr Geld wird er letztlich im Möbelhaus hinterlassen.

Abbildung 177: Aufnahme: Ikea Einrichtungshaus Walldorf[1043]

[1042] Vgl. Amann, Susanne / Brauck, Markus / Tietz, Janko, 2012, S. 77.
[1043] aufgenommen am 04.11.2013.

Der „Weg-Trick"
Der Weg durch die Möbelausstellung in den Ikea-Möbelhäusern ist so gestaltet, dass ein Kunde – um dem vorgeschlagenen Ausstellungsrundgang zu folgen – bis zu 84 Mal zum Abbiegen gezwungen wird und somit direkt auf eines der zahlreichen Angebote zuläuft und es kaum übersehen kann.
In regelmäßigen Abständen werden per Zufall Kunden ausgewählt, dessen Laufwege mit Hilfe einer anonymen Verfolgung des Kunden durch einen Ikea-Mitarbeitern festgehalten werden und ebenso die Reaktionen auf die einzelnen „breath-taking-items" dokumentiert werden. Mittels der Ergebnisse dieser Verfolgung kann die Anordnung der Möbelstücke und der "breath-taking-items" weiterhin optimiert werden.

Der „Taschen-Trick"
Etwa 30 Mal hat ein Besucher auf dem Rundgang durch die Möbelausstellung bei Ikea die Möglichkeit, nach einer der großen blauen oder gelben Einkaufstaschen zu greifen. Hierdurch hat er die Möglichkeit, die mitgenommenen Deko-artikel – die zahlreich inmitten der Möbelausstellung präsentiert und angeboten werden – sicher bis hin zur Kasse zu transportieren.
In erster Linie dienen die Tragetaschen jedoch dafür, dass der Kunde für den weiteren Rundgang die Hände frei hat, um beispielsweise die Etiketten der Möbel anzuschauen und gegebenenfalls die entsprechende Regalnummer für die Abholung im Selbstbedienungs-Lager zu notieren.

Abbildung 178: Beispiel für den "Taschen-Trick"[1044]

[1044] Ikea Einrichtungshaus Walldorf, aufgenommen am 04.11.2013.

Der „Restaurant-Trick"

Das Restaurant in einer Ikea-Filiale befindet sich in der Regel zwischen der Möbelausstellung und der großen Abteilung für Kleinteile wie Dekoartikel, Geschirr, Gardinen oder Bettwäsche. Diese Platzierung wurde optimal gewählt: Einerseits können sich die Kunde vom Rundgang durch die Möbelausstellung erholen und über den Möbelkauf diskutieren, andererseits können sie sich bei einer warmen Mahlzeit für den weiteren Rundgang durch das Stockwerk für Kleinteile stärken.

Damit ein Kunde die Heimfahrt nicht abgekämpft und erschöpft antritt, steht am Ausgang des Möbelhauses ein weiteres günstiges Essens- und Getränkeangebot zur Verfügung (siehe Abbildung 179), wodurch das Einkaufserlebnis bei Ikea positiv abgerundet wird und der Kunde mit einer angenehmen Erinnerung ins Auto steigt.

Abbildung 179: Beispiel für den "Restaurant-Trick"[1045]

Der „Einrichtungs-Trick"

Bei Ikea werden die Möbelstücke nicht alle einzeln präsentiert, sie werden zum großen Teil in einem komplett eingerichteten Zimmer (mit Komplettpreis) oder sogar einer komplett eingerichteten Wohnung präsentiert (siehe Abbildung 181). Um Ideen für aktuelle Wohnprobleme und deren Lösungen zu sammeln, besuchen Ikea-Mitarbeiter ihre Kunden zu Hause. Nur so ist es möglich, die Wohnbeispiele möglichst realitätsnah zu gestalten und dem Kunden das Gefühl zu vermitteln, verstanden zu werden. Neben der

---

[1045] Ikea Einrichtungshaus Walldorf, aufgenommen am 04.11.2013.

Präsentation von Möbellösungen in kleinen oder ungünstig geschnittenen Wohnungen können an dieser Stelle zusammen harmonierende Lampen, Kissen, Bezüge oder Decken vorgeführt werden.

Abbildung 180: Beispiel für den "Einrichtungs-Trick"[1046]

Der „Namens-Trick"
Nahezu jeder hat schon einmal vom Regal „Billy" oder dem Bett „Malm" gehört. Bei Ikea trägt jedes Möbelstück seinen eigenen Namen, da Dinge, die einen Namen haben, einem näher rücken und sympathischer werden – selbst wenn sie „Ivar" oder „Knubbig" heißen.[1047] Sogar der Wäschekorb trägt einen eigenen Namen, „Blaska". Nachdem bei einigen Mitarbeitern Zweifel am Erfolg der Namensgebung auftraten, wurde im Rahmen eines Experiments der Name eines Tisches von „Sörgarden" zu dem Namen „Stalingrad" getauscht, in Folge dessen der Umsatz dieses Tisches auf ein Fünftel einbrach.
Um das schwedische Alleinstellungsmerkmal von Ikea zu betonen, wird versucht bei nahezu jedem Produkt einen passenden Namen zu finden, in dem möglichst den kleinen Kringel über dem „a" enthält. Das schwedische „Anderssein" spiegelt sich ebenso in der Fernseh- oder Radiowerbung wieder, in der vom Sprecher der schwedische Akzent imitiert wird.

[1046] Ikea Einrichtungshaus Walldorf, aufgenommen am 04.11.2013.
[1047] Vgl. Amann, Susanne / Brauck, Markus / Tietz, Janko, 2012, S. 77.

Abbildung 181: Beispiel für den "Namens-Trick"[1048]

3.2 Nachhaltigkeit

Unter Nachhaltigkeit wird im Allgemeinen die Verbesserung der Lebenssituation der heutigen Generation bei gleichzeitigem Erhalt der sozialen, wirtschaftlichen und ökologischen Grundlagen künftiger Generationen verstanden.[1049] Im Rahmen der neuen Nachhaltigkeitsstrategie „People & Planet Positive" hat sich Ikea zum Ziel gesetzt, seine Kunden zu einem nachhaltigerem Leben in den eigenen vier Wänden zu motivieren und sich selbst energie- und ressourcenabhängig zu machen – um somit einen Teil zum „Wandel zum Besseren" beitragen zu können.

Bei Ikea wird das Thema Nachhaltigkeit in drei Teilbereiche unterteilt, worunter die Themen „nachhaltigeres Leben zu Hause", „Energie und Ressourcen" sowie „Menschen und Gesellschaft" fallen (siehe Abbildung 182).

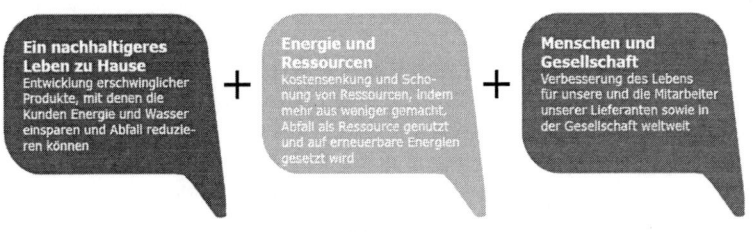

Abbildung 182: Nachhaltigkeit bei Ikea[1050]

[1048] Ikea Einrichtungshaus Walldorf, aufgenommen am 04.11.2013.
[1049] Vgl. Grunwald, Armin / Kopfmüller, Jürgen, 2006, S. 7.
[1050] Ikea Deutschland GmbH & Co. KG Nachhaltigkeitsbericht 2012, 2012.

Ein nachhaltigeres Leben zu Hause
Im Vordergrund dieses Teilbereiches steht die Entwicklung innovativer Produkte zu einem erschwinglichen Preis, mit Hilfe derer die Reduktion des Energie- und Wasserverbrauchs sowie des Abfalls für die Kunden zu Hause einfacher gestaltet werden kann. Bis zum Jahr 2020 soll der Absatz nachhaltiger Produkte um 400% gesteigert werden – bei über 655 Millionen Besuchern weltweit pro Jahr können selbst kleine Ressourcenschonende-Verbesserungen für zu Hause zum „Wandel zum Besseren" beitragen.
Um beispielsweise Energie zu sparen und somit die Stromkosten der Kunden senken zu können, wurde die Effizienz der angebotenen „weißen Ware" im Jahr 2012 im Vergleich zum Jahr 2008 um 32% verbessert. Ebenso spielt die Wohnungsbeleuchtung in Bezug auf das Energiesparpotenzial eine große Rolle, da etwa 20% des weltweit verbrauchten Stroms auf die Beleuchtung von Wohn- und Arbeitsräumen zurückfällt. Das Ziel von Ikea ist es, in den nächsten Jahren sowohl das gesamte Beleuchtungssortiment als auch die Beleuchtung in den weltweit 338 Einrichtungshäusern (Stand: August 2012) auf die derzeit modernste und fortschrittlichste Lichttechnologie – die LED – umzustellen, bei gleichzeitig tollem Design. Dadurch, dass diese neuen Glühbirnen etwa 85% effizienter als die herkömmlichen Glühbirnen sind, könnte dadurch, dass jeder Ikea-Kunde bei sich zu Hause lediglich eine Glühbirne durch eine LED-Glühbirne ersetzen würde, soviel Strom gespart werden, dass eine komplette Stadt mit circa einer Millionen Einwohner mit Strom versorgt werden könnte.

Energie und Ressourcen
In erster Linie geht es in dieser Kategorie darum, die Kosten zu senken und die Ressourcen zu schonen, indem mehr aus weniger gemacht wird, Abfall als Ressource verwendet wird und auf erneuerbare Energien gesetzt wird.[1051] Ikea legt großen Wert auf die Auswahl der für die Herstellung der Produkte verwendeten Materialien, um die Produkte sowohl für die Menschen als auch für die Umwelt besser machen zu können. Das Ziel von Ikea für das Jahr 2015 ist es, 90% des Umsatzes durch noch nachhaltigere Produkte zu erzielen – bereits heute sind 91% aller zur Herstellung benutzter Materien entweder erneuerbar, recyclingfähig oder sogar bereits recycelt.
Um beispielsweise die Abfallmenge halbieren und den Verkaufspreis des aus Kokospalmenblätter hergestellten Korbes „KOTTEBO" um 3% senken zu können, wurde das Design entsprechend angepasst und die Art, die Ko-

---

[1051] Vgl. Ikea Deutschland Gmbh & Co. KG Nachhaltigkeitsbericht 2012, 2012.

kospalmenblätter zu schneiden, optimiert. Die Füllung des Kissens „GOSA SYREN" aus dem Ikea-Sortiment besteht aus einer weichen, daunenähnlichen Mikrofaserfüllung. Diese Füllung wird aus dem Material recycelter PET-Flaschen hergestellt, wodurch der eigentliche Abfall der PET-Flaschen Wiederverwendung finden kann.

> Wir sind auf einem guten Weg, 100% klimaneutral zu werden – 2012 haben wir so viel erneuerbare Energie erzeugt, dass sie 34% unseres Gesamtverbrauchs entspricht. Dies sind nur wenige Beispiele aus der ganzen Welt...

- 2600 Photovoltaikpaneele auf unserem Haus in Tempe, Arizona, senken die CO_2-Emissionen um jährlich 645 Tonnen
- Unser Fukuoka-Shingu Einrichtungshaus in Japan nutzt Energie aus einer Erdwärmepumpe und installiert Photovoltaikpaneele.
- Wir installieren Solarpaneele auf allen IKEA Einrichtungshäusern und Vertriebszentren in China. Das wird jährlich etwa 6000 Tonnen CO_2 einsparen.
- Unser Einrichtungshaus in Valladolid, Spanien, hat ein eigenes Kraft-Wärme-kopplungs-Kraftwerk, benutzt effiziente LED-Beleuchtung und Solarpaneele und führt Warmluft zurück, um weniger Heizenergie zu verbrauchen.
- Wir haben in einen neuen Windpark mit 30 Anlagen in Schweden investiert, der 2014 fertiggestellt sein wird.

Abbildung 183: Beispiele für erneuerbare Energien und Energieeinsparungen[1052]

Holz ist eines der wichtigsten Materialien, die für die Herstellung von Möbeln benötigt wird. Um das Holz als wertvolle Ressource zu schätzen, müssen alle Holzlieferanten von Ikea deren Forstwirtschaftsstandards erfüllen. Um den Anteil verantwortlich bewirtschafteter Wälder erhöhen zu können, arbeitet Ikea mit den Organisationen „World Wide Fund For Nature (WWF)" und „Forest Stewardship Council (FSC)" zusammen. Seit dem Beginn der Zusammenarbeit mit dem WWF konnte Ikea mit dazu beitragen, dass in den Ländern, in denen Ikea tätig ist, die FSC-zertifizierten Forstflächen um 30 Millionen Hektar erhöht wurde. Im Jahr 2012 erfüllten lediglich 23% des zur Produktion verwendeten Holzes die hohen Standards der FSC-Zertifizierung, bis zum Jahr 2017 sollen bereits 50% des eingesetzten Holzes zertifiziert oder recycelt sein.

[1052] Ikea Deutschland GmbH & Co. KG Nachhaltigkeitsbericht 2012, 2012.

Um dem Klimawandel entgegenzuwirken, hat Ikea sich das Ziel gesetzt, bis zum Jahr 2020 den gesamten Energiebedarf durch erneuerbare Energiequellen zu decken. Um den Energiebedarf so gering wie möglich zu halten, sollen auch die Gebäude bis dahin effizienter gestaltet werden. Im Jahr 2012 konnte bereits 34% der benötigten Gesamt-Energie mit Hilfe verschiedener Arten von erneuerbarer Energien erzeugt werden. Einige Beispiele zum Einsatz erneuerbarer Energien und Möglichkeiten, Energie zu sparen.

Menschen und Gesellschaft
„Den vielen Menschen von Ikea einen besseren Alltag schaffen", das ist die Vision von Ikea. Neben den eigenen Arbeitnehmern und den Kunden zählen zu den vielen Menschen ebenso die Menschen, die in den Fabriken der Lieferanten, von denen Ikea beliefert wird, arbeiten, sowie einige Millionen Kinder aus Entwicklungsländern, die auf fremde Hilfe angewiesen sind.
Ikea hat das Ziel, die besten Arbeitnehmer für sich zu gewinnen, stellt jedoch auch an sich selbst den Anspruch, ein hervorragender Arbeitgeber zu sein. Um die Arbeitsbedingungen bei Ikea so optimal wie möglich zu gestalten, findet jährlich eine Umfrage aller Mitarbeiter statt, um auf Veränderungswünsche aufmerksam zu werden und diese je nach Möglichkeit in die Realität umzusetzen. Im Jahr 2012 beteiligten sich 72.000 Mitarbeiter an dieser Umfrage.
Damit auch für die ca. 600.000 Mitarbeiter der Fabriken, von denen Ikea beliefert wird, ein „besserer Alltag" sichergestellt werden kann, wurde von Ikea ein Verhaltenskodex (IWAY) entwickelt, der von allen Lieferanten eingehalten werden muss. Im Rahmen der Einführung des Verhaltenskodexes wurde bei allen Beteiligten sichergestellt, dass dieser Kodex verstanden und umgesetzt wird, wodurch mehrere Tausend Verbesserungen einzelner Arbeitsbedingungen erreicht wurden. In regelmäßigen Abständen wird die Einhaltung des Verhaltenskodexes überprüft; die Geschäftsbeziehung mit etwa 70 Lieferanten wurde in Folge von nicht-Umsetzung beendet.
Regelmäßig werden durch die Ikea Foundation Projekte unterstützt, wodurch etwa 100 Millionen auf Hilfe angewiesene Kinder, die in Entwicklungsländern leben, versorgt und gefördert werden können. Im Rahmen dieser Projekte wurden im Jahr 2012 etwa 82 Millionen Euro an hilfsbedürftige Kinder gespendet. Für jedes Kuscheltier, dass bei Ikea im November und Dezember eines Jahres verkauft wird, wird ein Euro an Projekte von „Unicef" oder „Save the Children" gespendet.

4 Online-Shop

4.1 Online einkaufen

Ikea entdeckt das Internet. "Wir haben große Ambitionen im Online-Handel", sagt Peter Betzel, der Deutschland-Chef des schwedischen Möbelriesen. "Produkte und Services im Netz werden auch für IKEA immer wichtiger.
Der weltweit größte Möbelhändler will über den Online Handel zehn Prozent mehr an Umsatz generieren, das wären rund 400 Millionen Euro. Aktuell liegt diese Quote bei knapp 2,5 Prozent beziehungsweise 92 Millionen Euro.[1053]
Momentan können Kunden, die die Website von IKEA besuchen mit bis zu 5800 Artikeln rechnen. Das sind ca. 2/3 des Gesamtsortiments.
IKEA hat deswegen in den vergangenen Monaten kräftig in seinen Online-Auftritt investiert, unter anderem in Technik und Logistikbereiche, aber auch in die Ausweitung des Sortiments. 7.200 Artikel sind ab November über die Homepage verfügbar, das sind 1.500 mehr als im Vorjahr und in der Summe gut zwei Drittel des gesamten Portfolios.
Der Start des Onlineshopping begann 2000 in Moskau. Seit dieser Zeit versucht das Unternehmen zunehmend mehr Produkte online zu listen, um so dem Abwärtstrend des stationären Handels entgegenzuwirken.
Das Einkaufen im Ikea Online-Shop ist relativ benutzerfreundlich ausgestaltet. Kunden können sowohl als Gast oder über ihr eigenes Kundenprofil, welches zuvor angelegt wurde, online einkaufen. Die gewünschten Produkte werden angeklickt und so zu einem Warenkorb gebündelt. Gleichzeitig kann online die Verfügbarkeit in den jeweiligen Filialen überprüft werden, um so zusätzlich das Einkaufen im stationären Handel zu bewerben.
Eine Vielzahl von Produkten kann der Kunde online bestellen. Diese sind in der Ansicht mit einem Reiter „In den Warenkorb" oder „Online kaufen" gekennzeichnet. Benötigt der Kunde ausführlichere Informationen so wird er durch einen Klick auf entsprechende Produktinformationsseiten geführt. Dort kann der Kunde bei vielen Artikeln neben weiteren Farben auch weitere Größen und Varianten auswählen, sowie weitere Informationen zu den Verpackungsmaßen und dem Gewicht erfahren. Da manche Produkte nur selten online bestellt werden, hat sich das Unternehmen entschlossen wenig nachgefragte Artikel ausschließlich in den Einrichtungshäusern anzubieten.[1054] In den jeweiligen Filialen kann jedoch eine Heimlieferung beauf-

---

[1053] Vgl. Obertreis, Rolf, 2013.
[1054] Vgl Ikea Deutschland GmbH & Co. KG Online Katalog, 2013.

tragt werden, wenn der Kunde den Einkauf selbst nicht transportieren möchte. Das Online Angebot wird ständig angepasst, dies hängt von der jeweiligen Nachfrage der jeweiligen Artikel ab.

In den weiteren Schritten des Bestellvorgangs ähnelt Ikea vielen anderen Online Händler. So werden Adresse, Bankdaten und eventuell persönliche Daten hinterlegt. Im Anschluss an die Bestellung hat der Kunde die Möglichkeit seine Daten in einem Kundenprofil zu speichern.

Die Nachverfolgung aller Bestellungen ist momentan noch nicht möglich. Bei einer Speditionslieferung setzt sich der Transport- Dienstleister mit dem Kunden in Verbindung, um einen genauen Liefertermin zu vereinbaren. Bei einer Paketlieferung kontaktiert der Transport Dienstleister via Email die Kunden.

4.2 Online Katalog

Im Jahr 1951 präsentierte Ikea den Katalog zum ersten Mal, aus dem die Möbel bestellt werden konnten. Das Geschäft konzentrierte sich von nun an nur noch auf Möbel. In Ikea-Katalogen wurden bald Möbel nicht nur als einzelne Objekte, sondern als Teil eines gesamten, fertig eingerichteten Zimmers abgebildet. Diese Abbildungen waren zu dieser Zeit hochmodern und einzigartig.

Die Kataloge sind im Laufe der Jahre zum wichtigsten Bindeglied zwischen Ikea und den Kunden, außerdem zum wichtigsten Marketinginstrument geworden.

Seitdem wurden bis in das Jahr 2012, 212 Millionen Kataloge produziert. Es existieren neben dem Hauptkatalog zahlreiche weitere Broschüren. Diese umfassen die Bereiche „Ikea Kleiderschränke", „Ikea Küchen" oder auch „Ikea Bad".

Seitdem der Online-Handel zunehmend in den Vordergrund gerückt ist, gibt es den Ikea Katalog und die Broschüren in einer Online- Version. Auf der Homepage des Unternehmens kann der Katalog ausgedruckt und heruntergeladen werden. Der Kunde kann nach Belieben einzelne Seiten des Katalogs speichern oder auch den kompletten Katalog. Des Weiteren hat er die Möglichkeit gewünschte Produkte zu markieren.

2014 wird es außerdem eine Ikea Katalog App geben. Mit dieser App können Kunden den Ikea Katalog und Broschüren auf ihr Tablet oder Smartphone herunterladen. Zahlreiche Sonderfunktionen sind integriert, so können Bildergalerien, Videos oder Zimmer in einer 360-Grad-Ansicht auf den mobilen Endgeräten angeschaut werden. Das Unternehmen möchte mit dieser App den anhaltenden Smartphone und Tablet- Trend als weiteren Vertriebskanal nutzen und so das Online Geschäft weiter stärken.[1055]

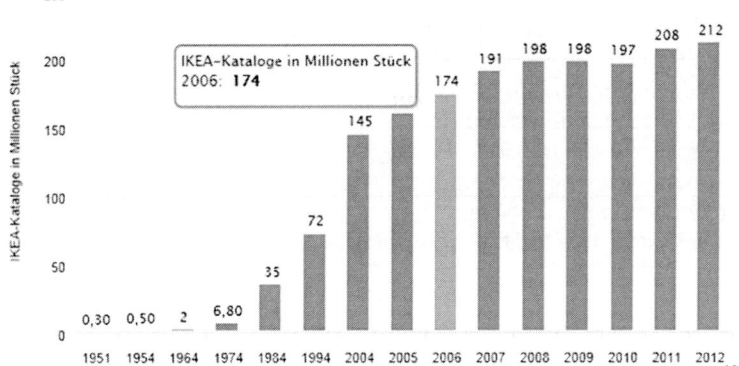

Abbildung 184: Überblick über die Anzahl gedruckter Kataloge bis zum Jahr 2012[1056]

5 SWOT-Analyse und Vergleich zu Home24

Die SWOT-Analyse ist eine Vorgehensweise, um effizient und zielgerichtet die Stärken und Schwächen eines bestimmten Geschäftsvorhabens zu analysieren. Der Begriff „SWOT" setzt sich aus den Anfangsbuchstaben der Begriffe „Strengths", „Weaknesses", „Opportunities", und „Threats" zusammen. Die SWOT-Analyse setzt sich in ihrer Grundform aus zwei isolierten Analysen, der Stärken-Schwächen und der Chancen-Risiken-Analyse zusammen. Beide Analysen ergeben durch eine kombinierte Betrachtung eine fundiertere Aussagekraft.[1057]

Abbildung 185: SWOT-Analyse[1058]

[1055] Vgl. Ikea Deutschland GmbH & Co. KG Online Katalog, 2013.
[1056] Statista GmbH, 2013.
[1057] Vgl. Paxmann, Stephan / Fuchs, Gerhard, 2005, S.86.
[1058] 113RF Germany, 2013.

SWOT-Analyse bei Ikea
Strengths:
- viele onlinebasierte Planungsmöglichkeiten, wie z.B. Küchenplanung
- systematische Gestaltung des Online Shops
- übersichtlicher Fragen und Antworten Katalog bezüglich des Online Shops
- Sendungsverfolgung über Spedition online möglich
- Anzeige sich ergänzender Produkte bei Aufruf eines fokussierten Produktes
- detaillierte Produktinformationen

Weaknesses
- keine Aktionsware im Online Shop verfügbar
- nicht alle Produkte aus dem Sortiment sind im Online Shop vorhanden
- Sendungsverfolgungen für Paketlieferungen, die über die Deutsche Post/DHL geliefert werden, sind nicht möglich
- visuelle Handlungsaufforderungen fehlen oder sind unklar
- Lieferzeiten bei individuellen Anfertigungen relativ lang

Opportunities
- Einrichtung einer Sendungsverfolgung für alle Bestellungen (auch die, die über eine Spedition geliefert werden)
- Listung der Aktionsware im Online Shop

Threats
- zu starke Dominanz des Online Shops

Ikea (siehe Abbildung)	Home 24 (siehe Abbildung)
Relativ hohe Versandkosten	Kostenloser Versand
Keine Sonderaktionsware über den Online-Shop verfügbar	Aktionsangebote direkt auf der Startseite sichtbar
Keine öffentlichen Prüfsiegel erkennbar	TÜV-Prüfsiegel zur Sicherheit beim Online-Kauf
Kein online-Newsletter vorhanden	Sofortiges Angebot, den Newsletter zu abonnieren
Fehlende Abgrenzung zwischen der Ikea Homepage und dem Online-Shop	Zum Kauf einladende Website durch übersichtliche Strukturierung

Abbildung 186: direkter Vergleich des Onlinehandels Ikea und Home24[1059]

[1059] Eigene Abbildung

Abbildung 187: home24 – Startseite Unternehmenshomepage[1060]

Aufgrund der ersichtlichen Vorteile aus Abbildung 187 ergibt sich der schnelle Aufstieg des Unternehmens Home 24 gegenüber von Ikea. Home 24 konnte den Umsatz innerhalb von zwei Jahren nahezu verdreifachen und erreicht somit annährend die Umsatzzahl 2012 des Ikea Onlineshops.

Abbildung 188: Ikea – Startseite Unternehmenshomepage[1061]

[1060] Home24 GmbH, 2013.
[1061] Ikea Deutschland GmbH & Co. KG, 2013.

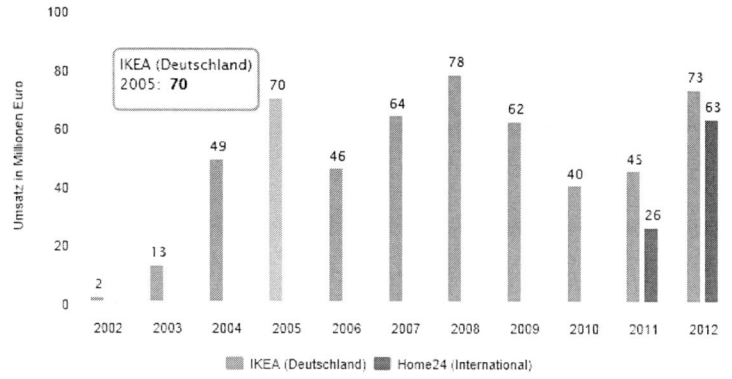

Abbildung 189: Vergleich der Online-Umsätze von Ikea und Home24 bis 2012[1062]

6. Fazit

Zusammenfassend lässt sich sagen, dass der Online-Shop von Ikea noch ein großes Verbesserungspotential aufweist. Direkt auf der Startseite verweist Ikea explizit auf den Ikea-Online-Shop. Einladend ist dabei die wie gewohnt familiäre Gestaltung der Website; jedoch ist diese nicht entsprechend den modernen Benutzeranforderungen eines heutigen Online-Shoppers aufgebaut. Möchte man online shoppen, klickt man zunächst auf den Button „Online-Shop", wird man jedoch nicht selten zurück auf eine vorgeschaltete Seite oder den Ikea-Servicebereich geleitet.

Im Bereich des online-Sortiments sind lediglich etwa 2/3 des gesamten Ikea-Sortiments verfügbar – durch die Listung des gesamten Produktportfolios könnte die Attraktivität des online-Shops gesteigert werden.

Ikea besitzt zwar ein breites Leistungs- und Artikelangebot, ist jedoch in einzelnen Fällen nicht auf den Online-Handel angepasst. Des Öfteren erfolgt keine sichtbare Differenzierung von Leistungen und Angeboten, die nur in den Filialen oder auch online verfügbar sind. Das außerordentlich lange Rückgaberecht von drei Monaten wird leider nicht als „positives Special" hervorgehoben, wodurch Ikea sich gegenüber Home24 deutlich profilieren könnte.

Ikea sollte daraus resultierend den Online-Shop weiter in der Marketingkommunikation fördern und außerdem den modernen Anforderungen eines Online-Shops ständig aktualisieren.

[1062] Statista GmbH, 2013.

7 Arbeitsfragen

1. Welches sind die fünf wichtigsten Einkaufsländer von Ikea?

2. Welche Tricks setzt Ikea ein, um einen hohen Absatz zu erzielen und dem Kunden ein angenehmes Einkaufserlebnis zu verschaffen?

3. Wie fasst ihr das Potential des Ikea Online-Shops im Vergleich zu anderen (Zalando, Amazon) zusammen?

Quellenverzeichnis

Focus Online: Mythos billiger Schweden-Möbel: So zieht uns Ikea das Geld aus der Tasche, veröffentlicht auf der Homepage des Focus Online: http://www.focus.de/finanzen/news/mythos-billiger-schweden-moebel-so-zieht-uns-ikea-das-geld-aus-der-tasche_aid_878535.html (Abruf am 19.10.2013), 2012

Home24 GmbH: Homepage der Home24 GmbH: http://www.home24.de/ (Abruf am 06.11.2013), 2013

Ikea Deutschland GmbH & Co. KG: Der Online-Shop, veröffentlicht auf der Unternehmenshomepage: http://www.ikea.com/ms/de_DE/campaigns/online_shop.html (Abruf am 29.10.2013), 2013

Ikea Deutschland GmbH & Co. KG: Ikea Yearly Summary GJ12, veröffentlicht auf der Unternehmenshomepage: http://www.ikea.com/ms/de_DE/pdf/yearly_summary/ys_welcome_inside_2012.pdf (Abruf am 05.11.2013), 2012

Ikea Deutschland GmbH & Co. KG: Kataloge und Broschüren, veröffentlicht auf der Unternehmenshomepage: http://www.ikea.com/ms/de_DE/customer_service/ikea_katalog.html (Abruf am 06.11.2013), 2013

Ikea Deutschland GmbH & Co. KG: Nachhaltigkeitsbericht 2012, veröffentlicht auf der Unternehmenshomepage: http://www.ikea.com/ms/de_DE/pdf/sustainability_report/sustainability_summary_2012.pdf (Abruf am 26.10.2013), 2012

Ikea Deutschland GmbH & Co. KG: Unternehmensinformationen, veröffentlicht auf der Unternehmenshomepage:

http://www.ikea.com/ms/de_DE/about-the-ikea-group/company-information/ (Abruf am 06.11.2013), 2013

Nilsson, Sören: Ikea: Inspirierst du noch oder verkaufst du schon? – Warum die Schweden online nicht abheben, veröffentlicht auf der Homepage „Experience & E-Commerce Blog": http://cxcommerce.de/2013/01/warum-ikea-online-nicht-abhebt/ (Abruf am 09.11.2013), 2013

Obertreis, Rolf: Expansion: Ikea sucht Platz, veröffentlicht auf der Homepage von „Die Zeit": http://www.zeit.de/wirtschaft/2013-10/ikea-bilanz (Abruf am 01.11.2013), 2013

Statista GmbH: Statistik über den Umsatz von Ikea weltweit bis 2012, veröffentlicht auf der Unternehmenshomepage: http://de.statista.com/statistik/daten/studie/36377/umfrage/umsatzzahlen-von-ikea-seit-1998/ (Abruf am 23.10.2013), 2013

Statista GmbH: Statistik über den Vergleich der Online-Umsätze von Ikea und Home24 bis 2012, veröffentlicht auf der Unternehmenshomepage: http://de.statista.com/statistik/daten/studie/267244/umfrage/vergleich-der-online-umsaetze-von-ikea-und-home24/ (Abruf am 25.10.2013), 2013

Statista GmbH: Statistik über die Entwicklung der Mitarbeiterzahlen von Ikea Deutschland bis 2012, veröffentlicht auf der Unternehmenshomepage: http://de.statista.com/statistik/daten/studie/232996/umfrage/veraenderung-der-mitarbeiterzahlen-von-ikea-in-deutschland/ (Abruf am 24.10.2013), 2013

Statista GmbH: Statistik über die Anzahl der gedruckten Ikea-Kataloge pro Jahr von 1951 bis 2012, veröffentlicht auf der Unternehmenshomepage: http://de.statista.com/statistik/daten/studie/157668/umfrage/anzahl-der-gedruckten-ikea-kataloge-pro-jahr-seit-1954/ (Abruf am 24.10.2013), 2013

123 RF Germany: Abbildung der SWOT-Analyse, veröffentlicht auf der Unternehmenshomepage: http://us.123rf.com/400wm/400/400/kgtoh/kgtoh1004/kgtoh10 0401354/6706095-swot-analyse-business-strategie-

management-prozess-konzept-diagramm-Abbildung .jpg (Abruf am 05.11.2013), 2013

Amann, Susanne / Brauck, Markus / Tietz, Janko: Ikea: Die Welt-Raumausstatter, in: Der Spiegel, 2012, Heft 50/2012, S. 68-79

Grunwald, Armin / Kopfmüller, Jürgen: Nachhaltigkeit, Frankfurt / New York: Campus Verlag, 2006

Paxmann, Stephan / Fuchs, Gerhard: Der unternehmensinterne Businessplan: Neue Geschäftsmöglichkeiten entdecken, präsentieren, durchsetzen, Frankfurt am Main: Campus Verlag GmbH, 2005

19　Hornbach

(Müller, L./Werner, M.)

1　Historie und Entwicklung

HORNBACH zählt heute zu den führenden fünf Unternehmen in der Bau- und Heimwerkermarktbranche. Nach der Gründung einer Werkstatt im Jahr 1877 erfolgte 1968 die Eröffnung von mehreren Bau- und Gartenmärkten in der Pfalz, die erstmals eine Kombination von Baumarkt und Gartencenter darstellten. Heute, gute 130 Jahre später, wird HORNBACH von der fünften Generation der Eigentümerfamilie geführt. Das Unternehmen ist mit über 90 Märkten in Deutschland und rund 40 Märkten im Ausland vertreten. Durch das stetige Wachstum von HORNBACH umfasst die Mitarbeiterzahl mittlerweile über 14.000 Menschen.[1063]

Unternehmensgeschichte

Die Erfolgsgeschichte von HORNBACH begann im Jahr 1877 durch den Schieferdachdeckermeister Michael Hornbach mit einer Werkstatt in Landau in der Pfalz. 23 Jahre später wurde der Betrieb durch seinen Sohn um eine Baumaterialien-Handlung erweitert. Im Jahr 1968 eröffnet dessen Sohn Otmar Hornbach als einer der Pioniere in Deutschland und Europa den ersten Baumarkt, der mit einem Gartencenter kombiniert ist. Bis 1977 folgen weitere Märkte in mehreren pfälzischen Städten. Heute hat sich diese Kombination zu einem europäischen Standard in der Do-it-yourself Branche (DIY) entwickelt. Mit der Eröffnung des ersten großflächigen Bausupermarktes (8.000 m^2) 1980 in Karlsruhe zählt HORNBACH zu den führenden Spezialisten im Segment der großflächigen Bau- und Gartenmärkte. Heute sind diese im Durchschnitt mehr als 11.000 m^2 groß und damit größer als die Wettbewerber in Europa. In den Jahren 1981 bis 1989 werden in Süddeutschland weitere 16 Filialen eröffnet und das Sortiment besteht aus 40.000 Artikeln. 1987 geht das Unternehmen erstmals an die Börse und erreicht eine Mitarbeiteranzahl von ca. 1000. Nach dem Fall der Mauer im Jahr 1991 erbaut HORNBACH als erstes Unternehmen große Bau- und Gartenmärkte in den neuen Bundesländern, beginnend in Dresden. Dieser Markt ist heute der größte Bau- und Gartenmarkt in ganz Deutschland und verfügt über ein Drive In-Baustofflager. 1993 geht HORNBACH erneut an die Börse und es entsteht die HORNBACH-

---

[1063] Vgl. Tran, Nga, 2013.

Baumarkt-AG. Ab 1994 bis Ende der 90er Jahre nimmt das Expansionstempo rasant zu. Es werden pro Jahr durchschnittlich acht neue Märkte eröffnet. Zwei Jahre später beginnt die Expansion ins Ausland mit der Eröffnung eines Marktes in Österreich. Heute gibt es Filialen in Österreich, den Niederlanden, Tschechien, Luxemburg, der Schweiz, Schweden, der Slowakei und Rumänien. Im Jahr 2001 wird der 5. Generationenwechsel vollzogen. Vorstandvorsitzender der HORNBACH HOLDING AG wird Albrecht Hornbach. Sein Bruder Steffen Hornbach wird Vorstandsvorsitzender der HORNBACH-Baumarkt-AG. 2006 erhält HORNBACH den „Deutschen Handelspreis" für hervorragende Managementleistungen. Unter dem Motto „HORNBACH kommt Heim" fällt im Dezember 2010 der Startschuss für den Onlineverkauf. Zum Jahresbeginn 2012 verzeichnet HORNBACH 30.000 Fans bei Facebook.[1064]

Unternehmensstruktur

Die Muttergesellschaft der HORNBACH-Gruppe ist die HORNBACH HOLDING AG, die 1987 an die Börse ging. Diese ist selbst nicht operativ tätig, sondern verfügt über folgende Beteiligungsgesellschaften:

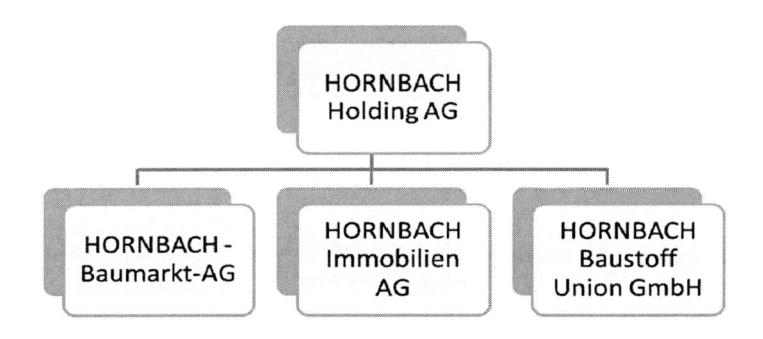

Abbildung 190: HORNBACH HOLDING AG Struktur[1065]

Die HORNBACH-Baumarkt-AG ist die größte und wichtigste Beteiligungsgesellschaft mit großflächigen Baumärkten im In- und Ausland. Die HORNBACH Immobilien AG entwickelt Einzelhandelsimmobilien und

---

[1064] Vgl. HORNBACH Deutschland, 2013e.
[1065] Eigene Abbildung

besitzt einen Großteil des Immobilienvermögens der HORNBACH-Gruppe. Die dritte Beteiligungsgesellschaft ist die HORNBACH Baustoff Union GmbH, die mit gewerblichen Kunden im Gebiet des Baustoffhandels tätig ist.

Die HORNBACH-Baumarkt-AG ist Gegenstand dieser Arbeit und wird in den folgenden Kapiteln näher beleuchtet.

Derzeit[1066] ist die HORNBACH-Baumarkt-AG mit 92 Märkten in Deutschland vertreten. Im Ausland gehören dem Unternehmen 46 Märkte in acht Ländern.[1067]

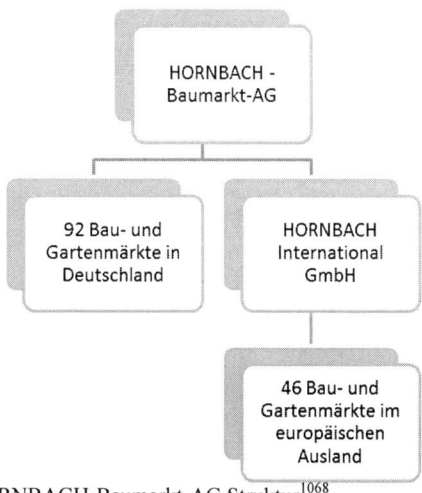

Abbildung 191: HORNBACH-Baumarkt-AG Struktur[1068]

Unternehmensphilosophie

Der Kunde soll im Mittelpunkt stehen und langfristig an HORNBACH gebunden werden. Es handelt sich um den sogenannten Projektkunden, der mit einem größeren Vorhaben zu HORNBACH kommt. Um das zu erreichen, wird auf das perfekte Zusammenspiel der Faktoren Auswahl, Preis und Beratung gesetzt.

Bei dem Warenangebot steht sowohl die Qualität als auch die Quantität im Vordergrund. Das bedeutet, dass den Kunden eine umfangreiche Auswahl von Waren angeboten wird und diese in einer überdurchschnittlich großen

---

[1066] Stand: 28.02.2013
[1067] Vgl. Hornbach Holding AG, 2013.
[1068] Eigene Abbildung

Zahl. Bei der Preisgestaltung setzt HORNBACH auf die Dauertiefpreisstrategie, die auf Rabattaktionen und Schnäppchenangebote verzichtet. Dadurch zeigt HORNBACH Verlässlichkeit und schafft Vertrauen bei den Kunden. Aufgrund eines effektiven Warenwirtschaftssystems ist HORNBACH in der Lage, seinen Kunden die Ware zum bestmöglichen Preis anzubieten. HORNBACH ist davon überzeugt, dass eine gute Beratungsleistung zur langfristigen Bindung der Kunden führt. Zur Erreichung dessen spielt die Qualifikation der Mitarbeiter eine entscheidende Rolle und verkörpert einen wesentlichen Erfolgsfaktor von HORNBACH. Ein Großteil der Mitarbeiter kommt aus dem Handwerk und verfügt daher schon über wichtige fachliche Qualifikationen. Außerdem werden den Mitarbeitern Schulungen und individuelle Fördermaßnahmen angeboten, damit sie die Kunden bestmöglich beraten können. Durch die kontinuierliche Optimierung der internen Abläufe wird den Mitarbeitern zusätzliche Zeit für die Beratung der Kunden ermöglicht.[1069]

2 Derzeitiger Stand im Wettbewerb

Baumarktbranche

Die deutsche Baumarktbranche umfasst ca. 2.400 Baumärkte. Hierzu zählen nach dem Branchenverband BHB Baumärkte mit mindestens 1.000 m^2 Verkaufsfläche. Auf diesen 1.000 m^2 wird mindestens ein Sortiment angeboten, welches die Warengruppen Baustoffe, Holz, Eisenwaren, Werkzeuge und Malerbedarf abdeckt. Hierzu kommen teilweise noch Artikel aus den Bereichen Tierbedarf, Garten und Autozubehör.[1070] Die rund 2.400 Baumärkte erwirtschafteten im Jahr 2012 einen Umsatz von 18,6 Mrd. Euro. Dieses stellt ein nominales Umsatzminus von 0,6% bzw. Flächenbereinigt ein Minus von 0,8% gegenüber dem Vorjahr dar. Somit ist der Wachstum der Baumarkt-Branche erstmals seit 2008 wieder im negativen Bereich.[1071] Schaut man sich nun die Standortentwicklung der 15 größten deutschen Baumarktunternehmen in den Jahren 2001 bis 2011 an, so wird das Marktwachstum der Branche deutlich. Im Jahr 2001 betrieben die 15 größten Baumärkte zusammen 1.269 Standorte. Zehn Jahre später, im Jahr 2011, hat sich die Anzahl der Standorte auf 1.818 erhöht, veranschaulicht durch die folgende Abbildung :

[1069] Vgl. HORNBACH Deutschland, 2013c.
[1070] Vgl. Handelsverband Heimwerken, Bauen und Garten, 2013a.
[1071] Vgl. Handelsverband Heimwerken, Bauen und Garten, 2013b.

Standortentwicklung der 15 größten Baumarktunternehmen

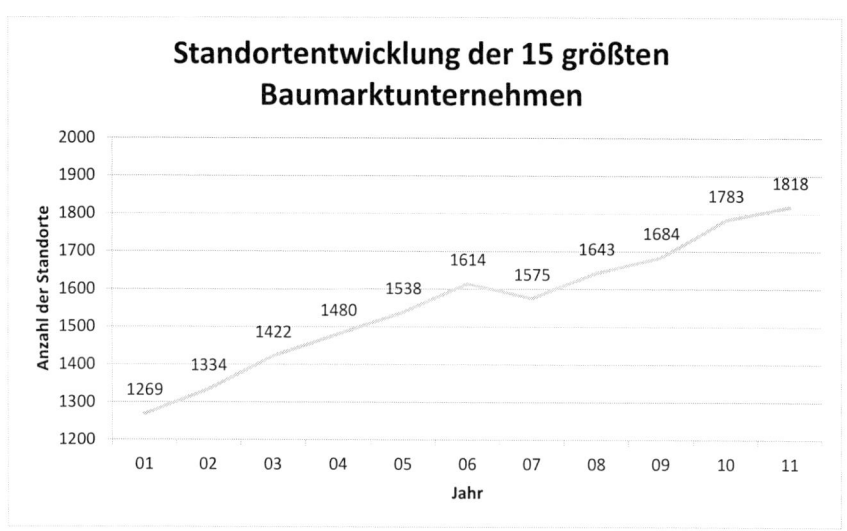

(Anzahl der Standorte nach Jahr)
- 01: 1269
- 02: 1334
- 03: 1422
- 04: 1480
- 05: 1538
- 06: 1614
- 07: 1575
- 08: 1643
- 09: 1684
- 10: 1783
- 11: 1818

Abbildung 192: Standortentwicklung der 15 größten Baumarktunternehmen[1072]

Bekannte Vertreter der Baumarktbranche sind unter anderem: OBI, HORNBACH, Bauhaus, Hagebau, Toom-Baumarkt, sowie Max-Bahr und Praktiker, welche jedoch im Juli 2013 Insolvenz anmelden mussten. Anhand des Nettoumsatzes des Jahres 2012 lässt sich folgende Rangordnung der fünf stärksten Baumarktketten in Deutschland erkennen:

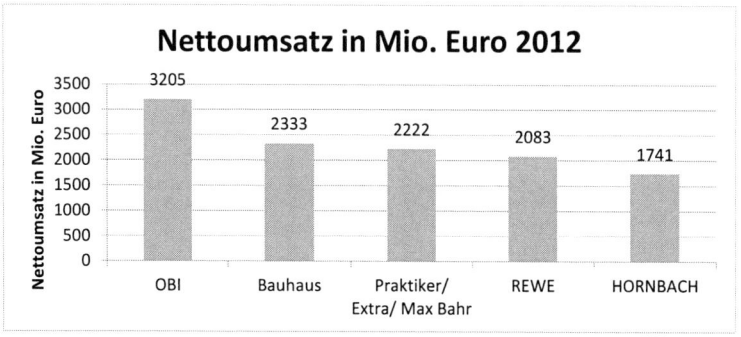

Nettoumsatz in Mio. Euro 2012
- OBI: 3205
- Bauhaus: 2333
- Praktiker/Extra/Max Bahr: 2222
- REWE: 2083
- HORNBACH: 1741

Abbildung 193: Umsatz der fünf stärksten Baumarktketten in Deutschland[1073]

[1072] Dähne Verlag, 2001 -2011
[1073] In Anlehnung an Dähne Verlag, 2011- 2012

Wird der Markt jedoch nach der Kundenzufriedenheit bewertet, ergibt sich eine andere Rangfolge. Hierbei war im Jahr 2012 der Branchenprimus nicht OBI, wie dieses im Umsatzranking der Fall war, sondern HORNBACH. Dabei belegt OBI bei der Kundenzufriedenheit den 3. Platz:

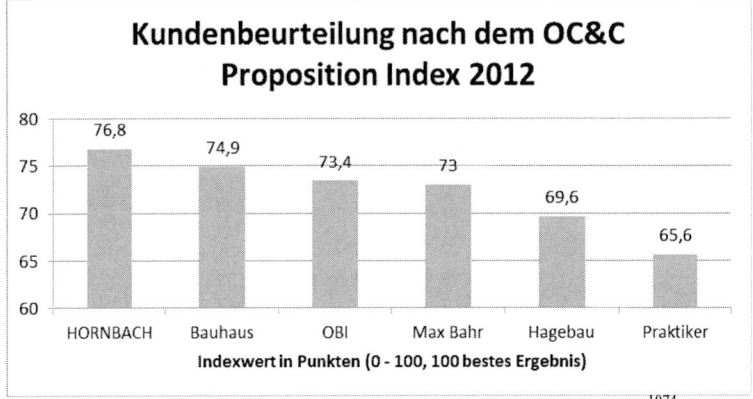

Kundenbeurteilung nach dem OC&C Proposition Index 2012

HORNBACH	Bauhaus	OBI	Max Bahr	Hagebau	Praktiker
76,8	74,9	73,4	73	69,6	65,6

Indexwert in Punkten (0 - 100, 100 bestes Ergebnis)

Abbildung 194: Kundenbeurteilung von Baumärkten in Deutschland 2012[1074]

3 Marketing-Mix

Der Marketing-Mix setzt sich zusammen aus der Kombination verschiedener Marketing politischer Instrumente. Entscheidend sind hierbei die Kombination der einzelnen Instrumente und deren Auswirkung auf die anderen Instrumente. Ein Synonym des Marketing-Mix sind die 4P's, da sich die Instrumente mit der Distributionspolitik (Place), Preispolitik (Price), Produktpolitik (Product) und der Kommunikationspolitik (Promotion) befassen.

Distributions-politik	Preispolitik
Kommunikations-politik	Produktpolitik

(Marketing Mix)

Abbildung 195: Marketing-Mix[1075]

[1074] OC&C, 2012
[1075] Eigene Abbildung

Distributionspolitik

Die Distributionspolitik steuert die Distribution, also die Verteilung der Güter.[1076] Sie stellt einen der vier Bestandteile des Marketing-Mixes dar. Innerhalb der Distributionspolitik wird zwischen vier Hauptkriterien unterschieden:[1077]
Standortwahl:
Innerhalb der Standortwahl wird zwischen der externen und der internen Standortwahl unterschieden. Die externe Standortwahl beschäftigt sich mit der Wahl des Unternehmensstandorts. Die interne Wahl befasst sich mit innerbetrieblichen Standorten, wie z.B. die Anordnung der Waren.

- Absatzwegewahl:
  - Im Zuge der Absatzwegewahl werden die Gestaltung des Vertriebsprozesses und die Auswahl der Absatzwege festgelegt.
- Kundenmanagement:
  - Das Kundenmanagement beinhaltet zum einen die Informationsfunktion, also die Informationsübermittlung an Kunden und potenzielle Kunden sowie die Erhebung von Informationen über den Markt. Des Weiteren wird hier die Kontrahierungsfunktion, also die Vorbereitung und Durchführung von Kaufabschlüssen, thematisiert.
- Distributionslogistik:
  - Innerhalb der Distributionslogistik werden alle Prozesse gestaltet, kontrolliert und gesteuert die notwendig sind, um die Ware vom Händler zum Kunden zu überführen.

Die Standortwahl für die Baumärkte hat bei HORNBACH eine hohe Bedeutung, was auch anhand der eigenen HORNBACH Immobilien AG deutlich wird. Hierbei setzt HORNBACH auf Qualität statt auf Quantität. Die Standortwahl gilt bei HORNBACH als zentraler Aspekt für dauerhaften Erfolg. Daher ist es wichtig, dass die Standorte eine hohe Qualität und Entwicklungspotenzial bieten. Um das zu gewährleisten, sollen die Standorte ein großes Einzugsgebiet und eine gute Verkehrsanbindung aufweisen. In der Regel bieten die Standorte viele Parkmöglichkeiten und eine überdurchschnittlich große Verkaufsfläche. Sie sind oftmals an Stadtrandlagen oder Industriegebieten zu finden und meistens in unmittelbarer Nähe zu Wettbewerbern.

[1076] Vgl. Kenning, Peter, 2013.
[1077] Vgl. Schneider, Willy, 2009, S. 388.

Die HORNBACH-Märkte zeichnen sich durch eine einfach gehaltene Fassade aus. Es wird auf Schaufenster oder Ähnliches verzichtet. Charakteristisch für die Märkte ist die orange-pink-farbene Fassade in Blechoptik mit dem HORNBACH-Logo über dem Eingang:

Abbildung 196: Außenansicht HORNBACH-Markt[1078]

Auch von innen sind die Märkte schlicht gehalten. HORNBACH verzichtet auf aufwendig gestaltete Böden und Regale, sondern verwendet blanke Betonböden sowie praktikable Metallhochregale. Die Orientierung im Markt erhält man durch große, orangefarbene Wegweiser. Die Aufteilung erfolgt nach dem Verwendungsgebiet der Waren bzw. nach ihrer Herkunft, z.B. in Bad und Sanitär und Eisenwaren.

Abbildung 197: Drive-in HORNBACH-Markt[1079]

[1078] www.hornbach-holding.de
[1079] www.hornbach-holding.de

Der Vertrieb von HORNBACH erfolgt durch ein Multi-Channel-Konzept, d.h. die Waren werden sowohl stationär als auch online vertrieben. So kann sich der Kunde z.B. die Ware online bestellen und nach Hause liefern lassen oder die Ware online reservieren und im gewünschten Baumarkt abholen. Allerdings sind bestimmte Waren wie z.b. sperrige Waren nur stationär erhältlich; andere Waren sind nur im Online-Shop erhältlich. Zusätzlich bieten viele Baumärkte ein Drive-in-Konzept an, d.h. der Kunde kann wie in Abbildung 197 zu sehen, mit seinem Pkw direkt an die Ware fahren.
Das Verkaufspersonal bei HORNBACH zeichnet sich durch hohe Fachkenntnisse und eine intensive Beratungstätigkeit aus. Die Mitarbeiter kommen zu einem großen Teil aus dem Handwerk und bringen somit eine hohe fachliche Kompetenz mit. Zusätzlich werden die Mitarbeiter intensiv geschult, damit die hohe Beratungsqualität aufrechterhalten und stetig verbessert werden kann.[1080] Daraus resultiert eine hohe Kundenzufriedenheit.

Produktpolitik

Die Produktpolitik stellt einen weiteren Teil des Marketing-Mixes dar und befasst sich mit der Gestaltung des Angebotes eines Unternehmens. Das Angebot setzt sich aus den Produkten und Dienstleistungen des betrachteten Unternehmens zusammen.[1081]
Bei der Gestaltung des Angebotes bzw. des Sortiments orientieren sich Handelsunternehmen an den folgenden Prinzipien:[1082]

- Material bzw. Herkunft der Güter:
  - Die Gestaltung des Sortiments richtet sich nach der Herkunft bzw. dem Material der Güter.
- Bedarfskreis:
  - Bei der Sortimentsgestaltung wird sich an den Bedürfnissen der Verbraucher orientiert.
- Niedrige Preislage:
  - Kennzeichnend für die Gestaltung des Sortiments ist eine stark ausgeprägte Preisorientierung.
- Selbstverkäuflichkeit der Ware:

[1080] Vgl. HORNBACH Deutschland, 2013c.
[1081] Vgl. Markgraf, Daniel, 2013.
[1082] Vgl. Schneider, Willy, 2009, S. 337f.

- Das Sortiment umfasst lediglich Waren, die keinen Erklärungsbedarf erfordern und sich somit für ein Selbstbedienungskonzept eignen.

Der Umfang des Sortiments lässt sich nach zwei Kategorien unterscheiden:
- Sortimentsbreite:
  - Unter der Sortimentsbreite wird die Anzahl der geführten unterschiedlichen Produkte verstanden.
- Sortimentstiefe:
  - Die Sortimentstiefe gibt die Anzahl der Produktvariationen pro geführtes Produkt wieder.

HORNBACH bietet mit seinen rund 70.000 Artikeln ein sehr tiefes Sortiment an, welches den Bau- und Heimwerkermarkt abdeckt. Die Artikel lassen sich in folgende 12 Sortimentsbereiche unterteilen:

- Bad und Sanitär
- Baustoffe, Holz, Fenster und Türen
- Bodenbelege und Fließen
- Eisenwaren
- Farben und Tapeten
- Garten
- Heizen, Klima und Lüftung
- Innendeko und Bildershop
- Küche
- Leuchten und Elektro
- Maschinen, Werkzeug und Werkstatt
- Zoo und Aquaristik

Die Sortimentsbereiche setzen sich aus Herstellermarken, welche unternehmensübergreifend angeboten werden und der unternehmenseigenen Handelsmarke „HORNBACH" zusammen. Die Eigenmarke ist sortimentsbereichsübergreifend vertreten. Sie zeichnet sich durch einen hohen Qualitätsstandard und einen günstigen Preis aus.[1083]

HORNBACH richtet sich bei der Auswahl seines Sortiments nach den Kriterien des Bedarfskreises sowie einer niedrigen Preislage. Als ausschlaggebende Kundengruppe hat HORNBACH dabei den Projektkunden definiert, das heißt einen Kunden, der mit einem größeren Vorhaben den Baumarkt

---

[1083] Vgl. HORNBACH Deutschland, 2013f.

besucht. Außerdem möchte HORNBACH dem Kunden einen überzeugenden Preis gewähren, um so ihre Preisführerschaft zu festigen (siehe Kapitel 2.2.3).[1084]

Abbildung 198: Eigenmarke "HORNBACH"[1085]

Preispolitik

Die Gestaltung der Preispolitik in einem Unternehmen umfasst Maßnahmen und Entscheidungen zur Bestimmung und Durchsetzung von Preisen. Das beinhaltet die Festlegung der Preise, die Preisdifferenzierung, die Preisdurchsetzung und die Liefer- und Zahlungsbedingungen.
Das Ziel der Preispolitik ist es, ein kunden- und zielorientiertes Preis-Leistungs-Verhältnis zu schaffen.[1086]
HORNBACH differenziert sich bei der Preispolitik von seinen Wettbewerbern durch eine konsequente Dauertiefpreisstrategie. Das bedeutet, dass HORNBACH auf Sonderangebote, Aktionspreise und Rabatte verzichtet.[1087] Stattdessen wird den Kunden permanent der günstigste Preis am Markt garantiert. Findet der Kunde einen Artikel bei einem Wettbewerber günstiger, so verkauft HORNBACH ihm die Ware zum selben Preis und gewährt ihm zusätzlich 10% Preisnachlass auf den Konkurrenzpreis.[1088]
Für den Kunden bietet HORNBACH die Möglichkeit eines Finanzierungskaufes. Diesen kann der Kunde vor Ort im Markt ab einem Einkaufswert von 250 Euro beantragen.[1089]
Gewerbekunden können bei HORNBACH auf Rechnung einkaufen. Hierbei werden einmal im Monat alle Einkäufe in Rechnung gestellt.[1090]

[1084] Vgl. HORNBACH Deutschland, 2013c.
[1085] www.hornbach.de
[1086] Vgl. Achleitner, Ann-Kristin/ Thommen, Jean-Paul, 2009, S. 230.
[1087] Vgl. HORNBACH Holding AG, 2013, S. 61.
[1088] Vgl. HORNBACH Deutschland, 2013b.
[1089] Vgl. HORNBACH Deutschland, 2013d.
[1090] Vgl. HORNBACH Deutschland, 2013a.

Kommunikationspolitik

Bei der Kommunikationspolitik werden Entscheidungen über die Art der Informationsvermittlung von bspw. Produkten und dem Unternehmen getroffen, welche an die Umwelt und die Mitarbeiter gerichtet sind. Primäres Ziel ist es, Voraussetzungen zu schaffen, womit die Bedürfnisse der Umwelt (z.B. der potenziellen Kunden) befriedigt werden. Das heißt der Umwelt ein attraktives Leistungsangebot zu bieten, das sich von der Konkurrenz abhebt. Deshalb sollen potenzielle Abnehmer darüber informiert werden, unter welchen Bedingungen oder an welchen Orten sie ein bestimmtes Gut oder eine Dienstleistung beschaffen können.
Zur erfolgreichen Umsetzung der Kommunikationspolitik können folgende Fragestellungen herangezogen werden:

- Kommunikationssubjekt: Mit wem wollen wir kommunizieren?
- Kommunikationsobjekt: Was wollen wir mitteilen? Handelt es sich zum Beispiel um einzelne Produkte oder um das Unternehmen als Ganzes?
- Kommunikationsprozess: Welches Vorgehen wählen wir, um mit unseren Kommunikationspartnern zu kommunizieren? Wie sollen die Kommunikationsbeziehungen gestaltet werden?

Hierzu dienen verschiedene Kommunikationsinstrumente wie z.B. Werbung.[1091]
HORNBACH spricht mit seinem Kommunikationskonzept diejenigen an, welche eine Grundaffinität zum Heimwerken haben. Hierbei unterscheidet HORNBACH nicht zwischen Profis und Anfängern, sondern spricht beide gleichermaßen in ihrer Gemeinsamkeit, nämlich dem Projekt, an. Auch wird nicht nur die typische männliche Kundschaft adressiert, sondern es werden speziell auch Frauen angesprochen.
Ziel der Kommunikationsstrategie von HORNBACH ist nicht ein spezielles Produkt, sondern das Projekt. Dieses stellt den Kern der Kommunikation von HORNBACH dar. Das Thema Projekt findet sich in allen Kommunikationsinstrumenten wieder. So gibt es auf dem YouTube-Channel eine eigene Kategorie zum Thema „Meisterschmiede-Projektanleitungen". Des Weiteren wird über die Fernsehwerbung um das Projekt geworben, im Baumarkt vor Ort und auf der Homepage gib es eine eigene Kategorie „Projekt".

[1091] Vgl. Achleitner, Ann-Kristin/, Thommen, Jean-Paul, 2009, S. 265f.

Durch die Art und Weise wie HORNBACH das Projekt umwirbt soll jeder potenzielle Kunde angesprochen werden. Mit der Dauertiefpreisstrategie soll es jedem ermöglicht werden, sein Projekt umzusetzen. Hierfür bietet HORNBACH den Kunden Broschüren mit Projektanleitungen an und Lehrvideos auf dem HORNBACH-YouTube-Channel.
Besonders hervorzuheben sind bei der HORNBACH-Kommunikation die Werbekampagnen. HORNBACH startet regelmäßig neue Werbekampagnen, mit denen sie zahlreiche nationale und internationale Preise gewinnen konnten.[1092] Auch belegt HORNBACH den 5. Platz im Horizont Kreativ-Ranking 2012.[1093] Die neuste Werbekampagne steht unter dem Motto: „und was bleibt von dir?" Hierbei wird auf emotionale Art und Weise die Frage thematisiert, was hinterlassen wird.

Abbildung 199: Printmedium innerhalb der Kampagne „und was bleibt von dir?"[1094]

Josef Zinner, Marketingleiter bei HORNBACH, beschreibt die Kernaussage der aktuellen Werbekampagne folgendermaßen: „Der selbst verlegte Parkettboden, der mit eigenen Händen gebaute Schrank oder eine Treppe sind ganz persönliche Hinterlassenschaften. Sie tragen die Handschrift des Erbauers in sich. Damit hinterlässt der Heimwerker etwas vom Bestand und bleibt bei Familie und Freunden als Macher – als jemand, der gerne selbst angepackt hat- in Erinnerung."[1095]

[1092] Vgl. HORNBACH –Baumarkt -AG, 2013, S. 59.
[1093] Vgl. Horizont, 2012, S. 25.
[1094] Heimat Berlin
[1095] Zinner, Josef, 2013.

Die Werbekampagne „und was bleibt von dir?" umfasst Fernsehwerbung und Printmedien.

4 Zukünftige Ausrichtung

Zukünftig möchte sich HORNBACH mit seiner Projektausrichtung und seiner Dauertiefpreisstrategie weiterhin von seinen Wettbewerbern differenzieren. Ebenso soll in Zukunft die hohe Beratungsqualität aufrechterhalten werden. Ein weiteres, neues Hauptaugenmerk will HORNBACH auf Qualität und Nachhaltigkeit setzen. Dies wird notwendig, da die Kundengruppe der sogenannten LOHAS (Lifestyle of health and sustainability) an Bedeutung gewinnt, welche einen hohen Stellenwert dem Lifestyle, der Gesundheit und der Nachhaltigkeit beimessen. Diese Kundengruppe verfügt meist über ein überdurchschnittlich hohes Einkommen und ist dadurch sehr attraktiv. Zusätzlich sollen durch Heimwerkervorführungen und spezielle Frauenworkshops neue Kunden gewonnen werden. Die Serviceleistung am Markt wird in Zukunft durch großzügige Öffnungszeiten und unbürokratische Rücknahme von Restmengen gesteigert.
Da das Segment der Kunden im sogenannten Do-it-for-me[1096] Bereich gute Wachstumschancen aufweist, möchte HORNBACH seine Aktivitäten im Bereich Handwerkerservice weiterhin stärken.
Das Angebot des Onlineshops soll zukünftig weiter ausgebaut werden, um damit die Vorteile und Wachstumspotenziale des Multi-Channel-Retailings zu nutzen. Dieses bietet die Möglichkeit, dass Kunden für HORNBACH gewonnen und begeistert werden können, die nicht im Einzugsgebiet des Filialnetzes ansässig sind.
Die Internationalisierung stellt eine weitere Aufgabe für die Zukunft dar. Dieses bietet die Chance eines sehr guten Wachstums, da die Wachstumsmöglichkeiten im Ausland aufgrund der geringeren Marktsättigung im Vergleich zum Inland überdurchschnittlich sind. Des Weiteren werden durch eine Internationalisierung des Konzerneinkaufs die globalen Beschaffungsmärkte genutzt. Durch eine langfristige und strategische Partnerschaft mit den Lieferanten und der Industrie können beide Seiten voneinander profitieren. Somit können Verbesserungen in der Logistik und im Warenangebot erreicht werden.[1097]

[1096] Der Kunde kauft die Waren selbstständig ein lässt diese anschließend von einem Fachmann aufbauen.
[1097] Vgl. HORNBACH- Baumarkt -AG, 2013, S. 79f.

5 SWOT-Analyse: HORNBACH & OBI

In der SWOT-Analyse werden die Stärken und Schwächen eines Unternehmens und die Chancen und Risiken der Umwelt bzw. des Marktes betrachtet. Das Ergebnis kann in einer SWOT-Matrix dargestellt werden. Diese hilft, das untersuchte Unternehmen in seiner Position am Markt zu betrachten. Hierbei werden die Stärken (strengths) und Schwächen (weakness) des Unternehmens in Beziehung zu den Chancen (opportunities) und Risiken (threats) des Marktes gesetzt. Dadurch kann eine Aussage der Positionierung der eigenen Aktivität gegenüber dem Mitbewerber getroffen werden.[1098]

Umfeld \ Unternehmen	Stärken	Schwächen
Chancen	Ausbauen	Aufholen
Risiken	Absichern	Meiden

Abbildung 200: Aufbau einer SWOT-Matrix[1099]

Ein Unternehmen sollte diejenigen Stärken ausbauen, welche Chancen am Markt bieten und die Stärken nutzen, um sich gegen Marktrisiken abzusichern. Die Schwächen sollten verringert werden, damit es die Marktchancen verstärkt nutzen kann. Risiken sollten gemieden werden, für die Schwächen bestehen.
Im Folgenden wird eine SWOT-Analyse für das Unternehmen HORNBACH sowie für dessen Konkurrenten OBI durchgeführt.

Chancen & Risiken der Baumarktbranche

Die Umweltanalyse bezieht sich auf die derzeitige Situation am Markt und gilt daher für alle in dem Markt agierenden Unternehmen.
Allgemein ist zur Umweltanalyse festzuhalten, dass die Weltwirtschaft zurückgegangen ist und sich speziell Europa in einer Rezession befindet. Dieses sorgt für eine schwierige gesamtwirtschaftliche Rahmenbedingung und stellt ein Risiko des Marktes dar.

[1098] Vgl. o.V., 2013b.
[1099] Eigene Abbildung

Zur Situation am deutschen Markt kommt hinzu, dass dieser im Vergleich zum europäischen Ausland ziemlich gesättigt ist und somit das Wachstumspotenzial nicht mehr so hoch ist. Des Weiteren führt die Insolvenz von Max Bahr und Praktiker zu Bewegung in der Baumarktbranche. Dieses führt zu Chancen und Risiken in Form einer neuen Marktanteilsverteilung. Zusätzlich drängen vermehrt Discounter in den Heimwerkermarkt ein. Sie bieten immer häufiger Artikel des Baumarktbedarfs zu sehr günstigen Preisen an und nehmen somit den Baumärkten Umsatzanteile weg.

Im Zuge des Demografischen Wandels und der veränderten Anforderungen der Kunden ergeben sich neue Chancen und Risiken für die Baumarktbranche. Ein Risiko stellt der steigende Altersdurchschnitt dar, wenn nicht entsprechend auf ihn reagiert wird. Eine Chance stellen die hinzugewonnen Kundengruppen dar, welche aus LOHAS, do-it-for-me und Frauen bestehen. Mit diesen Kundengruppen steigen auch die Anforderungen an Nachhaltigkeit und Vertrauenswürdigkeit der Produkte sowie an ein Einkaufserlebnis.

Der E-Commerce Umsatz im Bereich „Werken in Haus und Heim" ist im Jahr 2008/09 um 61% im Vergleich zu 2005/06 gestiegen.[1100] Für das Jahr 2015 wird ein Umsatzanteil des Multi-Channels von 17% erwartet.[1101] Das stetige Wachstum des Online Handels stellt für die Baumarktbranche eine große Chance dar.

Chancen
- Neue Kundengruppen
- Online Handel
- Verteilung des Marktanteils
- Veränderte Kundenanforderungen

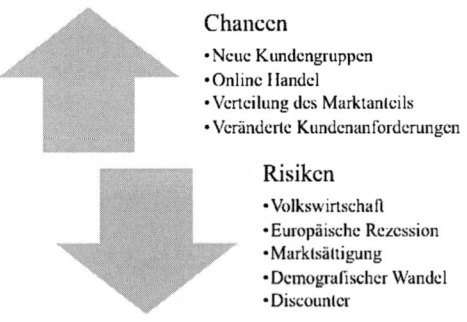

Risiken
- Volkswirtschaft
- Europäische Rezession
- Marktsättigung
- Demografischer Wandel
- Discounter

Abbildung 201: Überblick Chancen & Risiken der Baumarktbranche[1102]

[1100] Vgl. Accenture/ GfK 2010, S.9.
[1101] Vgl. Accenture/ GfK 2010, S.13.
[1102] Eigene Abbildung

Stärken & Schwächen von HORNBACH

In einem weiteren Schritt werden in einer SWOT-Analyse die Stärken und Schwächen des betrachtenden Unternehmens definiert.

Die Stärken bei HORNBACH liegen in folgenden Bereichen:

- Verkaufspersonal:
  - Durch die hohe Beratungsqualität hebt sich HORNBACH von seinen Wettbewerbern ab. Die hohe Qualität wird durch regelmäßige Schulungen und hohe Anforderungen an die Mitarbeiter gewährleistet. Somit kann fachgerecht und individuell auf die Kundenwünsche eingegangen werden.
- Serviceleistungen:
  - HORNBACH bietet seinen Kunden eine Vielzahl von Serviceleistungen an. Mit diesen werden die Kunden an das Unternehmen gebunden und die Kundenzufriedenheit auf einem hohen Level gehalten. Durch die hohe Kundenzufriedenheit zeichnet sich HORNBACH aus. Besonders hervorzuhebende Serviceleistungen sind Handwerker-Service, Drive-in-Konzept und Frauenworkshop. Mit dem Handwerker-Service ermöglicht es HORNBACH den Kunden, ihre Projekte durch professionelle Fachkräfte ausführen zu lassen. Hierbei übernimmt HORNBACH die Planung und Umsetzung. Durch das Drive-in-Konzept kann der Kunde mit seinem Pkw bequem zur Ware fahren und diese einladen. Mit den Frauenworkshops wird gezielt die neue Kundengruppe „Frau" angesprochen und sie für das Heimwerken begeistert.
- Eigenmarken:
  - Die Eigenmarken von HORNBACH stehen für hohe Qualität und Nachhaltigkeit. Dadurch stellt sich HORNBACH auf das wachsende Bewusstsein der Kunden für diese Merkmale ein.
- Dauertiefpreisstrategie:
  - Mit der Dauertiefpreisstrategie möchte HORNBACH bei seinen Kunden Vertrauen und Verlässlichkeit schaffen. Sie ist ein deutliches Abgrenzungsmerkmal von der Konkurrenz und garantiert dem Kunden immer den niedrigsten Preis.
- Werbung:
  - HORNBACH gelingt es mit seiner Werbung, alle Kundengruppen anzusprechen. Sie schaffen es, durch ausgefallene Werbung die

Marke HORNBACH in die Köpfe der Kunden zu bringen und somit ihr Markenimage zu steigern.
- Online-Shop:
  - Seit dem Jahr 2010 betreibt HORNBACH einen Online-Shop und nutzt damit das Umsatzpotenzial des Multi-Channeling. Dadurch wird die potenzielle Kundenanzahl erhöht, da es Kunden ermöglicht wird, Produkte bei HORNBACH zu erwerben, ohne in der Nähe eines Standorts zu wohnen. Die Verfügbarkeit im Online-Shop umfasst zwar aktuell noch nicht das vollständige Sortiment, ist jedoch im Vergleich zur Konkurrenz relativ umfangreich.
- Standortwahl:
  - Durch die hohen Anforderungen an einen Standort soll eine langfristige Nutzung gewährleistet werden. Dieses erspart zukünftige Erweiterungen der Standorte. Zusätzlich wird dem Kunden durch eine hohe Verkaufsfläche ein angenehmes Einkaufserlebnis vermittelt.
- Expansion:
  - Durch die Expansion in das Ausland hat sich HORNBACH breiter aufgestellt und damit die Basis für das Wachstum in den jeweiligen Ländern geschaffen. Die Expansionen sind erforderlich, da der deutsche Markt schon relativ gesättigt ist. Dennoch möchte HORNBACH im Inland weiter wachsen und neue Filialen eröffnen.[1103]

Schwächen weist HORNBACH in folgenden Bereichen auf:

- Benutzerfreundlichkeit des Internetauftritts:
  - Der Internetauftritt beinhaltet die Unternehmenshomepage sowie den Online Shop. Der Übergang zwischen den beiden Auftritten ist nicht deutlich und kann dadurch für Kunden zu einer längeren und schwierigeren Suche nach gewünschten Artikeln führen. Auch Informationen sind teilweise schwer zu finden.
- Marktanteil:
  - Der Marktanteil in Deutschland ist im Vergleich zur Konkurrenz steigerungsfähig.

Stärken & Schwächen von OBI

OBI führt die deutsche DIY-Branche an und hat den Anspruch, mit seinen Märkten die Marktführerschaft zu besitzen. 1970 eröffnete OBI seinen ers-

---

[1103] Vgl. o.V., 2013a.

ten Markt. Heute betreibt OBI ca. 340 Märkte in Deutschland und über 580 Märkte in 13 europäischen Ländern. Mit einer gestützten Markenbekanntheit von 97% gehört OBI zu den bekanntesten Marken in Deutschland. Das Unternehmen gehört zur Tengelmann Unternehmensgruppe und beschäftigt heute 43.100 Mitarbeiter. Im Jahr 2012 erzielte OBI einen Gesamtumsatz von 6,9 Milliarden Euro. Die 40.000 bis 60.000 Artikel pro Markt verteilen sich auf durchschnittlich 7.000 m². Hiermit werden die Kernsortimente Garten, Baustoffe und Bauelemente, Werkzeuge, Sanitärzubehör und Innendekoration abgedeckt.[1104]
Im Folgenden wird eine SWOT-Analyse für OBI durchgeführt.

In einem ersten Schritt werden hier ebenfalls die Stärken des Unternehmens OBI definiert:

- Marktanteil:
  - Als Marktführer nimmt OBI den größten Marktanteil der Baumarktbranche ein. 2012 hatte OBI einen Marktanteil von 18,19%. Das Unternehmen tritt als Branchenprimus auf und ist dadurch Vorbild für die Wettbewerber.
- Expansion:
  - Ein Ziel von OBI ist die Marktführerschaft. Dieses Ziel wird auch bei der Expansion in Europa verfolgt. Der Umsatzanteil der ausländischen Märkte soll von 30% auf 50% gesteigert werden. Die große Anzahl der Märkte in verschiedenen Ländern stellt eine Absicherung gegen Probleme auf einzelnen Märkten dar. Zusätzlich liegt der Fokus der Expansion auf den Wachstumsmärkten Russland und Ukraine.[1105]
- Soziales Engagement:
  - Durch OBIs Umwelt- und Sozialengagement präsentiert sich das Unternehmen positiv bei der Bevölkerung. Hierdurch spricht OBI umweltbewusste und nachhaltige Kunden an. So ist OBI unter anderem Mitglied in der NRW-Stiftung für Umwelt und Entwicklung, Partner der Aktion Klimaschutz und Kooperationspartner der SOS Kinderdörfer in Deutschland.
- Service:
  - OBI bietet wie die Konkurrenz eine große Anzahl an Serviceangeboten an. Über das Angebot der Konkurrenz hinaus bieten sie ihren

---

[1104] Vgl. OBI Deutschland, 2013a.
[1105] Vgl. OBI Deutschland, 2013b.

Kunden z.B. einen marktintegrierten Schlüsseldienst, die Wartung, Inspektion, Pflege und Reparatur von Gartengeräten und eine Wertstoff-Rücknahme.[1106]
- Online-Shop:
  - OBI nimmt durch seinen Online-Shop am Multi-Channeling teil. Somit schafft es OBI, sich von den meisten Konkurrenten zu differenzieren. Der Kunde kann online die Verfügbarkeit von über 40.000 Artikeln im Markt prüfen und über 10.000 Artikel direkt online bestellen. Des Weiteren ist die Benutzerfreundlichkeit und Übersichtlichkeit des Online-Auftrittes positiv festzuhalten.
- Special Events:
  - OBI bietet für seine Kunden spezielle Praxiskurse an. Diese können sowohl Anfänger als auch Fortgeschrittene zu bestimmten Themen belegen. Hierbei lernen die Kunden in 3-5 Stunden das Heimwerken unter fachmännischer Anleitung.
- Eigenmarken:
  - OBI bietet seinen Kunden vier verschiedene Eigenmarken an. Diese decken die unterschiedlichen Preislagen ab. Dadurch kann jeder Kunde in der gewünschten Preislage eine passende Eigenmarke finden. Hierdurch gelingt es OBI in allen Preislagen dem Kunden durch seine Eigenmarken Qualität zu garantieren.

Anschließend werden OBIs Schwächen definiert:

- Mitarbeiterumgang:
  - Laut einem Artikel von RP-Online vom 25.10.2013 äußern die Mitarbeiter ihren Unmut über die ungleiche Bezahlung der Mitarbeiter in den einzelnen Märkten. Die Mitarbeiter stellen die Forderung nach einer einheitlichen Tarifbindung, um somit eine höhere Homogenität der Gehälter innerhalb der einzelnen Märkte zu gewährleisten.[1107] Derart negative Berichterstattung sorgt für eine schlechte Abbildung in der öffentlichen Wahrnehmung und kann zu Kundenverlusten führen.
- Vertrauensmissbrauch:
  - Der TÜV-Rheinland wirft OBI Missbrauch des Gütesiegels „geprüfte Sicherheit" vor. OBI hätte seit 2009 23 Produkte zu Unrecht mit

---

[1106] Vgl. OBI Deutschland, 2013c.
[1107] Vgl. Kleifeld, Marcel, 2013.

dem Siegel versehen. OBI jedoch streitet dieses ab.[1108] Hierdurch wird das Vertrauen der Kunden gefährdet.
- Angebot Online-Shop:
  - OBIs Online Angebot von bestellbaren und lieferbaren Waren ist noch sehr begrenzt. Sie bieten im Vergleich zu ihren 40.000 bis 60.000 Artikeln im stationären Bereich nur einen Bruchteil in Höhe von 10.000 Artikeln im Online-Shop an.
- Marktgröße:
  - Die durchschnittliche Marktgröße eines OBI-Marktes liegt mit 7.000 m² weit hinter der Konkurrenz und dieses bei gleich großer Artikelanzahl.[1109] Dadurch ist der Platz für den Kunden geringer und die Warenpräsentation muss auf einem kleineren Raum stattfinden.

Bei einer rückblickenden Betrachtung kann festgehalten werden, dass HORNBACH und OBI in vielen Punkten Ähnlichkeiten aufweisen. Allerdings unterscheiden sie sich teilweise in ihren Stärken und Schwächen. Anhand der Ergebnisse der Stärken und Schwächen müssen zukünftige Entscheidungen getroffen werden. Ziel muss es sein, die Stärken weiterhin zu verbessern und auszubauen und die Schwächen abzubauen.

6 Fazit & Handlungsempfehlung

Eine Chance in der Baumarktbranche stellen die neu auftretenden Kundengruppen in Form von LOHAS, do-it-for-mes und Frauen dar. Durch den Heimwerkerservice, das gut geschulte Verkaufspersonal und die Einbindung der Frau als Protagonistin in der Werbung sowie spezielle Frauenworkshops ist HORNBACH für die neuen Kundengruppen gut aufgestellt. Allerdings sollte eine punktuelle Erweiterung der Serviceleistungen geprüft werden, um den wachsenden Kundenanforderungen optimal gerecht zu werden.
Das Angebot des Online-Shops ist im Vergleich zur Konkurrenz relativ umfangreich. Allerdings deckt es noch nicht das komplette Sortiment ab. Hierbei sollten Lösungen gefunden werden, das volle Sortiment im Online-Shop anzubieten. Hierzu muss eine Lösung bezüglich der Lieferung von sperrigen und schweren Artikeln gefunden werden. Des Weiteren gilt es, die Benutzerfreundlichkeit des Online-Shops zu verbessern. Eine Auslagerung des Online-Shops auf eine separate Homepage könnte eine Lösung darstellen.

[1108] Vgl. Spiegel Online, 2010.
[1109] Vgl. Gemaba, 2012, S.6.

Durch das veränderte Bewusstsein für Transparenz der Produkte und der Unternehmen wird Vertrauen eine immer größere Rolle in der Kaufentscheidung der Kunden spielen. HORNBACH nutzt diese neuen Anforderungen und Bedürfnisse der Kunden mit der Garantie des günstigsten Preises, um das Vertrauen der Kunden zu stärken. Daher sollte HORNBACH in Zukunft an der Dauertiefpreisstrategie festhalten. Einerseits können sie sich durch diese Strategie gegenüber den Wettbewerbern differenzieren und andererseits können sie dadurch das Vertrauen der Kunden stärken. Das bestehende Eigenmarkenangebot sollte durch die Entwicklung weiterer Eigenmarken vergrößert werden. Somit kann dem Kunden eine vom HORNBACH produzierte Marke in mehreren Preislagen angeboten werden. Hierdurch kann das Vertrauen in die Marke HORNBACH zusätzlich gesteigert werden.

Die Expansionsbemühungen ins europäische Ausland sollte HORNBACH aufgrund der teilweise stärker fortgeschrittenen Expansion des Wettbewerbs in das Ausland und der Marktsättigung in Deutschland vorantreiben. Dadurch kann sich HORNBACH auf weiteren Märkten positionieren und Wachstumsmöglichkeiten sicherstellen.

Bei der Standortwahl sollte HORNBACH an seiner bisherigen Strategie festhalten. Auch in Zukunft sollte der Fokus auf Qualität statt auf Quantität liegen. Dieses sichert HORNBACH in der durch Wettbewerber dicht besiedelten Baumarktbranche Wachstumspotenzial.

Gepaart mit der hohen Beratungsqualität führt das aus der großen Verkaufsfläche resultierende Einkaufserlebnis zu einer Differenzierung gegenüber den in den Markt drängenden Discountern. Dieses gilt es in Zukunft beizubehalten und zu verstärken.

7 Arbeitsfragen

1. Nennen Sie die Bestandteile des Marketing-Mix und erläutern Sie einen ausgewählten Bestandteil ausführlich.

2. Welche neuen Kundengruppen gibt es in der Baumarktbranche? Mit welchen Maßnahmen möchte HORNBACH diese Kundengruppen gewinnen und sich vom Wettbewerb profilieren?

3. Vergleichen Sie die SWOT-Analyse von HORNBACH und OBI.

Quellenverzeichnis

Printquellen:

Accenture/ GfK: Non-Food Multichannel-Handel 2015: Vom Krieg der Kanäle zur Multichannel-Synergie, 2010

Achleitner, Ann-Kristin/ Thommen, Jean-Paul: Allgemeine Betriebswirtschaftslehre: Umfassende Einführung aus managementorientierter Sicht, 6. Auflage, Wiesbaden: Gabler Fachverlag, 2009

Gemaba: Baumarkt Strukturuntersuchung 2012, in: Baumarkt-Strukturdaten, Januar 2012, S.6

Horizont: HORIZONT-Kreativranking, in: Horizont, Ausgabe Nr. 50 (2012) vom 13.12.2012, S.25

HORNBACH -Baumarkt -AG: Geschäftsbericht 2012/2013, Bornheim bei Landau/ Pfalz: 2013

HORNBACH Holding AG: Geschäftsbericht 2012/2013, Neustadt a.d. Weinstraße: 2013

Schneider, Willy: Marketing und Käuferverhalten, 3. Auflage, München: Oldenbourg Verlag, 2009

Zinner, Josef: Und was bleibt von dir?: HORNBACH und HEIMAT stellen existenzielle Frage, Pressemeldung HORNBACH Österreich, 09.10.2013

Internetquellen:

Handelsverband Heimwerken, Bauen und Garten: BHB-Branchendefinitionen: Bau- und Heimwerkermarkt und Verkaufsfläche: http://www.bhb.org/markt-statistik/branchendefinitionen/ (Abruf am 28.10.2013), 2013a

Handelsverband Heimwerken, Bauen und Garten: Do- it- yourself Markt in Deutschland: http://www.bhb.org/markt-statistik/diy-branchenbarometer /branchendefinitionen-diy-markt-deutschland/ (Abruf am 28.10.2013), 2013b

HORNBACH Deutschland: Der HORNBACH Profiservice, Unternehmenshomepage HORNBACH Deutschland: http://www.hornbach.de/cms /de/de/mein_hornbach/services/profiservice/profiservice.html (Abruf am 04.11.2013), 2013a

HORNBACH Deutschland: Die HORNBACH Dauertiefpreisphilosophie, Unternehmenshomepage HORNBACH Deutschland: http://www.hornbach.de/cms/de/de/mein_hornbach/dauertiefpreis/dau

ertiefpreisphilosophie/dauertiefpreis.html (Abruf am 04.11.2013), 2013b

HORNBACH Deutschland: Ein Unternehmen mit Geschichte, Unternehmenshomepage HORNBACH Deutschland: http://www.hornbach.de /cms/de/de/_footer/unternehmen/hornbachalsunternehmen/hornbach_als_unternehmen .html (Abruf am 25.10.2013), 2013c

HORNBACH Deutschland: Fragen zur Zahlung und zur Rechnung, Unternehmenshomepage HORNBACH Deutschland: http://www.hornbach.de /cms/de/de/mein_hornbach/services/faq_onlineshop_1/fragen_zur_zahlung_rechnung/fragen_zur_zahlung_rechnung.html (Abruf am 04.11.2013), 2013d

HORNBACH Deutschland: Meilensteine in der HORNBACH Historie, Unternehmenshomepage HORNBACH Deutschland: http://www.hornbach.de/cms/de/de/_footer/unternehmen/geschichte/geschichte.html (Abruf am 25.10.2013), 2013e

HORNBACH Deutschland: Qualität der Eigenmarke, Unternehmenshomepage HORNBACH Deutschland: http://www.hornbach.de/cms/de /de/projekte/wohnen/farben_lacke_und_lasuren/hornbach_qualitaetsgarantie/qualitaet_der_eigenmarke/qualitaet_der_eigenmarke.html (Abruf am 30.10.2013), 2013f

HORNBACH Holding: Konzernstruktur der HORNBACH -Baumarkt - AG, Homepage der HORNBACH Holding AG: http://www.hornbach-holding.de/company/de/php/20130923_HBM_Aktionaersstrukturxx.pdf (Abruf am 06.11.2013), 2013

Kenning, Peter: Distributionspolitik, Gabler Wirtschaftslexikon: http://wirtschaftslexikon.gabler.de/Archiv/1889/distributionspolitik-v7.html (Abruf am 30.10.2013), 2013

Kleifeld, Marcel: Mitarbeiter protestieren vor OBI-Zentrale: http://www.rp-online.de/bergisches-land/wermelskirchen/nachrichten/ mitarbeiter-protestieren-vor-obi-zentrale-1.3769474 (Abruf am 07.11.2013), 2013

Markgraf, Daniel: Produktpolitik, Gabler Wirtschaftslexikon: http://wirtschaftslexikon.gabler.de/Archiv/57697/produktpolitik-v6.html (Abruf am 30.10.2013), 2013

o.V.: HORNBACH will einzelne Märkte übernehmen, N24 Nachrichten Hompage: http://www.n24.de/n24/Nachrichten/Wirtschaft/d/3596250/hornbach-will-einzelne-maerkte-uebernehmen.html (Abruf am 05.11.2013), 2013

o.V.: SWOT-Analyse, Gabler Wirtschaftslexikon: http://wirtschaftslexikon.gabler.de/Archiv/326727/swot-analyse-v3.html (Abruf am 04.11.2013), 2013b

OBI Deutschland: Das Unternehmen, Unternehmenshomepage OBI Deutschland: http://www.obi.com/de/company/de/Unternehmen/Das_Unternehmen/index.html (Abruf am 06.11.2013), 2013a

OBI Deutschland: OBI Expansion, Unternehmenshomepage OBI Deutschland: http://www.obi.com/de/company/de/Expansion/bOBI_Expansion/index.html (Abruf am 07.11.2013), 2013b

OBI Deutschland: Services bei OBI, Unternehmenshomepage OBI Deutschland: http://www.obi.de/de/services/index.html (Abruf am 07.11.2013), 2013c

Spiegel Online: Baumarktkette: TÜV wirft OBI Täuschungsmanöver mit Gütesiegeln vor: http://www.spiegel.de/wirtschaft/unternehmen/baumarktkette-tuev-wirft-obi-taeuschungsmanoever-mit-guetesiegeln-vor-a-730229.html (Abruf am 07.11.2013), 2013

Tran, Nga: HORNBACH Online Shop im Test: http://www.heimwerker.de/wissen/heimwerker-test/online-shop-test/hornbach-online-shop.html (Abruf am: 25.10.2013), 2013

Ihre Veröffentlichung:
kostenlos – zügig – zuverlässig

Die AVM – Akademische Verlagsgemeinschaft München – ist die Publikationsplattform für wissenschaftliche Texte aller Fachbereiche.

In der AVM können Sie zügig veröffentlichen, unbelastet von der Suche nach einer Finanzierung. Denn eine Publikation in der AVM ist für Autoren kostenlos – garantiert!

Dazu spart die AVM Kosten ein, wo immer es geht. So werden nicht nur die neuesten Techniken zur Buchproduktion eingesetzt. Es werden auch sämtliche Prozesse und Abläufe möglichst effizient gestaltet. Daher entfallen die häufig üblichen Druckkostenzuschüsse.

Mit der AVM wird aus Ihrer Arbeit ein weltweit über jede Buchhandlung beziehbares Buch, das Ihre Arbeitsergebnisse potenziellen Interessenten zugänglich macht.

Bei der AVM gibt es keine versteckten Kosten oder Gebühren: Für jedes verkaufte Exemplar erhalten Sie ein Honorar in Höhe von 10% vom Nettoabgabepreis. Vielen Autoren steht zudem eine VG-WORT-Vergütung für ihr Buch zu.

Interesse?

Informieren Sie sich auf unserer Website www.avm-verlag.de oder nehmen Sie direkt Kontakt auf unter info@avm-verlag.de.